我是一粒沙

苏大宝 著

重庆出版社

图书在版编目（CIP）数据
我是一粒沙 / 苏大宝著. -- 重庆 : 重庆出版社,
2025. 9. -- ISBN 978-7-229-20751-9
Ⅰ. I25
中国国家版本馆CIP数据核字第2025DP9913号

我是一粒沙
WO SHI YI LI SHA
苏大宝　著

出　　品：华章同人
出版监制：徐宪江　连　果
责任编辑：王昌凤
营销编辑：史青苗 刘晓艳
责任校对：彭圆琦
责任印制：梁善池
装帧设计：观止堂_未氓

重庆出版社 出版
（重庆市南岸区南滨路162号1幢 ）
北京博海升彩色印刷有限公司　印刷
重庆出版社有限责任公司　发行
邮购电话：010-85869375
全国新华书店经销

开本：710mm×1000mm　1/16　印张：33.5　字数：400千
2025年9月第1版　2025年9月第1次印刷
定价：89.80元

如有印装质量问题，请致电023-61520678

自序

“我是一粒沙”，是一首诗，是一首歌，是一本书，无论以哪种形式来诠释它，都是在向世人展示着平凡也能创造奇迹、创造精彩的人生画卷。

记得我刚上小学的时候，学了一篇文章《赵州桥》，若有所悟，于是写下了一首小诗，诗是这样的：小小赵州桥，无礅只有身。栏板雕刻画，使人增添美。很得意，自认为将来要做个诗人。有人笑我，无礅只有身，使人增添美，这也算诗？于是我羞愧地放下了做诗人的梦。其实，我最满意这两句，没有支撑竟能屹立千年不倒，还能将美好带给人间，那是何等的威武与温暖。

再大一点，我打算当作家，写武侠小说。有人看后笑话我，说你这写的啥呀？还没几页，主人公都掉两回悬崖了！于是我把作家的梦想也搁置了。

我是从小被认为有艺术细胞的人，也是一直在被嘲讽中前行的人，因为，正统的思维是，把书念好、把分考好才算真正的优秀，才算正道。初中的时候，语文老师给我们布置了一篇谈梦想的作文，我在本子上写下一行字，然后刻在了课桌上，当然也铭刻在我的心里——我的梦想是：在艺术之路上开辟一条属于自己的大道。我心想，这回谁也别想打消我的念头了。

怀着这样的梦想我来到北京，熬过了八年暗淡无光的北漂日子，但从没放弃。直到通过一把沙子绘出了曙光，照亮了前行的路，终于开辟了一条属于自己的艺术大道。是的，我成功了！然后一激动，便写下了我人生中第二首诗——《我是一粒沙》。诗中有一句：我相信，我还能奔向太空宇宙。有人说：您这诗是不是有点太狂了，还奔向太空宇宙？！我说：梦想是可以定得高远一点的，我妈妈说过，心有多大，舞台就有多大。

2020 年，我的作品《红火中国》即中国火星车“祝融号”的车标，登上了火星，我成了第一个把自己的艺术作品送上火星的人，又一次实现了我的梦想。之后，《我是一粒沙》被作曲家袁忠宜先生谱成曲，并逐渐传唱开来，而且我又在歌的基础上创作了一个沙画作品。我想他们也认为，这首诗歌可以为孩子们播撒梦想的种子。再后来，我把那首诗写成了一部厚厚的书。到那一刻，我好像又找回了做诗人的梦，也重拾了当作家的梦。

在此，特别感谢重庆出版社，帮我实现了作家梦；感谢袁忠宜先生，让我的诗焕发了光彩；感谢中国火星车设计者贾阳先生，让我奔向太空宇宙的梦想得以实现；感谢我的家人，我的妻子和孩子，感谢你们的陪伴与支持，让我充满了奋斗的激情和前行的动力；感谢给我帮助和支持的每一位老师和朋友；感恩每一次的遇见，因为你们，让我的生命充满了无限的精彩！

目录

我是一粒沙
我是一滴水
我是小星星
我很渺小

可是
我能和朋友照亮夜空
我能与同伴汇成海洋
我还能为您播种希望
我很伟大

我是一粒沙
心里有一个世界
这个世界里装着我的梦想

我相信
我能跨越高山大川
我相信
我能构筑美丽家园
我相信
我还能奔向太空宇宙

其实
我更知道
我只是那一粒沙

第1章

心驰神往

人的一生由无数个瞬间组成，当下进行时，转瞬成过往，是得是失？是喜是忧？是福是祸？难以致诘，答案也因人而异。何不学陶渊明？悟已往之不谏，知来者之可追。

且看一把沙子，自掌心缓缓滑落，着地、绽开，归于平静，仅在瞬间，一幅虚实相间的画面便呈现于眼前。那是有意和无意共同营造的效果，尽显自然之美妙。那操纵沙子的手，究竟是上帝之手，还是我之手？来不及分辨，也无暇思索，一把将其抹去，如风卷残云，横扫一切。霎时，那些颗粒再度轻舞飞扬、相互碰撞、浑然一体，在光的映照下如梦如幻，似留恋回味曾经的精彩，如激情诉说当下的故事，像憧憬追寻永恒的诗意……

不知为何，我的脑海中时常浮现出一些片段，若近若远，若真若梦。在行走时、发呆时以及诸多不经意间，或在梦里，它们会突然跳跃出来，让我始料不及又挥之不去。越是久远，越发清晰。比如，两岁多的我，站在老家禾场的一块石头上，战战兢兢地向前踏出一步，

仅仅那一瞬间，成为我最初的记忆。踩到了什么？摔倒了没有？结果如何？后续情况已无端沉入脑海。三岁多时，父母将我留在乡下的外公家，他们悄然离去时被我发现，我哭喊着竭力追赶在他们离去的山坡上……他们说两年后才接我回去，可接我时的画面，在我脑海中未留一丝痕迹。五岁左右，在田间放羊，三只小羊受惊欲逃，我死死拽住三根缰绳，急得号啕大哭……羊跑了没？如何收场？这些在我的记忆中也成了谜。十岁多时，我和爷爷在菜地旁的小路上架起一座小木桥，与爷爷扛树的过程以及爷爷的背影历历在目，而那桥的模样却已十分模糊，等等。我深感困惑，为何我的“存储器”里自然留存的是这样一些有头无尾的片段，甚至还怀疑过自己的脑袋是不是被撞过？

仔细一想，应无此事，因为脑袋被撞的片段从未在我记忆中闪现过。

直到有一天，在一个风雨交加的夜晚，我好像找到了缘由。那时，我正在画室潜心练习沙画，尽情享受着创造的愉悦。画着画着，突然，脑海中一道“闪电”划过，那一刻，困扰我多年的谜团瞬间被照亮……

人的出生是个谜，无从选择，也永远弄不明白：在某个特定的时间与地点，“哇”的一声，那个呱呱坠地的生命为何是我？或者说，我为何会诞生在那个时间、那个地点？也无法解释，为何我是黄皮肤而非白皮肤或黑皮肤？当然，这里并非指遗传的概念。关键是，谁也无法预知那个嗷嗷待哺的我，将来是贫穷还是富贵，平凡还是伟大，苦难还是幸福。总之，“我”在恍惚之中，是个难以追问的存在，是个谜，答案需用一生来揭晓，或许一生也未必能解开。

我出生在一个叫“牯牛山”的地方，那里较为偏僻，位于湖南省桃源县境内。自我懂事后，每当查阅中国地图或世界地图，或是偶然转动地球仪的时候，我都会下意识地关注一下它所在的区域。找到那个大概的位置，我仿佛就找到了进入时空隧道的大门，从“大门”往里看去，可以俯瞰那片郁郁葱葱的所在。再俯下身来，那景象会在我眼前越来越近，一幅“世外桃源”的画卷便会徐徐在眼前展开：翠微间零星点缀着三五座木屋，安详朴素；炊烟袅袅，似薄纱曼舞；水田几丘，如嵌在山间的碧玉；花开欲燃，蝶舞蜂飞；溪流潺潺，鱼翔浅底；蝉鸣鸟唱，鸡犬相闻。我能看到“我”，那样子估计两岁多点，站在屋前的禾场上，呆呆地看着前方那块石头，正准备向前跨去……

牯牛山号称“桃源屋脊”，是县里最高的一座山，山下有个村，村以山而得名，叫“牯牛山村”。村中生活着几个家族，他们的祖辈都是战乱时逃难到这里的，几十年繁衍生息，不复出焉，几个家族也自然地融为一体。我们苏氏家族算是其中人数最多的了。

我父亲说，我爷爷排行老二，当初他是带着他的母亲（我叫她婆婆）和他妻子（我奶奶），两个孩子（我大伯、二伯），以及两个兄弟（我三爷爷和小爷爷）漫无目的地逃到这里的。也许他们实在走不动了，或者觉得已经足够安全了，便落下脚来。山头两棵硕大的枫树，风雨

相伴，见证着他们拓荒、扎根、繁衍、生息，转眼便是几十个春秋。

那时，爷爷那辈还有个大爷爷，留在老家新化没有过来，我的三伯父留下来，被过继给了他。据说三伯父对于自己的遭遇一直耿耿于怀，他抱怨这么多兄弟，怎么唯独就落下了他？大爷爷去世后，他也没有过来，或许生性倔强，或许为赌一口气，在很长一段时间里，是在孤独无助中前行的。他很平凡，但靠自己的努力成家立业，创造了颇为精彩的人生。无论是新化那边还是桃源这边，大家都对他赞赏有加。当然，那是另外一条线的故事了，我只是或多或少听说过。我也只在中学时见过他一回。他现在依然是个农民。

我无法体会爷爷那辈人的悲欢离合，他们兄弟的故事更为遥远，可以肯定的是，苦难是主旋律。其实，这边父辈们也都活得不容易，好在苦心经营，人丁还算兴旺。在这片山地上，我爷爷后来又有了三个儿子和三个女儿。我的父辈们也不赖，有的家里有五个孩子。我父亲排行老六，只有我和我弟。加上三爷爷家族和小爷爷家族的成员，可以想象整个大家族的规模了。

我们这个大家族和另外几个异姓家族多有联姻，于是这个村子以及临近的村子，寻根溯源的话都能攀上亲戚。说实话，从我记事起直到现在，我们家的亲戚我就没认全过。

父辈们各有所长，虽然都是务农，但他们当中不乏兼具木匠、瓦匠、篾匠、郎中、厨师、产婆、屠夫、裁缝、画匠、道士等才能的人。那里，天然是一个自给自足、相互帮衬的生态。他们日出而作，日落而息，日复一日地生活在广袤的大山里，无欲无争，怡然自得。如此看来，也不逊于陶渊明所向往的境地。

过年过节的时候，族里老少齐聚一堂，热闹非凡，一改平时的宁静。每有红白喜事，更胜于过节 。一时间，唢呐声、锣鼓声、鞭炮声、猪嚎声、狗吠声、唱喊声、哭笑声、打闹声，熙熙攘攘、沸沸扬扬；香烛、纸钱、对联、帏幔、茶盘、饭蒸、果糖、猪头、整鸡、大肉、烟酒、花生、瓜子等等，交相辉映，让人眼花缭乱；火药味、烧纸味、炝炒味、肉香味、花椒味、桂皮味、酒香味以及各色的人味，阵阵袭来，混杂弥漫……这一切虽显混沌，却又乱中有序，所有的工种分配都了然于堂屋门口贴着的那张或红或白的纸，诸如督管、装烟、奉茶、烧火、煮饭之类的。那一张张朴实的脸，像山花一样烂漫。

谁会想到，在幽深的大山中，不时会上演那样一番热闹？

那里有两件事情给我留下了难以磨灭的印象。

一年春节，父亲和叔叔从外面带回了我们从未见过的大礼花，那年三十晚上的烟花绚烂无比，让我一时无法区分现实与梦境。那是刚上小学时的事，长大后我也多次碰到过类似的更为绚烂的时刻，但儿时的心境再也无从找寻。

还有就是我二姑妈因病去世的时候，我初次体会到一种从未有过的震撼和伤感。二姑妈的丧事办得十分隆重，是我在那里最后一次见证的也是规模最大的一次亲朋聚首。之后，那村子也成了我心中繁华但终将逝去的烟花。那年我正值中学毕业。

二姑妈贤良淑德，勤俭持家，几无瑕疵。她的离世让众人感慨不已，感慨她走得有些突然，感慨她走得有点过早，感慨她本该享福却未享到福。那是死亡第一次真正冲击我的心灵，尽管那时我也算是见识过不少死亡画面的人了。

二姑父是村里的支书、大红人，有口才、有思想、有头脑，他家的房子是村里盖得最气派的。打我记事起，他家就一直在盖房子，到我长大，那房子还在盖。丧事的规模便体现了他在那里的分量和能量。

但那天，我看到了一个强者最脆弱无助的一面。他坐在门槛上，捶胸顿足，不能自已，哭号着说他能看见二姑妈在田埂上，在大门口，在厨房里，在卧室里，在牛栏边，他难以接受二姑妈静静躺在堂屋的棺材里。众多亲友压抑着哭声，强忍着悲痛，一次次将他搀扶起来。只有我那快九十岁的爷爷静如止水，默默地坐在堂屋门旁，一口接一口地嘬着自制的卷烟，静静看着眼前的一切喧闹。

"爷爷，你没事吧？"我问道。

"我没事。"他平静地回道。

说完，他回过头去，看了看堂屋正中摆放着的那口硕大的、乌黑的新鲜棺材，里面躺着他的女儿。他情不自禁地猛嘬了两口，那烟头也随之猛地闪了两闪，像连着摁了两次开关的手电筒灯泡一般。

棺材上的漆面尚未干透，油光发亮，像古镜一样返照着外面的世界——敲锣打鼓、吹拉弹唱、哭喊连天、磕头献礼，一切影子皆在其中，沉静而神秘。

与以往一样，在那纷繁嘈杂的氛围中，我总是对那些挂满堂屋的各类神佛的画像，以及能在如此环境下安心于画画写写的匠人们充满了好奇。我站在他们身旁久久不愿离开。画匠们见状，偶尔也会给我一试身手的机会。我欣然展示，他们大加赞赏，说我将来肯定是个画家。

有个道士闲时为我卜了一卦，他要我手捧三枚铜钱，心中默念自己的梦想，然后再将铜钱抛出，反复几次。道士看后对我说："你将来会上很多电视的。"

"上电视？！"我挠头傻笑着脱口而出，心里虽不大敢信，但颇有些兴奋。脑袋一片空白地看着钱币上"乾隆通宝"几个字，也不知道刚才默念什么来着，只觉得那会儿心里恍恍惚惚的，像揣着炉灶里那团熊熊燃烧的旺火一般。

那时，我总爱站在山头眺望远方。有时在梦里，自己不知怎的，竟拥有了飞翔的本领，只要稍一使劲，就能像鸟儿一样展翅翱翔。可是无论我怎么飞，能看到的永远是那绵延不绝的郁郁葱葱。山的后面是山，山的后面还是山，再后面是什么呢？

到了 2000 年，正值我高中毕业，离去北京还有一个多月，离我为家里购置第一台彩电让家里从此结束看黑白电视的历史还有三年。而我眼中的彩色世界在那一年已悄然打开。

我快六岁的时候，父亲在乡里站住了脚，把我从外公家接了回来。我被接回来的情景，在我记忆里一直是一片空白。从父辈开始，大家族的成员们开始慢慢向外迁移，他们意识到那片土地只适合在乱世保命。我父亲是第一个到乡里来发展的，从某种意义上讲，他走出了第一步，上升了一个台阶，至少他的后代能上正规的学了。正规的学在乡里，但那只是相对村里而言的正规，毕竟乡里也只是乡里。

我从小酷爱写写画画，源于一次父子间难得的亲子时刻。父亲用毛笔沉着地写出一捺，像宝刀出鞘一般惊艳，瞬间俘获了我的心。那一刻，就像打开了一个宝盒，盒中射出万丈光芒，把我的魂全勾了去。当然，更重要的原因是我遗传了父辈的基因。父亲和他的兄弟们在这方面个个都表现出色，譬如我的叔叔，不仅写得一手好字，吹拉弹唱样样能来。可惜他们没有一个在这方面成气候的。不是他们天赋不够，而是那个封闭的环境里长不出这方面的大才。我也是这样，对于兴趣和天赋一开始也没什么概念，一切任其生发、听天由命。直到小学六年级那年的暑假，我终于有机会到常德师范学校进行了一个月的正规学习，那时我才知道有素描、色彩这回事。获得那次机会还得感谢老天让父亲的事业受挫，之前他度过了一段人生的高光时刻。

父亲在乡医院工作，也算体面。在我七八岁的时候，他当上了医院的院长。他技术过硬、兢兢业业、待人和善，坐上那个位子也算顺理成章。他是个正直的人，本分做事是他的原则，但在那个位子上，他一没顾上家人亲友，二也“辜负”了不少外人对他的期望。位子对他来说只是份工作，可是对很多人来说，位子的内涵并没有那么简单。外人包括很多亲友心里都有一个逻辑，那就是，人一旦有了位子，不仅意味着有面子，还意味着会有很多票子。很遗憾，这个逻辑在我父亲身上并不成立。他也许从来没意识到，坐在那个位置上没有最大限度发挥“应有”的作用，其实是一种资源浪费。挡了人家的道，人家泼泼脏水、泄泄愤也就是情理之中的了。

父亲受了委屈，很是郁闷，于是母亲决定带全家人到常德市里去散散心。这里要说明的是，到城里散心在那个年代是个奢侈的想法，不亚于现在去国外度假。父亲是拿不出盘缠的，他当院长几年，家里连台彩电都没有，要知道那时候他单位的员工家里都已经有了。

那一天，他俩的对话我记得很清楚。父亲为难地说道："出去的话，哪里有钱？"母亲二话没说，慷慨地从她绿色的编织袋里拿出一摞整齐的钞票，父亲这才舒展了紧锁的眉头。我们谁也没有想到，母亲居然有这等能力。她总是在家里最难的时候力挽狂澜，任何困难都压不垮她，她常说："一切都会好的！"

那钱是她辛辛苦苦攒下的血汗钱。母亲平时包揽了家务，虽然那不是她的长项，但好像这就是她分内的事。除此之外，她在乡里街道上摆了个服装摊，货品都是从常德桥南批发市场进来的。外人看来那不是给父亲长脸的营生，认为院长夫人在家享清福才是正经事。奈何父亲的工资确实有限，他一个人撑不起这个家，说出来也许没几个人会相信。

到了市里我就有机会学美术了，那次学习，整整一个月，也就是说，我们全家在常德度了一个月的假。父亲母亲在照相馆里合了张影，照片中两人虽面带微笑，但也自然流露出些许憔悴。父亲在相片上写下了四个字——"患难岁月"。但对我和我弟而言，那是段美好的时光。

我从小学直到高三第一学期，在学校里从未遇到专业的美术老师。至于美术课，只是象征性的，时间基本被其他文化课的老师"瓜分"了。对我来说，那是很气愤但又无可奈何的事情，可是又能怎样？到了高三第二学期，学校终于迎来了一位名副其实的专业美术老师，她来时正值我被学校派去省城参加为期三个月的艺考培训。我这个以自学为主的所谓特长生，与新到的专业老师就这样擦肩而过了。

可怜见，我的那点非主流的美术基础！

不过，我这个非主流在非主流的地方可是主流的。无论在小学还是高中，我一直都是老师和同学们眼中最有绘画天赋的人。没有学习的条件，并不能减弱我对画画的热爱，哪怕受到批评和嘲讽也无法阻止我前行的脚步。我是一个有梦想、有追求的人，有一个片段可以证明——在初中的一堂语文课上，语文老师龙丕权先生给我们布置作业，让我们谈谈自己的梦想，我在纸上写道："我的梦想是，有一天在艺术之路上开辟一条属于自己的大道。"

那句话写在纸上，也镌刻在我的心里。

梦想，是在自己的兴趣和他人的赞许中萌生的，这是个很奇妙的东西，它会指引你前行的方向，会让你朦胧地预感到路上的精彩。这些朦胧的精彩会随着时间的流逝变得越来越清晰，最终一步步成为现实。

是梦想所致吧，高三的时候，我内心毫无缘由地冒出一种强烈的预感——我将去北方！

"北国风光，千里冰封，万里雪飘。"毛主席的诗句，还有以他的诗意所作的那幅名画《江山如此多娇》，早已把北方的样子定格在我的脑海中了。我向来怕冷，但自打有了那个预感后，便作了一个勇敢的决定——每天坚持冷水浴，雷打不动。每当下了晚自习，回到住所后，我的第一件事便是冲上几桶冷水，下霜降雪也从不间断。

后来我才知道，湖南冬天的冷比北方一点不差。也就是说，那时在冬天冷水浴确实是具有挑战性的。我的经验是：不能思索过多，畏畏缩缩只会越发觉得寒冷，先接满水，三两下脱去衣裤，深吸一口气，大喊一声，猛地将整桶冰水从头顶倒下，斗志和激情便会瞬间被点燃。冰水经过滚烫的皮肤，蒸腾出袅袅白雾，恍如热水浴一般。那过程畅快无比，令人热血沸腾。冷水浴之后，我还会呼喊着再舞上一通自创的棒法，俨然是电影《少林寺》里的觉远和尚了。

之所以我可以无所顾忌地进行冷水浴和棍棒的练习，是因为我有一个独立的空间，就在老师公寓楼一层的仓库里。这是一个没有粉刷的毛坯房间，有十几平方米，还有扇窗户。对一个黄毛学生来说，那可是十分“奢侈”的待遇了。这一切，都是历史老师黄玉仙女士给我创造的，它不仅给我创造了一个独特的环境，也给我创造了一段独特的校园记忆。

我并非文化课成绩拔尖的那类学生。我想，除了有点所谓的特长外，能获得老师关爱的原因应该是我的人缘还不错，算是一个积极、阳光、责任心比较强的学生吧。同学们也很信任我，选举我当了两年的班长，这估计也是那里有史以来第一个不是靠优异的文化课成绩而“上位”的学生吧。

那是个自由而偏僻的地方，离学生宿舍比较远，检查纪律的老师根本顾及不到。我的任何动向都不影响他人，他人也影响不了我。仓库门前有块水泥坪，正是我舞棍弄棒的所在。水泥坪前是半亩菜地，被青葱绿叶包裹，里面还零星立着几棵具有中学气象的柚子树。菜地前面有一个大鱼塘，混杂地养了一群鱼，偶有红的，个头不大，但十分亮眼。清晨，鸟语花香；夜晚，虫鸣蛙唱。齐白石肯定也醉心于这样的氛围。每当宿舍楼那边的灯光熄灭、万籁俱寂的时候，我还可以在烛光下尽情地遨游书海，累了随时可以出来放松放松。那醉人的夜有如凡·高《星空》般美妙，清新的空气、璀璨的星河、朦胧的月光，尤其是轻盈飞舞的萤火虫像精灵一样点缀在那片梦幻之海中。这一切，都属于我！对彼时的我来说，星辰大海莫过于此了。

早上，我总能在学校起床铃响之前准时爬起来，无需闹钟。有的同学给我起了个外号，就叫“闹钟”，这不仅是因为我有媲美闹钟的生物钟，还在于我起来后不忘义务去唤醒其他同学。

那间小屋被我布置得十分有“品味”。床头挂了一幅自己的得意之作——一个素描羊头骨，装在一个简易的画框内。现在想来十分好笑，那更像是山大王洞穴的排场。黄老师有个卖水果的亲戚，往往会堆放一些水果在里面，有桃子、柑橘、李子之类的，一筐一筐地轮番进出。她特意嘱咐过我，说我可以随便吃。我直肠子一根，倒也真没怎么客气过，只是到后来一看见水果就有些反胃了。对了，我有几位邻居，全是女生，这让很多男生羡慕不已。我那“闹钟”的外号就是拜她们所赐。

也记不得在那里住了多少天，反正有些日子，但似乎又只在一瞬间。幸福就是这样的，拥有的同时也在不经意间一点点地消逝。到现在，也只剩下这么几件事还记忆犹新了，其他的，诸如做过的题、看过的书、尝过的滋味，都悄悄地、渐渐地模糊了。

我想，在那里一辈子压根也不会忘记的事只有一件，那就是：在油菜花抽出了金灿灿的穗子的时候，在蜜蜂飞舞、蝴蝶成双的时候，我遇见了她！那间小屋子成了我们的经历的见证者。我同桌的女生，也是我未来的妻子。这事让我感到既幸福又彷徨。她也和我一样，甜蜜和兴奋中带着羞涩与困惑。

同桌的女生叫小芳，是在高二的时候从别的学校转学过来的。

那是一个阳光明媚的上午，班主任向良成老师微笑着走上讲台，向我们宣布了一个消息，他说：“今天有一名新同学要加入我们班，是从七中转过来的，大家掌声欢迎！”

一位瘦瘦的、黑黑的、面目清秀、眼睛大大的女生从门口闪现出来，马尾辫在脑后紧张地左右摆动。她走到讲台前，面色微红，目光低垂，不敢直视我们。我们的掌声让她越发不自在，那羞涩的样子十分好看。

不知为何，我脑海里突然闪过一道灵光："她是我老婆吧！"这算是预感吗？总之，多年后她真的成了我妻子。

我是班长，新生是要先来我这里报到的。我是第一个记录她名字和信息的人。不一会儿，男生们凑过来向我打探消息，我得意又故作不屑地回应道："去去去，有什么好打听的？"他们笑我装得够可以的。

后来，我们成了前后桌。再后来，我们成了同桌。再再后来，我们之间萌生了一丝奇妙的感觉。我们时常一起漫步在绿荫小道间，时常并肩徘徊在校园的操场上。我们相互吸引又彼此珍重，那是仅仅牵一牵手就会兴奋一礼拜的时光。

含苞欲放的花蕾，蕴含着春天的气息。

她常和闺蜜一起来我的小房子，在温馨而浪漫的小房子里，我们谈理想、谈人生、谈学习、谈快乐、谈忧伤，却把最想谈的内容封在了心口。有时候我们一语不发，静静地、羞涩地让时光悄悄溜走。那是无声的乐章，美妙中伴着淡淡的青涩。对我来说，那还是震撼心灵、催人奋发的进行曲，让我激情澎湃，让我斗志昂扬。我拍着胸脯，豪气地对她说："我现在有两个梦想，一个是成为伟大的画家，一个是让我的妻子成为最幸福的女人。"她露出信任的目光和甜蜜的微笑。

在课本与考卷构筑的"阵地"中，我们转眼又熬过了一个学期，已然到了"决战"的时刻。于家长和老师而言，我们正式步入冲刺阶段，这是决定一生命运的关键节点，容不得丝毫懈怠。高考这头"猛兽"正一步步逼近，我们似乎一个个也在严阵以待。

诚然，能否取得胜利，并非完全取决于城墙的高低以及武器的精良程度，历史书中此类案例不胜枚举。不过，"城墙"堆得越高，给人的心理慰藉肯定也会有所提升，于自己、于老师，皆是如此。但切不要认为这些年轻人都与父母、老师的想法一致，将高考的分量视若泰山。课桌上虽然码起了高达一尺的书堆，然而书堆之后或许别有一番景象。的确，有人埋头苦干，淋漓尽致地展现出囊萤映雪、凿壁借光、头悬梁锥刺股的拼搏精神；有人却时常沉浸于自己的“安乐窝”中，追寻着庄周的蝴蝶；有人大力发扬宋徽宗钻研丹青的劲头，将精力全然倾注于武侠、言情小说之中；有人在这般情境下，不失时机地营造着罗密欧和朱丽叶在阳台上的浪漫与刺激。安之若素者、选择躺平者亦不在少数。

其实所有的一切，都逃不过老师们的法眼。但到了此时，老师们也基本上只是睁一只眼闭一只眼了。该说的、该做的他们都已尽到了责任。生米快成或已成熟饭的时候，顺其自然不失为双方最好的相处之道。先生们最刺耳的话，也莫过于语重心长地再唠叨上一句：“决定你们将来穿草鞋还是穿皮鞋的时候啰！”我们的耳朵早已听出了茧子，丝毫不为所动。有些老师则以行动来助力，他们自发地将自家楼下的仓库空出来，免费提供给那些他们认为有上进心或有希望的学生，让他们有个更好的补习环境。我很幸运，得到了这样的关照、这样的赏识与抬爱。

平心而论，我非躺平之人。我可谓尽心尽力，一方面竭力提升文化课成绩，另一方面在那些并不感兴趣的课堂上“搞创作”。倘若还能找到我当年的某些课本，那必定是一本本精美的画集。此外，还有一个连我自己也不确定对错的尽心尽力之举，那便是维护着那份刚刚萌芽的感情。那种感觉，会让人心里不由自主地产生一种愧疚感，可又深陷其中无法自拔。这绝非仅靠理性便能解决的问题。我深知她也是如此心境，欢喜与困惑交织，希望与忧虑并存。我们都明白，高考亦意味着分别，所以彼此格外珍惜尚能共处的时光。

我前面说过，在大部分师生的心里，我是属于有天分、有才华的人。凡是学校举办的文艺活动，只要我参加，一等奖几无旁落；我很讨喜，人缘好，老师喜欢，同学关系处理得也不错，因此被大家推举为学校和班级的干部；我有自由，别人在枯燥的考题中煎熬的时候，我能名正言顺、堂而皇之地在学校新修的画室里画画；作为特长生，一旦过了艺考分数线，便意味着高考的文化课成绩可以加 100 分；我有个女朋友，叫小芳，长得好看又善良，一双美丽的大眼睛，马尾粗又长。这些已足够我成为校园里“焦点人物”了。我虽非骄傲自满之辈，但还是免不了招致某些人的嫉妒与刁难，有两三个男生就一直跟我过不去，处处与我为难。尽管我努力向他们释放善意，终究无济于事，最后也就作罢了。用现在的话说，只好将他们“拉黑”。完美的事情是不存在的，何况要做的事情还有很多。

特长生的第一要务是让专业课成绩过分数线。离全国统考还剩三个多月，为确保能通过，学校派我到省城参加为期三个月的专业培训，直至考试结束。这也意味着，那三个月我得放下所有的文化课。我的文化课成绩本就一般般，偏科偏得也不赖。别人我不知，但我这个特长生有特短的项目，比如必考的数学和外语都弱得跟林妹妹似的，天天进补也不见效，补多了还上虚火。胖子可真不是一天吃出来的！

临行时，我透过窗户看着教室里正在埋头苦干的同学们，暗自庆幸。这几个月，他们还得继续在那一堆堆书本和一捆捆白花花的试卷中煎熬。可怜的同学！可怜的小芳！阿弥陀佛！

爱情有毒！让人上瘾，欲罢不能。身陷其中，有时让人心乱如麻。如何才能走出迷惘？临行前，我从“宋徽宗”手里抢来了一本琼瑶的小说——《水云间》，连夜将其读完。本想着学习一番，为爱情的困惑寻找一个完美的解释，不承想不但没有找到答案，而且进一步迷失

在“水云间”了。不过，书中男主角“梅若鸿”对艺术和爱情那种无所畏惧、义无反顾的态度倒是很感染我。也许态度就是一种答案吧，不知琼瑶阿姨是否认同？

其实，不是自己不明白，而是不敢面对而已。真正困扰我的不是爱情本身，而是不断向我们走近的离别。我们将暂时分别三个月便已十分不舍了，而这还只是个前奏。贝多芬《命运》交响曲开篇那撼人心魄的“当当当当”几下，正契合我们的心境。不忍想象，毕业时刻的分别会是怎样的？会有结果吗？每想到此，我立刻打住思绪，一如《命运》结尾那短暂而铿锵的休止符。焦虑迷茫不能自已的时候，我对自己说：“所有的分别都是暂时的，她一定是我未来的妻子！”

我知道我要“起飞”了，曾经多少次站在山上眺望远方的我的身影，一次次浮现在我眼前。

我和父亲从乡里坐早班车，约半小时到镇上；从镇上倒中巴车到县城南站，大概一个半小时；从县里坐中巴车到市里南站，一个多小时；

从市里乘大巴到省城的西站，花了五六个小时；从西站再倒了两趟公交车，这才到达目的地——湖南师范大学。

路上的景象让我应接不暇，心想倘若自己一个人，肯定走不了这么远。我不由得对父亲有些崇拜，因为他还出过国，去过缅甸。

这是我第一次来省城，有些紧张，更多的是激动。我们按照路线很快就找到了“老唐画室”，这是来时学校领导推荐的地方。画室在一座小楼的三层，创办人唐本佳先生是师大的老教授，也是桃源人。老先生很和蔼，满口家乡话，让我们倍感亲切。办完手续，我们在附近租了个床位，大体安顿好后又去师大对面的商店购置画材物料等，全部弄好后才松了一口气。我注意到，师大周围画室林立，大大小小的估计有上百家。街上和巷子里到处可见背着画板的学生，来来往往，摩肩接踵，像潮水一样涌动。我感觉自己一下子就被这滚滚的大潮所淹没，来不及泛起一丝浪花。

“这些都是来接受高考美术培训的？怎么有这么多学画画的？！”我突然感到有种莫名的恐慌。

“湖南好大呀！”我自言自语道。

来之前，我自认为通过艺考分数线是十拿九稳的事，可没想到画室的摸底考试，我排在了倒数的位置，信心立马打了个对折。全省的高手都在这里，非主流的水平怎么是对手？

晚上，我躺在床上无法入睡，父母、老师、小芳一一浮现在我眼前，他们用期待的眼神看着我，一个个对我说着：“你一定行的，我相信你！你一定行的，我们相信你！”

“行吗？”我回道。

太阳出来的时候，我如向日葵一样，又昂起了自信的头，做好了一切从头开始的准备。消极的情绪在我这里一般只能混上个一天半日，因为我的血液里除了父亲赋予的艺术细胞外，还有来自我母亲的乐观基因。

“一切都会好的！”我对自己郑重地说道。那也是我母亲常说的话。

我的确是从“头”开始的。第二天我剃光了头发，以此明志，我要让我的技术每天像头发一样见长。剃光头，其实也有现实的便捷，那样还可以节省洗头的时间。

那是我人生中第一次奋发图强，就像按下了启动键的动车一般，不可阻挡。从此，我每天六点起床，晚上十点回住处，除了吃饭、睡觉、上厕所，几乎把所有的时间都用在了画画上。“闹钟”的精神就是这样的，早出晚归，从不误点。老唐教授为了方便我学习，让我掌管画室的钥匙。从 3 月到 6 月，我仅洗了三个痛快澡。那也是我头一回体会到：全力以赴，能产生极致的快感；忘我之境，能领略到极致的美妙。

转眼三个月过去，我可以代替老师来批改学生的作业了。自然，我也顺利地通过了艺考，成为我们那届唯一一个专业过本科分数线的人。

哪里有天才，我是把别人喝咖啡的时间都用在了工作上。鲁迅先生此言不虚。能专心致志、坚持不懈，就是天才，也一定能够创造奇迹。艺考的经历，让我意识到最有效的学习之道就是下笨功夫。后来无论我学习、钻研何种技艺，譬如书法、口技、魔术、沙画等，都是这样对待的。

多年后，只要有机会回到长沙，我就会抽时间去师大一带看看，看看那个奋斗过的地方，寻找从前的影子。初次回去时已是十几年后的事了，奈何岁月改变了一切，那里已变得面目全非。当年沿街林立的画室早已被幢幢高楼取代。我隐约还能寻觅出师大门口斜坡的位置，沿道缓行，仿佛又置身在那个青葱的时代，又融进了那摩肩接踵、沸沸扬扬的人流中。我看到那个光着头的“我”，匆匆地、头也不回地从身边掠过。我知道，他匆匆忙忙要赶往何处；我知道，他的心里装着一团火。

再后来，那个斜坡也找不到了，只在脑海里残存着些许片段。

那时候有个时髦的训练方式，就是晚上去火车站画速写。

速写是必考科目，大家不得不认真对待。练习速写，火车站无疑是个绝佳的去处。尤其是组团去，大家兴致更高，因为那样很容易将候车室营造出画室的氛围，使得我们更为从容。

我们背着灰绿色的画板，一个个神气地向人群中走去，每次都能吸引诸多目光。初学画画的人是很得意那种状态的。当然，我们也十分好奇那些来来往往的人，好奇火车站的一切。说实话，之前我只在电视里见过火车呢！

火车站的气势让我心生敬畏，喧嚣的人潮和洪钟似的广播将我压缩了好几圈。我四下张望着，不敢有一丝松懈，紧跟着前面人的步伐，生怕一不小心会被什么莫名的东西给吞没了。

我们挑好了一间候车室，然后分头去寻找心仪的“模特”，往往一画一整晚，一个晚上能画出几十张画稿，累了就在椅子上打个盹，醒来接着画。有时候，我画着画着入了神，迷离恍惚中，竟分不清自己身在现实还是身在梦中了……我背着画板，站在车水马龙间，一切都在静音的状态。前方的大灯直射着我，晃得我睁不开眼，我用手遮挡眉头，艰难而竭力地向前探望着，想尽量看清前方的路，奈何前方只有一片混沌和迷茫。我大声呼喊，但无济于事，听不见任何声音，包括我自己的呼喊，一切浑然融于真空之中。我焦急、彷徨、恐惧、无奈……不多时，终于听到滚滚“闷雷”，由远至近，一辆呼啸的火车向我袭来，转眼间近在咫尺，刺眼的灯光像夏天的烈日笼罩全身，一声“巨雷”猛地在我耳边轰然炸裂……

“各位旅客请注意……”沉闷的广播将我惊醒。

我定了定神，拭去额头的汗珠，看了看墙上的钟表，已是半夜。我从地上捡起画笔，环视周遭，眼前“摆设”有无数免费的模特，各色姿态应有尽有，自然生动、和谐优美。候车室真不愧为最佳的写生场所，我的兴致立刻又提了上来，放眼望去，有熟睡的婴儿安详地躺在母亲怀里的；有五六个蓬头垢面者，围躺在一堆麻袋旁的；有小两口在角落里相依相偎的；有无所顾忌、逍遥地横躺在几张连排椅子上的；有行色匆匆的；有眼神痴呆的；有流哈喇子的；有呼噜震天的……还有几个“各具特色”的乞丐晃悠其间。铅笔在纸上发出沙沙的响声，将我的思绪也发散开来，我在想：这些人都是从哪里来的？要到哪里去呢？这里算是人间百态了吗？

墙上的老电扇，吃力地摇晃着脑袋，任它怎样坚持，也无法驱散那沉闷湿热的魔罩。

“前往北京的旅客同志们请注意，前往北京的旅客同志们请注意……”广播里又传来声若洪钟的通知，我扭头朝正在排队集结的检票口看去，“长沙—北京”的站牌十分醒目。“北京——”这两个字在我心头咯噔了一下，天安门上悬着一轮红太阳的画面瞬间占据了我的脑海。“北京，首都，天安门，那地方应该很冷吧？”我喃喃自语道。

为什么那两个字会激起我心中的涟漪？是在预示着什么？

那天清晨，我依旧早早来到画室。画着画着，肚子咕噜咕噜地叫了起来，我抬头看表，是该吃早点的时候了。我放下笔，走出画室，锁上门，下楼，沿着坡道向师大门口方向走去。

这是一条长约百米的小吃街，人潮涌动，热火朝天。一家家小餐馆早已把大小蒸笼垒得高高，有包子、烧卖、米粉、油条、馒头、豆沙包、豆浆之类的。那些餐馆的人员，嗓门儿极大，叫卖声连连，竞争的激烈程度不输艺考。我买了一杯豆浆、三个包子和两个烧卖，手提塑料袋站在街边吃起来。不远处的师大门口更是热闹，人头攒动，门旁的铁栅栏上挂了一条横幅。我感到好奇，边吃边走了过去。横幅上打头的赫然是“北京”二字！

原来是个某大学的招生点。横幅前方一米开外横着一张长条桌子，桌上堆放着两摞材料：一摞表格，一摞招生简章。两个招生人员主次分明地站在桌后，其中那个为主导的四十多岁的男人，正操着一口纯正的普通话，慷慨激昂、铿锵有力地演讲，颇具风采。路过的人稍作驻足，便会很快被他的磁场所吸附。他说道：“我们北京某某学院……”

“北京”二字从他口中蹦出，直接蹦到了我的心坎上，引发了一股“电流”，激起一阵悸动，乃至后面的名头我也没记住。我的目光跳过他俩，盯着横幅再仔细地扫视了一番。他所说的那所大学似乎很不错，还说填表就有机会上。我感到有些不解，心想：大学不是得考过了才能上吗？怎么还要打广告来招生呢？

围观的人越来越多，只见那男人越发神采飞扬，滔滔不绝，有一股改天换地的气概，散发着我从来没有领略过的魅力。哦，也不是没见过，在革命题材的电视剧里，领袖们演讲都是这般。

我将手中的食物包好放进兜里，挤到跟前，认真地听起来……

大致意思是这样的：这是一所民办学校，和北京两所公办大学合作办学，学校的教师大都是从中央美院和中央工艺美院请来的教授。高考没有通过的话，也能上他们的学校，将来依然能获得公办大学的毕业证。

“真有这等好事？！”我感到不可思议，既能学到真本事，还有绝对保障，何乐不为？那简章上的内容堪称震撼，一张张精美的照片彰显着他们的实力：只见学校现代化的大楼林立，坐落在花园之中，比湖南师大的环境不知要好多少倍。突然，我脑海中又蹿出一股电流——“北京”不就在中国的北方吗？我那朦胧飘忽已多日的预感，该不会，就是那里吧？去北京！那可是我想也不敢想的地方啊！

那会儿，我的目标已悄然变得清晰明了起来，我仿佛已看到自己站在天安门前。我会心地笑了笑，有种武陵人复行数十步后的心境，随即将个人信息和家庭住址填到了他们提供的表格中。“不一定用得上，多一份保险也行。”我在心中说道。填毕，我匆匆返回画室，一路上，脑海里不时浮现出冬日里冷水浴的片段。“指不定就是北京！”我又在心里说道。

谁会想到，一次不经意的遇见，一个小小的举动，却是在作人生的抉择呢！也不知是自己掌握了命运，还是命运的安排，总之，所有的因缘际会集中到一个时空点，让我自然而然地走上了一条未知的路。原本我面前似乎有一条更清晰或者说更宽广的路，就在那一刻，那条路与我渐行渐远，直至消失在视野中。后来我无数次思考过，假如那天早上我没有走上前，没有填那张表，现在的我会怎样？那已经是一个永远解不开的谜了。

填一张表只是十来分钟的事情，过后我也很快把这事抛在了脑后。殊不知，那个片段在多年后一次次地在我脑海中翻起感慨的浪花。那个看似随意的举动，让我很长一段时间里在后悔和庆幸间不断摇摆。至于那张表的样子，还有它的颜色，都已统统沉入了“海底”。

三个月后，我顺利地走完了培训及艺考之路。回到学校，我又见到了朝夕相处的同学们。我的发型引得他们发笑。他们不知道，这三个月我已“脱胎换骨”了。虽然那时候还没有接到过线的通知，但我成竹在胸。

果不其然，我过本科线的消息很快传来。虽有心理准备，但我还是喜不自胜地手舞足蹈了一番，禁不住反复高歌《我的太阳》：“啊，太阳，那就是你，那就是你！”

老师和同学们也为我的初战告捷感到高兴，尤其是她，我的“太阳”——小芳。可是她似乎被乌云遮住了光芒，比三个月前憔悴，笑容里也明显带着忧伤。“决战在即，只剩下最后一个月了，我们必须全力以赴。”我鼓励她，她微微点了点头。

该来的还是要来的，高考这头“猛兽”已在跟前，虽看不到它那张牙舞爪的样子，但依然袭来一种无形的压迫感。我们也不知道是否做好了应对的准备，既兴奋又忐忑。班主任开始给我们召开战前动员大会了，他像“统帅”一般，充满必胜的信心，不断鼓舞我们的士气。

班主任向老师，个子不高、其貌不扬，还有些秃顶，头上婉转而倔强地盘旋着一圈略微发黄的头发。他平日里不苟言笑，其实很和善。他心中其实对某事已作决定，却会以商量的口吻输出，让人无法招架。他是中途调到我们班当班主任的，之前是教初中的老师，后来通过自考取得了教高中的资格。他的故事很动人，本是励志的对象，但在有些老师眼中，甚至在很多学生眼中，他的资格和他的外貌可以等量齐观。我从那时候开始意识到，人性很多面：会以貌取人、以文凭取人、以出身取人、以背景取人。向老师一向淡定从容，不为外界所动。

他十分负责任，责任心强到让我们有时透不过气来，或许他是把我们当作自己来对待了。譬如，很多次在放学的当口，他悄然而至，强行补课，没有任何商量的余地。他不说上课，也不说下课，先是沉默地写一番板书，让我们慢慢进入节奏，直至开始授课，课中兼带着讲些让我们早已听得麻木的道理。他善于苦口婆心地说教，从不动怒，譬如“蚂蚁啃骨头”这几个字估摸着对我们说了有几千遍，我们面上和他一样波平如镜，心里却是波涛汹涌。或许是耳中有了茧子，已练就了屏蔽某些信息的功能吧，他直陈的道理，我们未必领情，只觉得枯燥无味，而那些蕴含道理、独特而鲜明的比喻倒是很合我们的胃口。那也是他的长项，他的比喻生动而不失幽默，给我们的课后生活平添了不少谈资和乐趣。待他昂首挺胸地踩着碎步走远，我们立刻掀起一轮模仿他的带有咸味的高潮。大家私底下给他取外号，也常拿他的塑料普通话开涮，算是解恨或解压吧。

愣头青们哪知先生的良苦用心！道理一如美酒，涉世未深的舌头怎能品出“陈酿”的芬芳？他是真的也是一厢情愿地把我们当成了他自己，而我们以后再也难以遇到那样一个他了。

动员课上，他未讲任何大道理，全是考前准备和心理辅导的内容。大家都竖起耳朵，全神贯注地聆听着，不敢有丝毫懈怠，个个神情犹如即将接种疫苗的小朋友一般。平日里一本正经的老师，竟吞吞吐吐地建议女生们，如果考试那几天赶上生理期的话，可以提前吃点避孕药来应对。我们听闻此言颇感意外，男生们互投眼色，忍俊不禁，女生们则害羞地低下头，仿佛自己做了什么羞事一般。

那是我们在教室里的最后一堂课，空气中弥漫着轻松和谐的气息，全然不见往日的沉闷。交谈声此起彼伏，欢笑声清脆悦耳，掌声热烈激昂。教室里满是纯粹的笑容，窗外洒进明媚的阳光，耳畔传来此起彼伏的蝉鸣。这一切相互交融，汇聚成了一段令所有师生都难以磨灭的珍贵记忆。

我们的学校坐落在桃花源中，桃花源乃是桃源县的一个小镇。然而，镇上的学校并未设立考点，我们不得不前往县城参加考试。这颇有些讽刺意味，想那南阳刘子骥穷其一生都未能寻到的地方，这里的人却要自己跑出来；也不是自己要跑出来，是为了考试；也不是为了考试，是为了将来，为了将来能离开这个世人向往的桃花源。

我们在考试的前一日来到县城，被统一安排在县妇联旁的酒店里。烈日炎炎，湿热难耐，让人不免焦躁。但焦躁的是那些陪同的老师和家长们，至于参加考试的人也顾及不了这些了。考试持续三天，待考完，喜乐悲哀皆有上演。有的欢欣于考前押题之准，有的遗憾于平时努力不够，有的庆幸于超常发挥，有的沮丧于疏忽大意，有的信心满满，有的心灰意冷。我是个天生不感冒于过去式的人，倒是更关心小芳的发挥。

我来到她的房间，她正在与几位要好的同学交流。墙上的电视孤独地在一旁忽闪忽闪。她平静地向我投来目光，几个闺蜜也转过头来，房间即刻安静下来，电视的声音这才凸显出来。她问我考得如何，我说一般般。此时电视里传来伍佰那歇斯底里的呐喊：“答应我，假如要离开我……”

“哭天喊地、要死要活的，唱的什么呀，难听死了！”我下意识地关掉了电视。

我那花季雨季般的青春！我那朝夕相处的同学！我那清纯美丽的姑娘！难道一切就这样结束了吗？我看着她落寞的样子，惆怅不安；她看到我惆怅的样子，黯然神伤。

“明天”是个无情的存在，它带着冷笑向我们走来，然后将我们从学校赶走，还要一步步赶走我们的青春。我面对着校门，紧盯“桃源二中”几个遒劲的大字，思绪万千。良久，我背上行囊，依依不舍地与朝夕相处三年的母校作了最后的告别。

离开校园后不久，我们一众好友相约在凌津滩，在同学华姐家欢聚一堂。华姐家有一艘渔船，在她和她弟弟的引领下，我们尽情畅游了美丽的沅江。这种带有仪式感的告别美好至极，一生仅有一次。

沅江之美，美不胜收！倘若黄公望、王希孟得见此景，定然还会有绝世佳作流传于世。蓝天澄澈，碧水潋滟，白云悠然，青山巍峨，小船悠悠，白鹭翩翩，歌声婉转，笑声清脆。此般景致，如诗如画，如梦如幻，唯有青春与爱情可与之媲美。船将驶向何方，我们并不挂怀，我们在乎的是相守与同行。我们每个人的脸上都洋溢着灿烂的笑容，那笑容与船儿荡开的波纹同频共振，勾勒出一幅幅充满律动的绝美画卷，仿佛要将幸福的滋味洒向无际的天边。那一刻，我们忘却了所有的烦忧，尽情沉醉于眼前的一切。

沉浸在幸福的时刻，人们往往浑然不觉又一个“明天”的悄然到来，或是毫不在意它的临近。殊不知，此时的“明天”就如同那流淌的江水，波光粼粼只是它的表象，实则暗流涌动。当我们得意忘形之际，它也在暗自得意地观赏着我们、等待着我们、催促着我们。唯有在

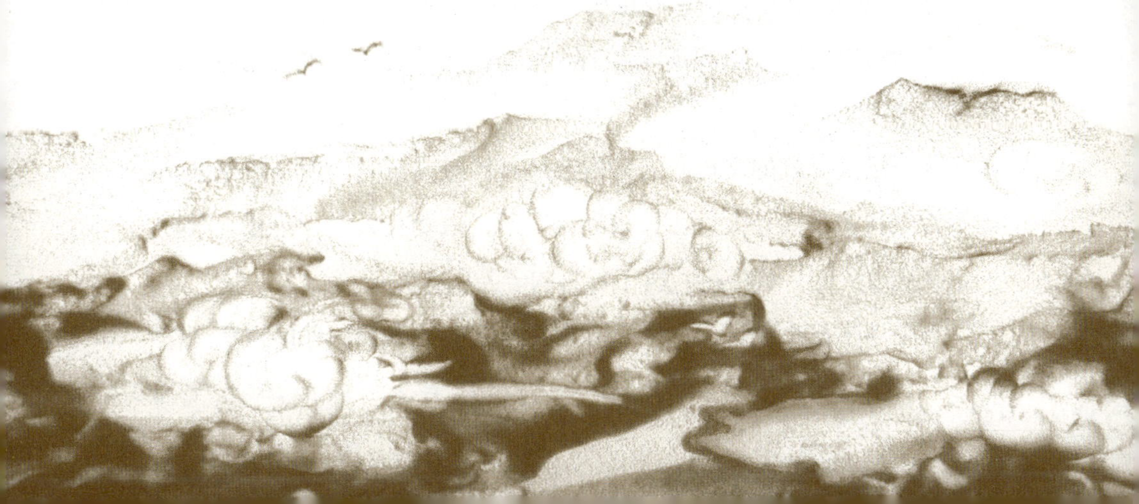

分别的那一刻，我们才猛然惊觉它的无情、冷酷与可怕，而那时的我们只能眼睁睁地、无可奈何地看着眼前的一切，被它一点点地淹没吞噬。

回家后，我在忐忑中静待录取通知书的到来。除此之外，满脑子都是小芳，一日不见如隔三秋。

我终于找到了一个既能寄托相思又可打发时间的事情——画画，画她，画在船上的她，我要把她最美的瞬间定格到画板上。我找到一块三合板，挤好颜料，摆开架势，一笔一画地将思念呈现在画板上。父亲看出了我的心思，但佯装不知，默默地帮我做了个画框。

父亲是个医生，中西医皆能，人人都认可他的医术，都认同他的医德。他写得一手好字，还擅木工活儿。不知为何，他浑身的本领却没让家里过上踏实稳定的日子，以至于当上院长时也没什么改观。他也努力过，或许是时运欠佳。做画框是很能代表他的生活态度的，他愿意默默地做着他自认为眼前该做的事情。

我端详着已装好的画，无数个美好的瞬间又闪现在眼前。在河边、在船上、在山坡上、在花丛中，那些美好的地方都留下了我们爱情的影子。我在她旁边画了一个梨，其实在船上时，她旁边并没有那个梨。鬼使神差地加那么个东西，我也说不清楚为什么。

高考结果出来了，她没能考上。我因为几分之差与本科无缘，最终被常德师范学院录取。

这个结果，我的父母和老师们都还是比较满意的，尤其是母亲，她不希望我将来离她太远。校领导也表示，只要我大学一毕业，学校一定会接收我的，这就是我脚下已有的一条阳光大道。

有个老师打来电话，说家里若能出得起一万块钱，他能帮我运作争取本科。父亲动过这心思，我却没那个想法。自己的本事不够，让家里垫钱的事我是不会干的，何况家里的经济现状也支撑不了。那时，我心里早已有决定。

在常德师范学院的录取通知书到达之前，我已收到好几份“大学”录取通知书了。其中一个我有过接触，正是不久前在师大门口填过表的。而其他几个，我此前并无接触，不知怎的居然也给我发来通知书。

“北京”二字打头的通知书映入眼帘，让我激动不已，随即认定那就是我要去的地方。“对，我要去北京！那是让我心驰神往的地方，冥冥中我一直在为它做着准备，是的，就是它！”想到此，我激动得快要跳起来。

“北京，是北京呢，首都！我早就知道要去那里的，我现在一点也不怕冷。关键是那个学院的学费只要四千块钱，比师大实惠多了……”我极力想说服父母，那兴奋劲和认真劲不输《水云间》的梅若鸿。他们也真的被我说服了。

我上大学的同时，弟弟正好升高中，家里根本负担不起我和弟弟两人的学费。很快，家里张罗起升学宴来，也是为了筹集兄弟俩的学费。酒席上，亲朋好友、邻里乡亲都来道贺，父亲强撑着一张笑脸迎来送往。

“贵公子考上北京大学，真是可喜可贺啊！”有人说道。

父亲和我顿时尴尬不已，我连忙解释道：“不是，不是北京大学。”

“反正在北京，北京的大学就了不起，了不起！”

“北京新时代艺术学院，好像是所新的大学吧？”

“苏医生的儿子从小就喜欢画画，将来就是要当画家的……”

他们你一言我一语地聊了起来，一会儿，话题就跑到了乡里历届学子所考大学的排名和档次上来。

父亲欲作进一步的解释，我拦住了他。鞭炮声响起，我借口去买东西，漫无目的地走出去一里多路，脸上像爬满了蚂蚁一般。头顶“喳喳喳”的几声掠过，我抬头望去，几只竹鸡已往那竹林深处扎去。

弟弟急匆匆地跑过来，说道：“你怎么跑到这里来了？刚才家里来了一条蛇，把常德的唐阿姨咬了，快回去吧。”

“有这事？快走！”

我们随即往回赶去。

我没有邀请小芳来参加我的升学宴，我知道她这段时间心情低落。她在电话里说不打算继续上学了，准备南下深圳，她表哥在那里开公司，先去投奔他。我要去北京的事不想让她过早知道，因为离别意味着天各一方，一直没忍心告诉她。

临行前，我托人给她带了封信，然后怀着无限的忧伤和无限的憧憬踏上了前往北京的征程。

亲爱的小芳：

见字如面！

我要去远方了。有些话是一定要对你说的，这些话在我心里憋了很久，我一直没忍心说出来。

离别的这一天总是要到来的，你为你的将来，我为我的前途，我们将各奔东西。不管怎样，我相信，时间和距离阻挡不了我们的爱情，终有一天，我们还是会在一起的。

在师大的那段日子里，我真正体会到了爱情的力量是无穷的，它激励我奋发向上，让我为了目标愿意全力以赴。我知道，这次取得的成绩与你是分不开的，我的录取通知书也是我们爱情的见证。我要告诉你，通过这次拼搏，我发现了一个秘密，那就是人的潜能是无限的，真的！

我要去北京了，那是让我心驰神往的地方。我知道那里有我的一片天地，那里能实现我的梦想，能实现我们的梦想！祝福我吧，祝福我们吧！

我对你的爱是真挚而热烈的，心中有你，就会拥有无限的动力。为你，我会自强不息，为你，我会更加努力！希望你也能好好地保重自己。我们的爱情是如此的美好，我深信，你也要深信，我们一定会有未来的！相信我，相信自己！

你说你将来不读书了，这的确是件遗憾的事。可是我想说，路是人走出来的，天高任鸟飞，条条道路通罗马，只要时刻不忘学习，时常想办法充实自己，前途也一定是光明的。我们一起努力、一起加油！

送你一首歌——《大约在冬季》。我会在寒假时回来的，到时候我们老地方见。

我会天天想你的，祝福你！

我一定不会错过你的，我爱你！

闹钟

2000 年 8 月 25 日晚

第2章

初到北京

我与父亲是乘坐绿皮火车前往北京的，在车站时，便觉人潮汹涌，上了火车后更是拥挤不堪，四面水泄不通。起初，大家尚且比较矜持，人碰到人时，彼此反应还算灵敏，也多少保有互相礼让的美德。然而不知从何时起，人群已然变成了热锅上烹水后的年粑，毫无彼此之分。就连座位底下也横七竖八地躺着人，恰似一堆搓散的麻将。若站着，便如陷进泥泞之中，偶然拔出一条腿舒缓片刻，再放回去几无可能，最后只好试探着将腿搭在那已被占据的位置上，竟毫无反应，如此，便顺理成章地固定了这个站姿。为节省开支，我们买的是站票，原以为有个立足之地即可，没料到这一路竟被逼出了“金鸡独立”的功夫。满车的汗臭味令人窒息，可即便如此，依旧掩盖不住我们内心的激动与喜悦。

车厢里的盒饭价格贵得令人咋舌。一路上，我们还是忍痛吃了一顿。我边吃边抱怨：“爸，你回去的时候要多准备点吃的，可以多买点面包。”“面包有什么好吃的，备点方便面才好，要那种香辣味的。”

他回应道。

这是一段漫长的旅程，对父亲而言，也属首次带我出这么远的门。多数时候，我闭目聆听着那车轱辘不知疲倦地发出的沉闷而厚重的滚滚声响。那声响节奏稳定，竟能与我肠胃的咕噜声和谐共振，时刻牵动我的心绪，使我得以暂时屏蔽车内的嘈杂喧嚣。那些此起彼伏的雷鼾声，以及幼儿撕心裂肺的哭闹声，听得久了也就习以为常了。唯有这滚滚的声响蕴含一种奋进之感，让我望见前方的希望。饥肠辘辘之声，更多是凭借肉体的传导所感知，它不时提醒着我，使我在恍惚中始终保留着一丝清醒，生怕睡过了头而错过什么。不时提醒我的，还有那推着小车、叫卖着穿过车厢的列车员。要知道，我想去趟厕所，不过十来米的距离，都得鼓足极大的勇气才行。他们来回穿行的功夫着实了得，令我很是佩服。车厢里的情景，犹如打完仗后的战场，蒋兆和先生若是看到，必定会获得不少灵感。在那里，时间仿佛停滞了一般。

出乎意料的是，仅仅熬了一天一夜，我们居然就到达目的地了。那个遥远且向往已久的北京似乎比想象中要近。车厢里的广播传来舒缓的音乐和播音员亲切的声音：“亲爱的旅客朋友们，列车很快就要进站了，我们已到达首都北京……”

“北京！北京！我来啦！”我的心在呐喊。

我睁大双眼望向窗外，渴望一睹伟大、庄严的首都风貌，然而映入眼帘的只有一排排灰扑扑的平房。这就是伟大的首都？祖国的心脏？没错吧？之后广播里说了什么，我已无心聆听，激动和疑惑交织在一起，小心脏有种想跳出胸膛的冲动。

父亲身上的疲惫感此刻也已烟消云散，他豪情满怀，犹如《智取威虎山》里李勇奇看到了自己的队伍。他是老党员，第一次来北京的兴奋劲一点也不亚于我。我忽然发现，被折腾了一天一夜的人们瞬间都似打了“鸡血”，急不可耐地整理着行李包裹，还有自己的形象，车厢里弥漫着沸腾的气息。昨晚车厢里搓散的“麻将”，此刻已井然有序地排列开来。

下了火车，我们随着人流向出口涌去，像泰坦尼克号上掉进大海的难民一般，几经折腾后终于浮出了水面。

“什么是小巫见大巫？那就是长沙火车站比北京西客站！”我感叹道。

我们手提着行李，呆立在硕大的楼柱下良久，看着眼前的景象有些不知所措，久久没有迈开步子。我又情不自禁地说道：“爸，这是纽约吧？”

父亲是家中唯一见多识广的人，去过不少地方，还出过国。他紧闭着嘴，盯着前方，眼神格外明亮，一副思绪万千的样子。听了我的话，半晌他才从鼻腔里淡淡地滑出一个字：“嗯——”

如果校方要求我们自己去找校区，我想仅车站里就够我俩绕的了。还好，按招生简章上的指示，我们可算找到了学校设在车站的新生接待处。那里赶集一般汇集着各类学校的接待点，全是以“北京”打头的学校，细看名称都算不上什么名校。我们来回寻摸了两排摊位后，“北京新时代艺术学校”几个字跳到我眼前，一股暖流顿时涌上心头。我快步走过去，见到接待的人员仿佛见到亲人一般。

“亲人”见到我们却不冷不热，尤其那位身材壮实、皮肤黝黑的男工作人员，爱搭不理，眼神游离，左顾右盼，不说话时眼珠朝上翻着。我们初来乍到，有些心虚，虽有不悦也不便计较。

一会儿来了位面目清秀、一脸和气的女生，也是前来报到的，后面陪同的是她父亲。估计他们也是热脸贴了冷屁股，颇感气愤。同样的经历，使得我们之间的交流很快变得亲切起来。

那位同学来自石家庄，身着洁白而洋气的连衣裙，热情大方，说话的声音很清脆。“您好，我叫王雅。”她主动介绍道。

简单的几个字，是我平生第一次面对面听到的最纯正、最动听的普通话，比师大门口招生的那人说得还要好听。互报名字后，我多是倾听，说得少，怕自己的乡土气息被人笑话。我没忘记，那些操着一口长沙塑料普通话的人也取笑过我。

同样是纯正的普通话，从那位接待我们的黑壮兄嘴里吐出来，却是另一番感受，让人生厌。他绷着脸，似管家发配长工一般，没有一丝人情味。

“你、你、你们俩一车，跟着我。”他话音未落便转过身去，头也不回地甩手向外走去。我们几个急忙跟上。

我们肩扛手提，气喘吁吁地跟着他来到广场。他招呼了两辆出租车，他一人坐一辆，我们四人坐一辆。

汽车开动的那一刻，我的血液这才恢复正常的运转。我憧憬着一个宏伟庄严的大学之门正向我们张开怀抱，嘴角不由自主地上扬，呼吸也变得舒缓起来。

行驶了一阵子后，眼见前方驾驶台计价器的数字不断攀升，我深吸一口气，徐徐呼出，心想在地图上学校离西客站似乎并不太远，怎么还没到？计价器的数字多蹦一个，我的心也跟着咯噔一下。表上显示的费用已超过我们从乡下到市里的票价了。

我的心估摸着咯噔了二十多下，汽车驶入一个胡同，在胡同里前行了两分多钟，见墙左拐约二十米的地方总算停了下来。我长舒了一口气，知道父亲也有同感。

两位父亲正抢着结账时，那黑壮兄在外喊了一声："下来吧。"那语气像是在押送犯人一般。我和王雅先行下车，我即刻去取后备厢的行李。

"这就是学校？没搞错吧？"只听王雅惊讶地说道。我抬头一看，也大吃一惊。我们手提着行李，在学校门口呆望了半天也没有回过神来。

只见门楣上青黄相间的茅草随风摇摆着，有幸灾乐祸之态。我们一个个沉默着、疑惑着，仿佛半身浸在冷水之中。那情形正合百老汇《歌剧魅影》的前奏，有大难临头之感。大门并不宽敞，像个佝偻着身子的老头，让我想起《巴黎圣母院》的卡西莫多。灰褐色、残缺不全、已有包浆的砖面，附着几条灰白相间的石灰痕，痕底还悬挂着几个小小的钟乳石，王式廓《血衣》里那张老妪的脸浮现在我眼前。门口估计也就二十多平方米的场地，场地前横着一条坑坑洼洼的马路，与这大门十分协调。大门左右守着两棵耷拉着枝丫的雪松，与门卫那无精打采的神态相配。唯一格格不入的就属那块崭新的牌子，上面写着"北京新时代艺术学校”几个标准的毛体字。没错，就是这里！我们把眼睛擦得再亮也找不出这几个字有什么出入。

学校周围都是灰扑扑的平房，把我们的心也染成了灰色。

刚坐上车时，我还不时回味着西客站的高大宏伟，心里不住赞叹着北京的气派。可眼下的景象把我从天上瞬间拽到了地面。

不一会儿，门口聚集了好些前来报到的学生。大家圆睁着眼、悬托着下巴，都有些不敢相信自己的眼睛，不敢、不想也不愿向里跨进一步。

“这是简章上的地方吗？”

“搞啥子哟！”

“啥破地儿！”

“还不如我们那儿的小学呢！”

……

众人你一言我一语地喧泄着被骗的不满。宣泄归宣泄，但还没有谁挑头跟学校撕破脸皮的。都是受骗者时，倒会产生某种心理的平衡。

陆续又来了不少学生，门口越来越热闹。一群鸽子在盘旋，不时掠过我们头顶，鸽哨的声音由远及近，接着又由近及远。我和父亲站在雪松旁，一次次目送远去的鸽子。

“爸，要不我不上了？回去上常德师院吧，稳当，将来可以当老师。”

“都知道你是来北京上大学的，喜酒都摆了，回去的话——”父亲拉长了声音，没有继续说下去。他皱着眉头，双眼盯着地面，像是在找寻什么，眨眼的频率比平时都高。

“看看再说。”他补充道。

这些来自四面八方的学生都是兴高采烈顶着到北京上大学的光环来的，来了又回去岂不丢人？因此，看在“北京”二字的面上没一个打退堂鼓的。当然学校得给个合理的解释。

听了报名处的老师介绍后，我们稍感安慰。他们说，这只是学校的美术系分部，是暂时租用的一所中专学校的场地。学校总部在黄寺大街，大兴还有个更大的分部，据说里面还有动物园。学校在大兴拿了地在扩建，等修好了，我们就可以在新学校上课了，等等。她很流利地回答着我们的疑问，嘴唇上下翻飞，使我想起周星驰演的包龙星。她说的那些个地名我们从没听说过，也不知道在什么方位。总之，听她那么一说后，我们心里的石头才算落了地，并纷纷表示理解。

我签完字，把已准备好的学费拿了出来。

“学杂费一万三千八。”收费老师说道，并用迟疑的眼神看着我和父亲。

“什么？不是，不是四千吗？”我几乎喊了出来，完全没有顾及自己的普通话是否标准，同时急忙从身上抽出简章来对照。

“是啊，学费四千，还有杂费，你的住宿、书本、保险、柜子、床铺，没跟你说？”她反问道。

“明明说的学费是四千的。”我嘴里喃喃说着，脑子里急速运转，使劲回忆着在师大门口时和那人的对话，确定他当时只说了学费四千。可是她的反问却让我的立场有些动摇了。

“我只记得学费是四千。”我的音量调小了不少。

“你肯定没问清楚。”她十分肯定而响亮地说道，仿佛当初她就在旁边。

“我，我……”我说不出什么了，只好回头看了看父亲。他哑口无言，一脸茫然。

我俩刚从冷水里爬出来，又被提溜到冰水中。来时我们怀揣一万块钱，心想除去学费和开销怎么也能剩下些。而此刻，我们面面相觑，不知所措。

我们没有充分的理由去推翻他们对招生简章的解读，只好把情况一五一十地和招生处的老师说明，商量可否先交八千，余下的等父亲回家后寄来补缴。几番交涉下来，对方勉强同意。我俩怀着歉意，并对对方的关照表示十分感激。

缴完费，领了统一发放的铁皮柜、被褥、床单，我们找到被分配在第五层的宿舍安顿下来。

我心里像打翻了五味瓶，懊悔着自己当初的疏忽，难以平静。还有五千多的缺口怎么办？办酒席收的礼金就那点儿，而且礼尚往来，那都是要一点点还的；更要命的是，一年一万三千八，三年四万一千四，这还不包括伙食费；弟弟这次升高中了，学费也是问题……越想越感到不安。父亲一直紧锁着眉头，一言不发。

“爸，一会儿我们找个地方先吃点东西吧，然后再找个住处。刚才招生处的老师说寝室明天才能正式入住。”

“你不说我都不知道饿了，走。”

我们从校门出来，右拐后顺道走了不到五十米，见路边立有一个简易的铁牌广告，上面手书“幸达旅馆”几个颇显笨拙的大字，字的下方标了箭头。我们按箭头所指走进了一个胡同。

胡同很窄，破败不堪，仅能容三个人并排通过。塑料袋、烂树叶、沙土、餐盒、酒瓶散落在小道两边。我们行了一百多米，仍不见旅馆的影子，也未见一人。我们怀疑箭头所指有误，不太敢相信这条路会通往一个旅馆，只觉得越走越不踏实，越走越瘆人。

“天子脚下的治安应该是不错的吧？”我嘀咕着。

一阵风吹来，成排的大杨树发出哗哗的声响。这时，父亲停下脚步，前后左右打量了一番，再往上望了望，说道：“旅馆不可能开在这种地方。”

“我觉得也是，这个旮旯里怕是不安全，别蹿出个什么东西来啰，到时候跑都跑不及。”

“出去吧，还是先找吃的，再找住的。”父亲语气坚定地说道。

于是，我们沿原路返回，再顺道漫无目的地来到一条更为宽阔的马路，挑了家路边小店，胡乱点了些吃的东西。

那时天色尚早，找住处并不是着急的事情。我俩最想知道的是天安门在哪儿，离这里有多远。经打听，坐一趟公交车，倒一号线地铁，只需三四十分钟即到，于是我们决定先去天安门，回头再找住处。吃完东西，我们便朝路人所指的公交站而去。

“我告儿您啊，您呢，先坐 711，坐到五棵松，再倒一号线地铁，天安门西或天安门东下都成。”我模仿着刚才问路时那人的原话，觉得那口音具有天然的幽默感。只是自己的舌头有些不听使唤，转不过那个弯儿来。

“爸，北京人真是蛮热情的哈！”

“我告儿您，哈哈……”父亲也笑着模仿道。

不一会儿，我们便来到公交车站，找到了 711 的站台。

不知道是出于害羞还是出于礼貌，我俩在公交站傻傻等过了三趟车还是留在原地。我们总以为下一趟车人一定会少一些，可每次都事与愿违。顾不了那么多了，我们终于也跟着人流猛地向车门扎去。确切来讲，扎不进去，是靠后面一股巨大的力量给顶上去的。

公交车上，充分展现了首都人民亲密无间、团结友爱的景象！我仿佛又回到了绿皮火车上。到底是经历过“强化训练”的人，我俩很快就适应了这样的环境。北京，可真是块吸铁石，吸引着四面八方的寻梦客，也磁化了他们。

父亲不知是条件反射还是被形势所迫，灵敏地从横杆扶手下穿过，爬到了司机后面的货架上坐着，像是战士夺到了制高点，脸上洋溢着胜利的喜悦。他俯视着我们，情不自禁地说了句：“这回终于搞了个好地方！”我被挤得动弹不得，只能活动活动眼珠。本以为车停靠几站后会轻松一些，哪知那车竟是个“貔貅”，每到一站，只进不出。这让我想起了老家的榨油坊。

9 月的北京，温度丝毫不弱于南方。车上闷热难耐，无法形容，尤其弥漫着一股令人作呕的混合型气味，那是制造烦闷与焦躁的催化剂。不一会儿，车里便“自燃”了，传来了两个男人斗嘴的声音，那声音随着公交车走走停停的节奏此起彼伏。两个大老爷们儿针锋相对，一个个“你丫的”“你丫的”没完，慢慢升级到国骂之类的话。我从没见识过这种状态的吵架，像是听了场相声一般。有趣的是，那两人尽管吵得热烈、吵得有激情，却怎么也没见动手，估计是车里的空间施展不开吧。我和父亲通过眼神交流，心有灵犀，都感受到了北京腔里独有的趣味。

后来我听人说，北京人吵架的特点是：嘴上越吵越凶，身子越吵越远。我想这也体现了一种君子风范吧。相对来说，北京人的确是很文明的，除了那么一两句。尤其是打滑似的语速再加上圆润的儿化音甚是有趣，自带几分幽默感，而且吵架的音调似乎也不算刺耳。不像一些地方那样粗俗，吵架时动不动就“砍脑壳死的”“搞死你个狗日的”之类的纯原生态的高腔，更狠的是，保不齐真要动家伙。我后来还专门向人讨教过，“大爷”到底是属于哪门子亲戚，知道后更加坚定了我的观点：北京的吵架文化也能体现出首都的气度，至少不涉及或侵犯直系亲属和女性的尊严。这也是我后来确信来到首都不会错的原因之一吧。

车上斗嘴的气焰正逐步衰减，没几分钟，那个小插曲就自然地落幕了。这并非他人劝架的功劳，因为没人劝架。车内恢复了先前的平静，只剩下报站的声音。我望着窗外一片祥和的景象，开始对这片土地有了亲近感。

我记得上车那一站叫青塔，下一站叫蔚园。不一会儿，我看到右手马路边是一堵堵红色的墙，心里有种莫名的激动，这在省城长沙是看不到的。

“爸，你看北京就是不一样，墙都是红色的，我见过书上写什么红墙之内的故事，莫不就是这种红墙？”

父亲正目不暇接地观赏着窗外风景，只应了个长长的“嗯——”。

我突然发现有个巨大的保龄球瓶立在路边，瓶后面有块广告牌，上面写着“四环宾馆”几个黑体大字。宾馆旁好像有个什么旅馆，虽没看清，但我立刻在心里狠狠地打了个记号，待回来时可以作为住宿的参考。那地方离学校就几站地，看门面妥妥一个有安全感的地方，应该也不会太贵。

我竖着耳朵收听广播里的每一次报站，生怕错过了五棵松站。到站后，父亲麻利地从货架上滑下来，反应比我还快。车门打开，我俩随着人流拥了出来。

公交车“嗖”的一下从我们面前驶过，我们目送着它远去。转过身来，一座超级大医院赫然矗立在眼前，楼顶是一行江主席题写的大字——“中国人民解放军总医院”，遒劲有力。父亲虽是医生，但这样壮观的医院他也是头一次见到，不由得啧啧称赞。这是除西客站外，北京再一次给我们带来的震撼。于是，我们更加期待一睹天安门的风采了。

走进地铁口后，我俩在售票处旁边仔细研究了购票及进站的一系列流程，接着买票进站，顺利搭乘前往天安门的地铁，那也是通往“春天”的地铁。我俩逐一细数着每一站，距离目的地越来越近，心跳得也越来越快。天安门该有多高大啊，它后面会是光芒万丈的吗？那迫切的心情难以言表。

下了地铁，乘手扶电梯缓缓上升。此刻天安门广场就在上方，我情不自禁地哼唱起来：“我爱北京天安门，天安门上太阳升……”父亲如沐春风，平时紧锁的眉头像被熨斗熨过，从上面灌下来的风吹得他的头发翩翩起舞。

“爸，这里是祖国的心脏，我们现在就在心脏上啊！”

他连个“嗯”字也没有了。

我们伫立在广场上，仰望着天安门，心潮澎湃，久久不愿挪步。“这不是梦吧？”我掐了掐自己。随后，我们一鼓作气、满怀激情地游览了天安门广场、人民大会堂、人民英雄纪念碑以及国家历史博物馆。尤其感到骄傲和自豪的是，瞻仰了安卧在纪念堂里的湖南老乡。

我们狠心花了十块钱，在人民大会堂前拍张个快照，接着再次朝天安门方向走去。说实话，天安门的气魄和威严确实是无与伦比的，但它并没有想象中那样特别巍峨高大。也许在我心中，之前它一直是一座山一样的存在吧，不知其他人是否有这样的感受。倘若它是一座山，那么广场便是游人汇成的海。

我们穿过地下通道，上台阶，神圣而威武的画面在我们眼前徐徐展开，天安门已近在咫尺，触手可及。此情此景若没有历史性的纪念

照岂不遗憾？这次我们再也没有忍住，毅然决然地买了个一次性的相机，里面有三十多张胶卷，十分珍贵。我精心取景、构图，为父亲定格下了多个自认为不俗的瞬间。父亲也要给我拍，我对他说："以后我有的是机会来这里拍照，先多给你拍。"

在天安门、在太庙、在中山公园、在故宫，我们一一留存了珍贵的瞬间。我如同一名专业的摄影师，父亲则像一名职业模特，配合得十分默契，没有浪费一张胶卷。几个小时下来，我们依旧兴致盎然，丝毫感觉不到疲惫。在学校所遇到的尴尬和郁闷早已被抛到九霄云外。

“留下来，一定要留在北京！”我心里默念着，步伐也变得越发坚定了。

天色渐渐暗了下来，我们这才想起住处还没有着落，肚子也早就咕咕乱叫了。怎么来就怎么回，地铁换公交，待看到大保龄球瓶闪过后，我们即刻下车，没走多远就找到了那家旅馆。旅馆在地下，费用确实不贵，只不过一间屋挤了八张床铺，我和父亲挑了个上下铺。

付了房钱，我们匆匆出来，在旅馆旁找了家饭馆坐下，看了看菜谱，没什么熟悉的菜可点。服务员听说我们是湖南人，便推荐了水煮肉。父亲立马否决。“水煮的肉能好吃到哪里去！”他说。我知道，他脑中和我想象的是一样的画面，即清水里漂着白肉的样子。倘若真是那样，确实是不合我们口味的。

“没有辣椒还干什么革命！”我应声道。

父亲要了两瓶啤酒，给我也倒了一杯。这是他第一次准许我喝酒，而且是主动给我倒酒。我突然鼻子发酸，有点想掉眼泪。

饭后我们回到旅馆，房间的其他床铺上都已躺了人。那一夜，在此起彼伏的鼾声中，我们也很快进入了梦乡。父亲一直紧紧抱着他的手提包。

第二天一早，我俩倒了两趟公交车，再次来到西客站。为了筹集剩下的学费，父亲得尽快赶回去。出发前他只买了一袋方块面包。

我见他忧心忡忡，便故作轻松地说道：“虽然这个大学不怎么样，但我觉得北京就是最好的大学。放心吧，我现在是大人了，一定会混出个名堂来的。”

他略感欣慰，欲走还留。我佯作不耐烦地说道：“哎呀，快走吧，别赶不上车了！”接着又说道：“长沙大不大？我一个月就可以走遍。

北京就是再大，我相信不出三个月我照样也能用脚丈量一遍！”

他将信将疑，喃喃道：“那你，那你，你自己好好……”那迟疑的样子像母亲了。

“好好好，放心吧，走吧走吧！”

他这才缓缓转身，向进站口慢慢走去，走几步回回头，走几步又回回头。我使劲地向他摆手，要他快点走。终于，他的身影消失在茫茫人海中。我呆呆望了一会儿，不知是盼他回来还是怕他回来。确定他不会出现后，我也转过身来，不争气的泪水像开闸一般涌出来，一粒粒像滚烫的珠子一样落在地上。我骤然感觉自己仿佛处在一个静音的花花世界里，周遭人来人往、川流不息，一种莫名的孤独感笼罩了我。

“没什么大不了的，一切都会好的！”我对自己说道，同时用手臂抹掉泪痕。

缓过神来，我调整了心绪，像当初冷水浴时一样，大叫一声，义无反顾朝着学校的方向迈开步伐。我暗下决心：从现在开始，我要用双脚来丈量北京。

我一路向西，踏上莲花桥。彼时，尚不知桥下就是北京的三环路。迎风远眺，浩浩荡荡的车流仿佛涌到了我的血液中。走了良久，回头望去，巍峨的西客站依然如在身前。我感到惊诧，因为昨天研究地图时，知道刚才所走的这段距离在地图上的长短，颇感怅然，紧接着又兴奋起来。

“看来三个月是不太可能走完北京城的。”我深吸一口气，扬起两道眉毛，迈开坚定的步子继续前行。一辆又一辆的小汽车，像离弦之箭从我身旁疾驰而过。

回到校舍，我倒头便睡。

我十分期待几天后的开学典礼，因而那几天过得略显漫长。而那几天，学校只做了一件事情，就是分班。

我们这届学生被分成了四个班，每班四五十号人，我被分到二班，班主任是那所中专学校派来的。我们感到有些奇怪，毕竟我们也算是大学，怎么会派中专的老师来当班主任呢？校方却自有说法：班主任专管生活和纪律。我不禁又想，那谁管学习呢？

终于等到了开学典礼那天。学校礼堂颇为气派，朴素而不失庄严。两所学校的师生与领导们齐聚一堂，共有四五百人。

这几天我们已把两所学校的基本情况掌握得八九不离十了。中专学校的学生都是北京籍的，而我们这边的学生则来自五湖四海。我们美术系，高年级的大二、大三一共还有三个班。到我们这一届，队伍已壮大了不少。

大家聚集在一起，本就感到兴奋。音响里循环播放着充满奋进色彩的音乐，现场呈现出一派朝气蓬勃、欣欣向荣的欢快景象。

开场音乐响起，在一片欢呼声和热烈的掌声中，两校的校长和领导们被主持人（那所中专学校的教导主任）请上台来。待他们落座后，主持人开始为大家一一作介绍。我不知道有多少人和我有同感，当介绍到我方校长时，我几乎惊呆了，那不就是那个在师大门口招生的工作人员吗？他，是校长？！那张颇具异域风格的脸庞早就定格在我脑海里，师大门口的片段随即浮现在眼前。

对，就是他！

不一会儿，轮到他发言了。只见他神采奕奕、滔滔不绝，嗓音浑厚而有磁性。我感到隐隐不安，心想：校长都出来当业务员了，这学校到底什么情况？真的有实力吗？我爸妈的血汗钱会不会白交了？那一刻，我大脑里的语音识别系统失常了。他的言语从我这边的耳朵进，瞬间从那边的耳朵出，无暇分析和回味，只知道脑海的“胶片”一直在滚动播放：师大门口、大横幅、他在演讲、我在填表、接到录取通知书、升学宴、挤火车、西客站、校门口……

哗哗的掌声猛地响起，他的致辞已经结束。我左右看了看，再回过头去看了看，感觉自己被一张张满意的笑脸包围着，顿感孤独。

典礼结束后，我落寞地走出礼堂。一只手从后面拍了一下我的肩，我回头一看，是同宿舍的江琦。他操着一口江浙口音对我说道：“走，我们去领军服吧。”

“领什么军服？”我一头雾水。

“你搞什么搞，刚才不是说嘛，明天就要军训啦。”

“哦——”

第二天早上，学校的操场（实际上就两个篮球场大小）聚集了我们四个班的新生。大家都已着好了草绿色的军服，排好了队形，各自班级的教导员都已就位。校长和部队派来的领导分别训话，大力强调军训的好处和意义。我并非没有受到鼓舞，也并不排斥军训的意义，可是一听到我们将要花三个月的时间来军训时，心里不免有些抵触。高中入学之初也曾军训，但不过一周的时间而已，大学里的军训要这么长时间？其他大学也是这样的吗？我交的学费值不值？正琢磨着，前面传来一声干脆有力的号令——“立正！”阅兵仪式开始了。

校长大步流星地从队伍前走过，后面跟着一名军人。他中等身材，不胖不瘦，身着笔挺的灰色双排扣西服，头发梳得跟周润发版的“赌神”一样，高高的鼻梁，深邃、自信的眼神，嘴角挂着一丝得意的微笑。这是我第二次近距离看到他的模样。与上次相比，他的精神头和气质似乎升了好几个台阶。他款款走到我们跟前，神气地举起右手，冷不防高喊道：“同志们好！”

“校长好！”

“首长好！”

我们的回应显得参差不齐，有的憋不住笑出声来。校长并不觉得尴尬，他微笑着带着一丝嘲弄的口吻对我们说道：“怎么样？我就是考验一下大家的反应和专注度。现在你们是军人，军人就得有随时迎接考验的素质、能力和态度。这就是我们军训的原因。同志们辛苦了！”最后一句他瞬间提高了嗓门儿，铿锵有力。

“为人民服务！”我们扯开嗓子异口同声地回道，瞬间进入了军人的角色，个个斗志昂扬。

校长满意地点了点头，也更加神气了。

几位女生窃窃私语，单手或双手挡着下半张脸，但没挡住她们发光的眼神，也没挡住激动的心跳，像极了肥皂剧里青春少女们见到韩国长腿欧巴的神情。的确，我们的教官们个个浓眉大眼、挺拔健壮、英武不凡，男生们看着也觉得提气。

教官大喝一声：“立正！”我们随即较为整齐地并拢双脚。他再喝一声：“向右看齐！”我们迅速抖动着身子，齐刷刷把头向右一甩。军训就此开始，口令声和脚步声交织着响彻天际。

就这样，我心事重重地开始了大学生涯。

9 月的北京，虽然也很炎热，但比之南方要凉爽。晴空一片蔚蓝，纯粹而又深沉。

军训的生活是紧张而充实的。起床哨和集合号会随时响起，没有任何征兆，让人时刻紧绷着神经；无休止的绕圈奔跑，把我们折磨得疲惫不堪，浑身像被棒打过一样；动辄站一两个小时的军姿，尤其让女生们深恶痛绝。炎炎烈日下，几天下来，我们一个个都被晒得黝黑。

“……军训如此严格、如此正规，教学肯定是差不了的，我对未来充满了信心。”写完这一段，我望着窗外，似乎看到小芳正在微笑。

无序的鸽群再次划破蓝天，从我们头顶呼啸而过。一个月后，不安的种子在我心里又慢慢萌芽了，其长势一天胜过一天。

很明显，军训已不如当初那么严了，教官们和有的同学已处成了哥们儿，甚至有的女同学还和“欧巴”教官处成了对象。军训的时长早已缩水。有的同学在电子游戏中的表现比在现实军训中要积极和厉害得多。有不少男女同学在“栉风沐雨”中产生了爱情的火花。校长已很久没露面了。同学们漫无目的、来去自由、无所事事，如寄居在此地的旅客。再后来，军训已名存实亡，完全像在耗日子了。我们期待的也是学校承诺过的中央美院、工艺美院的教授连影子都没见着。

这就是我们的大学生活？！我度日如年。

同学们不乏打发时间的好点子，比如组织舞会就是大受欢迎的项目，有交谊舞会、联欢会、化妆舞会、蹦迪舞会，这班开了那班开，循环着来。舞会的创意越来越丰富，教室的舞美布置也在不断升级。舞会充分展现了我们美术系学生的想象力和创造力。后来，教室的空间无法满足大家的创意，索性就把舞会改到了操场上。有人还凑钱把操场上的几棵树缠上了节日的小灯泡，那氛围和激情竟然把有些老师和班主任也吸引过来。舞会中的男生们越来越酷，女生们越来越美。有些开放一点的女生，打扮得比较潮流刺眼，让我不敢直视。

青春的气息弥漫在校园的夜空，昏暗的夜灯让星空显得有些暗淡。笑声和欢呼声中难免也夹杂着一丝丝无奈与不安。

还有比国庆节在天安门广场看升旗仪式更让人激动的事吗？想想，那阵子好像还真没有。

记得那是国庆节的前一天。我们自发组织了二十多人，于晚上九点多聚集到天安门广场的国旗下。我们做好了各项准备，吃的喝的一应俱全，有的还带上了毛衣和羽绒服。因为去得早，我们找到了最佳的观赏位置。大家满心欢喜，有说有笑，满怀激情地期待第二天的到来。

时间一分一秒地过去，旗杆周围的人越聚越多。凌晨两点后，广场上已是人山人海。我们千算万算也没有算到人有三急这个问题。到三四点钟时，我有些憋不住了，环顾四周，皆已水泄不通，有的人无所顾忌地躺在地上呼呼大睡。偶然间我与旁边一位大叔对上了眼，他神情有些异样，我不禁上下打量了一下，发现他脚边已湿了一摊。我迅速移开视线，心怦怦直跳，倒像是自己做了什么尴尬的事被别人发觉了似的。反正我再也不敢朝那个方向望了。

为了不亵渎这个庄严而神圣的地方，我必须冲出去。忍耐到了极限的时候，往往能创造出很多可以说服自己的理由，也不觉得自己没出息了。临走时，我把手中的矿泉水瓶拧开，有意无意地倒放在那位大叔脚边。他向我投来感激的目光，我微笑着向他致意，然后朝天安门西的公厕方向奋力挤去。

“借过借过，不好意思，让一让……劳驾一下，谢谢……”我嘴里不停地重复着那几句话，身体像破冰之舟，艰难前行，挤出了满身大汗。这些功夫是在列车上、公交车上、地铁里练就的。汗水的流淌缓解了不少内急，居然没有刚才那般迫切了。好不容易挤到了外围，越到外面人越多，而且外围的人都是站着的。我刚要跨过齐腰的铁链围栏，突然一股巨大的力量像海浪一般将我往前推去，那力量传导在铁链上，只听“啪”的一声，身后那比拇指还粗的铁链顿时崩开，好些人被“大浪”打翻，我不由惊呆了。这时有人故意往天上随意抛水瓶，我这才意识到里面暗藏的风险。

尽快出去！这么想着，我更加费力地往外挤去……

“……那一天，我只能远远地看着五星红旗冉冉升起。迎风飘扬的旗帜在朝霞的映照下更显庄严和神圣。那一刻我的眼睛湿润了，止不住流下了热泪。在晨晖中，一切都是那么祥和美好。我看到了一轮朝阳从洒满金辉的云海上缓缓升起，无比的辉煌灿烂。我期待有一天带你一起去看，一起去沐浴晨光……”搁下笔，我将信纸折好。回味着那天的情景，一抹红色占据着我的脑海。

我的思念、我的忧虑、我的快乐、我的收获，这边发生的一切，小芳都会在我的字里行间看到。

终于，我们熬到了军训结束，迎来了正式开课的那一天。

我们的专业是电脑美术设计。学校的电脑教学室只有一间，也就二十来台电脑。我们一个年级就有二百来人，这样的学习条件让我们怨声载道。学校电脑的配置也很可怜，室友赵云就经常调侃，有时候甚至是痛骂，他说他自己带来的叫什么“苹果”的电脑比那不知道好多少倍，早知道学校就那样的条件还不如在家自学。我是不懂，毕竟以前没条件接触那些东西，只觉得他那个什么“苹果”肯定不便宜，当他告诉我价格后我还是大吃一惊。“简直是天价！”我张着嘴，半天没合拢。

赵云很豪爽，也很仗义，不辜负他父母给他起的大名。他很喜欢请客，通过分享来获得满足感。当然，没人不喜欢他这样的。有一次，他带了叫“肯德基”的汉堡给我吃，我觉得新奇又好吃。还有一回他给我带了根“麦当劳”的玉米，我嚼了嚼，问他：“这玉米和别的玉米有什么不一样吗？”

“嗨，就一个贵！”他说道，平静中带着一丝得意。

“多少钱一根啊？”

“十几块。”

“十几块？！”我差点没噎着，“老家才一块钱一根呢！”

他再让我吃一根，我咽不下去了。

“赵将军，你太有钱了，你爸妈一个月给你多少伙食费啊？”

“才两千块，唉，真不够花啊！”

“还不够花？换我我都不知道该怎么花了，我一个月才——”最后一句我吞了下去。

“给多少钱也不够，他们以为钱能弥补一切吗？不可能，回不去了……”他又开始痛说童年的遭遇了，那样子让我想起了祥林嫂。

他老家在青岛，父母都是当地有头有脸的人物，因工作太忙，没有很好地陪伴他成长，只好用钱去弥补。但他并不领情，心怀恨意。我很羡慕他，他从小长在城市，还在海边，比我看过更多的东西。他还可以熟练地使用电脑，能说一口流利的英语，看过很多书，古今中外的事情他装了一肚子。可是他过得并不开心，我表示不解。他每次讲起他的故事，就会让我联想到自己。我小时候被父母放在乡下外公家两年多，那时候因为小，也记不得几件事。我父亲说过，接我回去的时候，我死都不肯，还口口声声说：“要打死爸爸，打死爸爸！”可是我一点也不记得有这件事，也没有恨意。

高考前的课程在这里得到了延续，无非还是些素描、色彩、写生之类的老调调。我们也曾去中央美院、工艺美院参观学习，发现这些大学的美术课也没什么区别。要说区别就是老师级别不一样，教室的地理位置有等级区分。他们是正规军，我们是杂牌的。

学校承诺过中央美院和工艺美院的教授会来授课的，当然，来过就算，真正教我们的就三位老师。两位男老师，一位姓罗，一位姓王。罗老师大概五十岁，中规中矩的穿着，架一副黑框眼镜，脸形消瘦、蜡黄，说话稳重，颇有民国大师风范。姓王的老师有三十多岁，是蒙古人，比较酷，被啫喱水加工后的短发像一根根冲天的钢针，络腮胡子与腾格尔的无异，右侧耳垂上戴了个环，穿花格衬衫、牛仔裤、大头皮靴。还有一位女老师，已不记得姓氏与样貌，但我记住了她的一个观点。据说她毕业于中央美院，因此我很在意她说的。她说她只要一有钱就会去旅游，把钱花掉，花完了再挣。她教了我们一阵子，后来就再也没来了，估计是去远游了。两位男老师的水准好像不受同学们待见，也许他们不是重点美院毕业的缘故吧，有时同学们私底下还会嘲笑他俩的水平。但这两位老师倒是很擅长和我们搞好关系，很快就和貌似刺儿头的几位打成了一片，成了哥们儿。其他同学见状也无话可说，只能接受现实。

罗老师性格温和，体贴人，刚与我们见面时，他的话里对我们颇有同情之意，这让我对他极有好感，认为他是个有责任、有良知、值得信赖的好老师。

那时父亲已把补缴的学费寄给了我，我一直没去补，还在审时度势，想进一步视情况再定。我不甘心东西没学到还要白搭上父母的血汗钱，或许也觉得现在后悔应该还来得及。在举棋不定的时候，我认为罗老师是最能帮助我的人。

一天课后，我找到了与他单独交谈的机会。我特地在食堂走廊里候着他，不一会儿他向我迎面走来，我上前打招呼："罗老师！"声音和眼神里传递出不仅仅是打招呼的意味。

他感觉有些突兀，问道："什么事，同学？"

"老师，我叫苏飞，二班的，我想跟您说几句话。"

"什么事？说吧。"

"罗老师，我觉得您是这里最有责任心的老师，有个问题想向您求教。是这样的，我来自湖南农村，家里条件不太好。之前我已经考上了我们那里的师范学院，但因为碰到了这个学校的招生我才到了这里。我是很愿意来北京上学的，可是这里的感觉和简章上说的很不一样。我现在很矛盾，怕浪费了父母亲辛辛苦苦挣的血汗钱，更怕辜负了他们对我的期望。您现在是我在这里最信任的人，我想请您帮我参谋参谋，我有必要留下来吗？"我一口气说完。

罗老师顿了一下，推了推眼镜，然后微笑着说道："同学，谢谢你对我的信任。的确，学校正处于创办初期，有不尽如人意的地方，我相信会越来越好的。虽然是民办学校，但最终是发公办大学的毕业证。这个校长还是具有教育家的资格和资本的，而且还具有企业家的战略眼光。既来之则安之，学习最终还是在于自己，何况你自己也说很愿意来北京的不是？"

"我知道了，谢谢您！"

至此，我彻底地留了下来。

后来有很长一段时间，我恨那位老师，我认为是他误导了我。在很多无助、无奈的时候我就会想，如果不是他，我肯定回湖南上学去了；如果不是他，我将来就是个老师，会有一份稳定的工作；如果不是他，我不会傻傻地为了一纸北京的文凭成为这个学校发展初期的炮灰。

难道我们真的只是为了那一纸文凭而来的？文凭能代表一切？

其实我更恨的是那位校长。

我现在十分理解也十分同情那位在西客站接我们的一脸死相的黑壮兄了，他是我们上两届的学长，现在我觉得他比我们更可怜。在这里没法不郁闷。有一小部分同学逐渐消沉起来，他们和我一样，当初也是怀揣着梦想来到这里的。当他们消沉的时候，我总对他们说："北京，就是最好的大学！"是鼓励他们，其实也是给自己鼓劲。

不得不说，大部分同学的确是来混文凭的，也是来混日子的，这里对他们来说不失为一个自由的王国。他们像温水中的青蛙，自我感觉良好，还变着法地去耗费自己的光阴。他们尽可能地创造和享受着多姿多彩的生活，没有一丝危机感。他们唯一抱怨的是，学校一直没有兑现安装宿舍电话的承诺，导致他们与外界的交流和沟通多有不便。我知道，没安电话只不过是耽误了他们煲爱情的电话粥。当然，抱怨也不是不应该，毕竟那也是学校的一项承诺。我对他们颇感失望，他们只知道盯着芝麻粒大小的事情不放，要知道学校电脑室的电脑不够用才是关键，不是说人手一机吗？还有，美院的教授来了也只是走个过场，大家看不出来吗？我们为什么不联合起来去争取这些权益呢？有时候我纳闷，上两届的学长们怎么就没有联合起来呢？是勇气不够？是因为人少？我们这届人多了，应该还是能冒出几个不凡之辈的，我期待着英雄的出现。

此时一个流言开始在校园里蔓延，说这所学校是骗子学校，且有股力量在怂恿我们合力捅到上头去。这流言越传越猛，大有不可阻挡之势。山雨欲来，校领导终于坐不住了，不得不打算出面解决现实的问题。

那正是我想要的！

第3章

我的大学

学校里有四类学生。一类辨识度高，身着镶有红色条纹的白色校服，是那所中专学校的学生。他们普遍很有礼貌，谦逊又热情，学习方面按部就班，规规矩矩。这类学生与我们相处得十分融洽，操场上经常能看到两边的男生混在一起打篮球。他们虽是中专生，实则与我们年龄差不多。两边的学生虽能玩到一块，却从没见过有男女生相恋的情况。这是个很有意思的现象，不知是我方学生嫌他们太中规中矩，还是他们嫌我们自由散漫，总之，在男女情感方面，井水是井水，河水是河水。后来我确信，其中原因的确就是“井水”与“河水”的区别。那所中专学校是市属唯一有此专业的学校，只有北京籍才有资格就读。再后来，我慢慢又感受到井水与河水的区别不仅仅彰显在地域的差别上。

另外几类学生全属于我方学校，没有统一着装，从外观上一眼就能区别开来。这类学生还可以从行为习惯上再做细分：一类是有号没影的。这类学生经常只是点个卯就溜了，几乎没上过几节完整的课，每个班都有那么几个。后来我才知道，他们是在外面兼职找活儿干，比如发小广告、卸货之类的。这类学生后来基本上都混出了点名堂，譬如四班的光杰、屈泱，二班的王星。他们精明、能干，虽没上过完整的学，但最后都拿到了大学毕业证，有的到毕业时居然连学费都没交齐。那时，我虽然佩服他们的能耐，但一次也没跟随。我就认一条道——好好学习，天天向上。我时常提醒自己：我是来干吗的？不好好上学，怎么对得起家里的血汗钱？可是，坚持的同时，现状又时常让自己感到困惑。在这个学校我究竟又学到了什么呢？

第二类属于浑噩度日等文凭的。他们属于这里的大多数。在他们看来，学校里学的那点东西他们根本看不上，但为了一纸北京打头的大学文凭还是坚持了下来。这样的学生家境一般都算殷实。他们之所以没进好的大学无外乎学习的天赋不够或者学习不够勤奋。确切来讲，他们的父母是不甘心面上就显平庸的，因此他们来到了北京，即便将来回去也算镀了一层金。钱锺书先生曾把“克莱登大学”的往事揭露得过于透彻，不然保不齐他们还会去混个洋文凭。他们把自己的生活安排得非常滋润，也有条件花大把的时间来养精蓄锐。时间长了，他们养得体态丰腴、细皮嫩肉，但精神头似乎日渐消退，总是一副无精打采的样子。我们宿舍就有这类同学。往往我会为他们感到着急，譬如，我一直保持着“闹钟”的精神，每天准时早起，顺带着充当闹钟的角色催促他们起床。他们不但不领情，往往会破口大骂，还会将枕头向我砸来。我兢兢业业地提醒他们，他们报我以讥讽和调侃。真是吃力不讨好！其实不是我傻，我是不想被这样的环境传染了，我天真地想要改变这种萎靡的风气。

谈情说爱也是这类学生的生活重点。学校宿舍总共六层，每层二十间宿舍，分东西两侧。东侧为女生宿舍，西侧为男生宿舍，中间靠一个铁栅栏隔开。铁栅栏不是绝缘体，丝毫不影响情侣的交流。我们的宿舍紧挨着栅栏，因此门口热闹得很。

不知从何时起，每间宿舍都出现了那么几顶“小帐篷”，我们宿舍也有两顶，也算紧跟时代步伐吧。他们在床前拉个布帘，里边布置得十分浪漫温馨。小情侣在那个小小的洞天里大方也大胆得很，以为一块布就可以与世隔绝，全然置我等于不顾。里头不分昼夜，不时发出打情骂俏的声音，有时还发出轻微的、此起彼伏的喘息声，那声音略带压抑，似乎也在尽力体谅我们的感受了。其实，人的耳朵在那时是异常灵敏的，他们知道，装作不知道，也不是装作不知道，是他们伙食太好，荷尔蒙爆棚，实在按捺不住或顾及不了。对这类事，最开始我们集体反对，慢慢变得麻木淡然，再后来自己也憧憬着拥有个小帐篷了。青春的火焰时常炙烤着我的身心，真是烦不胜烦。

他们还富有娱乐精神，在打游戏、打牌、侃军事、侃足球、侃汽车、侃女人等方面显示了非凡的才华和火热的激情。相比他们，我几乎没有什么像样的生活阅历，也没有谈论的资本，更没有交流的资格和底气了。

赵云还是有真材实料的，虽也属这类，但他上这儿来有游戏人生的嫌疑，我甚至认为他是故意来这样的学校，破罐破摔，跟父母赌气才是他的初衷。“什么都不缺的人，这辈子会快乐吗？有学问、有知识，就有智慧吗？什么都明白，会幸福吗？”每当看到他消极抱怨，我便会思考这样的问题。

我属于第四种类型，即勤奋老实类。学习刻苦，准时报到，从不逃课。这种类型的，每个班级有那么三四个，家境都不怎么样。

我的生活主要是学习以及和小芳书信往来。我们还约定了每个周末通一次长途电话。打长途是一笔不小的开销，我只好与她商定一个

礼拜就打一次。我省吃俭用，花了一百块钱买了个 BB 机，95828 呼 29892，这个号码我至今未忘。周末的时光是最令我期待的，每当 BB 机一响，我就会以百米冲刺的速度跑到门卫旁的电话亭里回电话。爱情对我来说是希望，是信仰，是最大的动力，也是最大的牵挂。我们总有说不完的话，书信和电话都承载不了。思念、积极、阳光、温暖、鼓励、奋进是我们所有信件的基调。

与她通话，给她写信，或收到她的来信，那都是我最幸福的时刻。然而幸福是短暂的，焦虑与空虚会瞅准时机在我心头迅速占据上风。每每意识到不对劲时，我就立即调整心态，以狂热地看书或画画来转移或逃避，奈何每次都以失败告终。

学校新聘了几位老先生做管理，大抵是可以省钱也可以省事的安排。老先生们可以发挥余热，感激学校的抬爱，倒是十分上心。而我们每天面对着几位老气横秋的先生，嚼着老生常谈的内容，枯燥、无望溢于言表。即使有怨气，也不好朝老者发泄。学校承诺的多媒体教学一直没有兑现，要知道我们的专业可是电脑美术设计啊！这无异于让枪手在没枪的情况下练习射击不是？只是我们不愿承认罢了，其实学习早已成了鸡肋。

谁不希望自己将来拥有一个美好的前途呢？

随着时间的流逝，除了中专学校的学生外，其他类型的学生都对学校的现状产生了或多或少的不满。不满的情绪是会相互传染的，然后彼此赋能，从而达到“聚变”的效果。我们的意愿终于达到了前所未有的高度统一。如此，流言的蔓延也是情理之中的事了。有的说校长故意拉长军训时间，这样可以省掉不少聘请教授的费用；有的说校长夫人（即我们的教务主任）才是实权派，比校长厉害，校长搞不定她；有的说两校的合作并不太顺，好像双方幕后还发生过摩擦，我们随时有被地主扫地出门的危险；有的说校长根本没实力，全靠忽悠，别指望他能改善办学条件了；还有的说已经有人捅到上面去了，这个学校混不下去啦；等等。

流言反复刺激我们的神经，让我们更加无法安心学习了。尚处于青春期峰值的我们，随时都有狂躁出格的可能，短暂地失去理智便会闯出不可估量的祸端。学校接连发生了两起恶性事件：一件是一对情侣在“帐篷”里行本能之事，被老先生捉拿在床（其实我们早已见怪不怪了），校方的反应异乎强烈，他们义正词严，将此事上升为大逆不道；另一件事就是实实在在的恶性事件了，打架斗殴，还捅伤了人，差点闹出人命。最后，校方开除了两名学生，但似乎并没有达到以儆效尤的效果。我们前所未有地凝聚在一起，抗议学校从不正视自身存在的问题，那势头似乎到了引爆的临界点，随时有爆发的可能。学校不得不立即召开大会，商讨解决方案。

那正是我想要的！

不得不承认，校长除了开学那当口容光焕发了一阵子，后来的日子也并不好过。谁也不想把事情越搞越严重，也许他有他的难处吧，迁到北京不足三年的民办学校，要应对的问题也必定是繁杂的。创业维艰，但那时我们肯定无法理解。我们有什么理由去理解他？他的问题很大程度上来自诚信的缺失吧？他是不是不该用各种美丽的照片和美好的承诺来忽悠我们？那不是骗人吗？

多年后，我常想一个问题，如果他当时不那样去推销或者说不那样去忽悠我们，我们还会来北京吗？也许这就是命运的安排吧。

那天的大会现场，一片肃静，暗流涌动，与开学典礼时的气氛有天壤之别。几位校领导依次坐在主席台上，面无表情。校长的两侧分别坐着校长助理和校长夫人，再两侧坐着两位新聘的老主任，具体职务不记得了，只记得一位姓洪、一位姓白，两位都是近七十高龄的老先生。校长助理主持会议，他刚上任不久，四十出头，眉清目秀、举止儒雅，颇有气势，据说是博士，学管理出身，姓穆。其实日常的校务工作主要是两位年轻的女老师在负责，她俩估摸着比我们也大不了几岁，其中一位个子不高、挺秀气的小刘老师后来还帮过我。

校长第一个发言。他每次在台上亮相，总比在台下精神。他让我想起很多日本卡通片里的主角，在关键时刻可以变身，变身后能量也随之倍增，比如《七龙珠》里的孙悟空。对了，他也姓孙。

只见他慷慨激昂，口若悬河，从宏观的国家政策以及就业背景讲起，然后延伸到我们当如何为未来做准备，通篇告诫我们该如何如何，讲得活灵活现。不得不佩服，他记忆力超群，条理清晰，讲话中多有风趣之处，加上他惯有的微笑和具有磁性与穿透力的嗓音，“杀伤力”接近一百。他动之以情、晓之以理，口吐莲花般演绎了二十多分钟，很多同学在半途就被他的魅力“撂倒”。他话音刚落，现场即刻响起了热烈的掌声。至于具体讲了什么，我一句也没记住，只剩下他神采奕奕的样子还在我脑海中盘旋。其实，在以后的生涯中，我又碰到过很多比他更具“杀伤力”的演讲超人，而他，是第一个让我领略到语言魅力和威力的人。

掌声响起的时候，我心里着实慌了，大会的走向和意义眼看着变味了！不是说讨论大会吗？我不安地环顾四周，只想对那些校长粉们呐喊：“忽悠，又是忽悠！全是忽悠！不要相信他！”可是，我也在不自觉地拍着巴掌。此时校长更是得意了，也情不自禁地为自己鼓起掌来，时不时向下面微笑着点头致意。其他领导似乎也与校长瞬时达成了共振，无论眼神、笑容、拍手的节奏都显得极为和谐。

轮到穆助理发话了，助理就是助理，不可能成为主力，无论是语言还是气势比校长差了一大截。听他演讲如同嚼蜡，把校长好不容易营造的气氛打了个大折扣，我们担心他的“博士帽”会一不小心掉在地上。他说话吞吞吐吐，有点随时断片的危险，我为他捏了一把汗。台下自然没有先前那么专注了。好在两位老主任还算有些水准，语重心长、谆谆教导，有点像爷爷对孙辈的叨叨，但也算温暖。这老、中、青的组合轮番消磨着我们的气势，使我们毫无招架之力。几番下来，我们恍若一帮吃了迷魂汤的醉鬼，受到迎头一击，再被甩上几圈，哪还知道从哪里来到哪里去！

校长夫人即教务主任发话了，她一贯不可一世，早就引得很多人不满。她痛批学生的各种不是，并把没有改善学习条件的责任推到了部分没交学费的同学身上。她本想釜底抽薪，不料倒添一把火，一不留神又复燃了我们的“战斗”情绪。谁都知道，没交全学费的人根本就没几个了。其他领导互使眼色，校长也无可奈何。她越说越气，说的都是火上浇油的话而不自知，已全然没有教务主任的气度，丝毫没有感受到底下山雨欲来，稍有不慎就会炸锅。被她这么一弄，我们好似迎头被泼了一盆凉水，反倒瞬间清醒了。

穆助理这时主动站出来似乎想扭转乾坤，为前面的表现挽回点儿分。他自作主张地插话进来：“我认为，存在问题是好事，说明我们都有改善的空间，我觉得大家有什么问题可以在大会上提出来，我们争取满足大家的正当需求。”

他很好地拦截了正在气头上的校长夫人的讲话，稳住下面“爆炸”的风险，但并未赢得她的好感。

穆助理的插话让现场随即切换到另一种氛围。这时候，台下嗡嗡声一片，越发活跃起来，七嘴八舌，终于梳理起各种诉求。台上的领导们也相互“咬起耳朵”，时不时露出颇有意味的笑容，他们或许认为这些黄毛小子和黄毛丫头掀不起多大浪头来。

确实，台下大部分是打枪连靶子都找不着的主儿，只听见嗡嗡声中有人问：“宿舍的电话啥时候装？”校长即刻捕捉到那句，并斩钉截铁、慷慨激昂地回道：“马上就装，就这星期。”

又有抱怨者道：“我们又不是小学生，干吗天天把校门关得那么早？”大家立马哄笑起来。有人替校领导回复：“干啥都不方便吧？”老先生接着那话茬儿道:“同学们啊,这是对你们的关心和爱护啊……”

这些问题，如同小溪泛起的水花。

几个回合后，校领导们的气势再次大增，他们已十分有把握控制局面了。穆助理为保持现场的秩序和严肃性，提议有问题的可以举手发言，底下似乎没有反应。接着他说：“谁有问题？也可到台上来说。”

那又是他自作主张的表现，他以为他们已胜券在握。其实他的高姿态确实代表了台上领导们在那一刻的普遍心理。他们以为这一招棋是高妙的，既显示了他们的大度，又能镇住台下的“刺儿头”。殊不知起哄的不见得是“刺儿头”，真“刺儿头”是被起哄的给遮住了。

穆助理话音刚落，台下立马安静下来，比军训时还整齐，这是领导们预期的效果。他们眯着眼睛，嘴角微微上扬，相互致意点头，只差庆贺胜利了。但他们满意的表情将很快消失。

“老大”出马了！

“老大”是谁？

我们班有位年纪最大的学生，叫李贵诚，比我年长五岁，跟我是同乡。我与他在长沙邂逅，但没有交流过。那天我一个人在画室画画，他可能是来找熟人的，没见着便扭头走了。他的样子很特别，在北京

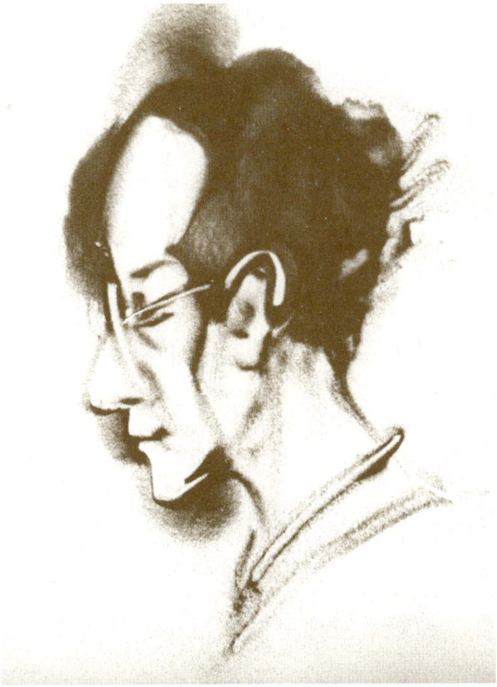

再碰到时，我一眼就认出了他。他做过乡村教师，来北京前办理了停薪留职。

如果没有穆助理的提议，李贵诚可能也没这个机会。一米六左右的身高，无论坐着还是站着都凸显不出他来，即便他举手了，也可能会被乱哄哄的场面所埋没。现场刚刚恢复平静，他立刻举手站起来，那一刻他吸引了所有人的目光。他高度近视，镜片像两个压在鼻翼上的啤酒瓶底，把鼻孔压成了扁平状，颇有滑稽之感；头顶着一窝蓬松稍短的卷发；络腮胡子一根根精神抖擞地扎在他消瘦的脸颊上；两片暗红发亮的薄嘴唇。在我看来，浓密的青色胡茬在他脸上是很显派头的。他好像天天在刮胡子，但胡子好像从没刮掉过。我觉得他像演员李保田，性格也属同一类人。他愤世嫉俗，心直口快，懂得多，办事比我们老练，也更讲策略。他说话的声音具有很强的穿透力，比校长的更具磁性。他的这些特征再加上比我们年长几岁，便成就了他在我们心目中的地位，就连高大威猛的北方籍同学也无不尊称他一声“老大”,心高气傲的赵云对他也心服口服。他对我们也以兄弟和小妹相称。

老大还是有老大样的，本质上他也是属于勤奋老实的那类学生，偶尔也会吹吹牛，总说着邀我们出去干点啥偏门坏事，但从来只是停留在嘴上。他之所以和我们凑到了一块儿，除了想提升提升学养，再搞个专业文凭外，最重要的原因是找到了一个很好的说辞，可以出来散散心，暂时远离工作单位。他十分不满他老家学校领导的做法，不愿同流合污，也就阴差阳错地来到了北京。

此刻，老大正散发着老师的威严。虽然个子小，但气场无比强大，像“超级赛亚人”归来，尤其他那带卷的头发，像燃烧的火把。他昂首阔步走向讲台，大方、沉稳，他身上平日里宽松耷拉着肩的蓝灰色西服在此刻显得飘逸拉风，哦，对了，他好像一直就是那套着装。立定后，他向台上和台下各鞠一躬，会场即刻响起热烈的掌声和欢呼声。大家也把热烈的目光汇聚在他身上，像在集体向他输送能量一样。他不慌不忙地坐下，气定神闲，若有所思，像领导即将要做一场别开生面的报告一般。他话还未发，底下已屏住了呼吸。

他拍了拍包着红布的话筒，音响里传来砰砰两声，然后凑到话筒前试了试感觉：“喂，喂。”那两个字从音响里发散出来，完全击中了我们的笑穴，他倒是浑然不觉。那淡定从容的状态无形中感染着我们，点燃了我的激情，放大了我的胆量，我也跃跃欲试了。

老大终于拉开了话匣子，语重心长的劲儿不输台上两位老先生：“同学们，我也曾是一名光荣的教师。”说完顿了几秒。这句话对他来说包含了多重情绪，这句话说出来很深沉、很有磁性、很浑厚，这句话让台上的几位略感不安，这句话让场面立马恢复了平静。台下鸦雀无声，所有人都陷入一种莫名的状态。

紧接着，他步入主题：“为什么我今天会到这里来做一名学生？是因为我对原来学校体制里的事情有看法，我无法改变现状，只好改变自己。给学生创造良好的正规的学习条件和学习环境，本就是学校应有的责任，我原来的学校做不到，那是在乡下，但我相信在伟大的首都、在北京是不会做不到的。”

说到这里，台上的几位有些坐立不安了。

他继续说道：“最近，学校不太安宁，我作为一个比大家稍长几岁的老同学、老大哥给大家提点意见：学习不仅在于老师教，还在于自己学。我们不能因为对现在的学习环境不满而破罐破摔，要理解校方，我相信他们也正在努力，我们要相信一切都会越来越好的。”台上的人对他的这段表述露出了赞许的神色。

“我们都是拿着家里的血汗钱来的，不容易。学校有学校的难处，也不容易。我们对学校要有信心，对自己也要有信心，大家可以携手营造一个美好的学习环境。我相信，校方一定是负责任的、有道德的，也会以最快的速度将电话、师资以及教学设备配备齐全。我们的要求也就是这些，希望学校给个时间表，让我们心里踏实。我就说这些，谢谢！”

老大说完，台下响起一片热烈的掌声，他依旧淡定从容地走下台来。台上领导们也颇为认同他的发言，象征性地配合台下拍着巴掌。

老大就是老大，讲到实处，绵里藏针，给双方留有余地。但我觉得他平日里的表现似乎更劲爆，台上的他反倒矜持了不少。应该让暴风雨来得更猛烈些，不然他们会以为我们都是软柿子！“那就我来吧！”我心里好像启动了什么装置，已进入缓冲程序。

针对老大的发言，校长给予赞同，并表示将以最快的速度实现大家的愿望，至于最快是多快，他没有明确说。穆助理认为老大之后不会再有谁敢冒出来了，随口又问了问：“还有谁要发言的？”

那时，我已缓冲完毕，头顶已聚集了一团风暴，浑身上下血液沸腾，嗓子眼近乎冒烟，胸中有股不可阻挡的东西欲喷涌出来。他这一问，刺激了我，我猛地举起右手，脑袋里瞬时一片空白。

穆助理欣然应允我上台。

其实我根本没有准备好要说些什么。那一刻，我突然感到整个世界戛然而止。我一步步走上台阶，手脚也不像往日那般自在协调，如行进在漫长而陡峭的山峦上，两边弥漫着硝烟，涌动着岩浆。脑袋里频闪着这些日子里的各种瞬间：与校长的偶遇、火车上、西客站、门口报到、数钱缴学费、军训、食堂、操场、宿舍、电脑、肯德基、舞会、广场升旗、床上的帐篷、打架…… 一时不知从哪里说起，头顶的风暴还在急速凝聚和旋转，真希望有道闪电能将它们瞬间撕裂、消亡，然而闪电也立刻被它们吞噬……

我好像走了很长的一段路才上了台，落座时，脑中刚才闪现的画面像被一只无形的手瞬时抹去，重又切换至白屏。在台下时，我演练了好几遍的应该还算不错的开场白，在这一刻已无故消遁。我硬着头皮，心怦怦直跳，嘴闭得紧紧的，好不容易蹦出几个字来：“我们每天都吃饭吧？”

他们肯定都没想到我的开场白会如此突兀，又或许是因为我的声音有些颤抖，那话一出，台下哄笑声一片。我越发紧张起来。

“如果，我们吃的食物没有任何营养，我们还有必要吃吗？还要一直吃下去吗？”

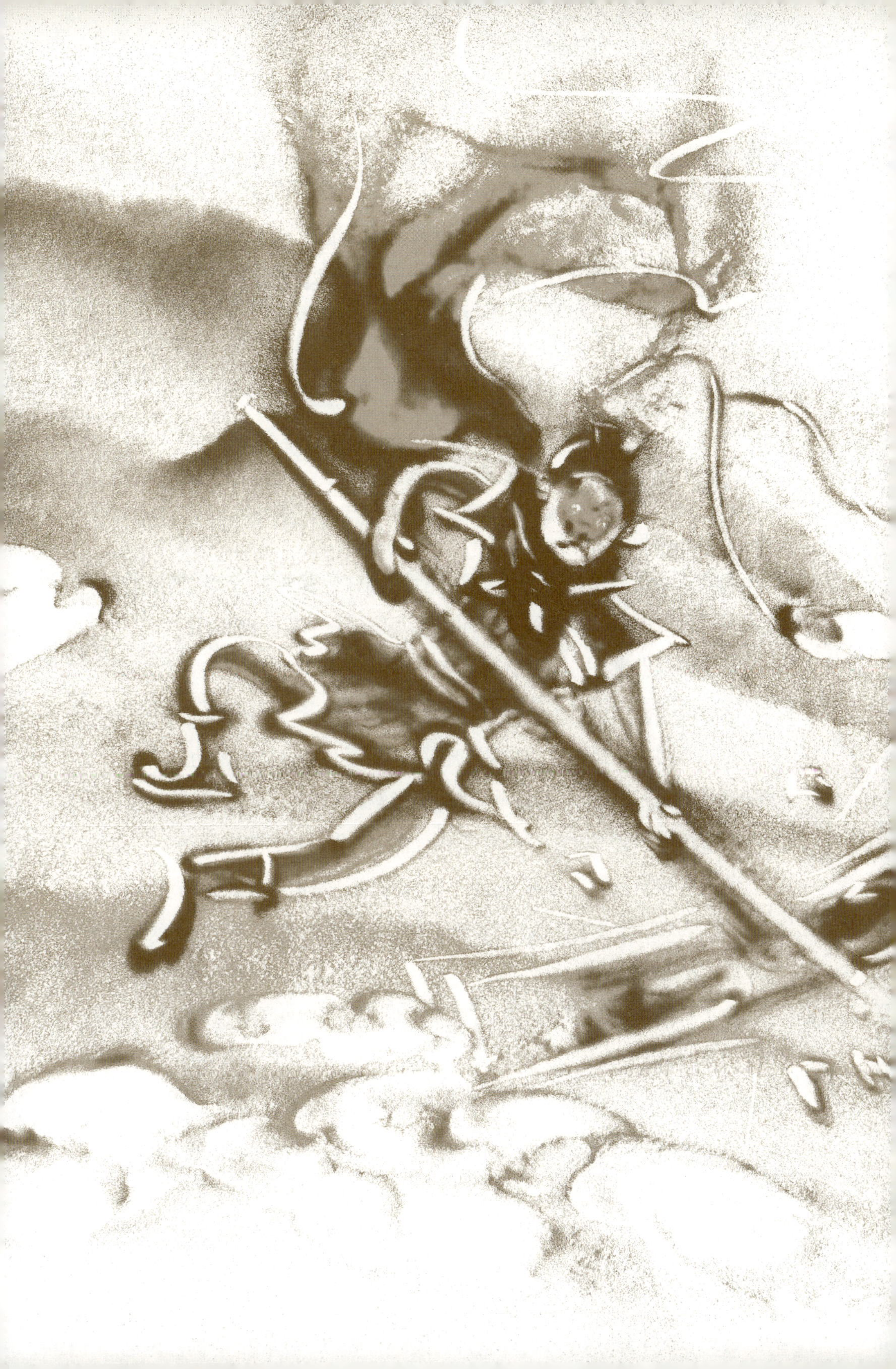

此刻，台下笑声夹杂着应和声，随后又出现了稀稀拉拉的掌声。在掌声的鼓舞下，我提高了音量，声调也趋于平稳。

“我们来这里是来学习的，是想吸取真知识的。可是，学校提供给我们的都有什么？”最后一句我进一步拉高了音量，当然完全是情感使然。

“啥也没有！”

“净整些没用的！”

“对，没有！”

台下开始起哄。

此刻我已是离弦之箭，正行至最佳状态，接着说道：“这所学校给我们所有的承诺，只做到了一样，那就是——学费一定要收！”

这一句说出来，台下顿时沸腾了。

旁边的老先生近乎乞求地对我说道:“你别说了,你快别说啦——”

他的举动非但没有起到劝阻的作用，反而有抱薪救火的功效，促使我的气焰更加猛烈了。我近乎呐喊道:“这样的饭我们还要不要吃？”

“不吃！”台下拿出了只有军训时才有的气势应声道。

“这样的学我们还要不要上？”我又喊道，情不自禁地举起了手。

“不上！”台上台下配合得像彩排过一般，一起把五四运动的精气神都挖了出来。

突然，校长夫人一把拽走了我面前的话筒，这个举动立马引爆全场。

“还给他！还给他！”大家叫喊着，都站了起来……

那个片段，我能记得的也就到这儿，怎么下的台，怎么收的场，我已全然忘记了。那一阵，我着了魔似的，自己都不认识自己了。可是我知道，我并不是想当英雄，我的初衷是为了自己，为了家人，也为了大家。

家人不会知道，大家也未必领情。之后，大家走出礼堂，有说有笑，似乎刚刚看完一部精彩的电影。我隐约听到后面有人在嘀咕：“傻逼一个。”他在说我，以为我听不见。

“离弦之箭”在这一刻才坠到地面。我的心凉凉的，感到愤怒，恨不得回过头去跟他理论一番：“你难道不希望学校有改变吗？你父母的钱难道是捡来的？你不想有个好的前程？”但我忍住了。人流从我身边冷冷地穿过。

我默默地待在操场上，先前的豪情已经荡然无存。

我蹲下身来，看见脚边一只蚂蚁在焦急地寻觅着它的队伍，它被队伍甩掉了。

完了！我猛然意识到。

果不其然，“子弹”向我飞来。校领导要开除我的消息很快传开了。

悔不该当出头鸟，这下可好，逞了一时英雄，现在不说上学，就连安身的地方也要搞丢了！我该如何向父母交代？真的完了！

熬了几日，通知并未下达。后来得知是校长办公室的小刘老师帮我说了几句公道话，让我躲过了这一劫。她负责日常考勤，是最了解学生情况的人。她担保我，说我绝对不是一个刺头儿。

我一直感激那位小刘老师，她只是我人生中的一个过客，交谈次数屈指可数，但她的善良和正直让我永远难忘。

“……这是我在学校里上的最深刻、最有意义的一堂课，虽然虚惊一场，但那天我确实蛮威风的，哈哈……”

我好像看到小芳正微笑着看我的信。

从那之后，学校的硬件设施终于得到了应有的改善。换一种心境，就是另一番世界。正视现实，才能充分激发人的潜能。学艺术的学生，具有与生俱来的想象力和创造力，来自东西南北的智慧与激情聚集在一起，能碰撞出无数的火花。既来之则安之，既安之则变之。原本枯燥无味的学习生活，慢慢地被我们营造得生动起来。

一次在去上晚自习的路上，经过平静的走廊，我看到教室门异于往日紧闭着。刚要伸手推门，“砰”的一声，门自动爆开，刹那间一具白骷髅跳到我面前，我始料不及，顿时吓得瘫软在地。同时，沉闷劲爆的 D 曲和乳白的烟雾由里往外喷涌而出。那位同学摘下面具，笑得快接不上气来。哪里还有教室？完全到了一个群魔乱舞、乌烟瘴气的地府洞天！我好不容易才缓过劲来，也跟着笑个不停。“我的天，不怕把人吓死！”我没好气地喊道。

这是舞会的升级版。大家沉醉在激烈的节奏中，摇摆着、欢呼着、发泄着、享受着。那是拥有鼎盛青春的人才会绽放的舞姿。我也融化在其中，叫着、喊着、挥舞着手、耸动着肩、摇摆着臀部……老大那天也十分投入，他微闭着眼，舞姿像凌波微步。我们忍不住发笑，他全然不在乎。有些女同学把自己打扮得很美。这个年龄的女生似乎比高中时的女生更迷人。我看到小芳也在舞池中欢快地跳着，也变得更美了。我揉揉眼睛，她又消失得无影无踪。

我们自发组织去美术馆、去中央美院、去工艺美院、去前门、去博物馆、去长城、去卢沟桥、去颐和园，去好多没去过的地方。每去一个地方都是一次心灵的震撼，每去一个地方，就会增加一份对北京的爱。虽然我们对学校周围越来越熟悉了，但总是能遇见一些新的惊喜，也许是某个地方，也许是某个人，也许是某棵树，那种不期而遇、出乎意料、令人期待的感受让人十分着迷，我称之为“下一刻的精彩”。

同学们的感情也越来越深，我们都深深地爱上了北京。

“北京，就是最好的大学！”我对着镜子中的自己说道，表情淡定而自信。

转眼元旦要到了，校园里洋溢着节日的喜庆气氛。两所学校打算联合举办一台迎新晚会，因此每个班都在铆足劲筹备节目。平时神龙见首不见尾的班主任也特意现身了好几回，重视程度可见一斑。

搞文艺活动是我的长项，从小学一年级开始直到高中毕业，凡是学校组织的文艺活动，十之八九都是我拿第一。我自认为还是有些天赋的，唱歌、跳舞、演小品都不在话下。高中时我为自己量身定做过一个小品剧本，把所有的特长都融在里面，也拿了第一名。此时，这个剧本又派上用场了，我和一个北京籍的瘦瘦黑黑、很带喜感的活跃分子小杰一起排演了这个作品。

晚会上，我来了个一鸣惊人，节目赢得满堂彩，尤其是校长和校长夫人对我的表演大加赞赏。我感到不好意思，甚至有些愧疚，因为上次开会给过他们难堪。

在大学里，我又一次成了校园名人，收获了不少粉丝。这也是延续了以往的传统。一时间，可谓春风得意。

我时常孤独地坐在窗台上，静静地望着天空，望着那哨声悠扬的鸽群，然后，把收获的喜悦和心中的忧愁付诸信纸。我的情况只有她全知道。给家里打电话和写信，我都是报喜不报忧。我清楚，报忧未必明智，也不能解决问题，没准儿还会增添烦恼。长大了，有些事情就得自己扛。然而，有一个挥之不去的苦恼一直压在我心底，难以面对，却无法逃避。父亲回家砍了山上的树才凑齐一年的学费，可是明年、后年怎么办？树可不是一年就能长成的。我知道，他们已经尽力了。

我告诉小芳，我不能一门心思扎在学业中了，我打算勤工俭学解决现实问题。她赞同我的选择，并告诉我，她已从她表哥的公司出来了，在深圳重新找了份工作。我们互祝顺利安好。

学校附近有个报亭，我买了几份登有招聘信息的报纸回来。在一份叫《手递手》的报纸上，一则光明影视公司招聘群众演员的广告吸引了我。“演员”二字也像是自己蹦出来的，让我怦然心动。我照了照镜子，对自己说道：“我可以去试试。”以往在学校的各种文艺汇演片段也跟着浮现在眼前。

广告上面标出的报酬也很吸引人，有台词的表演能拿两百到五百元的薪酬，甚至还有上千元的。我感觉这钱应该好挣，跟玩没什么区别。不说五百，能挣两百也够我一个月的伙食费了。令我更为兴奋的是，报上还说，将有机会和大明星搭戏。那我不就上电视了吗？我突然想到姑妈去世时那道士给我卜的卦，会不会是真的？我越想越激动，忍不住得意地唱起来："我欲成仙，快乐齐天，让时间对得起美丽预言……"

"你发、发什么神经？像个傻瓜呢。"江琦坐在上铺，含着可乐说道。

"我想去试试做演员。"

"哦，可以嘛，还可以见到美女啰。"

"你就知道美女美女，咋学得跟老大一样了。别只放空炮，哪天也带回来一个两个看看？你瞧瞧人家刘然，那小日子过得多爽。"

"哼，他就只顾自己享受，也不给兄弟们介绍介绍。"

"得了吧，江琦，你看你满床的零食，哪还有别人的地儿？别天天吃那些个垃圾食品，没营养，知道吧？"

"你才得了吧，跟吃有什么关系啦！我告诉你，刘然吃香是因为他长得比咱们帅，我要是长个一、一米八三，女孩子不得排着队求我祸害啊！"说完，他咕咚咕咚连喝几口可乐，打了个长长的嗝。

"人靠衣服，马靠鞍。你看看人家刘然，把钱都花在身上，天天穿得跟大哥大一样，那头发染得多靓，那耳钉打得多酷，那皮裤穿着多性感。你得多学学，别只知道把钱花在肚子里。"

"什、什么？学他那个样子，像个古惑仔，得、得了吧！"

"现在人家女孩子就好这一口，你说咋办？"

我收好报纸正准备出发，瞥到他床底的鞋子，然后笑着对他说："对了，你的皮鞋借我穿一下啊？"

"啊，哈，哪有借皮鞋穿的，别、别给我惹上脚气了。"

"哪有什么脚气，你借不借？反正你很少下床的，鞋子也没啥用。还想不想我给你介绍女明星？"

“哈，还扯上女明星了，有你的。算了，我这双鞋卖给你吧，一百块。”

“二手货，半新半旧的，就五十。”

“哥们儿，我都没穿过几次，五百块买来的呢！”

“我有钱了，还你十双。”

“哈哈，真有你的，拿去吧，拿去吧，反正我正要换双新鞋，真有你的。”

“我就知道你会同意的，嘻嘻，谢谢兄弟！”

我脚踩江琦的鞋子，兴冲冲踏上了应聘之路。那是我人生中第一次去应聘，是一个崭新的开始，距离我成为群众演员还有约两个月，距离我成为口技演员还有一年，距离我成为魔术师大概两年，距离我成为一名沙画师还有七年。

那家影视公司离我们学校就五站地，我带着报纸一路走了过去。公司临长安街，在一栋老式青砖建筑内。我脚步轻柔地上到二楼，见右侧的过道上方有块指示牌，按指示牌走进一条狭长的过道。过道幽深，越往前走便越显压抑，仿佛行进在什么怪物的食道里。咯噔咯噔的响声由远及近，我的心也随之一上一下，那是高跟鞋着地的声音，清脆而有节奏，但不见人影。走到尽头，迎面又是一块指示牌，右拐进入另一条过道，直到尽头，终于见到公司门牌。昏暗的声控灯很尽职，在我止步的刹那同时暗下。我猛地蹬了一下脚，灯又亮了，光线的亮度并没因我蹬脚的力度而得到改善。

我清了清嗓子，捋了捋头发，整了整衣裤，然后郑重地在门上敲了三下。

门徐徐打开，明亮的光线从右至左缓缓爬上我的脸颊。一位十分优雅美丽的女士像天使一样出现在我面前，我感觉自己顿时缩小了一圈。

“请、请问是这里招聘演员，对吗？”我小心翼翼地问道。

“是的，您好，请进！”

她非常职业而热情地招呼我进门。里面十分明亮，一目了然，两个大开间，看得出来一间是用于办公接待的，一间似乎是用于排练上课的教室，大致在百平方米左右。

“今天特别忙，老师和学员都拍戏去了。”她边说边给我倒水，声音十分甜美。

“哦，好的，好的，谢谢！”我急忙接过纸杯，象征性地抿了一口。看她转身走了，我好奇而兴奋地打量着周遭的环境。

办公间摆放了好几件古典家具，靠窗的地方横摆着一套硕大的古典红木雕花桌椅，椅子后面，靠墙并列着两个藏宝柜，里头摆放着不少古董。窗台上有几盆造型不凡的盆景，枝繁叶茂。靠门的左侧墙上挂着几幅大照片，看似公司领导与文艺界泰山北斗的合影。右侧两面墙上更是布满了各类明星大腕儿和知名演员的剧照，直看得我眼花缭乱。另一间房摆放着二十多把折叠靠椅，还有一面可以挪动的黑板。墙上挂的都是为公司或个人题写的书法作品，不乏溢美之词，皆出自名家、大家之手。

我看得有些入神。这时，她拿着一张表格过来，要我填写。她如明星一般光彩照人，真诚大方。我没有丝毫怀疑和顾虑，接过表格便认真写起来。

“您等通知，下周来参加中戏和北影教授们的考核。如果通过了，我们就会给您安排拍戏的机会。”她微笑着说道。

“好的，好的，谢谢您，千万要记得通知我，或者下周我给公司打电话！”说完，我再次确认了一下填写的BB机号码，再次谢过，退了出来。

回到学校，度过了漫长的一周。中途我主动去过两次电话，生怕错过了考核时间。终于等到他们联系我时，我高兴得跳了起来。

我是跑着去参加考核的。

就在那个排练间里，我对面坐着三位颇有风范的长者，他们是来自中央戏剧学院和北京电影学院的教授，年纪都在五六十岁。一位大背头，一位大眼镜，一位大胡子。他们身前摆着一排桌子，我僵硬地站在他们对面。报完自己的姓名和年龄后，我一时语塞，他们会心地笑了笑。

“别紧张，小伙子，你先把这个念一遍。”那位戴眼镜的考官递给我一张纸。我看了看，抿了抿嘴。少时，我似乎已做好准备，一开口，却情不自禁地带着颤音。

“别学羊叫啊，哈哈哈……”他们都乐了。

“一到关键时刻就掉链子！”我心里骂道，脸上有些发烫，于是猛然一个深呼吸，再定了定神。可我突然觉得嗓子又不得劲了，真恨不得一口吃了那稿子。

“八百标兵奔北坡，炮兵并排北边跑。炮兵怕把标兵碰，标兵怕碰炮兵炮；四是四，十是十，十四是十四，四十是四十。莫把四字说成十，休将十字说成四。若要分清四十和十四，经常练说十和四……”念完，自我感觉良好，觉得一个磕巴也没打，挺顺溜的。其实我那时的湖南口音根本分不清s和sh有什么区别。

“好，你还有其他才艺吗？”大眼镜考官笑着问道。

“老师，我会唱歌、会跳舞、会模仿，我会模仿二胡、唢呐、萨克斯、猪狗牛羊马叫…… ”

“好好好，那你给我们来两段。”他们打断了我的话。

“下面我给大家模仿的是二胡。”说完，我做出拉二胡的姿势，来了一段《二泉映月》的片段。模仿完，再报个幕，来上一小段萨克斯独奏。

“好，好，好。”没等演完，他们就让我打住，而此时我正在兴头上。

“老师，我还会跳霹雳舞……”

“行了，行了，等通知吧，下一位。”

“老师，我还会——”

话只说到一半，另一位选手已上场。我失落地退了下来。

又是漫长的一周。那天的表现也让我纠结了一周，有时候觉得表演失败了，有时候又觉得表演挺成功。我时不时看看 BB 机，生怕错过了录取通知。总之，那一周我是吃嘛嘛不香，干啥都没劲。直到又一周，BB 机里突然出现那家公司的电话，我飞也似的冲向校门口的电话亭。

电话里依然是那个柔和的声音：“恭喜你，苏飞同学，你成功通过了我们的考核，请尽快到公司来报到。”

“成功啦！耶！”我像青蛙一样，一跃而起，四肢在空中舒展开来。

我是一口气跑过去的。

当我气喘吁吁赶到公司时，现场已有十多个人在排队等候了。这些人年龄不一，听口音天南地北的都有。有几位似乎已混熟了，在窃窃私语，偶尔发出嘻嘻哈哈的声音，他们在讨论明星们的八卦，显得自己是内行人。陆续又到了几位，估计人已到得差不多了。

还是那位美丽的女士，轻声细语地对我们说道：“大家好，今天呢，到的都是通过了上次考核的。能通过考核就代表你们是有一定的表演天赋和表演潜力的。这次通知你们过来，一是要将你们的个人资料再次核对并存档，二是需要和你们签个合同，我们会根据剧组的需求和个人的情况推荐上镜的机会。但是有一点，拍戏和才艺表演是不一样的，你们需要经过公司的培训才能获得推荐的机会。我们的培训班分大班和小班，小班的培训费是二百，培训时长是一个月，每周两次课，大班是六百八，培训时长是三个月，培训地点就在这里，周六、日晚上七点到九点上课。”

“是不是没参加培训的就没机会拍戏啊？”有人问道。

“如果派出去连镜头感都不知道的，砸了公司的牌子怎么办？参加培训是非常有必要的。”她说得比较严肃，但并不令人反感。

我很认真地算了笔账，除了到放寒假前的生活费、跟女友一周一次的长途电话费以及过年回家的路费，勉强还是能挤出培训费的，于是咬咬牙交了一个小班的费用。那些人当中也有转身就走的，也许是怕上当，也许是连两百块也交不上吧。我不怕上当，因为我上过更大的当，学费比这高得多，即便这真是个当也算不了什么，万一我行呢？哪怕是能上一次镜，我也会把这两百块钱挣回来的。

从那以后，我尽量减少伙食的开支，尽量多写书信，只为节省话费。只有回家的路费是没法也不能省的，我和小芳约好了要回家见面的。

培训当天，我终于见到了德高望重的高进老师，他是这家公司的创办人，也是一位资深的表演艺术家，在很多影视剧里都能看到他的身影，墙上相框里的主角就是他，我仰慕已久了。那会儿，他不到六十，中等个头，身材壮实，黑灰相间的板寸头，头发非常浓密，一双小眼睛炯炯有神。他说话时铿锵有力、丹田气十足，说到重点处，常会伴着一个经典的手势——食指伸直，其他指并拢，向前做点穴的样子，很有气势。他的手劲很足，跟他握手时会被他捏得隐隐发疼，也因此会给人传递一种信任和踏实的感受。见到他，我很激动，也很紧张。

课是高进老师亲自上的，我听得非常投入。我坐在最后一排的角落，并非我不想坐在最前面，而是我不擅长与人争抢座位。我知道他们和我一样，都想离老师更近，那样会听得更明白，也方便随时展示才艺，更有效率地跟老师熟悉。当然，不争，是因为我有自己的看法：对于上课来说，影响受教的效果并非在于坐在哪里，况且，我也不觉得身体贴得越近心就会贴得更近。

那是个多彩的课堂，是个新奇的世界。我第一次知道了什么是表演的三大体系、什么叫体验式、如何发音吐字；你可以笑、可以哭、可以叫、可以跳，没人笑话你是疯子；可以是儿子、可以是老子、可以是孙子，官员、企业家、警察、小偷、医生、律师、老师、神仙、反串等，都可以体验一把；还可以学到诸如“学艺先学做人”“真诚待人、以艺求存”的人生智慧，听到不少演艺界的内幕故事；等等。

上完课后，大家热情地围着老师和工作人员舍不得离开。我插不上话，也挤不进去，便自发将桌椅收拾摆放好，一边打扫地面，一边聆听他们的交流。我觉得每一次课后的交流也是很精彩的。

高老师的故事很励志，精彩程度不比戏里的差。他讲故事，声情并茂。有好几次，我一边听着，一边盯着他那双聚光的小眼睛，从那眼睛里便似乎穿越到另一个时空。

“想当初，我只是边疆的一个无名小战士，喜欢打快板，完全是业余爱好。但我有一个梦想，就是一定要成为一名专业演员。”说到此，他停顿了一下，眼望着前方，小眼睛发出坚毅的光芒，似乎前方就是广袤的边疆。

“你猜怎么着？每天当其他人还在梦中的时候，我就爬起来。”他放低了声音，露出得意的神态，接着淡然说道，“我知道自己的形象太普通，眯眯眼、个不高，不占优势，那就只有靠勤奋才能创造机会了。”说到这儿，他腰板挺得笔直，豪情万丈，那派头像《红灯记》里的李玉和。

“朋友们，吃得苦中苦，方为人上人啊。在那大冬天的早晨，天还没亮，别人还在睡觉，我独自来到小河边，拿出快板，使出浑身的劲，嘀嘀嗒嗒一通苦练，直练得汗流浃背、热气腾腾才肯作罢。”他用手臂在额头上抹了一把，呼吸也变得急促。

“机会只给有准备的人啊，没有我当初的努力哪会有我的今天？果不其然，全军文艺大比武的机会来了。文工团的领导正为此事开会的时候，我站在大门外使出丹田气高声喊道——‘报告！侦察兵一连三班文艺干事高进毛遂自荐，想要参加此次全军文艺大比武！’”他提高嗓音，并向我们行了个标准的军礼。他已完全回到当年的场景了。

“我那时候的嗓音跟乔榛有得一比，一下就把他们给镇住了。一位领导见状，喝道：‘哪来的黄毛小子，出去，出去，捣什么乱！’”此刻他的表情又成了活脱脱一位不近人情的官僚。

“但有一位老领导和蔼地说道：‘小同志勇气可嘉，要不给他个机会展示展示吧？’”那表情又换成了另一个人的神态。

“我立马拉开架势，把自己积攒多时的内力全部爆发出来。当场就炸了锅，哈哈哈哈！”他那样子十分得意。

“我的表演肯定是精彩的，毋庸置疑。可是现场出现了两种不同的声音：一种说我的节目不错，但嫌我形象不占优势；另一种说我形象新颖，尤其是一对小眼睛聚光，能让人记得住。最终还是老领导一锤定音，决定派我出征。怎么样，小眼聚光吧？”他得意地笑着问我们，我们虔诚地不住点头。

“就这一步，改变了我的人生。我先是只身前往东北，一举拿下了全军二等奖，然后又代表部队前往北京参加全军文艺汇演，连演十场。这十场除了两场外，其他场场都是掌声雷动、反响非凡。那两场，一场是正好赶上刮大风，一场是剧场的灯瞎了，哈哈……就这一下，我名声大振。因为此事，我很快从边疆被直接调到北京。原来那些个瞧不上我的人酸得哟，说我是走了什么狗屎运，哈哈哈！”他很享受也很自豪当年的那段经历。

“我呀，脚踏实地、稳扎稳打地从小干事一步步干到营级、团级、师级。当然，刚进北京那会儿，也是吃尽了苦头的。北京是什么地方？卧虎藏龙，哪那么容易……”

如果不是工作人员及时打断了他，估计他再讲一两个小时也讲不完，尽管他愿意讲，我们也很乐意听。既然下了逐客令，也不好老待在教室里了。

老师一走，大家也跟着散去。我将剩下的地面拖完，然后在走廊的卫生间里将墩布洗干净。一位新结识的叫李青松的朋友走过来，拍拍我的肩说：“哥们儿，走吧。”

于是我们一同跟工作人员道了别。

李青松是我在社会上最早交到的朋友，他还邀我去他家做过客。他家在平安街的一套大四合院内，十分气派，我为之惊叹不已，他却觉得平常，因为他从小就长在那里。

四周后，培训班做总结表演，题为《吸毒者》。这也是小班的最后一堂课。学员们表现欲都很强，争先恐后地举手。我不敢举手，不知道自己行不行。我很佩服那些胆子大、放得开的朋友，不过看了两三个表演之后，我的信心陡然大增。毕竟，表演和表演欲是两个概念。他们的表现乏善可陈，有的表演堪称滑稽，让人看了忍俊不禁。我看了看高老师的神情，估计没有让他满意的。我知道，机会来了。

“老师，我也想试试。”我举起手来。

高老师的目光投向最后一排的右角落，他眼中的情景一定是这样的：一个瘦弱的黄毛小子高高举起手，一脸的淡定与从容。

“好，你来。”高老师淡淡说道。

那一幕时常在我眼前回放：那时我刚满二十岁，坐在场中央，四周围坐着一群学员，一双双眼睛齐齐盯着我，等待我的表演。

我深吸一口气，稍作酝酿，心想着他们都是大白菜（老师教授的方法）。即兴的表演正式开始：

我目光呆滞，双颊往里凹陷，蜷缩在一个角落里，浑身颤颤巍巍，偶尔痉挛。几近崩溃的我“啊”的一声大叫，猛地摔倒在地，接着满屋乱滚。

“给我一口，给我一口，就一口，一口啊……”我边滚边哭号着。

不多时，我顺着铁栏杆（虚拟的）艰难地爬起来，接着疯一般对栏杆施以拳脚，伴以撕心裂肺的哭号：“放我出去，放我出去……”

终于，我疲惫不堪了，趴在地上，近乎死去，只有手指在微微动。

“198号，你母亲来看你了。”外面喊道（是我埋头自己配的音）。

我猛然惊醒，抬起头来，眉宇间露出一丝希望：“妈妈，妈……不，不，我不要见她，我不要见她！我恨她，我恨她！为什么，为什么要离开我们？为什么？我、我不要见，不见！”

我向前爬去，而后又急忙退缩，嘴里喃喃自语。这时毒瘾又发作，我再次满地乱滚，口中不住地宣泄着仇恨：“滚，滚，滚！你们都给我滚，滚……”我狂吼着，乱爬着，心绪极度不稳定，直至蜷缩在地上，疲惫至极，痛苦至极，仅剩下一口气。

狱警喊道（自配音）：“198 号，听见没，见还是不见？”

此刻，我面如死灰，涕泪满面，浑身颤抖，缓缓抬起头来，微微睁大眼睛，艰难地向前伸着右手：“妈、妈，好、好妈妈——给我一口，就一口……啊，呵呵，一口，呵呵……”随即瘫软倒地，昏死过去，气若游丝。

至此，表演结束。

我坐起来，深吸一口气，看到前面几位女学员正拭去眼泪。全场沉静了大概五秒钟，随即响起了雷鸣般的掌声。

高老师如吞下了一口烈酒，脸上的肌肉瞬间向中心靠拢，然后再缓缓舒展开来。

“什么是表演？这，就是表演！”他的话一个字一个字地从嘴里往外蹦，伴着那个招牌性动作（伸展着手臂，食指向前，其他手指并拢），说一两个字，就往前戳点一下，尤其说到“这”字时，字蹦得越狠，手指戳得也越带劲。

第 4 章

踏上艺途

高进老师后来常对我说：“大宝啊，不鸣则已，一鸣惊人。”这句话始于那天的表演。也正是从那天起，我们爷儿俩逐步建立起深厚的师生情谊。

那天考试过后，学员们一个个离开公司。我在大门外不远处守着，见高老师一出来，鼓足勇气，快步走到他跟前。

“高老师！”我的声音有些局促。

他仔细一看是我，笑着说道：“不错啊，小伙子有灵气。”

“高老师——”我欲言又止。

他看出来我有心事，关切地问道：“怎么了，有事吗？”

“高老师，我想继续学习。”

“好啊，你有潜力，应该继续深造。”

“我，我——我身上的钱不够交大班的学费，我在上学，家里经济条件不太好，我想能不能——”

高老师重重地拍了两下我的肩膀，打断了我的话。他那深邃聚光的小眼睛看着我，眼神中透出照妖镜般的光芒。我缓缓低下头，不敢看他，感到灼热难耐。

“你以后还坐原来的位子，继续听课，不要跟其他人讲就是。”他平静地说道。

我抬起头来，感激不已地看着他，眼睛有些湿润。

“嗯，谢谢老师！谢谢老师！”我深深鞠了一躬。

继续深造，受益多多。除了学习既定的表演课内容，老师为人处世的风格也深刻地影响了我。他的自信、他的勤奋、他的坚韧、他的坚守、他的豁达，等等，我看在眼里，刻在心上。

表演班里汇聚了五花八门的人，他们来自天南地北，其中有医生、老板、打工人、学生、老师、军人、白领、厨师、北漂……年龄不一，形象各异，年长的有七十多岁，年轻的十来岁，一个个都信心十足地怀揣着明星梦，都指望着能成为明星，一朝飞升。他们的言行举止和他们的故事也映照着这个世界的丰富多彩，真可谓“一沙一世界”。我时时刻刻用心观察着、思考着、感悟着、总结着，十分珍惜那样的宝贵时光，不敢有丝毫的懈怠，因为那是我踏入社会的第一步。

我终于等来了拍戏的机会。接到通知的那天，我兴奋得一夜没合眼。我躺在床上，双手枕在脑后，呆呆望着房顶。我看见自己在不断变换着造型，玉树临风的大侠、风流倜傥的许文强、威风凛凛的将军、威严霸气的皇帝、超凡脱俗的神仙……

“靠，你别动来动去好吗？这都几点了？！”下铺的同学迟峰吼道。

天微微亮时，我一骨碌爬起来。迟峰瞬间用被子蒙住了头。

我迅速洗漱完毕，背上包飞也似的下楼，三两下翻过学校的墙，小跑着向集合的地点赶去。那地方离学校步行也不过二十分钟。我赶到那里时，天边刚刚露出鱼肚白。

“西——南——饭——店。”

我观望着眼前的大楼，一个字一个字地确认着楼体上几个金色的大字。没错，就是这里，准确无误。我向四周望了望，寻了一个方便的地方坐下。时间尚早，我拿出速写本和铅笔，准备物色个模特练习速写，顺便打发时间。

马路边已开始活跃起来，那感觉让我联想到京剧里的开场锣鼓，隆隆咚咚、叮叮当当，预示着一场大戏即将开幕。我看了看地上来回寻觅的蚂蚁，再望了望深邃蓝紫的天空，心想，在上帝眼中，我们岂不也是一群紧张兮兮的蚂蚁？我把目光投向前方，手中的铅笔游走在洁白的速写纸上，不一会儿，积攒了一小堆稿纸：有三五成群围着热气腾腾的煎饼果子摊的；有在公交站等车的，他们或站或坐或盼，或在交谈；有身着制服清扫大街的工人，有奋力向前、左右顾盼蹬三轮的。他们一个个孤独地行走在自己的轨迹上，彼此交织成一张热闹的无形的网。他们从哪里来，要到哪里去？我画着画着，思绪万千，脑海里浮现出火车站里、列车上、大街上、天安门广场上那些来来往往与我擦肩的过客，顿感一种莫名的苍凉。

苍穹底下，人群之中，谁会注意、谁会想到、谁会知道、谁会关心——有一个毛头小子，正沉浸地蹲在街边描绘着这个纷繁的世界？他刚从学校翻墙出来，正等着去拍一场戏。他心里憧憬着一场精彩纷呈、无与伦比的大戏呢！

我看了看BB机，离集合的时间还早着呢，也不见门口有任何动静，于是绕饭店转了一圈，看看周围是否停靠了等人的大巴车，也顺便找找周围是否有公用电话亭。打听了两遍，我确认周围只有这一家叫西南饭店，方才心安，于是又拿起笔来。

再画时，我脑子里灵光一闪，出现这样的片段：有一位导演，一不留神出现在我身后，见我还有这个特长，便给我一个美术差事，这样我就可以边画边演边学了。虽然我不知道电影行业的美术都干些什么，但应该也跟画画差不了太多吧……后面传来脚步声，我猛地回过头去，一位提着菜篮的老太太从我身后颤颤巍巍地走过。我拍了拍脑袋，不由得笑了笑："做梦吧你！"

快到九点时，一辆"气喘吁吁"的大巴车缓缓挪到了酒店门口的马路边停下。那车一看就是老爷车，浑身还打着战，好似抖掉了不少漆片。只见周边的人从各个角落迅速向它汇集。我这才知道，散落在周围的好些人原来都是"演员"。

车上下来一个小头目，对着人群点名。我认得他，在公司里见过，只是没怎么说过话。我觉得他平时在老师和公司经理面前的表现简直像和珅，溜须拍马、极尽谄媚。此时的他，也是活脱脱的和珅，是和珅面对老百姓时的另一副面孔，不阴不阳、趾高气扬。不过，此刻见到他，我心里还是踏实了许多。

"苏飞。"他嚷道。

"到！"我应得干脆有力。

老态龙钟的大巴车，满载一肚子不甘平凡的梦，"咳嗽"了两声之后，踉踉跄跄迈开了步子。我坐在最后一排靠窗的座位上，有些于心不忍，更有些提心吊胆，不过很快便适应了。金灿灿的阳光不时洒在我脸上，高低起伏的电线、频频闪过的电线杆、一排排红装金裹的树，组合成了一支绚烂的交响曲。我仰起脸庞，尽情享受着眼前的一切。每一个空间都看不尽，每一个瞬间都摸不着，那转瞬即逝的时空真让人陶醉，尽管那是一种虚度的状态，也让人无怨无悔。那一刻，只有汽油燃烧的烟味算是一种真切的存在。坐在老爷大巴车的怀里，能让人感受到儿时摇篮里的恍惚，不一会儿，我的眼睛开始迷离，世界变得更加斑驳……

不知过了多久，“轰”的一声，车门打开，我从另一个世界被直接拽了出来。

我揉了揉眼，再将眼镜戴好，一切好似真的进入了一个梦幻空间，但是清晰、真切，眼前是著名的涿州影视城。

雄伟的宫殿、坚固的城墙、欢闹的古街、如镜的湖面、美丽的宫娥、威武的将士，大刀、长矛、大旗、大炮……竞相映入我的眼帘。最令人惊喜的是，明星大腕儿，移步可遇。那不是《太极宗师》的主演吗？那不是宁静吗？那不还有谁谁吗？我使劲揉了揉眼睛，掐了掐自己的手臂，小心脏都快跳出来了。

“还有个太阳，比他更美，啊，我的太阳……”我情不自禁哼哼起来。

“干吗呢？干吗呢？还不快跟上！”那“和珅”打断了我的兴致。

我恭敬地问道：“大哥，我们一会儿演什么呀？”

“废什么话，到了再说！麻利儿的，快快快。”

“大哥，有没有台词啊？我好先练练。”

“你他妈哪来那么多废话，我不告儿你了吗？到了再说！”

“哦，好呢！”

到了剧组，我见到了李青松。彼此都很高兴。

“来时怎么没看到你？”我问道。

“我开车来的。”

他精心捯饬了一番，颇有明星范儿，胸前挂了副很酷的墨镜，他说是什么名牌来着，我也没记住。

“我觉得你就是一个大腕。”

“得了吧，还大腕，大碗吧？得叫大腕儿，知道吧？”

“对对对，大腕儿，腕儿。”

我俩被叫去换上了青灰色的布衣，腰间扎一根布带。同时换装的还有另外两位年纪与我们相仿的朋友。接着还要去造型。

来到化妆的地方，“和珅”似笑非笑对我们说：“今儿个，你们演的是土匪，待会儿导演怎么要求就怎么来，别跟我掉链子，听见没？”

“好嘞！”我们异口同声。

他接着又说道：“你们演的是清朝的戏，带辫子的。哥儿几个得剃头，知道吧？前半拉都得给我剃了。”

“啊——”我们面面相觑。

“赶紧的！”

“可不可以不剃？”有人问道。

“怎么了？掉链子啦？还想干不想干？”他一副霸道样子。

“唉，哥，我这小帅哥把头发剃了多难看，再说了给我多少钱？剃头就算了呗？”李青松嬉皮笑脸地说道。

“不成！”那厮两条眉毛竖起来，恨不得交叉才行。

“不好意思，那我就不伺候了，都不够油钱的。”说着，李青松脱下衣服。

“爱干不干，有他妈的人干，多的是。快给换一个，他谁呀，哪家公司的？”他盛气凌人地嚷了起来，好像他和我们不属于同一个公司似的。估计在他眼里也只有高老师跟公司的其他几个工作人员是同事吧。没准儿就是故意大着嗓门儿撇清自己的关系。在导演那里，他跟哈巴狗似的。

剩下的两位乖乖剃了头，额头上转眼敞亮了不少，鬓角也没了，有点难看，有点滑稽。大清国的审美实在让人不敢恭维，用《藤野先生》里的话说：“实在标致极了！”不过也奇怪，郑少秋、李连杰、刘德华剃那样的头，好像并不影响他们的帅气，其实关键还得底子好。

轮到我了，我已做了充分的思想准备，所以一落座，便淡定地对理发师说：“老师，您随便，怎么好怎么来。”

“嘿，好，哥们儿，就冲您这话我不剃你了，这么着，你就剃一下两边的鬓角，给你顶带辫子的毡帽。”

真没想到理发师有这个权力。

那俩哥们儿互看了一眼，然后向我投来羡慕的目光。

“待会儿有个镜头，被一脚踢死的，就你演了。”“和珅”对我说道，颇带关照的口吻。“哦——好！”我迟疑了一下，随后回道。

他俩半光着脑袋看着我，忍不住偷偷地发笑。

正式开拍了。我原以为会和明星打照面的，其实根本不是那回事。围绕一个追赶的镜头，我们几个在林间以百米冲刺的速度来回折腾了好多遍，累得几乎把肺都吐出来了也不知道要追的主儿是谁。下一场戏，我还是心存期待的，至少有被一脚踢死的特写不是？我就不信一会儿碰不上明星。哪知那一脚飞来也只是拍脚的镜头，根本用不着主角出场。那一脚镜头，是场工套上了靴子的手，往我胸口推过来的。导演叮嘱我，挨踢后，我只需大叫一声并仰头往后跳一大步就行。我表示明白，但心想，那样表演太不真实了，一脚踢死的戏怎能只是往后退呢？一会儿我得给他们来个惊喜。

“Action！”导演一声令下，一脚飞来，直奔我胸口，我随之大叫一声，猛地向后一翻，在空中划出条抛物线，然后重重摔倒在地，动弹不得。

“咔！”

接着，好几个人飞快地朝我跑过来，将我扶起。

“有病啊你！刚才是这样说的吗？你他妈摔死了找谁去报销啊？为艺术献身吗你？”“和珅”破口骂道。

“大哥，我觉得，一脚踢死，那得多大劲啊？往后跳不真实，往后翻摔才对。老师不是说要真感受、真体验吗？”我摁着屁股有气无力地说道。

“嘿，你，你他妈真行！”

监视器那头，导演已回看完毕，说道：“不错，就那样，再来一次。”

……

中午，我手叉着腰领到一份便当，鱼香肉丝和白米饭。我吃得津津有味。这可是我靠劳动吃到的第一份饭啊，心里美滋滋的。

李青松走了过来，递给我一瓶水，说道：“怎么样，哥们儿，还好吧？”

“没事，挺好，拍戏挺好玩的，你怎么不拍呀？”

“不值当呗，你瞅他那德行，爷才不伺候呢。我刚逛了一大圈，也没什么可逛的，一会儿就走了哈。对了，明天班里几个哥们儿去公主坟的街心公园排小品，说是去练练胆儿，你去吗？”

“去去去，当然去啦，几点？”

“下午两点，不见不散。”

“好嘞，不见不散！”

正说着，“和珅”向我们走了过来。李青松拍拍我的肩，扭头就走了。

“你朋友？”他瞅了瞅他的背影，不屑地问道。

“是，哦，是新朋友，同学。”

“德行！真他妈把自己当腕儿了。下午还有个角色给你，要不要？”

“要要要，谢谢大哥。”

下午，我扮演的是乞丐。身上套了件脏破烂的粗布，腰间系了根黄褐相间的草绳，左手端一只破碗，右手拄一根破棍，脸上、手上、腿上没有一处干净的皮肤，头发被薅成了“鸡窝”。我已是一草芥，一会儿被提溜进人群中游荡，一会儿被呵斥着躺在某个特定的街角，一会儿被迫傻笑，一会儿佯装一死尸。我尽心尽责，全力以赴，甚至觉得化妆师化得还不够，在他的基础上又加入了个人的创意——从地上抓了把灰抹到脸上，再扯了些干草木屑零散地撒在头发和身上。我琢磨着，来来回回拍了这么多镜头，怎么着也能混上个特写吧。我还在想，刚才在街角，我设计的挠痒痒、抓虱子的动作不知道导演发现了没有，会不会被我抢着上了一个特写？我时刻记着老师说过的，要学会聪明地抢戏。

那一天我应该挣到了八十块钱，外带一顿盒饭，回去后急不可耐地给小芳打电话，我得意地告诉她：“我终于拍电影了，还挣钱了！”

我兴高采烈讲着演戏和抢戏的故事，她在那头静静听着。

“要是你在现场，也会觉得很有意思的。我真的好想你！”

那头默默无语。

第二天，我提前来到公主坟，见到了班里的几位同学。其实，他们都是四五十岁的大叔大婶。我们排了个小品，在公园里又哭又笑、又滚又跪的。来往的行人以为我们是一群疯子，而我们沉浸在体验式的表演中，并不在乎别人的眼光。练得累了，我们斜躺在草地上。我望着东北方向那栋灰蓝色的方形高楼有些出神。李青松用肩碰了一下我，说道：“怎么了，看什么呢？”

“中央电视台，我感觉我哪天会上中央电视台的。”我痴痴地说道。

“我相信你，真的，肯定行！我第一次见你，就觉得你行。”他的眼神充满信任，语气也并非调侃。

是靠拍戏吗？我也不知道。

我记得我一共拍过九次戏，但我只向公司领过最后一次的劳务费。因为前八次的劳务费完全可以偿付我欠公司的学费。这九次戏中，我的角色有小喽啰、乞丐、兵丁、店小二、小太监、学生、路人甲、路人乙等，有几次混上了一两句台词。老实说，我很喜欢这份工作，但这份工作并不适合我。我不是专业出身，形象也不占优势，而且，自己的大门牙也让我很不自信，小时候换牙时长歪了，一直没去做矫正。见识得多了，也就知道自己的斤两了。做演员，对我来说只能是玩玩票而已。还有一个原因，老师曾说，干这行的都是人精，得会戏外戏。而戏外戏，我怎么学也学得不怎么样。或许是那方面天赋不够，或者说基因里有欠缺？我的父辈们都这样。

一天，我正躺在床上发呆。邻床的老大突然翻过身来，兴奋地对我说：“兄弟，你看，有教口技的。”说着，他递来一张报纸。

“老大，你现在也不安分啦？”

“嘿，吃老本也不行啊，最好是能找个半工半读的事情就好了。”

“发传单啊，最合适了，一班的光杰就老干这事。你有空找找他，他门路多着呢。”

“那个兄弟也不错，哪天找他问问。哎，我说，你不是会模仿很多声音吗？我觉得你可以找找这个人学习学习。你看你天天跟个大公鸡一样起得那么准时，学大公鸡叫也是一绝。上次的元旦晚会我就看出来了，你在这方面有天分，可以朝这方面努努力。”

“谢谢老大鼓励！”

“我说的是实话，你肯定行。”

那报纸的中段，有一块不太起眼的地方，老大用笔标注了一下，上面写着口技、相声培训，王老师，后面是一行座机号。我心中一喜，还真有这种培训。

“哎，老大，这儿还有一家招聘舞台表演的公司呢，看来我得先去看看这家。天天坐吃山空可不行，我也得先挣钱去，有了钱再去学口技、相声。报纸我收藏了啊？”

“没事，拿去。”

第二天上午十点多，我照着报纸上的地址来到公主坟东南角的华鹰大厦，上到三层，找到了那家招聘的公司。公司大门紧闭，久叩不开，于是我下楼，在公用电话亭拨打报纸上的电话，也没人接。我只好坐在楼梯口等着，也不知等了多久，靠着栏杆迷迷糊糊地打起盹来。

我登上了一个绚烂夺目的舞台，台上的我光彩夺目、驾轻就熟，底下传来阵阵叫好声和掌声。正得意间，突然，头顶上一个大灯掉了下来，全场发出巨大的嘘声，我一抬头，两眼瞬间一黑……我浑身一哆嗦，差点摔倒。这时，我眼前出现两条腿，顺着腿往上看去，到脸上时将目光锁定，视线这才变得清晰。

一个戴眼镜的文艺青年正看着我，他问道：“请问，您是？”

我立马站起来，下意识地擦了擦嘴角。

“啊，不好意思，我是来应聘演员的，我是看到《手递手》上的广告找到这里来的。”

“哦，不好意思，公司已经解散了。不过我可以给你个电话，你找找这个人，也许他还有这方面的需求。”说完，他给我写了张字条。

“好的好的，谢谢您！”

我双手接过字条，上面写着杨乐两个字，后面是一个手机号码。

我在楼下的公用电话亭很快联系上了杨乐，按他给的地址我又坐公交车来到西三环一个叫广源大厦的地方。进了楼，我见到一位面容清秀、瘦瘦高高的男士，大我四五岁。他递给我一张名片，名片上写着：中国教育电视台、杨乐、编导。

“杨导好！”我兴奋地说道。

他带我来到一个空空的有些昏暗的小房间。

“你会什么？”他的声音很有磁性，略带一点江浙那边的口音。

“我会画画，会唱歌，会跳舞，还会口技。”

“那你来两段。”

我唱了一小段，跳了一小段霹雳舞。他眨了眨眼，顿了顿，说道：“我是音乐舞蹈专业出身。”

我的脸顿时有些发烫。

“那我再来几个口技吧。”说完，我模仿了一段小鸟、二胡、架子鼓和萨克斯管的声音。他听完，面露一丝微笑。

“这个有意思，我也会一点儿。”他也为我模仿了一段拉锯子、汽车和摩托车的声音。

“太像了，这是怎么发声的？太有意思了。”我感到很神奇。

“牙齿咬紧了，吸气至丹田，然后呼气，让气流摩擦着从两边嘴角出来，发呲的声音，你试试。”

我找了找感觉，很快就发出了拉锯子的声音。我俩都乐了。

“你那萨克斯管的声音是怎么出来的？”

“这个你可能模仿不出来，你看我的大门牙，这颗长歪了。”我指了指左边的门牙，“我是靠这里出气，手做扩音器。这是我没事自己琢磨的，还有我的鸟叫也是靠这颗牙。”

“没这牙还真不行，哈哈，哪天我掰掰去。”说着，他做出掰牙的手势。我们都笑了，我用手护着嘴，有些不好意思。

“杨导，我可以吗？”

“这样吧，演艺这块我们正在筹划。如果有演出我就带上你，先学习学习，没准儿也能帮上忙。”

“太好了，谢谢您！”

“对了，你刚才那几下子，我还真没碰到有人会的，哪天带你去会会我的老师，他是个很厉害的口技大师，号称‘口技大王’。”

“真的吗？太好啦，太好啦！这是我的 BB 机号码，您要记得呼我哦，我肯定会以最快的速度回电话的。”我真诚地说道。

转眼到了雪花飞舞的时候。广东的几位同学在操场上兴奋得手舞足蹈，他们是第一次见到雪。北方并不像我以前想的那样，总是天寒地冻的，其实很多时候都是阳光灿烂的日子。即便是冬天，虽然也很冷，但比之南方的冷，要利索爽快得多。南方的取暖方式是烤火，北方是暖气。烤火只会让前面温暖，后背依然发凉；暖气则会让人忘却外面的寒冷。我担心在温室里待久了，会消磨意志，所以一直保持着冷水浴的习惯。

一桶冷水从头淋下，会即刻激发出无穷的战斗力。我渴望“战斗”，可是我不知道该冲向何方。我越来越不敢给家里去电话了，我怕一去电话就给他们带来压力。

寒假期间，我怀着复杂的心情回到老家。见到亲朋好友，偶尔的寒暄让我感到五味杂陈。湖南的冬天似乎更冷。“还是北方的暖气好！”我对家人说道。

几近干涸的河床，化作了若干大小不一的水塘，只有一股小支流在苟延残喘，一不留神就会被风吹硬。小芳因为工作没能回来，我独自徘徊在约定的地方，痴痴地看着随风摇摆的干枯芦苇，百无聊赖。冷！冷得彻骨！

回家经过挖金的洞口，想想那也是曾经的玩耍之处，儿时的伙伴也不知去向。那时此处好不热闹！工人们从洞里运出矿石，经过打磨提炼，分离出沙子和金子。金子成就了大人的追求，沙子则成了孩子的天堂。我坐在洞口回望着那一幕幕，仿佛就在昨日，不禁自问：我为什么会去北京？是因为它也是一个矿藏？里头有无限的金子？我能挖着吗？

矿洞深不见底，似乎可以吞噬一切，里头传出的阵阵阴风，让人不禁打颤。

索然无味地过完了春节，我怀揣着家里砍树凑来的几千块，独自上路。动身时我对家里说："以后我不会再向家里要钱了，你们也不必担心，我现在可以拍戏，勤工俭学，不但可以养活自己，还可以挣到学费。"

父母满脸愁容，对我依依不舍，但也无可奈何。

下半学期的学习内容与上半学期的没什么实质性的变化，大部分时间我们还在重复高考前的内容，基本上都是闷在画室里画些石膏、水果和坛坛罐罐，枯燥乏味至极。我们的状态和那些静物没什么两样，毫无生气。我的专业本是电脑美术设计，可我对这个专业并不感兴趣，加上本来也没多少机会接触电脑，如此就更不把它当回事了。现在倒是有一个我也不知道算不算正当专业的专业，让我着迷，那就是——"口技"。这还得从那张报纸说起。

我一直保存着老大给我的那张报纸。有一天我忍不住拨通了那个联系电话，与那位姓王的口技老师取得了联系。

王老师是一个奇人，吹拉弹唱无所不精，更厉害的是，他的口技表演堪称一绝，让我佩服得五体投地。尤其让我感到惊喜的是，交谈中得知他就是杨乐大哥的老师——“口技大王”。他的课两百块钱一次，一周一次，我毫不含糊地交了十节课的学费。

王老师名叫王艺德，是早年名震大西北的笑星，名副其实的“口技大王”。他与相声界侯、马、常几大门派皆有交情，在行业里有很高的辈分。当时最有名望的曲艺名家，与他都有来往。在我看来，王老师的才艺比那些名家也毫不逊色。他有几本珍贵的影集，我翻阅过好几回，里面记录着他与当代名家大师们亲切交流、谈笑风生的美好瞬间，其中有几张弥足珍贵，是他年轻时与曲艺界泰斗马三立、侯宝林等老先生的合影。每一张照片后面都尘封着一个故事，在王老师心中，这些往事有如一坛坛陈酿的美酒，他常与我们分享。能跟这样的老师学习，我感到三生有幸。

王老师虽有才，但怀才不遇。在我们看来，他自己也这样认为：以他的才能，名满全国也是不为过的。奈何时运不济或造化弄人，他始终没有迎来应有的人生辉煌。他进京的时候已年过花甲，那时曲艺相声的势头也已不复往日。他常感叹或调侃道：“我老了才正式当北漂啊！”言语中颇有不甘之意。虽然央视的各大名牌栏目他也都亮过相，但效果并不理想。只能说，天意如此！

每次听王老师的故事，我就会联想到高讲老师。两位老师，岁数相当，现在都在北京，来自不同的时代、不同的路径，结果也不尽相同。我想，他们最大的共同之处，就是当初都怀揣着梦想吧。我不也是？！

跟着王老师，我的技艺突飞猛进。我与杨乐成了师兄弟，关系就更加密切了。杨乐性格开朗，甚至有些乐天。而后我又结识了一位幽默直率、脾气比较暴躁的胖师兄。他俩各有特色、各有天分，互不认输，凑到一起喜欢斗嘴，即兴现挂，你一言我一语的，佳句频出，往往逗得我们哈哈大笑。那段时间我们相处得十分开心，经常买好熟食、带上美酒一起在老师家聚会，师娘总是热情地再烧上两道好菜招待我们，其乐融融，好不快活！我没想到，学习还可以在这样的情境下进行，没想到自己会有幸遇到这样厉害的老师和这样有意思的师兄，更没想到这两位师兄，居然都是深藏不露的魔术师。

他俩虽不是名人，但在演艺圈都干得风生水起，活跃得很。他俩都是全才，魔术、口技、主持、导演，样样都拿得出手；口才都很棒，思维敏捷，颇有商业头脑，各自都能撑起一整台活儿。和他俩相比，我唯一的优势就是口技，这方面，他们会的我都会，我会的他们却不会，这关键在于我有那颗独特门牙的“优势”吧。他俩一胖一瘦，个头相差无几，比我略高半头。

说是靠大牙的优势，实则谦虚。我的天赋在他们眼中也是得到印证的，包括高进老师，对我也十分看好。一般的口技技艺，我基本上一学就会，学到第四节课时，老师就开始教我鸟叫的绝活了。除了发声方法，老师还传授了我百灵鸟、画眉鸟、布谷鸟、黄鹂、老鹰等各色鸟谱。我有很强的南方口音，口齿不利索，后六节课主要教我相声的基本功，《报菜名》《八扇屏》《地理图》之类的。

上课，有时候也是情感的交流。老师对我的天赋有过解读。那日算最后一堂课，他对我说：“小苏，其实开始我并不看好你，但现在我可以讲，你完全超出了我的预期。你有灵气，我觉得这可能是你小时候在大山里生活过的缘故，是大山赋予你的天赋。”

“老师，我外公也能惟妙惟肖地模仿好多种声音，也很幽默，但

是他的表演只有我一个观众。要是他学表演，没准儿也跟您一样厉害得不得了呢，可惜他一辈子也没走出过大山。”

“这就是命，人各有命！”王老师意味深长地说道。

“老师，今天是第十节课了，我——”

“以后你有时间还是来上课吧，我也不收你钱了。你这十节课学的东西，有的师兄弟学了几十节课还赶不上呢。好好干，我也跟小杨和小胖他们说过，让他们好好带带你，他们路子多。有些东西你也得多学学，艺术之外的艺术也是艺术。”

“艺术之外的艺术也是艺术？噢，记住了，老师！”

两位师兄在私底下常互逞口舌之快。他俩都属于自信满满、喜爱表现的人，彼此之间也真有些不服气。我们三人在一起时，我常充当和事佬。在他们面前，我是很会讨好的听众和小学弟，在他俩身上我确实学到了不少东西。近朱者赤，慢慢地我也成了乐天派中的一员。

一有活动，他们就带上我，有合适的机会还会让我上台练练活儿。后来的后来，在他俩有意无意的熏陶下，我慢慢地自然而然地也成了一名魔术师。

舞台演艺比影视更适合我。通过两位师兄的关照，我很快就上道了。演艺行当的形式和场所多种多样，比如有饭市、夜总会、演艺吧、酒吧、促销、堂会等等。我们经常为赶场，要倒好几趟地铁和公交车，一走大半个北京城是常有的事。有时候为攒一场活动，我们会包一辆或两辆面包车，出发前塞满人员、音响、道具、灯光，到现场搭台、调试、走台、表演，结束后立马结算、拆台、收拾、回来，往往忙得一两天顾不上合眼。我们在吃饭的地方演、在开业的地方演、在商场前演、在婚礼上演、在夜场演、在高档洗浴场所演，不出半年，我就把北京市的大街小巷乃至郊区各县都走了个遍。

一般情况下，我跟着他们主要干些打杂、提包的活儿，偶尔也会当个舞台助演，每次能挣个百八十块。那段日子很快活，既能吃肉喝酒，还结识了不少形形色色的朋友。方庄环岛附近是演员的聚居区，那里非常热闹。我说的热闹都在凌晨之后，各种演员陆续从四面八方赶场回来，然后在露天大排档犒劳自己。前面的工作为别人带来娱乐，回来也自娱一番。有背着各种道具的杂技团，有性感靓丽的美女团，有背着斧钺钩叉的“少林武僧”团，有浓妆艳抹的人妖团，有短小精悍的侏儒团。主持人、歌手、二人转演员、小品演员等，各色表演嘉宾一应俱全，动辄就是两三百号人的阵仗。这些由三教九流齐聚而成的花花世界，估计全国也就北京能见到，实属难得，普通人看到绝对会有置身《西游记》中的感受。我偶尔置身其中，虽然开了眼界，心中却不知是喜是忧。多年以后，我才知道，其实吴冠中老先生也住在离那不远处。

认识的人多了，我偶尔能捡到一两个师兄们挑剩下的或漏网的活儿干。这类活儿要求不高，但一场最少能挣一百五十块，只是距离比较远，大都在郊县甚至在河北境内。演员们常在晚上六七点的时候在指定的地点集合，比如方庄或国贸，然后一车拉走，直到干完活儿，再一车又拉回集合地，那时大都已是凌晨三四点了。我还得从集合点倒夜班车回来，到站后再步行几百米才到学校。如此这般，到校已经天亮。对我来说，那些都是阳光灿烂的日子，虽然辛苦，但很充实，对未来也充满希望。

我骨子里是想做个好学生的，内心实在难以接受旷课去“不务正业”，为此我纠结了一阵子。最后，我重新调整了一下自己的时间，只周六日才出去，赚点钱回来，一是改善自己的生活，二能增加长途电话费的预算。我按照杨乐师兄的建议花五百元买了一部和他的一模一样的翻盖手机，爱立信的二手货，方便接业务。就这样，我一边快乐地在校外干着与自己专业毫不相干的工作，一边郁闷地在学校学着自己一点也不感兴趣的专业。这样拉扯的日子一直熬到暑假前夕。那时，我意已决——辍学从艺。

我再也不想过这种内心分裂的日子了，反正在学校所学的东西让我早已心灰意冷，还不如就此做个了断。辍学，是经历了很多思想斗争后一个艰难的抉择；从艺，是经历了多少次实践后一个水到渠成的选择。我知道，离两位师兄的水准还有很大差距，真正要吃这碗饭还得放下些什么，我得全力以赴才行。

从家里出发时我曾夸下海口，说再也不会向家里要钱了。在校门口，我面对着那几栋朝夕相处了快一年的大楼，给父母打了个电话，说：

“我暑期要勤工俭学，很忙，就不回去了。凑齐下学期的学费基本没问题，放心就是。”挂了电话，我转过身来，双手紧捏拳头，满怀雄心壮志迈向新的征程。

“男子汉大丈夫说话算话！”我对自己狠狠地说道。

辍学的不仅是我，还有包括老大在内的好几名同学，他们也对学校失去了最后一点信心。我们各自在学校周围的胡同里租房住下，都不打算再回去了。老大搬到了远在东五环的高碑店，在一个湖边租了间小屋。他不像我们，对学校那几栋房子还有点依恋。

当初，我和父亲刚到北京找住处时走了一半不敢再往前走的胡同，这回让我直接通到了底。那个“幸达旅馆”的确藏在胡同深处，里头有长租的平房，我就在那里租了间不到十平方米的房子住下。打扫卫生，铺开被褥，再将女友的照片小心翼翼地放到床前的窗台上。一床、一桌、一凳、几本画册字帖，还有从学校带来的小铁皮柜，仅此，便是所有家当。

我给小芳打了个电话，把现状都告诉了她，并向她保证，我一定会混出个模样来。她也告诉我，她换了份更好的工作，现在是一个连锁超市的主管了，管着六七十号人。

“我们一起加油！”

“嗯，一起加油！”

挂完电话，我看了看那几样家当，再看看相框中的她，心中空荡荡的。

我算了算手头的钱，大概还能撑两个月。我知道不能完全指望两位师兄，他们比我出道早几年，但也并没到飞黄腾达的地步。杨乐兄在上班的地方和各种场面上看似有模有样，其实也租着平房。我已感受到，竞争无处不在，有点本事的人都会来北京试试运气的。我不能等，我得主动出击。

接下来的日子里，我整日都像打了鸡血一般。上午，我努力练习口技和各种贯口；下午就沿街寻找各种各样的就业机会；晚上我专找霓虹灯闪烁的有演出场所的地方，一家一家地毛遂自荐。我对他们说："请给我一个表演的机会吧，我可以不要钱。"可是他们并不接受。

我还在报纸上寻觅机会，重点找那些招聘演员的信息，也去应聘过几个民间的文艺团体，最终还是无果。他们只需要成熟的演员，哪怕你不要钱他们也不会接受。

我特意去了趟前门大栅栏。我记得那里有便宜的唐装，可做演出服。花了二十块钱购置了一件蓝色唐装，我甚为满意。

在步行街上，我看到一家叫"广德楼"的地方，里面似乎有演出，门票十块，还带一杯茶。门口有一面由手模印组成的铜墙，那些手印

全是曲艺界顶级大腕儿留下的。看到这些我毫不犹豫地买了张票进去，没想到，里头冷清之极，台上的演员比台下的观众多，因为观众就两个。我找了个最前排的位置坐下。

台上的演员虽是些无名之辈，演出却是十二分的精彩，其中有一个“板寸头”，额前还留着一小撮黄毛，十分了得。他个子不高，略微发福，口吐莲花、睿智幽默、丹田气十足，演得十分卖力。看得出来，票房并不影响他的状态。他的开场白我记得很清楚，他说：“我叫郭德纲……”

回来后，我躺在床上，一直回味着那人绝佳的表演，还有台下冷清的场景，久久不能入睡。

“我是干这行的料吗？我能干这行吗？我能干什么呢？这行还能干吗？”脑子里一直盘旋着这些问号。

每天东奔西走，依然毫无收获……

一天，我坐在床上，就着白开水嚼大饼。

“咚咚咚”，半敞的门被敲了几下。

“小苏？”是房东孙大爷。

“哎，大爷，什么事？”我赶紧站起来。

“哎，你这个小子都忙些啥呢？看你天天啃个饼，咽得下吗？”他在门外说道，一口浓重的山东口音。

“大爷，我觉得挺好的，一天一张大饼还吃不完，在我们老家还吃不到这个呢。来，来，进来坐坐。”

“嘿，你小子，行！你孙大妈给你根酸黄瓜，拿着。”说着他将手里一条墨绿兼黄的瓜条递给我。我兴奋地接过来，一口咬掉一大截。很酸脆，绝对美味。

“太好吃了！谢谢大爷，谢谢大妈！”我边嚼边谢道。

“小苏啊，这个月房租已经到期了，下个月是不是——”

“大爷，您放心，房租肯定没问题，明天不是情人节嘛，我想好了去花鸟市场进点玫瑰花卖。”

他笑了笑，没多说话，探头看了一眼我窗头的相框。

“嗯，你小子，死了心吧，没准儿早跟人家大款了。”

“不会的，大爷，我发誓我一定会把她接过来的。”

“好好好，慢慢吃，我回屋了。”

孙大爷笑眯眯地转过身去，手上的一大串钥匙被他甩得叮当作响。

第二天，我在玉泉路花鸟市场进了一百朵玫瑰花，花了五十块钱，从市场出来沿街兜售，逢见情侣便凑到跟前：“先生，今天是情人节，给您的女朋友买一支花吧？十块钱一支。”

沿着长安街，我一直向东走去。我记得走到复兴门被一群小年轻奚落了一顿；我记得在天安门西碰到混乱，被特警误认为法轮功分子，被盘问；我记得在流光溢彩的王府井，久久凝望着川流不息的大街，含着眼泪给小芳发了一条节日的祝福语。

卖完花已是凌晨。我从王府井步行回来，脚底打了两个大血泡，血泡已经破出了血水。好在下个月房租算是有着落了。

不过，没过多久我还是离开那个胡同，搬到了一个新地方，那是一个不敢想也不会想到的世界。

当毛遂自荐被多次拒绝后，我心里不再执着于非得找份演员的工作了，那个路子确实有点窄，眼前要务是活下去。我想着那些在国外留学的人不是经常在餐厅洗碗擦盘子嘛，我为什么不能在北京也试试呢？

还是在《手递手》报纸上，我的目光锁定了一家酒店，上面正在招聘各个工种。我看了看时间尚早，便立即出发，直奔招聘地点。

“如果那些工作我一个都聘不上的话，那就不要再留在北京丢人了。”我心里想着。

应聘的地方并不是报上所说的那家酒店，虽是临街，但地处偏僻，我依地图好不容易才寻到那个门脸。门外摆放着两块大牌子，牌子上打印的内容和报纸上是一致的。门脸内不到十平方米，横着一张桌子，桌后歪坐着一个穿着虎头 T 恤、头发黄黄、胸口戴大链子的年轻人，脚搭在桌沿上，无精打采地抽着烟，烟雾也颓废地直往下跑。我精神抖擞地走进门去，热情地和他打招呼：“大哥，您好！我是来应聘的。”说着，把简历拿了出来。

那人见状，急忙把腿缩回，有些尴尬地对我说：“哦，我，我是帮我大哥看摊的，你等会儿，我给他打个电话。”说着，他掏出手机给对方拨了过去。电话通后，他只说了一句：“发哥，有银（人）来印（应）聘。”接着就挂了电话。

我静静地等待着，也没有其他人来，我俩也无话。

等了差不多一个小时，一辆面包车在门口停下。从前面先下来个长头发的男人，估计跟我年龄相仿。他从前面绕到车的右侧，“哗”的一声把门拉开，后座下来了一位酷劲十足的男人，三十五六岁，十分别致的板寸头，身着贴身的衬衫和略带喇叭形的裤子，脚下一双锃光瓦亮的高跟尖头皮鞋，左腋夹着一只文具盒大小的鳄鱼皮包，右手拿着一部时尚的手机。那样子让我想起任达华版的大哥大。

黄头发早已为他腾出了座位。他一落座，黄头发和长头发就恭敬地立在他身后。他悠然地将左腿搭到右腿上，身子微微向后斜着，一条手臂搭在椅背上，一只手放在他胸前的桌子上，用犀利的眼神将我上下打量了一番，然后又看了看我的简历。我有一种被人扒了衣服的感觉。

“你印（应）聘啥？”他也是东北口音。

“我什么都能干，洗碗、擦盘子、扫地、站岗都可以。”

“你都会啥？”

“我会画画、唱歌、跳舞、口技表演，还会一点魔术。”

“那你到底印（应）聘啥？”他打断我的话，带着一丝嘲讽，脸上略带轻蔑的笑容。

我一时语塞，不知该说什么。他身后的那两位有些忍俊不禁，双肩上下微微抖动。

“站岗、擦桌子、洗盘子，啥都可以。”

他又笑了笑，一改严肃犀利的样子，说道：“这么的吧，你以后就跟着我，叫我发哥就是了，走。”说完，他起身做了个甩手动作，很有电影里大哥的风范。

长头发先一步打开车门，他躬身上车，然后探出身来对我说道：“愣啥？上车啊。”

“噢，好的，发哥。”

我跟着上了那辆面包车。

车子行驶到一家酒店门口停了下来，我微微舒了口气。看看手机，已是晚上七点多了。长头发拉开车门，发哥下来，我麻利地跟着下车。然后，我跟着他向大堂走去。

硕大的水晶吊灯、巨大的皮质沙发直冲我的眼帘，前台正墙上挂着四颗银色的星星。我跟着他们来到电梯口，长头发摁了一下向上的按钮，不一会儿电梯门打开，我跟着他俩进了电梯。长头发摁了一下键3——夜总会，电梯抖了一下开始上升。我下意识地扶了一下墙壁，尽量不动声色，发哥什么表情我也学着什么表情。电梯门打开，一串闷雷瞬间涌了进来，走出电梯又似炸雷铺开。左右两排艳丽的美女整齐划一地鞠了个90度的躬，齐声喊道：“老板好，欢迎光临！”

她们说完，我耳朵里瞬间又被劲爆的摇滚舞曲填满。我彻底被这突如其来的阵仗给震蒙圈了，心口突突直跳，和那鼓噪的音乐形成了共振。也不知穿过了几个挂满彩带彩旗的过道，也不知穿过了几个闪光绚丽的隧道，也不知多少张足球明星和足球宝贝的海报在眼前闪过，也不知和多少迷离的欢笑、混杂的喧闹、烈焰般的红唇、晶莹泛光的杯盏、色泽丰富的果盘擦肩而过，左右不时传来向发哥打招呼的声音，发哥不动声色，随意嗯上两声，自顾自大摇大摆地向前穿行。我不知所措，只知道紧紧跟在他身后。

我跟着他们来到了一间十分气派的房间，大门一关，一切嘈杂瞬间被按下了暂停键。我暗自庆幸，深吸了一口气。

房间主要位置摆放着红漆雕花的木桌，桌后立了一把同样木质的雕花太师椅。墙上挂了一幅名为“旭日东升”的红日瀑布山水画。一侧摆放着雄鹰展翅的木雕，另一侧摆放着直径约一米的铜质落地地球仪。靠门处有一只大鱼缸，几条金龙鱼在里面悠闲地游来游去。桌椅正前方是一套西式真皮的硕大豪华沙发，沙发前是一个正方形的银灰大茶几，茶几上摆放着一只超大的水晶烟灰缸。十来个“古惑仔”分两排站在一旁，似乎已等候多时。发哥一进门，他们齐声喊道：“发哥好！”

发哥嗯了一声，随即坐在沙发正中间。

他们似乎在汇报着什么，发哥也一一做着指示。我的目光小心翼翼地扫过他们：黄头发、蓝头发、红头发、长头发、板寸、光头，龙纹、鬼头纹、玫瑰纹、美女纹、怪兽纹，贴身的背心、牛仔裤、豹头衬衫、虎头 T 恤，金链子、银链子、钢耳钉、铜鼻环，等等。

“小苏，你过来。”发哥对我喊道。我战战兢兢地挪步到他跟前。

“这是新来的小兄弟，他跟我们不一样，谁也不许欺负他，知道吧？”

“是，发哥！”他们齐声喊道。

“好，散了吧。”

“是，发哥！”

他们陆续走出房间。待他们都出去了，我对发哥小心谨慎地说道：“发哥，我、我不会打架。”

“噗！”他正含着一口茶水，猛地喷了出来。

“谁让你打架了？”说着，他忍不住大笑起来。

“那，那我能做什么呢？”

“你不是说你啥都能做吗？”他笑道。

“我、我，我是说——”

“你简历上不是写着会表演吗？表演口技啥的。外面不是有个舞瓷（池）吗？你每天就在那儿演一场。三个月试用期，不开工资，包呲（吃）包住，干吗？”

“干，谢谢发哥！”

“一会儿大家蹦完了，你先给我演一个四四（试试）。”

“没问题，发哥。”我充满信心地回道，心里顿感踏实。

第5章

魔术时光

舞池里弥漫着疯狂、放纵的气息，激情四射、地动山摇。人们高举着双手、狂甩着脑袋、抖动着双肩、摇摆着臀部，已完全被DJ所操控，个个挥汗如雨、不能自已。DJ像个戴着耳麦的巫师，不断施展着魔法，欲把人性中所有的兽性和魔性全部挖掘出来。

我看到我置身在他们中间，唯独被一道寒光笼罩。四周被烈焰包围，烈焰中漂浮翻滚着一张张大汗淋漓、扭曲夸张的面孔。

我问他们：“你们是谁？为什么会到这里来？”

他们问我：“你是谁，你怎么会到这里来？”

我想了想，正要作答，忽然所有的灯光停止闪烁，震耳欲聋的D曲也戛然而止。

DJ拉着长音，阴阳怪气地念咒语般呐喊道：“Ladies and gentlemen，下面我们有请今晚的重磅嘉宾Mr. Su隆重登场，掌声在哪里？呐喊声在哪里？！”

他这一吆喝，像一捆爆竹被扔到了火坑里，舞池周围的红男绿女们瞬间爆发出嘈杂刺耳的尖叫声、呐喊声、口哨声、手拍器的击打声和烟灰缸的敲砸声。

我的元神瞬间归位，身着蓝色唐装，手持话筒，徐徐走下舞池，灯光聚集在我全身，烟雾弥漫在我周围，四面黑茫茫一片。

“大家好，我叫苏飞。”

话音刚落，四周的男女发出猥琐而狂放的笑声。

“我叫安尔乐，哈哈哈哈！”有人冷不丁接着我的话茬儿。现场又是一阵邪性的哄笑。

“苏联的苏，飞机的飞。今天，我很高兴为大家表演个节目。”我一本正经地说道。

“打个飞机吧！哈哈哈。”一个醉醺醺的声音传来，四周顿时“炸开”，口哨声四起。

我无奈地用近乎乞求的眼神看着他们。良久，场面稍稍平静，我这才继续还未完成的开场白：“我今天给大家表演的节目是口技。”

“哇，哈哈哈哈……”底下笑得前仰后合，捧腹、抹眼、狂拍手，像狂风掀起的海浪，久久无法平息。

我无助地朝发哥的方向望去，他搂着两个美女，正笑得直揩眼泪。

“各位大哥大姐，能博得大家一笑就是我的心愿。我是说我天生会模仿，大自然的刮风下雨、打雷闪电、耗子打架、猫放屁都能模仿出来。”我模仿着杨乐师兄在台上经常使用的台词，效果果然不错。接着我继续说道：“天上飞的、地上跑的、水里游的、草窠里蹦的，我都能模仿。”

“模仿个猪。”

“来个狗叫。”

“来个鸡。”

“来个鸭。”

“学个王八。”

四周不时传来互动的声音，伴着杂七杂八的各式笑声。

“刚才我数了数，有点狗叫声、猪叫声、马叫声、羊叫声、鸡叫声、鸭叫声的，等等，接下来我为大家模仿狗叫。狗叫，分大狗、小狗和老狗。大狗正值盛年，血气方刚，中气十足，叫起来十分洪亮，是这样的，汪、汪、汪……”在所点的内容中，我挑了一部分能出彩的进行表演，用自己精湛逼真的技艺赢得了阵阵掌声，然后我使出自己的绝活。

“各位大哥，来到北京我方知生存的不易，每每想到生活的不如意，我就会来上一段忧伤的二胡。”我做出一副拉二胡的样子，口中娓娓流出《二泉映月》的二胡声。空灵悦耳的声音一出，底下立刻鸦雀无声，“演奏”完毕，再次响起热烈的掌声和叫好声。

接着，我又说道：“人在旅途总有不如意的时候，但只要有家，就会有温暖的港湾。今天我来到这里，大哥大姐们给予我热情的掌声鼓励，我就有种回到家的感觉。接下来我用萨克斯演奏一曲《回家》送给大家。祝朋友们家庭幸福、合家欢乐！”说完，我做出吹奏萨克斯的样子。气流从我的丹田打出，顺势往上，震动嗓门儿，经过门牙修整音色，通过手掌进行扩音，然后进入麦克风里，再从四周的音响传开。悠扬的萨克斯曲《回家》与现场的烟雾一同弥漫飘荡在舞池上空。所有的人都静静聆听着，回味着，思索着……

“我的表演到此结束，谢谢大家！”

掌声、欢呼声再次响彻舞池。我将目光投向发哥，他拍着手向我点头致意。

长头发带着我来到酒店的配楼宿舍住下。配楼仅有一层，厨师、保安、服务员都住在这里。房间有点像学校的宿舍，上下共八张床铺，我挑了一个最靠窗的上铺，第二天就把出租屋里的东西搬了过来。到这里时，我在胡同里已啃了两个月大饼。

黄头发和长头发都住在这里，他们能唱些流行歌曲，之后又陆续来了几位北漂歌手，他们和我一样暂无定所、无所依靠，相互也差不了几岁。他们的身高和形象都还不错，算得上帅哥。没几天，大家就成了哥们儿。

在这里，我好似又回到了学校。他们的墙上挂满了各种明星海报，我的墙上就只有一张女友的照片。我的床靠窗，窗一打开，就可以沿着窗台爬上房顶。在这个空旷的所在，我每天有大把的时间可以面对高大的酒店主楼放声练习口技和各种贯口。

我们的工作时长只有一个半小时，就是蹦迪中场休息的那段时间，晚上十一点到十二点半，其他时间可自行安排。很快，那几位哥们儿和夜总会里的女子配上了对，因此，宿舍转眼成了鸳鸯窝。一张张床也相继拉上了帘子，和学校宿舍的小帐篷没什么两样，相较而言，学校小帐篷里的表现可以说含蓄得多。我睡在这里，如躺在狂风呼啸的原野上一般，乌云翻滚、电闪雷鸣，看不到一丝星河。实在无法忍受了，我也顾不得他们，便打开窗户爬到楼顶，使出全身的力气，向着大楼呼喊：

“呔！今有你家张三爷在此，尔或攻或战、或进或退、或争或斗，不攻不战、不进不退、不争不斗，尔乃匹夫之辈！大喝一声，曹兵吓退；大喝二声，顺水横流；大喝三声，把当阳桥喝断。后人有诗赞之曰：‘长坂坡前救赵云，吓退曹操百万军，姓张名飞字翼德，万古流芳莽撞人’……”（贯口《八扇屏》选段）

每每我熟睡之际，那几对鸳鸯吃完夜宵，叉腰搭背，闹哄哄地回来了，回来后也一刻不得安宁。这让我甚为头疼。不得已，我改变了自己的作息，演完之后不着急回宿舍，先在酒店通往卫生间的过道拐角处练习书法，总算临时找到了一个安静的所在。估计他们已消停了，我这才回到宿舍。这个办法很好，字也练了，又不影响休息，只是不得已养成了晚睡晚起的习惯。

有一天，我正在练字，一只手搭在我肩上，我回头一看，是发哥。他带着惯有的微笑。他的微笑会让初次接触他的人感到一丝蔑笑或冷笑的意味，熟了之后才知道那是他固有的、标志性的神态，有周润发饰演的小马哥那潇洒不羁的风度。

他问道："大宝（在那里第二次上台我就启用这个名字了，也是我儿时的小名），上我办公室去写吧？"

"不了，发哥，我别弄脏了你的地方，这里挺好。"

"没四（事）儿，我给你买了件衬衫，一会儿过来四四（试试）。"

"谢谢发哥，我马上过来。"

我穿上宽松的虎头花纹的衬衫，发哥和他新任的女友都忍俊不禁。他们让我原地转了一圈，然后说道："咋看都别扭，你把眼镜栽（摘）了。"

"摘了我就看不清楚了，呵呵。"

"要那么清清楚楚干嘛，还怕早（找）不着美女？这里一抓一个准儿，兹（知）道不？小欣你还看不上？瞧银（人）家小姑娘多主动，好了得了。不行哥给你换一个，小敏、小月啥的。你看光头一人同时睡俩，还有红毛，那家伙夜夜当新郎。我跟你说多少回了，那不四（是）个四（事）儿，你要当圣银（人）啊？"

"发哥，我有女朋友了，在深圳，我发誓要接她过来的。"

“你一炮还能打到深圳啊？哈哈！嗯，那什么，拿着，买点吃的。”说着，他递来一张百元大钞。

“发哥，我不要。我又没干什么，天天就干那点活儿，有吃的有住的我就挺知足了。我知道自己的表演还要好好练练，谢谢你买的衣服。”

“大宝，买点子（纸）笔，拿着吧。”

“谢谢发哥，我不要，我可以挣钱。我在天意市场进了点袜子，白天我在花鸟市场摆了个摊，我有钱买纸笔。”

他俩对望了一下，表示不解。

“大宝，你将来会跟我们不一样的，去吧。”他的语调变得平和，依然是那招牌的微笑，但比以往显得自然些。

我穿着新衣，回到那个角落继续练字。偶尔有路过的客人跟我打招呼，这些人看样子都不凡。有时候我一边写一边想：老天会不会安排那么个机会——某位成功人士见我勤奋有加，有意栽培，将我带走，带到另一个地方去？这个花花世界不是我该长待的地方。我提起笔来，看着墙面，但见一片波光粼粼的湖面，一个宁静和谐的世外桃源，不时有清风送来花瓣，悠然飘荡在空中，漂荡在水面……

也不知道老大怎样了，我真有点想他了。

老大住在东五环的高碑店，我头一回去，坐了差不多一个小时的地铁，下了地铁，又走了半小时才找到。他住的地方在一个湖边，景色十分优美，但他的房子让我想起那些搞水产养殖的用红砖堆砌的工棚，或许那原本就是。屋子里一目了然，一张简易床，一个铁皮柜，一堆画材。饭盆里胡乱躺着几个干瘪的馒头，一旁立着半瓶老干妈，还有几个摆放整齐的啤酒瓶。

他戴个破草帽，面朝着湖，一边画一边跟我聊着各自的情况。听完我的叙述，他兴奋地道：“嚯，兄弟，你这日子过得太潇洒了，一会儿老大请你喝啤酒，跟你庆功！”

我们就着豆豉和馒头，还有刚买来的熟食，大快朵颐，聊兴十足。我们聊莫奈、聊凡·高、聊学校、聊梦想。

“老大，我们穷死饿死也不离开北京好不好？”

“好，兄弟，我们穷死饿死也不离开北京！对了，谭晓利你们有联系没？那个兄弟好像在你那附近没多远，他也不上学了。”

“哦，那我还不知道。”

“那个兄弟比我们厉害，他一分钱学费都没交，白白在学校混了一年，还找了个美眉。这是他电话，你记一个，下次你们一块儿来聚聚。”

回来后我很快就和谭晓利联系上，果真离得不远，他就在玉泉路，找了份设计师的工作。之后，我们没事就在一起聚，颇感温暖。

三个月后，政府要征收酒店那块地方，夜总会也将不复存在。我又要找落脚的地方。谭晓利也在那时失业，正打算重找住处。合租，不但有个伴，还能分摊房租，我们一拍即合。

我们最终找到八宝山附近的一个大杂院住下。大杂院是由四十多间连排的简易房组成的，每排间隔十来米，二十来户共用一个水龙头。房子很矮，伸手就能够着顶。房间里有一张两米见方的大木板拼凑的床，占据了整个房间的三分之二，四摞红砖，高约一尺，就是床腿。再有两张长约六十厘米、宽和高约四十厘米的小桌子。我俩的铁皮柜摞在一张桌上。此外，也就没有太多空余的地方了。每人每月均摊八十块钱的房租。

院里的住户很杂，也是个让我意想不到的世界。卖菜的、卖煤球的、蹬三轮的、收废品的，民工、妇孺、小孩成群，打闹声、啼哭声、叫骂声，此起彼伏。我没想到，首都居然会有这样的地方，离天安门也就半小时的车程呢。搬进那房时，我对谭晓利说：“晓利，我们穷死饿死也不离开北京，好不好？”

“嗯！”他点了下头，笑了笑。

安顿下来后，白天我们各忙各的，晚上睡一张床。谭晓利很快找到一份新工作，一个月一千五。我没有再去找工作。近年尾了，我不想因工作的牵绊，到时候回不了家。我和小芳约好了这次一定要回家见面的。从高中毕业到现在我们一直天各一方，很是思念。

我不找工作的原因其实还有一个：如果有了固定的工作，万一师兄他们找我，怕是不方便出来。所以，我大部分时间在花鸟市场摆摊卖袜子，倒也落得个自在，还能看看花鸟市场里头的书画家们搞创作。偶尔闲时，我会一个人去天安门广场，只为仰望一下帝都的威严。我想多看几眼，指不定哪天实在过不下去了，也不留遗憾。我住在最卑微的地方，但我也住在最伟岸的地方。

无论是摆摊，还是去哪里，我都会随身携带一个新买的手提包，包里叠着我那件蓝色的“唐装战袍”。我整装待发，随时待命，一有召唤，立即“出击”。

在酒店练了三个月后，我的表演突飞猛进。在搬出后的那段时间里，我遍访名师，没事就和师兄们在一起切磋，有时回到老师那里请教，基本可以独当一面了。但我知道，我还需要更多的机会。

一次，我受到地铁通道里擺地弹唱者的启发，回去后做了块牌子，牌子上写着两个大字——口技，下面是几行小字，写着：“我会模仿赵本山、宋丹丹、黄宏、马三立，二胡、萨克斯、唢呐、架子鼓，猪、狗、牛、羊、马、鸟……”我托着这块牌子在军事博物馆和公主坟的各个地铁口游走了一天。我天真地想，那里靠近中央电视台，没准儿邂逅一个导演，他正需要我这样的节目，那我就走运啰！

李青松无法理解我的举动，认为那样有点丢人。我跟他说：“面子不是面包，面子一文不值。”

那些日子谭晓利也不知道在经历些什么，老是入不敷出。我提醒他：“晓利，你是不是欠了好几个同学的钱？”

“哈，你知道了？本想跟你借，你又没钱。”他故作轻松道，有些尴尬。

“你省着点嘛，你比我挣得多啊，工资还不够你花的？”

“那点破工资，都不够开房的。”

“谭晓利，我告诉你，你可不能这样了，同学们现在都怕你了，说你死要面子活受罪。”

“借我五百，有没？”

“我跟你说——”

“有没？”

“我身上就一千了，给你五百。我最近拜访各种老师，也用了不少钱，年前一定要还我啊，那是我回家的路费。”

“哈，谢谢兄弟！”他迅速接过钞票，接着问道，“哎，你袜子卖得怎么样？”

“不怎么样，一天能卖个十来双吧，还得指望着开拓一下演艺市场。我总觉得没准儿哪天我就火了啊，呵呵。”

“不是我打击你，成天学个阿猫阿狗的有什么出息，你呀，还是好好卖卖袜子吧，多少还叫经商。对了，再给我几双试试。”

“我觉得挺好，靠本事吃饭，用不着求谁。你别把它当一次性的行不？这也算高质量的高档货，给。”我给他扔过去三双。

“哎，你摆摊儿时旁边那个卖九连环的家伙呢？怎么没见你提起他了？”

“你说尹三啊，别提他了，这家伙虽然九连环玩得出神入化，但是个大骗子。”

“怎么了？他不是还教你一招卖袜子的技术嘛。”

“就是因为他先给我好处，借我两百块后，就再也找不着了。去他大爷的！”

“人家不也是靠本事吃饭吗？”

“那不一样，他卖九连环是靠本事吃饭，他借钱不还玩消失就是骗，骗骗骗！”

“得了吧，玩九连环也是骗。你不还有两个师兄也会骗吗？”

“他们那叫魔术，不叫骗，也是艺术，懂吗？”

“咋不让他们教你骗，哦，不，变魔术呢？我觉得变魔术比演口技有面子。”

“嗐，我也想学呀，人家不一定会教啊。我听行里人说，魔术讲究保密，不随便传人。那卖九连环的尹三就是拿这个跟我说事，好像教我一招就不得了，还没少吃我喝我的。”

“你就是太老实，你试都不试怎么知道不行？”

“你别说，杨师兄今天给我发信息了，说明天他老婆生日，又叫我过去打牙祭，正好跟他说说。”

“就是嘛，哎，你那卖袜子的魔术咋整的？教教我。”

我拿起一只丝袜，将一头绑在腰带上，左手拽着另一头，将袜子绷直。然后右手拿起大头针刺穿袜子，用力来回划了几次，袜子完好无损。我边划边喊道：“瞧一瞧、看一看哪，高质量的高档袜，怎么划也划不破啦——五块一双、十块钱三双啦——”

“骗子，就是个骗子！”谭晓利躺在床上满脸坏笑地指着我说道。

第二天，我买了只巨大的玩具熊，坐上公交车直奔八里庄杨乐兄的住处。他和他爱人住在玲珑塔附近的一处平房里。看到我带来的礼物，他俩高兴得像孩子似的。在我眼中，他俩十分恩爱，郎才女貌，是令人羡慕的一对。

杨师兄烧得一手好菜，每当要做大菜之前都会给我打个电话，邀我过去跟他们一起吃。虽然去一趟得坐一个半小时的车才能到，但我欣然前往。他很乐意带上我，说我跟他几年前很像，跟着他出去多了，很多朋友也都这么说，说我不仅是表演，甚至连说话的语气也像他。

那天，他家多了一个成员，是他的小舅子。交谈中我了解到，他小舅子不是出差，也不是来看望，是投奔他来了。他床上比上次多了个帘子。

杨师兄做了一桌佳肴，有辣炒田螺、清炖鸡、酱肘子、花生米、清蒸鱼、红烧肉等。我们喝着啤酒，享受着美味，不亦乐乎。师兄兴奋起来载歌载舞，只可惜场地受限，只能在原地扭动着上半身。他是舞蹈演员出身，形象身材俱佳，天资聪颖，半路学的魔术。他嘴甜，讨人喜欢，在圈子里有头有脸，无人不知。他的主业本是魔术，后来又干上了主持，再后来还学会了变脸，总之他样样干得有模有样，所谓的电视台编导是他面上的身份和职务。总之，他路子多，收入也很可观。那时的他简直就是我的偶像，我也十分向往能过上他那样的日子。他似乎从来没有沮丧过，永远是那么乐乐呵呵的。他的爱人以及他的小舅子跟他一样，性格开朗、热情大方。不是一家人，不进一家门，简直是绝配！

酒过三巡，我问师兄："杨哥，你觉得魔术有前途吗？"

"嗨，走一步，看一步。怎么，你感兴趣？"

"嗯，挺喜欢的。您那空手出绸子是怎么弄的？可以教我吗？"

"看着啊。"说着他从床底下拖出手提箱，从箱里拿出一块白绸巾，前后亮了亮绸子，然后将白绸子往拳头里窝个洞，接着从洞里不知怎么就掏出一块绿绸。然后他将绿绸重新塞进那洞里，将白绸一抖，绿绸瞬间不知所终。接着，他扔下白绸，将衣袖卷起，交代双手没有问题，只是瞬间，他徒手在空中一取，绿绸又神奇地出现了。他继续把绿绸塞进手心，拽实了，对着拳头吹上一口气，摊开手掌，绿绸顿时又消失得无影无踪。再看他的手心手背，干干净净，看不出任何破绽。

我的眼睛都看直了。

"到哪去了？到哪去了？"我情不自禁地盘问起来。

"在拇指上，哈哈哈。"他小舅子揭穿了他，笑得很邪性、很得意，脸喝得像煮熟的螃蟹。

杨师兄从大拇指上摘下一个拇指套，套内塞着刚才的绿绸巾。

"哦，在这儿啊，哈哈哈……"我们都笑起来。

"那三根绳子也特神奇，怎么就变成一样长了呀？"我也在兴头上，不像以往那样矜持了。

他又将那几根长短不一的绳子找了出来，然后给我们把整个流程详细地破解了一遍。

"哦，原来是这样！"我恍然大悟。

"会了吗？"

"好像会了。"

"哈哈哈，教会徒弟饿死师父。"他小舅子赤红着脸说道。

我的脸也烫烫的。

王老师当初叫两位师兄带我，并没有要求他俩教我魔术。在中国，魔术以前叫戏法，戏法的门道是保密的，行话叫门子，门子可以说是艺人的命脉，不会轻易外传。因此，我跟着两位师兄出去做活动或是聚会也从不会主动问他们的门子在哪，我知道那是行规。今天破例，大家都在兴头上，或者说，我和师兄的情谊已经到了那个份上。他毫无保留，教了我好几个门子，我一一记在心上，但不好问得太过仔细。

回家后我以最快的速度置齐所需的用具，仔细回忆着每一个细节，反复琢磨，生怕一不留神就把门子弄丢了。

大杂院门口有个收废品的地方，那地方在我看来是个宝库，要想搜寻个什么玩意儿，一般很少空手而归，比如，找几块薄板，搜几根绳子，淘几根棍子之类的。甚至我还找到一个百宝盒，拿过来就可以直接当魔术道具。一般随便给几块钱就成，收废品的大叔也挺高兴，在他看来那是最不值钱的废品了。

我回来后根据杨师兄教我的门子，用板子制作了三个空盒变鸽的道具，然后将从花鸟市场买回来的比较洋气的窗花纸糊在表面，三个时尚美观又好使的道具就在我的手中诞生了。我拿着盒子给大院的孩子们表演，变出几个水果和糖果给他们，他们忍不住欢呼起来。我将三个盒子放在床上，满意地欣赏了一遍又一遍。

“大的给杨哥，中号的给胖哥，小的自己用。”我嘀咕着已做安排。

我有了一副长短绳、一根跳舞棍、一段悬杯绸、一个空盒变鸽，还需要拇指套，最好要有个过绸。对，过绸的效果极佳，杨哥每次表演这个，现场反响都特别好，尤其是他将绸子穿过观众手臂的一刹那，台下都会“炸锅”。哦，要是有根魔术棒那就更好了，还得置一套像样的演出服……想着想着，一个威风凛凛、酷劲十足的魔术师大宝先生就立在了我眼前。

我将做好的道具分别送给了杨师兄和胖师兄，也分别在他们面前展示了一下我最近所练的效果。杨师兄手把手校正了我一些不美观的动作，还给我演示了同一种门子不同的表演方法，他的动作优美而帅气。

胖师兄看完后，又以他的方式给我演示了一下，他的动作幽默、大方。除此之外，胖师兄还赠送我一个拇指套，又教了我几样新的魔术。他兼营魔术道具的业务，有些道具全赖手工制作。为了赶北京国际魔术节的展览活动，我连续两天两夜帮他组装道具，当然，对我来说，那也是最佳的学习机会。他那里有很多魔术揭秘的光盘，我可以随意观看，让我脑洞大开。

在北京国际魔术节上，很多世界级的魔术师汇聚在北京。我第一次近距离领略到了不同的表演风格和技艺，真是大开眼界。我购置了一些道具，买了一些光盘，那是一笔不菲的投资，仅光盘就得上百块钱一张。我又结交了多位魔术圈里的前辈和朋友，与他们吃饭喝酒泡了一阵子，彼此又交换了些技术。至此，作为魔术师的我算是有模有样了。只是，卖袜子和演出挣来的收入到那时已所剩无几。

我痴迷于魔术，到了废寝忘食的地步，脑袋里天天转着那些个门子和技法，一日走着走着，竟然眼睁睁地撞到了迎面而来的电线杆上。真是着魔了！

大院的妇孺老少成了我现成的观众。我站在三轮板车上表演，他们在台下观看。有时一不留神被他们看出了破绽，他们就会哈哈大笑，大呼骗人。谭晓利晚上回来，便成了我的“考核官”，因为距离更近，很容易被他揭穿，经常受到他不屑一顾的嘲讽。

“骗子！”他得意地说道。

谭晓利后来整日都是魂不守舍的样子，眼睛里越来越没有神采，有时候回得特晚，醉醺醺的，偶尔还提着酒瓶，这让我很担心。一天早晨，我再次提醒道：“晓利，你不能再这样下去了，别为了个女人把命都丢了。”

“问世间情为何物？直教人生死相许啊！都怪我没用，没钱，让她没面子。兄弟，你不懂，你不懂！”他意味深长地说道。泛黄的眼珠挂在他那消瘦的脸上，像一只刚从水里提溜出来的老态龙钟的京巴。

“这样的女人有什么可要的？拜金女，败家女！换我，一脚给她踢得远远的！”

“你也别逞能，你比我好多少？假正经，天天跟个照片过，人家指不定背着你正在逍遥快活呢。”

“不可能，她不会骗我的，我们约好了今年回家见面的。”

“得了吧，听兄弟一句，今朝有酒今朝醉。”

“你不能再这样醉生梦死了，我们得活下去，穷死饿死都不离开北京，老大也这样说过的。”我很严肃地说道。

“知道啦，你真是够讨厌的。老大现在咋样了？”他笑了笑，岔开了话题。

“也挺不容易的，上次他来你又不在。他现在头发和胡子更长了。我觉得，在北京，老大才是真正的艺术家。”

“凡·高厉害吧，有啥用？”

“你还别说，我一见到他就会想起凡·高——”

“行了，行了，干你的活儿去。”

“你也快点，别又迟到了！”

“啪”，晓利把门一甩，去上班了。

煤炉上的水壶正喷着热气，把壶盖吹得咯咯直响。我倒了杯热水，铺好纸笔。

亲爱的芳：

见信好！

最近有点忙，两位师兄都在教我魔术，高老师还给我编排了一个小品。我现在每天过得十分充实，也十分快乐。我现在成了院子里的名人，他们都叫我“眼镜儿”，呵呵，可能是因为我是这里唯一有点文化的人吧。我坚信我一定会混出个模样来。我现在已经能养活自己了，等能养活两个人的时候我就来接你，应该很快了。这次过年的时候你一定要回来啊，去年你没来，我很失落，不过我一点都不怪你。我们现在正是努力奋斗的时候，身不由己是正常的。上次听说你又换了个工作，越来越好了，真替你感到高兴。加油，祝你一切顺利，多保重！

想你的飞

2001.12.22

北京的冬天确实挺冷的，即使我把煤火烧到最旺，穿插在房子里的铝管已是滚烫，但在四下透风的房间里还是有些不自在。我听着收音机，围着炉子反复练习空手出牌和手背滚币的技术。热气从壶里不断冒出，那雾气慢慢变大，然后再慢慢消失。“要是有个阿拉丁神灯就好了，什么时候才能混出个样来啊？”我悻悻地问自己。

不久后，高一同学刘辉送了我一台旧电视。刘辉家境优越，有钱有势。高二之前他转学到北京，把我们远远甩在了后面。同窗时，他是学校的风云人物，也是名震全县的主儿，打架、赌博是常有的事，也转过好几次学。再次见面，他文质彬彬，全然没了当初的棱角。他来到我的住处，见我娱乐生活匮乏，就把自己的电视机送给我，说他有电脑不怎么看电视。他租住在地下室，发誓一定要靠自己混出个人样来，这也是他父亲的期望。

几年未见，我们惺惺相惜，几杯啤酒下肚，感慨颇多。我们感慨时间改变一切，短短几年，彼此变化都很大；感叹身边不少熟识的人离世，其中竟有风华正茂的同学；老家有儿时家境优越的同学，转眼家破人亡；上学时并不出众的人，最先开上了私家车；我们追过的女孩，没想到插在了“牛粪”上；看似天生一对的，居然劳燕分飞，八竿子打不着的两人却结成了连理；那时的审美和品位，现在想来着实好笑。我们更感慨，北京有着无限的希望，也有着无尽的失望。

谭晓利年前还不起我的钱，我也不好说什么。好在我偶然获得了一个好活儿，还能解一时的经济之困。

张家口一个超大规模的加油站开业，要搞促销活动。上午一场、下午一场，一场一百元，连演一周。我没砍价，买了张大巴票，带着百宝盒就去了。

演出的现场在加油站旁，露天搭了个台子，后面竖了个背景板。观众就是附近的老百姓。北风呼呼，背景板也在瑟瑟发抖。我演了第一场后，再也不敢穿演出服上台了。不出两分钟，我的手已冻得做不了任何动作，主办方只好给我备了件黄色军大衣。于是我身着军大衣，手持魔术的武器，在零下20度的天气里、在呜呜叫的北风中战斗了整整七天。

战斗了一周，回来也感冒了一周，但总算凑够了路费，能勉强回家过大年了。

回到家里，我得意地给父母展示了这一"学期"所学的东西，我的口技、魔术逗得母亲开怀大笑，父亲的反应却很冷淡。"学这些东西干什么？"他一脸严肃地说道。

"魔术也是艺术。"我回道。

"骗人的把戏。"他又说道。

我再次独自徘徊在小河边，这是我和小芳约好的老地方。我呆呆地望着小河的涓涓细流，怅然若失。孙大爷、谭晓利说过的话，一遍遍萦绕在我耳边。远处传来班车的鸣笛声，我停住脚步，再次回望，她向我款款走来，穿着我寄给她的那件红色的连衣裙，十分美丽动人。我有些激动，泪水在眼眶里打着转。我眨了眨眼，两颗滚烫的泪珠从脸上滑落。前方只有两棵白杨，在微风中轻轻摇摆，还有静静流淌的小河。

“骗人，又在骗人！”

我捡起一块石头，用力向河里扔去，那石头在水面上跳了五六下就沉没了。

欣慰的是，这次能见到几位老同学，其中君辉和敏儿已近三年没见了。我们是最要好的发小，还结拜过兄妹。君辉是大哥，我老二，敏儿最小，我俩都叫她小妹，我们从小学一直同学到初中。初中之后君辉去了职校，我上了高中，敏儿去了南方打工。

在我上高二时，敏儿回来还到我学校看望过我。那时我与她两年没见，她已出落得亭亭玉立了。同学们笑话我愚钝，还调侃我说：“我们怎么就没有好妹妹？”

之后就再也没见过。这次相会，我简直不敢直视她了，她浑身洋溢着青春的气息，像一朵洁白的百合。她看我的眼神还像当年一样，那时的我还没开窍，也不以为然。现在，眼神偶尔的碰撞会让我的心直跳。

她对我说：“我要嫁人了。”

“祝贺，谢谢你以前对我的好！”我不知道我说那话是否违心，总之不敢看她。

“兄妹情永远不变？”她说道。我能感受到她直视着我。

“好，兄妹情永远不变！”我将杯中的酒一口干了。

我再次踏上北漂的路。所有人都给我送上美好的祝福，希望我好好上学，以后出人头地。我从村里坐车到镇上，从镇上倒车到县里，从县里倒车到市里，从市里坐上去北京的火车。这是新的征程，和他们想象的不一样。时钟和车轮都在转动，窗外的颜色从翠绿过渡到灰绿，从灰绿又过渡到了一片灰茫茫。

一下火车，我望着高高的西客站大楼说："北京，我又回来了！"

……

我跟老大和谭晓利见面后再次说道："我们穷死饿死都不离开北京啊！"

他们都说好。

几个月后，谭晓利不辞而别。我出差去山东参加一个活动，他带走了他所有的东西，还有我留在枕头下的现金，当然，欠我的钱也没有还。从此，我们再也没有联系。

那几个月里，谭晓利经历了失业、失恋，整日自暴自弃、怨天尤人，也不知从哪里找了一个放荡不羁的女人，两人一起酗酒鬼混，好几次把屋子里弄得一片狼藉，简直视我如无物。而我则心无旁骛，依然苦练着手上的技艺，三个月将魔术里最吃功夫的空手出牌和手背滚币练成，我的口技表演也越来越成熟了。

也许如王老师说的，我艺术之外的艺术还得好好修炼吧，尽管我已经有艺在身，但业务始终没能打开。袜子，也早就不卖了。

炎炎夏日，酷暑难耐。白天，我敞开着大门和前后窗，赤裸着上身，穿着一条短裤，或在门外的镜前练活儿，或在小桌前开着收音机练书法。夜晚，在门口水池旁不时冲凉，然后将电扇开到最大档，直到午夜才逐渐入睡。大雨滂沱的时候，床上、桌上、地上摆放着十多个接水的工具，锅碗瓢盆全部派上用场。我光着膀子，手托着脸盆，盘坐在床上，水花不时溅在脸上、眼里和身上。我茫然望着前方，默默聆听着人世间最自然的"交响"，兴致上来，我大声唱道：

"还有个太阳，比他更美，啊——我的太阳，那就是你，灿烂辉煌——"

我相信，那声音可以穿过大院，穿过彩虹，奔向头顶的太阳。

不久后，老大给我来电话，语气凝重地说：“兄弟，我要回去了。”

“什么！老大，不是说穷死饿死也不离开北京吗？”

“兄弟，不是我不想留下来，我父亲七十多岁了，身体不好，我得回家照顾他们，我不能只追求自己的梦想，那样太自私了。兄弟，多保重啊！”

……

那晚的演出在白石桥附近，演完已是凌晨两点。经纪人联系不上，结不了账。我等到三点也没见着人，再问其他人，原来那人是个老赖。公交车也没有了，打车又不舍得，我凭着感觉步行回家，以远远可见的中央电视塔为坐标，摸索到了长安街。我知道，到了长安街上就能找到八宝山地铁站，那是一条直线，顺着往西走就能到。到了地铁站，我也就能找到回去的路了。一路上我一会儿破口大骂，一会儿又唱着《我的太阳》。天已蒙蒙亮，天边积聚着黑压压的一片云彩。

第二天，我终于倒下了。长期饮用的白开水并不纯净，小便烧灼感越来越厉害，吃了些排结石的药，也不见有什么效果。浑身乏力，老是咳嗽，嗓子发炎，吃了不少抗生素也不见好转。这是我来到北京后最无助的时候，不得不拖着疲惫的身体前往最近的诊所。

也许很多病人的命运就掌握在化验单上，医生只不过是宣读病人生死存亡的中介。白大褂瞟了一眼单子，问了问我的情况，淡淡说道："白细胞增多啊？"那语调似乎不妙。

"不是白血病吧，大夫？"之所以这样问，是因为我想起了一个表姐就是得那病去世的。

"没事儿，回家多休息，多喝点开水。"

"需要忌口吗？"

"想吃啥吃啥。"他轻描淡写地说着，眼睛看都没看我一眼。

"想吃啥吃啥？！"我如五雷轰顶。

"对。"此刻，他正忙着接电话，全然没有顾及眼前的病人已掉进了腊月的冰窟中。

我强撑着身子，拖着疲惫的躯体回到住所，把门轻轻关好，然后轰然倒在床上，仰面朝天。此刻父亲在开方子，母亲在洗衣服，女友在忙着跟顾客交流，老大在他父亲的床前画画，谭晓利喝着酒在望着我呵呵笑，师兄们在演出，老师们在打着快板、翻阅着相册，校长在慷慨激昂地演讲，同学们各自穿梭在繁华的都市，普天下的人如蝼蚁一样都在忙忙碌碌、四处奔波。而我，我的故事就要停止了，他们没一个人知道！

我绝望地闭上眼睛，泪水如注……

“咚咚咚”，恍惚中，有人在敲门。我隐约感受到一丝动静，四肢没有任何知觉。是到时候了吗？我微微撑开眼皮，眼前一片虚幻。

“眼镜儿，眼镜儿？”一个四川男人的口音在外头叫喊着，一边急促地敲着门。

“我真的看到他回来了。”是个空灵的小孩的声音。

“砰”，门打开了，我努力睁大眼睛，看着他们向我走来。

“眼镜儿，眼镜儿你怎么了？”

“哦，是大哥啊……我，我病了。”

“快，倒点水去。”他对他老婆喊道。

那个大院里，估计住着上百户人家。因为我老给他们表演，又是个孩子王，因此在那里是个名人，也算是最有文化的人。那些有孩子的人家特别愿意让他们的孩子跟我接触。我在那里也吃上了百家饭，今天这家请，明天那家请。有时候我感觉这个院子真像个大家庭。他们相互帮助，和和气气，热闹非凡，比高楼林立的小区和川流不息的十字路口要温暖得多。

我的邻居是个四川人，靠蹬三轮过日子，老婆脖子上有个大瘤子，孩子不到五岁。他的孩子天天到我家串门，就为了看我变魔术。他俩常当着我的面对孩子说：“跟眼镜儿叔叔学认字。”

那天上午就是他们把我给救了。当他们破门而入时，我已在床上躺了快三天。

那晚，我在他家吃饭，锅里炖了条大草鱼。我们团团围在那口锅前。他老婆坐在床沿，我们各坐一个简易的凳子，我背靠着墙。

“眼镜儿你最近怎么了，没看见你唱锅（歌）？”

“最近心情不太好，嗓子老疼，吃药也吃不好。”

“嗓子疼，就得豁（喝）酒，真的，消炎。”说着，他又把啤酒递了过来。

我迟疑了一下，拿起来就吹。

“就是要这样子的！来，吃鱼。”他给我碗里盛了两大块鱼，碗都快装不下了。

喝到第二瓶，我开始掉眼泪。

见我那样，他说道：“眼镜儿，你看你，医生又没说你得了白血病，你自己不要往那方面想嘛！人一辈子哪有那么多容易的事。你看我，老婆是真的有病，我们也没得钱治，不天天过得落霍霍（乐呵呵）的吗？只要自己往好处想，日子就会好起来的，现在她比起在老家时就好很多了。你看我每天骑个破车，有时候还被城管抓，养一家子照样没得问题。你戴个眼镜，又有文化，还会那么多功夫，肯定没得问题的。你一个人吃饱全家都暖，莫还比不上我这个蹬三轮的哦。来喝两口，喝两口！我看你现在气色好多啰。今天得亏我们娃儿跟我说你在家，我都还没注意，以为你出差了，但一看外面门又没锁，推门又推不开，我一想只怕是有什么问题，心里一急，就用脚把门踹开啰。一会儿吃完饭，我把你的门好好修理修理。”

“算了，本身就是个破门，也没什么值得锁的。”

“说啥子呢，你的魔术道具不是挺贵的嘛。”

“那些东西，给别人别人也不会要。”

“不能这么想，我觉得你的魔术真是有好大进步了，我那天在你后面都没看出来。你再加加油，很快就能挣大钱了。”

“呵呵，钱快些来就好。”

“我的娃就交给你啦。以后要跟眼镜儿叔叔学写字，听到没？”他一本正经对着那小朋友说道。

小朋友应声说好。

“谢谢你们，今天的鱼好像都是我吃了。”我笑道。

我站在金碧辉煌的舞台上，穿着笔挺的燕尾服，系着漂亮的领结。扑克牌在我手里一张张变出来，台下一片欢呼。我从台下把小芳从观众席中请上来，点燃一支火把，火把瞬间被我变成玫瑰花。我单膝跪地，向她献上玫瑰，她高兴地接受了玫瑰，给我一个香吻。我抱着她轻轻点地，随即飘了起来，舞台上顿时下起了花瓣雨。我们彼此深情凝望，台下报以热烈的掌声和欢呼声。我看到父母激动的神情，我看到老大和谭晓利吹着口哨，我看到邻居一家子在鼓掌欢笑……

第二天，我睡到中午才醒，醒来感觉浑身力气恢复，喉咙也不怎么疼了，顿有重生之感。我爬起来，站在镜子面前对着那个颓唐的我说道：“大宝，你给我记住了，穷死、饿死、病死，反正是一死，但就是不能等死！你自己不要也不可以骗自己，知道了吗？！”

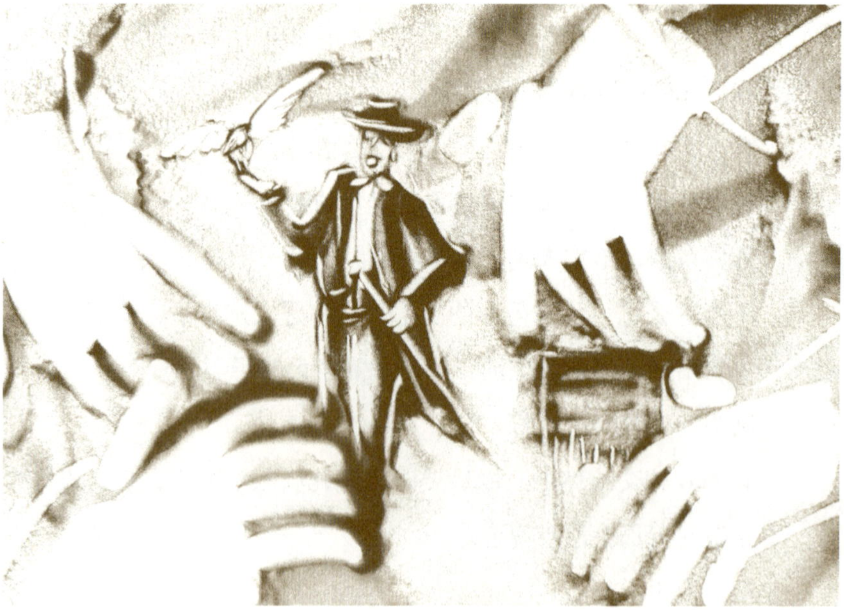

第6章

漫漫情路

苏飞：

你好！

首先，祝贺你在自己所喜爱的路上走得很好。做好任何一件事都不容易，但你现在发展的好，只要稳定下去，肯定会有大的成功。

我一直埋怨，金钱和孝道对我的束缚。或许，自己才是真的束缚。或许正如你所说考虑太多，太胆小。每次听到朋友的成功我又高兴又难过。高兴是因为朋友，难过是因为自己。

我在家里，你在外面，我却也有很强的孤独感。我似乎没有任何依托，没有让我兴奋的东西。画画的进步也慢，更是找不到好女朋友。有时候又矛盾又痛苦。到现在为止，我都不知道，我这一去一回是得是失，以后又该怎样？

有时候，我都怀疑是否我自己有问题。在北京待了一段时间也是失望，甚至对所在的美术学院失望，那曾是我梦中追寻的地方。

不知道哪里才有我画画的欲望，不知道到哪里才有我画画的快乐。我常自认为有很强的领悟能力和感觉，可我却总是没有什么进展。我真希望能够疯狂地画画直到我死去，没有其他的烦人的事和考虑。

我最自卑的是我赚钱的能力。这就像我的死穴，一点就死。我真不知道，我怎么会是这种人？我真想去一个有很好风景、很好的人的地方，到那里专门画画，只要能画画，饿不死就行。要让我很想画画，那真是幸福，那里有我的未来。

你现在虽然混的不错，但总是挺不容易的。还能记得我这个没用的人，还能帮我这么多忙，假如没有你的帮助，我会为我失去的重要的东西终生遗憾。现在，我只能说感谢你，并希望将来有能力帮得上你的地方。

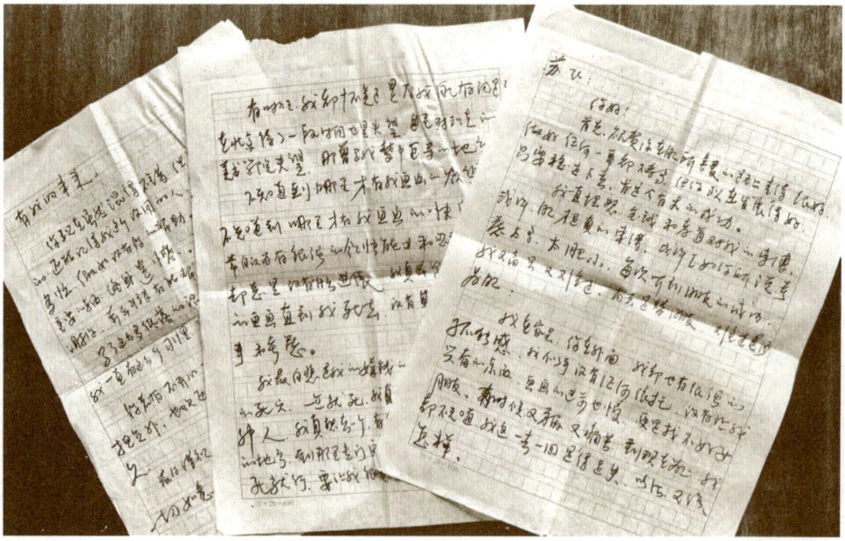

写了这么多低落的话，望不要影响你的快乐，我一直有这么个习惯，跟朋友谈这些伤心事。

你若有不开心不快乐，除了与你的爱人共担负外，也欢迎冲我来，不要忍太多太久。

最后谨祝，一切如意！

贵诚

2002.12.5

收好信，我开门直奔高进老师那里。

高进老师的精神着实可贵。他对学习满怀热忱，在工作中全情投入，对运动也充满热爱。他乐于接触新鲜事物，每日潜心琢磨创作，坚持踢足球和跑步，甚至还能轻松倒立，丝毫看不出已年过六旬。他的生活态度和不懈追求的精神，犹如阳光一般，照亮着身边的每一个人。

他为我量身打造了一个小品，我们时常在一起排练。每次我们约定上午九点见面，然而他总是七点就已到达公司。在那两个小时里，他全神贯注地创作剧本。待我到时，他做的第一件事，便是得意地向我展示他的劳动成果，那神情仿佛一个孩子在炫耀自己最心爱的宝贝，眼睛眯成一条线，仍然闪烁着自豪的光芒。

这次排练，见我情绪不佳，他便仔细地聆听了我这几个月的遭遇。他表示同情，然后拍了拍我的肩，笑眯眯地说道："大宝啊，没关系，这不算什么。人啊，生来就是受苦的，哈哈哈。"说着，他给我展示了一幅名家的书法作品，上面写着："古之立大事者，不惟有超世之才，亦必有坚忍不拔之志。"

我若有所思，低头不语。

“送给你了。”他说道。

排练完，他执意要去我的住处看看，我推辞不掉，只好领着他倒了两趟公交车，又步行了几百米来到大院。我让老师先坐在床上，然后向邻居换了块烧得火红的蜂窝煤，将煤球置于屋外的炉中，拔开炉底的盖子，再添上一块新煤。不一会儿，火开始蹭蹭往上蹿了。

我给他演示了我所学的魔术，介绍了正在临摹的碑帖。高老师上下打量我的屋子，眼睛炯炯有神。他看了看窗台上的照片，然后转头看了看我。

“那是我女朋友，也是我高中的同桌，她说国庆节的时候要来看我。”我腼腆地说道。

他点了点头，说道：“好，下次她来了的话，带来让我见见。”

“好的，一定会的。”我欣然点头。

邻里有个人认出了高老师，说在电视里见过他，很是激动。一会儿老少妇孺都围了过来，有的站在三轮车上向我们张望。他们脸上挂着欣喜，窃窃私语，不太敢上前交流。两条平时懒散嗜睡的狗也在那会儿活跃得很，摇着尾巴在人群中穿来穿去。

我对他们说这是我老师。他们其中有人喊道：“眼镜儿，不做点好菜给你师父吃啊？”

“那当然啦。”

我利索地把桌子收拾好，并挪到屋外，将菜板、菜刀搁在桌上，把顺路买回的肉小心拿了出来，在门前的水龙头下冲洗干净，接着将肉和葱姜蒜一一切好。

不到半个时辰，我便做好了两碗热腾腾的面。

我们有说有笑地吃了起来。他问起李青松，我说很久没联系了，好像去澳大利亚定居了。

“这小子，折腾啥呀，还不够吗？”

“高老师，也许外国的月亮更圆吧。”

“城外的人想进去，城里的人想出来。反认他乡是故乡！”

“进得来、回得去，都好，我现在进又进不来，回又回不去！”

高老师默默吃了几口，夸赞我的手艺不赖，然后认真说道：“大宝，记住了，你今天能住这样的地方，将来一定会有出息的。坚持，坚持，再坚持！”

说那句话时，他一个字一个字往外蹦，食指向前指着，戳了三下，尤其第三下特别有力度。

“谢谢高老师鼓励，我会继续的。人生来就是受苦的，我记住了。”

“苦尽甘来、先苦后甜，吃得苦中苦，方为人上人！”他说得铿锵有力。

这场病耗掉了我原本就不多的积蓄，好在现在每个周末都能接到促销演出的活动。我算了算，按现有的状态，等到国庆的时候应该还是能攒点钱的。

促销演出是比较辛苦的，很多时候演出的地方都在郊区县。这类演出一般要求上午九点赶到现场，有时候我早上五六点就得动身。北京的早晚高峰对我们赶场的人来说是必须要规避的时间段，七点半出发和九点出发其实没什么区别，因此，七点前出发最为保险。我是个天生怕迟到的人，宁早更宁早。比如要赶到怀柔的大中电器，我从大院出发，走十五分钟到公交站，预备二十分钟赶到地铁口，从地铁出发赶到国贸约四十分钟，从国贸出来上公交估计二十分钟，从国贸到三元桥附近约四十分钟，从三元桥上怀柔的公交直到终点估计一小时，如此我就计算出必须五点半前出发。以此类推，我的身影几乎在北京所有的商厦门口出现过，如国美、大中、苏宁、长安商场、百安居、东方家园、中关村各大商场、闽龙陶瓷集散地等，从未有过一次迟到。那些瞬间串起了我整整六年的魔术师生涯。

我眼前时常浮现出那样的一幕：地铁里，他背着行李箱，手提道具，无论平地还是楼梯都健步如飞，脸上洋溢着希望，那就是我。他是浩浩荡荡的北漂中的一员。其他人为什么而漂、为什么而忙，我不知道，我只知道那个我，目标是挣钱，要养活自己；除了养活自己，还要争取能多养活一个人，他要在未来的某一天和她在一起。

蚂蚁们为争夺一条腐臭枯败的蚯蚓会费尽周折，争，大抵是所有动物都有的特性，人类也概莫能外。譬如我所住的大院里，如此纯粹的地方，那些卖菜的跟卖菜的、收废品的跟收废品的、卖蜂窝煤的跟卖蜂窝煤的、蹬三轮的跟蹬三轮的，以及站街的跟站街的，皆不能跳出这样的藩篱。当然也包括多年后我所接触或领略到的高大上层面的人物。来来往往，熙熙攘攘，本质无二。

经纪人与经纪人之间的竞争，就看谁的场子多和路子多，底下为争场子和项目，有时会大打出手，各种手法屡见不鲜；品牌与品牌在促销时的竞争，就看谁家的观众多，谁家的音响设备洪亮，谁家的舞蹈演员靓丽迷人，谁家的礼品丰厚，还有谁家的表演嘉宾有分量、有特色。

一次，我在北三环蓝景丽家的门口做促销活动，便赶上了两个品牌“打架”，我不幸也被卷入是非。双方的音响都开到了极致，互不相让，礼品也是豁出去地撒。台下观众像被牵着鼻子一样两头转悠。我上台表演魔术时，对面已没什么更好的节目“打擂”，观众便全跑到我们这边来了。演到一半的时候，后面两个气急败坏的大汉一把抓住我的头发向后拽去，我躲闪不及，狠狠摔在台上，道具也被他们一脚踢飞。

随后，两边的工作人员疯一般扭打起来……

这种事情我是头一回碰到，但类似的事件在圈里也不算什么稀奇事。对于演员来说，无论怎样，有机会就得上，上了就不能懈怠。敬业与否、口碑好坏在圈内和经纪人那里都是有本账的，稍有花边或八卦很快就会在圈内流传开来，当然也就会影响到自己的业务。因此，演员是个随时面临失业的职业。

演员与演员的竞争相对而言单纯不少，竞争的激烈程度还不至于剑拔弩张，就看谁的业务能力强、会来事，女演员当然更占优势。北京这地方，不管什么层次的演员，都能找到适合自己的舞台，或者说什么层次的舞台都会找到相应合适的演员。总之，我认为对于演员而言，只有把自己的活儿练好、守时守信才是最稳妥的。我算不上会来事，虽然也明白溜须拍马、左右逢源固然有其妙处，但是在这方面我天资有限、悟性平平，直白讲就是“做不到”，每次眼见着机会在面前溜走，也别无他法，也只能怨父辈的基因在这方面有“缺陷”了。好在我的心态不错，我牢记母亲常说的话：“不可不求，不可强求；是你的就是你的，不是你的，得到未必是福；顺其自然，一物舍出万物生。”

自打我熟练掌握了师兄们的技艺后，师兄们的业务又创新拓展了不少。比如杨乐兄学会了变脸，胖师兄除了演出和经营魔术道具外，还拓展出舞美音响的租赁业务。他俩都能主持，在婚庆业务方面也能张罗。我不能主持，也不想跟风学变脸，更没实力和技术去玩舞美音响的活儿。我只会口技和魔术，画画写写也还可以，但派不上用场。口技在于个人天赋，到一定程度便已触到天花板。只有魔术，好像还有无限的上升空间。

“差异化竞争”，这是我从一些书中受到的启发，是学校书本里没有的知识，更是从实践中总结出来的经验。我用心地在那些光盘和资料中汲取营养，不断实践。目的就是创造出一招鲜的功夫来，要和师兄们以及其他同行区别开来。

小芳知道了我前一阵子的事情，在电话那头多次为我流泪，说今年国庆节一定来看我。这样，我更加用功了。我坚信无论碰到什么困难，我们都会扛过去，我坚信总有一天她会来陪伴我的，到那时，我们就再也不会分开了。

翘首以盼的那一天真的来了！在出站口，她身着黑白相间的印花连衣裙，裙摆飘飘，像一株风中摇曳的幽兰，扎一个中长的马尾，羞涩地微笑着看向我。我一个箭步跑到她跟前，猛地将她揽入怀中。

我带她登上了天安门城楼，游览了故宫和历史博物馆；带她拜访老师和师兄，带她去和在北京的老同学们聚会；我们一起做饭，一起整理房间；我们拥抱亲吻，诉说衷肠；我们流泪，我们欢笑。我们一分一秒也不想浪费，一刻也不愿分开。她就是我的世界，我就是她的世界，那一刻，世界只有我和她。

“我们再也不分开了，好吗？”我抚摸着她的脸，深情地问道。

“可是——”她欲言又止。

“我可以变魔术、演口技，我可以养活你，我会更加努力的，留下来好不好？我不能没有你！”

“我也不想离开你，可是——”

“你知道吗？我看着你的照片，孤独地度过一个又一个夜晚，那些夜晚漫长得就像永远也不会天亮。你就是我的启明星，就是我的救命草，你要走，我就活不下去了！”

她用手捂着我的嘴，不让我继续说下去，然后又紧紧拥抱着我，泪如雨下。

那几天，我们守着那道最后的底线，尽情拥吻。荷尔蒙怂恿着我去征服她，成为一个真正的男人。她是如此纯真，和我在那些圈子里碰到的各色女人如此不同，我心软了，也许是自己没有足够的底气和信心。总之，我的理智战胜了本能。我不忍她伤心，不忍她受到哪怕是一点点的伤害。

她的行程一共只有七天，我们朝夕相处的四天瞬间过去。

在西客站的进站口，我望着她离去的背影，万般不舍。终于，她消失在人潮中。我捂着胸口，忍不住失声大哭起来，哭得肝肠寸断，哭得久久不能自已。来往的人行色匆匆，一一从我身边擦肩而过。那一天，我哭得一点都不像个男人。

一同送小芳的，还有同在北京奋斗的老同学华姐。她一动不动，默默陪着我，直到我再也哭不动了。她红着眼对我说："苏飞，你应该把她强留下来的。你太傻啦！"

"她说让我再等等……"

西客站的钟声正咚咚敲响，我望着那钟楼的表针，它似乎一动不动。

"我还能等下去吗？"我问华姐，也在问自己，其实也在问她。

"你真是——傻！傻闹钟！"华姐的语气带着恨铁不成钢的意味。

也许我真的不适合在这里待吧，这么长时间了依然一无所有。我如霜打的茄子，浑浑噩噩挨着日子，提不起任何兴致。我现在明白了，为什么谭晓利会整日买醉？因为只有醉的时候才会忘却所有的烦恼啊。

我如一具枯槁的木头，斜躺在床上，手握着酒瓶，望着房顶一动不动。房间里横七竖八堆着瓶子。

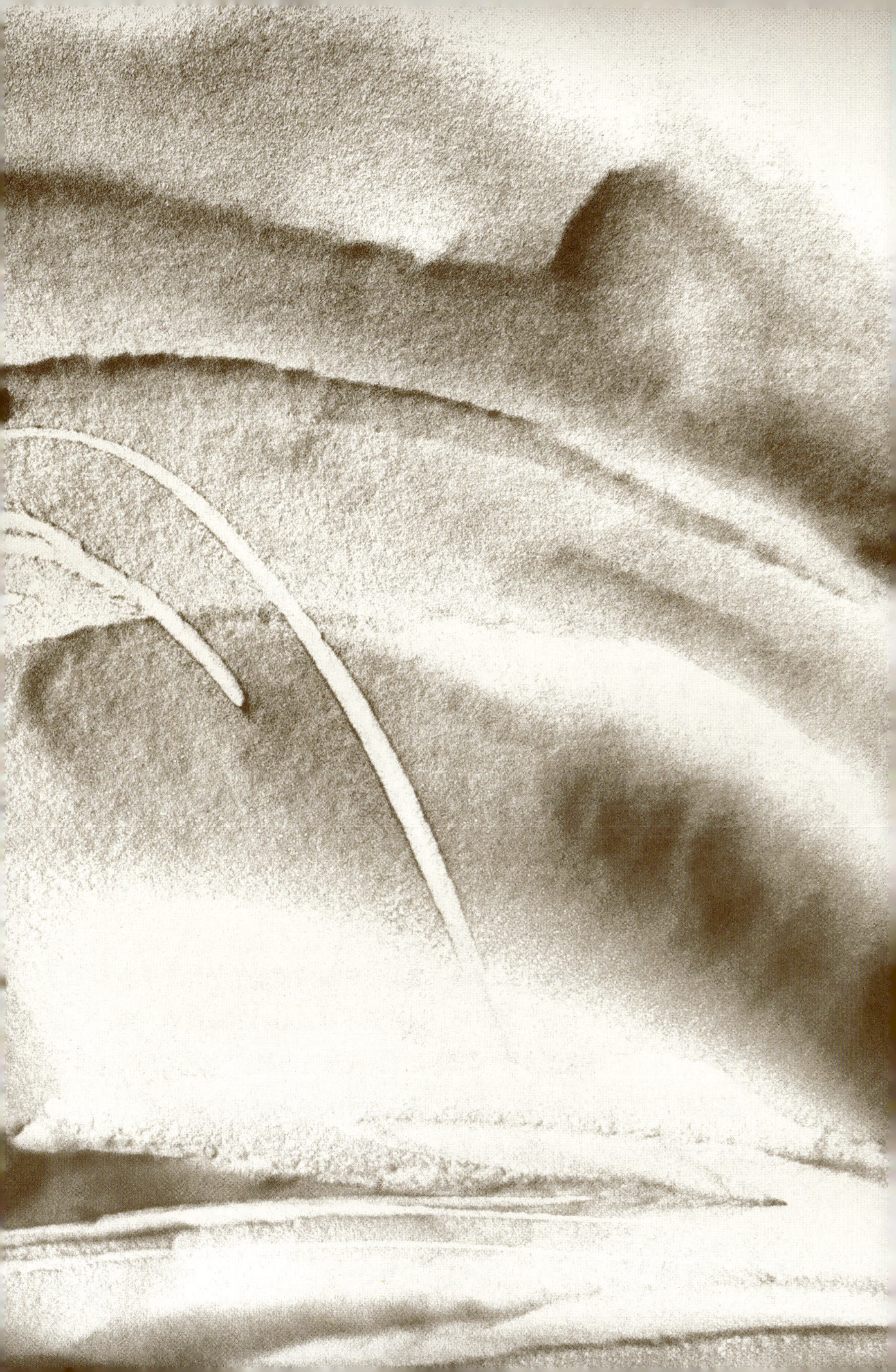

“人生的意义？滚吧！都是命，命，老天注定的！”说着，我又猛灌了一口苦酒。

我浑浑噩噩地走在路上。公主坟桥底下分布着七八个算命的地摊，算命先生面前都铺着块布，布面画着阴阳八卦、麻衣神相、奇门遁甲之类的图案，布上摆放着罗盘和签筒。他们的形象装束各有千秋，总之个个挂着神秘莫测的面相。我突然想起老家道士说的话，接着又想起李青松在公主坟跟我说过的话。何不问问他们？如果他们也说我没有希望，我就离开北京，早点离开这个鬼地方，不抱任何幻想。

我在每个摊前都驻足一会儿，挑了个稍显和善的中年妇女抽了一签，花了五块钱。那签上写道：

第八签，上上，丑宫。茂林松柏正兴旺，雨雪风霜总不摧；异日自然成大用，功名作个栋梁材。

回到家中我辗转反侧，仔细看着自己誊抄的纸条，越想越不对劲。我现在哪有一丝上上签的影儿。肯定是骗我的，她没说实话，哪有那么好？是不是我不够真诚？对，不够真诚，她没说实话，应付我，讨我欢心而已！

第二天我再次找到那个人，蹲下来第一件事情就是给了她五十块钱，然后对她说：“大师，对不起，我昨天不够诚心，不该挑剔。我只要一句真话，不好也没关系，您照实说，我承受得起。”

于是我把我来北京的前因后果，以及对未来的迷茫跟她述说了一通，用十分期待而虔诚的眼神看着她。她静静地听完我说的，沉思了片刻，问了问我的名字和大致的生辰，然后说：“这样，你明天再来找我吧。”

第三天，我再次前往。她给了我一个信封，要我回去后再打开。我如获至宝，即刻回到家中，迫不及待地打开信封，掉出一张过塑的相片，是张太上老君像，还有一张字条，字条上写着：“自天佑之，吉无不利。”

我久久地看着那张字条，对自己的行为感到非常懊恼。都到了火烧眉毛的时候，一分钱要掰成两瓣用才行，我居然花这么多钱算个命！这是干的啥事啊！

邻里正忙着搬运、码放蜂窝煤，预备过冬。煤球越往后就越贵，他们早做准备能省不少钱。而我，看看口袋，明日交完房租还不一定能熬到下个月。

“怕是半个月都熬不过去了。”我失落地说道，苦笑了一声。

“今朝有酒今朝醉！”我举起酒瓶与镜中的自己干杯。喝着喝着眼泪情不自禁地流了下来，擦拭也无用。我越想越悲凉，一脚踢开地上堆积的酒瓶，双手把桌上的书笔、纸张、收音机、水杯一下横扫得干干净净，然后一屁股坐在地上，捂着脸呜咽起来……

半晌，手机震动将我从那情绪中拉出来。我拔开纸堆捡起手机，看到一个陌生的号码。

“喂——”

“你是大宝吧？我是裴光，明天有个演出，一百，你去不去？”

“去，我去！”

“明天八点在国贸集合。”

“好的，谢谢裴哥！”

在我说出这六个字前，那头早已是嘟嘟嘟的忙音了。

我知道，裴光是圈里最有名的经纪人之一，他的故事我早有耳闻，只是从未打过交道。据说他从不与任何人拉家常、道客气，只说事。圈里流传着不少有关他的逸事，比如，他挂电话的速度，他被女人害得挺惨，他只相信钱，看钱的时候眼睛恨不能把钱盯出个洞来。我是头一回接到他的电话，果然如此。钱在这个时候好像也是我唯一信赖的存在。不管怎样，这个电话可解我的燃眉之急了。

第二天，演出不在话下。

没多久，我又陷入揭不开锅的境地，又是他给我打来电话："大宝，明天有场演出，八点在方庄集合，去不去？"

"去去去，谢谢裴哥！"

那头电话已"嘟嘟嘟"了。

转眼再一次面临山穷水尽的地步。像是宿命，又是他给我打来电话。我简直不敢相信，意念的力量居然如此不可思议！还是那人，还是那样没有任何温度的语气："大宝，今晚有场演出，东方明珠，你去不去？"

"去！"

"嘟嘟嘟嘟"，冷冰冰的声音从电话中传出，而我心中却感到了一丝温暖。

挂了电话，我背起道具，骑着自行车直奔地铁口，像春风里滑翔的燕子。

刚进地铁口，对方又来了一个电话："今晚演出取消了啊。"然后电话又"嘟嘟嘟"了。

我停顿了一下，赶紧拨回去。

"裴哥，是我听错了吧？"

"天太冷，今天没客人，取消。"

"嘟嘟嘟嘟……"

我垂头丧气地推着破自行车，拖着步子，心情低落到极点。天空灰蒙蒙一片，寒风刺骨，开始飘雪花了。

“老天干吗要如此捉弄人？难道他不知道有个人，正等着这场演出活下去吗？回去吧，你待不下去了！离开吧，这里不属于你！还能再等吗？不，等不了了！还是等等吧？……”我反复地问自己，也在反复地问老天。

突然，一张绿色的纸片在我前方不远处不住翻飞，很是亮眼，好像生怕没人知道它的存在。我的血液猛然沸腾起来，甩开自行车，如饿极的狼看到了兔子，猛扑过去……天哪，我捡到了五十块钱！不，这一定是老天爷赐给我的！

我仰天大笑起来。那一刻我再也不怕了，豁然开朗！我感觉到有一双眼睛在盯着我，他在暗中试探我。我告诉他：“天无绝人之路，我还能等，还要等等。我要留下来，我一定能留下来，一定！！！”我张开双臂，迎接着漫天飞舞的雪花。自行车静静横躺在不远处。

一辆喷绘着花哨图案的公交车从我身旁驶过，我看到圣诞老人乘着驯鹿车从我眼前划过，他微笑着，仿佛向我眨了下眼睛。

“耶，感谢上帝！”

仅仅一天后，我接到了一堆圣诞节的活动，对方主动打给我两千块的预付金，要求我圣诞节的演出全由他安排。

我十分佩服那位经纪人，他把我圣诞节的行程安排得天衣无缝。我中午和下午的演出在南四环的两家酒店，七点后都被安排在东三环的亮马河桥附近，是三个紧邻的五星级酒店，分别为长城饭店、亮马河饭店和昆仑饭店。每个酒店各安排两场，均在不同的楼层。

当然，我也必须计划好自己的时间：每场演出大概二十分钟，拆装道具最快要花十五分钟，赶场路上平均只能花十五分钟，三个酒店相距平均约五百米，路上要穿过三条马路、一座桥。

平安夜那天，我分身同时进入两种不同的时空，度过了一个终生难忘的圣诞节。一种时空是：我在台上，彬彬有礼、举止优雅、轻松自然地表演着魔术，为大家变出许多小礼物，引得台下一阵阵欢呼，四处洋溢着温馨与祥和，觥筹交错，笑语盈盈，一对对颇有身份的中外家庭，头戴圣诞帽，悠然沉醉在节日的愉悦中。另一种时空是：我奔波在赶场的路上，当我转身下台的那一刻，我搬着魔术道具以百米冲刺的速度奔向下一场，下楼，穿梭，装道具，上场，表演，下台，飞奔，穿马路、进大堂，上楼，装道具，上台……那绝对是惊心动魄的时刻！也不知和多少人擦肩而过，灯光、美酒、鲜花、圣诞老人、圣诞树、雪花、苹果、道具、礼物、汽车、马路、红灯、台阶等元素，高速掠过我眼前，欢笑声、歌声、问候声、主持声、碰杯声、汽车鸣笛声、叫骂声，声声环绕在我耳边。

那一天我连赶了八场演出，场场都挣了五百块，回到家时即刻瘫软在床上。当从口袋里掏出那叠厚厚的钞票时，所有的疲惫瞬间一扫而空。

“发财啦！”我心花怒放，抓起那叠钞票狠狠抛向空中，钱碰到房顶，像烟花一样绽开，哗哗地划过窗台，划过她的照片，然后杂乱地飘散在床上和地上。

圣诞节后，我“复活”了。我终于突破了生存的瓶颈，迎来了新的希望。

“大宝，我，‘魔术大师’横空出世啦！”我得意扬扬地对着镜中的人说道。

和小芳的联系越来越少了，不知道该说些什么。有同学告诉我，她在那边过得不错，有人在追她。我想，她不来，也许是追她的人比我要优秀吧，我算个什么？我有什么？孙大爷他们说得也不无道理，她凭什么过来？

“我也是个裴光。”我看着她的照片，苦笑着说道。

自她走后，每个夜晚都在煎熬，理智与情感轮番摧残着我、捉弄着我，我的心灵和肉体如烈日在炙烤，体内也沸腾着岩浆。那些帐篷里的一幕幕，那些夜总会里灯红酒绿的暧昧，谭晓利和那女人半夜视我如无物时的呻吟，那几日与小芳同床共枕的温存，全是这些乱七八糟的片段，时不时就会向我袭来，使我十分苦闷。我多么希望有个女人，我渴望她的身体！那洪水猛兽般的原始欲望一波一波冲击着我的理智。

一次邂逅，一个女孩终于打开了我的心房。

离开学校一年多，学校已搬到了郊区。据说校长这两年发达了，买了地皮盖了楼。元旦前，我居然接到了学校的邀请。二班的新班主任希望我代表美术系去参加学校的元旦晚会，说那是学校搬迁后的第一个重要活动，还邀请了不少重要领导和嘉宾出席，校长十分重视。我听说是校长提议我参演的。我想，他也许根本不知道我早就不在学校了吧，看来是曾经的那个小品给他留下了深刻的印象。总之，校长能想起我，我还是感到很惊喜的，也有些莫名的感动。我也为他感到高兴，学校终于有了自己的地盘。可惜我已经不是学校的人了，心中不免有些失落。

学校还流传着我的故事。当我走进校园的那一刻，楼上楼下都有人远远呼喊我的名字，一股暖流顿时涌上心头。想想当初辍学的决定和这一年来自己的遭遇，真是感慨万分。我们班的班主任已换成了一位和蔼可亲的女老师，她没见过我，但似乎挺熟悉我的，她对我说："欢迎你回来！"

我鼻子一酸，眼泪在眼眶里转起了圈圈。

校长和校长夫人热情招待了我。那一天，我坐在校长和校长夫人中间，与音乐系、美术系的几位主任共进午餐。席间，音乐系的主任有些不满，认为我一个人表演两个节目的安排不合适，他说："演节目是我们音乐系的事。"

校长说了一句让我一辈子也不会忘记的话："别人的节目可以不看，但苏飞的节目不可不看。"

我没有让校长失望，元旦晚会上，我成了绝对的主角，口技、魔术都获得了最热烈的掌声。

活动结束后，校长塞给我一个红包，语重心长地对我说："毕业证还是要拿的，学费可以暂时不交嘛。"

我很感动，惭愧地笑了笑。

"谢谢校长，我既然选择了出来，就再也没打算回去了。"

校长也只是笑了笑，没再说什么。

后来有一阵子，我十分后悔当时的冒失与倔强，甚至感到愧疚。谁叫我那时候年轻气盛呢？再后来，我也释然了，或者这就是命吧。

那是我最后一次和校长夫妇见面。多年后我听说他们的事业越做越大，很成功，但好像家庭经营不善，最终离了婚。他俩的故事成了我们这些因他们而来的北漂们酒后的谈资。

有些人，从某个方向走来，走在他的人生之路上，与我或我们在某个时空点偶然相遇，转瞬擦肩而过，再继续在各自的方向前行。相距越来越远，各自的背影也相应地越来越小，最终消失在彼此的视线中，相忘于江湖。

多年后，他的样子还会浮现在我眼前。随着时间的流逝，我们这批和他曾经有关联的北漂们终于也很难聚齐了。

有很长一段时间，我恨他。可是有一天，我却想对他说一声："谢谢你，校长！"

演出结束后，从学校出来，我上了一辆通往城里的公交车。校长塞给我的红包有五百块，我打开再装回，心里有一种说不出来的滋味。

"刚才在台上演出的是你吗？"一个甜美的声音从后面传来。我回过头来，看到一位女生正看着我。

"是的。"我有点拘谨，微笑着回道。

"真的好棒，你是怎么变的？"

她眼睛一闪一闪，高挺的鼻梁上架着一副黑框眼镜。

“哦，呵呵，保密。”

“小气！”她嘟着嘴，样子很可爱。

“你也是学校的？”

“不是，我在工艺美院，今天跟朋友来玩。”

“工美的，厉害呀！”

她唇红齿白，皮肤白皙，身材苗条，文艺范儿十足，别有一种风姿。

“怎么啦？”她见我在打量她，疑惑地问道。

“哦哦，没什么，我在想，待会儿在哪站下车。”我这才发觉自己有些走神，有些尴尬地将目光转向门口的站牌。

“你在哪站下车？”她笑着问道。

“公主坟。”

“我也是公主坟，同行，哈哈。”显然，她比我要大方自然。

“正好哈。”我望着窗外，但并没有看什么。

到站后我们一起下车，穿过马路，缓缓走向街心的花园，默默无语。我心中有种异样的感受。

地铁口就在前方，这时迎面走来一个花童。“先生，给您女朋友买支花吧？”花童朝我问道。

她故意环顾四周，等着我的表现。

“哦，哦，给。”我稍微迟疑了一下，下意识地还是掏出了十块钱递给花童。

“找您五块。”花童将一枝花递到我手上，转身向别处走去。

我将花递给她，不好意思地笑了笑。“我以前也卖过花，挺不容易的。”我说道。

“谢谢啦！那就下次见。”

“下次？”

“怎么，你不想见到我？你电话多少？我打过来。”

留完电话，她拿着火红的玫瑰，消失在地铁口。她梳着一个长长的马尾，戴了一对少数民族风格的耳坠，有股迷人的馨香。

“我叫曾蓉，记得给我打电话哦！”

回来的路上，她的影子在我脑海里挥之不去。

一周后，我被一条信息惊醒。我睡眼惺忪地打开手机，已是十一点。我现在完全是一个正常演员的作息了。

信息上显示：“小懒虫起床啦！”

我睡意顿消，是那天那个女孩。

“谢谢提醒，我都快忘了，我本来有个外号叫‘闹钟’的。”我即刻回过去。

“是吗？说说看。”

……

就这样我们一直保持着联络，但一直没见面。

有一天，她发来信息：“今天是我生日。”

我踌躇良久，还是回了几个字：“过来吧。”

“那我来啦！”她即刻回道。

我有些不安，但还是抵不住心中的期盼。我把窗台上的照片收拾好，将屋子整理得干干净净，又在外面买了个生日蛋糕，还将蜡烛精心插在房子的各个角落。然后我在镜前照了又照，梳了又梳。

下午，我在车站接到她，带她来到大院里，她的眼神有些失落。我知道，比这个院还差的地方在北京应该很难再找到了。看到屋里的创意，她很快又恢复了笑容。

“我的生日，你今天打算怎么安排？”

“一会儿我们去天外天吃烤鸭，嗯，我买了个蛋糕给你。”

“那还给我准备了什么？”

“还，还，哎呀，我——”我有点惊慌失措，为自己的准备不足感到抱歉，只好傻笑了笑。

“晚上去蹦迪吧？”她提议。

“好啊，我知道有个地方，打车只要十分钟，我常去那里演出。”

说完，我们就奔天外天而去。

我虽然经常在舞厅演出，但从来没有在舞厅蹦过迪，感觉无趣。曾蓉在舞池里像个小孩子，欢欣雀跃，激情四射。她脱去外套，露出曼妙的身材，像一朵绽放的玫瑰在燃烧。

她走到我跟前，拿起酒瓶一口干完，然后硬把我拽进舞池。我开始有些不太自在，但很快被她的激情带动了。在那烟雾缭绕、五彩斑斓的舞池里，我们随着音乐的节奏尽情摇摆、尽情呐喊，彼此距离越来越近、越来越暧昧……

跳舞尽兴后，我们相互搀扶着走出舞厅。

“好像有点晚，恐怕赶不上地铁了。”我说道。

“怎么办，不会把我扔下不管吧？”

“要不——要不先回我那里，蛋糕还没吃呢。”

“走回去吧，天气多好，还有点雪。”

“好啊。”

“小心！哈哈。”

“啪”，她一个雪球轻轻砸到我头上。

“好啊，偷袭，看我怎么收拾你。”

一路上，不时散落下雪花，也散落着我们的欢乐和笑声。

回到家中，我打开蛋糕盒，点燃了备在每个角落的蜡烛，小屋顿时变成了一个梦幻迷离的世界。她很感动，闭目许愿。烛光映照在她光滑的脸上，十分动人，我看得目不转睛，心潮涌动。

玫瑰娇艳欲滴，静静地绽放，我被迷人的芬芳所陶醉，无法自拔。

那一夜，我成了一个真正的男人，品尝到了亚当、夏娃偷吃过的苹果的滋味，体会到了放纵的感觉。我曾无数次憧憬过的那神秘、浪漫、美妙的瞬间，终于如愿以偿。可是，“夏娃”是她，而不是她。

“换个频道吧，我不想看这个。”她躺在我怀里说道。

“你想看什么？这里只能收到这个清晰的台。”

“我真没想到你住的地方这么破。”

“我想不到的是，两个都不熟的人很快能上床，而爱得死去活来的却办不到。”

她猛地推开我，似乎有些生气，嘟着嘴说道：“感情也可以慢慢培养嘛！”

电视屏幕频闪着麻点，炉子上的水壶呼呼吐着粗气……

曾蓉陪伴我度过了那个寒冷的冬天，但她温暖不了我的心，我知道和她在一起只是荷尔蒙作祟，虽然我也尝试着去爱她，但我做不到。我无法放下远方的那个她。

远方的她察觉到我的变化。我越来越少主动联络她了，即便她主动打来电话，说今年过年一定回家，我也只是淡淡地回上几句无足轻重的话。挂完电话，我又痛苦地狠狠敲打自己。每次与曾蓉激情过后，纠结与愧疚像幽灵一样缠绕着我。

我不爱她，我的肉体时常与她交融；我还爱她，我的肉体每天都在背叛她。

我恨她！

冬去春来，大自然已开始回暖。我的心却还封冻在昨日的寒冬里，对我来说，春风来得有点晚。

春节，我们第一次在老家相见。她以从未有过的主动企图融化我的心冰，我的心已硬，激不起一丝涟漪。我推开她，不想欺骗她，又不忍告诉她。她还是她，我已不是从前的我了。

“为什么？”她哭道。

“我们分手吧。”我说出这句话时，真想一口又咽回去。

“没有什么为什么。”我补充道，泪水哗哗地流下。

我已是心如死灰的一具皮囊，强带笑颜辞别父母，再次踏上去北京的“求学”之路。

生活就像一场无聊的玩笑，如壶中沸腾后沉淀的一层层水碱，苍白、无味、坚硬。张国荣辞世的消息从电视里传来，让我瞠目结舌。

春节期间的短暂分离，也让曾蓉意识到，我们彼此在对方心里都不是那样不可取代。慢慢地，我们相处的时间越来越少。然后，“非典”来了，冷冰冰的数据和令人汗毛倒竖的信息充斥着整个时空。我们彼此发了条信息——“保重！”从此再也没有联系。

炉中的煤火终于燃烧殆尽。

我提着道具，行走在大街上、人行横道上、十字路口、地铁中。周围弥漫着恐怖的气氛。每个人都戴着口罩甚至面罩，除了我。他们前所未有地感受到生命的可贵。我冷眼看着这个世界，感到生活是如此的滑稽可笑。对于生无可恋的人来说，死有什么可怕的？现在，我已对北京没有任何眷恋了，我的心也好像死了。

北京的演艺市场真的死了，一场演出也没有。我打点行装踏上回家的路，“非典”成了我回来的很好的借口。回到家中，我立刻被隔离，这才知道，在我离京的第二天北京封城了。电视里每天滚动着各类令人窒息和焦虑的信息，北京城随时上演着生离死别的悲剧，我感到背后一阵阵发凉。同一个人，看同一件事，局内和局外的看法是不一样的。我若是还在北京，可能不是饿死就是病死了。生命诚可贵！我长舒一口气，看了一眼母亲，她欣慰的笑脸比太阳还温暖。

命算是捡回来了，无论它值不值钱。可是，要继续活下去，我的下一站在哪里?

在家熬了二十天后，我不顾家人的反对，提着行李又踏上征程。我不知道要去哪里，哪里没“非典”我就去哪里。总之，我不能待在家里。家里的时光像静止了一样，我害怕那是时光给我制造的假象。

敏儿来电话告诉我，常德很安全，她和君辉都在那里，要我先到市里看看再说。

那是湘北的一个地级市，气候温润，风景宜人，颇为繁华。常德人常称常德为“小香港”，常德人常被称作湖南的犹太人。有句话这样形容：“天上九头鸟，地下湖北佬，三个湖北佬抵不上一个常德佬。”我不以为然，因为我也是常德佬，并不觉得自己有什么了不起的。

我们兄妹三人再次相聚，情谊依旧，感到无比欢欣。同窗时的光景历历在目，只感叹多数同学关系已经淡薄。

同窗时，他俩都是班干部，也都是班上成绩靠前的尖子生。君辉勤奋刻苦，积极向上；敏儿天资聪颖，活泼开朗；我在班上是特长生，也颇受老师喜爱。我的成绩属于中不溜儿的，他俩在学习上给了我不少帮助。敏儿更是对我关爱有加，常把家中的美味佳肴带来给我享用，自己却不舍得吃，还省下钱给我订阅书法杂志。天冷时，她把自己的炉火给我烤。懵懂的、温暖的感觉常从她的眼神里传到我的心里。我觉得，我们是最要好的兄妹。

初中毕业后敏儿去了南方打工，中途回来看过我一次，那时我在上高二。后来我从北京回来再见到她时，她说她要嫁人了。

在常德，我又见到了她，微风撩动她的青丝，轻抚着那双清澈的眼睛，她就像一朵圣洁的百合。她说她后来没有嫁给那人，是她自己中途反悔了，她一点也不爱那个男人。那些年她过得并不好，说有时候都不想活下去了，甚至还做过轻生的傻事。她的遭遇让我感同身受，我无法容忍一个这么好的女孩子受到那样的伤害。我半开玩笑地对她说："要不我娶你吧！"

她没有说话，微笑着看我，眼里泛出泪花，像清晨的露珠划过洁白的百合花瓣，然后挂在花瓣边缘，晶莹剔透。

"你等着我，我要挣好多好多钱，挣到钱后，我就回来娶你！"

她欣慰地点了点头。

春雨的滋润让大地容光焕发，在雨雾中大步流星的我也重获生机。我就像一台行将报废的发动机被重新注入了润滑油，逐渐恢复了强劲的动力。

常德，名不虚传！沅江两岸生机盎然，其繁华热闹的气氛毫不输北京。我们流连于红绿皆肥的城市，呼吸着温润清新的空气，品味着浓郁顺滑的米粉，漫步在全国闻名的诗墙，徜徉在和风习习的柳叶湖上……这一切，让我感到心旷神怡，我好像是一刹那间深深地爱上了它。

我没想到这个小小的城市里居然活跃着二十多家演艺场所，品位都不低，茶楼和演艺吧是这里的主流。我顶着来自京城演艺嘉宾的光环，很快在新的圈子里风生水起。南方的场子和北方的场子最大的区

别就是固定，只要你的节目受欢迎，就可以驻场一周以上，长得能到一个月，每场的劳务费也是北京的好几倍，这是我万万没有想到的。真可谓树挪死，人挪活啊。

继而我又带着弟弟于石门、安乡、津市、汉寿、澧县赶场。本想着带会弟弟入行，相互照应，奈何人各有志，事与愿违，终究未成。我中途得了重感冒，咳嗽带血，嘴上顶着蚕豆大的疱疹回家养病。十多天后，我再次出发，只身奔走常德、张家界、冷水江、涟源、安化、新化、益阳、长沙、株洲、珠海、公安、荆州、郑州、洛阳等地，最后回到北京。在北京没待几天，我又踏上西行的路程，坐了三天三夜的大巴车到达延安。一路上的经历，两天两夜也未必讲得清楚。一路上，我领略着大好河山，感受着世间百态，体察着芸芸众生。大千世界，无奇不有，福祸得失，往往就在一念之间。每到一个地方，那里就会给我留存一段生命的痕迹，这些痕迹活跃在我的脑海里，这些痕迹也在不断丰富着我的生命。

那一次，我从常德出发，第一站是新化，刚出旅馆，碰到浩浩荡荡的送葬队伍，心里不免感到丧气；一路上山路崎岖，天气不定，沿途又碰到了四回丧事的场景，心中顿生恐慌；到了目的地，迎面又是白幡缭绕、锣鼓法事，心里不由得对自己的前途和运气打起鼓来。惶惶地演了一周之后，那场子老板的母亲溘然长逝，又是丧事！我简直不敢相信会有这样的经历，但那是事实。反弹效应一定是出现在谷底的，郁郁不安的我不得不索性放下，爱咋咋地，转念反倒释然了，一切又变得风轻云淡。我甚至会这样思考：喜丧、喜丧，喜连着丧，丧连着喜，喜就是丧，丧就是喜，自己这一程的所见与经历没准儿还意味着未来必定会喜事连连呢！我不知道阿 Q 是否也有过这样的心路历程。

在张家界的一个演艺吧内，我碰上两拨有黑社会背景的客人较劲。他们围绕女歌手先唱谁点的歌而互不相让，双方持续加码，从几百到几千再上万。这阵仗吓坏了女歌手，她掩面哭泣，慌忙退至后台。台下双方不肯罢休，欲动干戈。而下一个节目正好轮到我上场。我硬着头皮刚上台，只见一个酒瓶像手榴弹一样向我砸来，我急忙躲闪，“啪”的一声酒瓶碎在台上，台下应声乱作一团……至于如何收的场我也不记得了。虽然此次演出历经风波，也不太顺心，但这并不影响我领略张家界的绝世风光。

延安路上因国道被堵，我躺在大巴上看了两次日出日落，同时也饿了两天两夜。到达目的地时，整个人成了一个“卖炭翁”。可是当我站在宝塔山上看日出的时候，我又感到一切都值了。多年后，我的

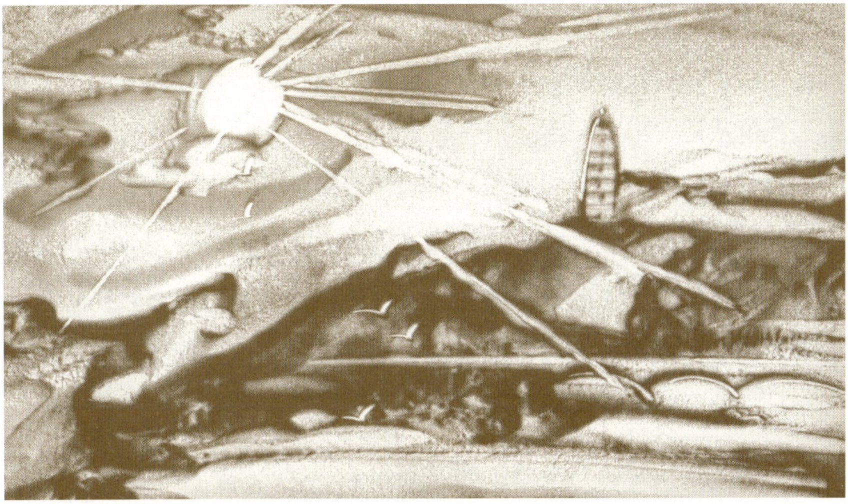

沙画作品中还多次出现过宝塔山上红日初升的画面。

湖北公安之行，我在宿舍里熟睡的时候，被反串演员的咸猪手偷摸，猛然惊醒；珠海之行，又遇上赖账的恶霸经纪人，不仅分文没有挣到，还险些被扣押……这些风险和挑战的背后，也无不夹带着另一番景象与收获。

苍穹之下，人如蝼蚁。我不禁感慨，人是多么的渺小，渺小如沙子一般。不过，我始终坚信，只要心中有希望、有追求、有憧憬、有梦想，什么困难都不能阻挡我前行的脚步。

在电话里，我将路上的收获一一跟敏儿分享，并鼓励她学门技术，美容、美发之类的都可以。我跟她说，只要有双手，我们就可以创造未来。

有一天，她突然给我发了条信息："我们以后不要再联系了。"之后，就再也不接我的电话，给她发的信息也全部石沉大海。我焦急万分，好不容易升起的希望一下子就要被“付之一炬”，那情境就像我兴奋地爬到山顶，却没料到前面是万丈深渊。我不顾一切地纵身跃下。第二天我就从延安出发，踏上归途。

路灯和霓虹灯的光，交织映照到湿漉漉的马路上，像火山口分流出的若干条岩浆，我六神无主地踏在上面，将它们一一踩碎。我找到敏儿的租住处，没见到她。我像雕塑一般在她楼下门口守着，直直地看着那温柔缠绵的细雨，时刻期待她的身影能在下一刻划开那道缤纷的帘幕。我憧憬着我的出现会给她带来惊喜，让她立马回心转意；我臆想着她早就在暗中看着我，然后突然从我身后跳出来；我看到她穿着洁白迷人的婚纱向我走来，我幸福地向她走去……

不知过了多久，一辆奔驰突然横在我面前，溅了我一身污水，毫无一丝尊重与斯文。敏儿从车上下来，她看到我先是一愣，很快又恢复了平静。

“我的信息已经发给你了。”她冷冷地说道。

“为什么？你得告诉我！”

“我觉得我们还是做兄妹更好。”

“为什么不早说？”我愤怒地问道。

“你应该回到从前那个样子，那个充满朝气和活力的样子。”

“是的，感谢你，你把我激活了，然后再给我甩下悬崖。有那么好玩吗？”

“我无法跟你解释——”

“是我给不了你想要的，对吧？”

她的泪水流了出来，依然冷冰冰地说道：“是的，我等不了你了，错过你，也许是我人生中最大的错误。可是，我真的等不了，一切都是命。”

她转身上车，车缓缓地驶走，似乎停顿了一下。雨越下越大，砸到那车顶上，溅出更多的泪花，然后“呼”的一声，绝情地消失在阑珊夜色中，只留下哗哗的雨声。雨水和泪水浸湿了我的全身，雨花洗刷着我的眼睑，我孤零零看着那朵洁白的百合摇曳在无情的风雨中。

风儿
抚摸着湖面
荡漾着
昨日的羞涩
莲藕的清香
依然
我站在岸边
遥望对岸
水中的倩影
消散在
一波一波

柳湖水啊柳湖风
如诗一般的相遇
柳湖的云呀柳湖的歌
飘向宝蓝的天空飘进我的梦
我的梦

云儿
亲吻着蓝天

憧憬着
永恒的缠绵
白鹭的呼唤
流连
我站在对岸
凝望前方
弯弯的柳叶
轻舞着
一闪一闪

柳湖水啊柳湖风
如诗一般的重逢
柳湖的云呀柳湖的歌
飘向灿烂的星河飘进我们的梦
我们的梦

我站在柳叶湖的岸边，将纸张扔向空中，那一页随风翻飞，最终落到湖面上，慢慢流向远方……

我本想着娶个妻子，彼此恩爱，过普普通通的日子，然后一步步精进，顺其自然过一生，仅此而已。可是，这并非一件容易的事。

一场游戏一场梦！哪里才是我的归宿？

我最终还是回了北京，只有那里似乎还有让我期待的东西，那就是——梦想！对，我是要当艺术家的，我还要上中央电视台呢！

在去北京的列车上，我收到了敏儿发来的信息：“我的母亲病了，需要很多钱，我没有别的办法，真的对不起！希望我们兄妹情谊永远

不变。”

我凝望着窗外，风景在眼前闪烁，但见一望无际的平原。

回到北京，我将常德的 SIM 卡从手机中取出，重新插入原来的卡。在常德时，我以为永远不会启用这个手机号了，留着它只不过当个纪念，权当北漂时光的见证。时空转变，非人力能左右，兜兜转转又回到了原点。是命运的捉弄，是命运的安排，此原点虽是原点，也并非原来的原点。

手机开机，顿时震动不止，几十条信息和几十个未接电话蜂拥而至。

“你好吗？”

“你怎么样了？”

“你在哪里？”

“我好担心你！”

“我很着急！”

“你要多保重！”

……

全是小芳在“非典”期间从深圳发来的信息。

这些日子，我居然打算从脑海里抹掉她的存在。真的能抹掉？抹掉就真的能消亡？我这是在干什么！！！

“呵呵呵……”我止不住放声大哭起来，恨不得把心肺都倒出来。

第 7 章

重回青塔

擦干了眼泪，我默默地开始收拾一切。

“重来，大不了，重来！一切都会好的！”我对自己说道。

我整理好屋子，擦拭着墙上的镜子，镜子里的我也一点点变得清晰起来。

在那小屋里我面壁了一整天，然后拿起纸笔，将自己的所思所悟一一记录下来：

> 自卑、好面子、缺乏勇气、感情用事；
>
> 感情之路跌跌撞撞；
>
> 掌握一门技艺，没有捷径；
>
> 能力大涨，事业已有起色，任何演出场面现在都可以驾驭；
>
> 经过一番游历，对世界有了更多的认知；
>
> “非典”过后，各行各业开始反弹，机遇增多。坚持，

坚持，再坚持！北京不相信眼泪。

总之，希望还是有的。

我不想对她有任何隐瞒，在电话里，我将自己所经历的那一段魔幻混乱的时光向她做了真诚的坦白。既然分手了，再加上时光的洗礼，这些话吐出来倒也坦然。我应该给她个交代，那也是当初她想知道的原因。那时恨她，不敢面对她；也恨自己，无法接受自己。

电话里，我们就像一对久未谋面的朋友，亲切中夹带着些许客气。她说她不恨我，很后悔当初没有留下来陪我。我笑了笑，故作轻松地道："我知道，我配不上你，你现在已管着几十号人马了，也知道你有新的男朋友，我真心祝福你。"

"我没有男朋友，我什么都可以不要！我只需要一点点时间。"她哭了，哭得十分委屈，哭得十分伤心。

"可是，那一点点时间，我没有扛住，对不起！"

"我真的不怪你，真的！你不知道'非典'期间我有多担心你，打你电话打不通，发信息也不回。我真的好后悔，后悔当初没有留下来陪你。"

"我……我还有资格让你留下来吗？"

"嗯！"

"你会过来？"

"会！"

"不分开了？"

"不分开了，我要和你在一起，永远不分开！"

我在这头哽咽了，不住地擦拭着泪水。

我将床板一块块擦干净，将支撑床板的砖头也一块块洗净，墙上贴满我最得意的画作和书法，买了一台崭新的饮水机，尽己所能地把小屋装点一新，一心只等她到来。

还是在西客站，她身着紫色的 T 恤和蓝色的牛仔裤，像一株蝴蝶兰立在我眼前，大眼睛一眨一眨地看着我，刘海在她眼前轻轻晃动。她舟车劳顿，脸上却没显出一丝疲惫。我也是，虽然昨晚彻夜未眠，依旧容光焕发。不像上次那样激情地拥抱，我们微笑着相互凝望，含着眼泪，唯恐这是梦境。我接过她的行李，拉着她的手说："我们回家！"

出租车上，我看着前方，她的头靠在我的肩上，偶尔用手拭去脸上的泪痕。我紧紧握住她的手，没有一句话。

那是 2003 年北京的夏天，一个阳光灿烂的日子，我终于告别了孤单，我成了最幸福的人。

从此，我每天演出回来，都有心爱的人等着我，还有她亲手制作的美味佳肴和靓汤。我偶尔掐掐自己，问她："这不是梦吧？"

她也狠狠掐掐我，说："便宜了你这个臭小子。"

周围的邻居也为我感到高兴，说眼镜儿命好。

一天，我带着小芳在商场购物，身后传来一个颇为熟悉的声音："大宝吧？"

我回头一看，是长毛。自从酒店被收回后，大家各自分散，再也没碰到过。

"长毛！"我脱口而出。

"这是你马子吧？"他问道。

"我老婆。"我笑了笑。小芳有些不自在。

"你们现在干吗呢？"我问他。

“啥也没干，干点房产中介的活儿。哎，那啥，想找房子记得找我啊。”

“哦，现在不需要。发哥见到过吗？”

“你说的贾润发吧？那哥们儿是在逃犯，被抓了，据说在老家干死了好几个。”

“不会吧？”我惊出一身冷汗。

“骗你是这个。”他竖起小拇指。

“我听黄毛说的，他说他看着被抓的。”他补充道，生怕我不相信。

“啊，真是没想到，挺吓人的。那什么，我们先买东西去了。”

“去吧，找房子记得我联系啊！”

“好的好的，呼机号还留着呢。”

待他走后，我俩互相吐了吐舌头。

“这是你朋友？”

“认识，以前在一个地方演出过。”

“样子好恐怖哦。”

“呵呵，还有更恐怖的呢。”

“不过，我们是应该换个房子了，每次下雨都没法做饭，还有那里的厕所太恐怖了，我一点都不习惯。”

“还真是，上厕所要是没点功夫还真不行，我每次进去就像走梅花桩似的，你们女厕应该还好吧？”

“也一样，臭气熏天，惨不忍睹。”

“对不起，都是我不好，让你受委屈了。换，我们搬个新家。”

“找你那朋友问问？”她调皮地说道。

“算了吧。”

我俩互做了个鬼脸。

夏日的清晨，阳光明媚，空气清新，小鸟们在尽情欢唱。那是一片还未开发的苗圃，鲜花和各种树木覆盖着那片土地。我们骑行在绿柳成荫的小道上，她搂着我的腰，头紧贴着我的后背。我们一路高歌，就像飘荡在五线谱上："啊，太阳，我的太阳，那就是你，美丽的笑容……"

我带着她来到青塔，站在孙大爷和孙大妈面前。孙大妈凑到她跟前，仔细端详了一番，说道："没错，就是她。那时候，小苏天天搂着你的照片。我跟他说死了那心吧，没戏了，再给你介绍一个，嘿，他就是不干。"

小芳乐得低下了头。

"你小子，行啊！"孙大爷还是那句老话。

"大爷大妈，我想搬回来住，不知道还有房没有？"

"现在没了，我给你瞅着点，有了就通知你。"

"谢谢大爷大妈！"我们异口同声道。

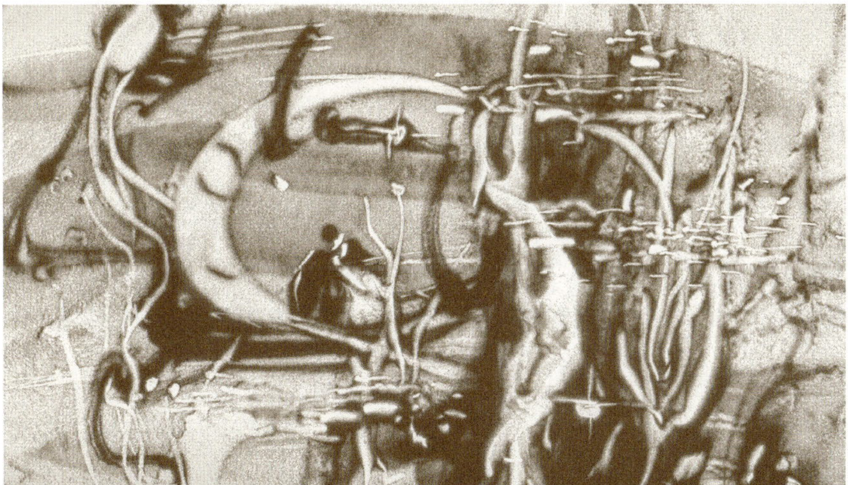

告别孙大爷和孙大妈，我们依旧行进在那条来时的小路上。

“好好的大路你不走，干吗老走这小道？坑坑洼洼的。”小芳抱怨道。

“你不懂，大道固然好走，但人多、太嘈杂；小道虽不平坦，但清静、富有诗意。你看这鸟语花香的，多美好、多浪漫不是？”

“陪着你跌跌撞撞美好浪漫，屁股都美好浪漫肿了。你别见着石头就往上压啊，有时候得绕，知道吧？你这骑车技术真不敢恭维。”

“不是我想压上去，是越想躲越躲不开，哈哈哈……想想以前，这车就载我一个人，现在多了一个人，方向把就不太听指挥了。何况咱们走得也不是寻常道，压力越大越不好把控方向啊……呦呦呦，好险，只差一点又压上了……啊，抓紧啰，别掉下去。”

“哎，孙大爷真的说过我会跟了别人？”

“可不？他老是跟我说时代不同了，爱情不可靠，他还老说我是个傻小子呢。”

“他老两口感情不是挺好的嘛，相处一辈子了居然不相信感情？”

“也许他们见得多了才那样认为的。不过他们老两口倒是挺恩爱的，虽然老斗嘴，跟说相声似的，但从不生气，挺有意思。”

“我也看出来了，他俩真是挺好的。”

“他俩现在都八十多了，眼不花耳不聋的，这叫白头到老啊。他们年轻的时候逃荒，从山东流落到北京，后来当了工人，养活了四个儿子、两个女儿，现在子孙满堂。他们自己都没想到会到今天这个样子。他们家儿孙每个周末都会陪他俩吃顿饭，其乐融融的，真是享福。”

“子孙满堂福气多！”

“那也未必，我外公不也是子孙满堂，但不见得有多享福。孙大爷两口子对待儿女都一样，所以儿女们没纷争。我外公他们年轻的时候偏心眼了，儿女们赡养他时就扯皮较劲。唉，有果必有因，关键还在于大人。我小时候看着外公外婆他俩就好像没怎么说过话，睡觉也不在一起。哪像孙大爷他俩，八十岁了还睡在一起。不说睡在一起，有兴趣斗嘴就是福。你看孙大爷他俩虽然不算大富大贵，但守着两个院子，一个自己住一个对外租，啥也不缺，活得可自在呢。哎，咱们可说好了，我要到八十岁的时候，还得抱着你睡啊。”

“孙大爷说不是要给你找一个嘛，让他去找一个陪你呗？”

“那可不，他还说我这小伙子长得帅呆了、酷毙了，又有才，还人见人爱呢，哈哈哈……”

“哼，美吧你！”

“不过孙大妈说过，如果我真的把你接到北京，将来结婚的时候她帮我缝被子呢。”

“便宜你了，哼，我明天就回去。”

“哈哈，天上掉下个林妹妹，我走狗屎运啰。你现在再想回去就难啰，打死我也不放了。以后啊，我们就像他俩一样，在北京也待一辈子，生一堆娃娃，一视同仁。哎，那个什么，老大打酒去，哎哎，老二给我捏捏。你觉得怎么样？哈哈！”

“哈哈哈，那就看你养得起吗？”

“好好挣钱呗。”

“在北京活下去可不是闹着玩的。”

“可有的人啊，又好像活得太容易了。我有个朋友，本来家里就有四合院，祖传的，日子好过得不得了，可他呢，还非得跑到外国去。都说条条大路通罗马，他就住在罗马，住在罗马的又想走出罗马，找谁说理去？”

“有什么可比的，人跟人不一样，各有各的命。”

“我那朋友说，他家还不算啥，还有我们想象不到的呢，那会是啥活法啊？你说我爷爷他们那个时候也是逃荒，怎么就逃到那个大山里去了？要是那个时候逃到北京，没准儿我现在也是地主，你就是地主婆啦。”

“傻瓜，你爷爷要逃到北京，就没你啦。”

“你看看，我爷爷也养了七八个，儿孙一大堆，现在个个都想出去。农村的人空着别墅一样的房子不住，却宁愿在城里面租个小破房待着。就刚才孙大爷院里西边的那户，在孙大爷家住了好几年，就那几平方米，一个上下铺，一家四口住着，男孩上高中了，女孩都上班了，你说咋住？难以想象！他们图个啥？想想也挺有意思的。他们说希望孩子们接受最好的教育，让他们有能力过上城里的生活。这些城市的人更有意思了，偏偏老是琢磨着想到农村去，说什么回归自然，搞笑不搞笑？我觉得我现在也挺搞笑的，城市我待不了，农村又回不去。”

“你不是说追求梦想吗？你不是想当艺术家吗？在农村你怎么实现？”

“说对了，梦想。我就是因为梦想而来的。不过我的梦想可不止当个艺术家哦。”

“那你说说还有啥梦想？”

“我梦想我还会去很多地方，我梦想我能创造一个温馨的家园，我还有，还有，现在不能说，怕你不信。”

“飞到天上吧你。”

“将来你会知道的。”

“故弄玄虚。”

“我跟你说，梦想真的很神奇，它会让人产生预感。就刚才，我俩经过学校胡同口的那一幕，我以前在楼上宿舍往下望，就好像看见过似的，这不今天就实现了？还有，我在高中时有种感觉我将来会来北方，只是没想到会是来北京，这还算是超出了梦想呢。我上学的时候，特别崇拜那个唱《小白杨》和唱《珠穆朗玛》的歌唱家，我就梦想过有一天会见着他们，上次去山东，居然梦想成真了，还是和他们同台演出呢。还有高中时，你转校来到我们班时，在门口出现的一刹那，我就觉得你将来会是我老婆，这不，也实现啦？”

“那是我帮你才实现的，好吧？别得意，还没领证啊。”

“对对对，呵呵。哦，还有，我以前在公主坟的公园里看到中央电视台时，就感觉有一天会进里面，可不是当观众哦。但我现在也不知道会去做啥，就是有种感觉。”

“好啦，好好做梦吧，你都说过好多遍了。”

“我还有个梦想，就是让你成为最幸福的女人。”

“哎哟哟，屁股颠得不行了，你还是先把好你的方向盘吧。”

“忍一忍，马上上大路了。对了，高老师说明天的婚礼演出让我带上你。”

“我去干吗？”

“学习学习嘛！”

“到时候你别后悔哦。”

“悔啥？”

……

第二天，我俩和高进老师很早就来到中国大饭店。高老师是婚礼司仪，我在中场表演魔术。

酒店外停满了劳斯莱斯、法拉利、阿斯顿·马丁、保时捷、玛莎拉蒂等各式豪车，有如到了高级车展的会场。婚礼现场铺着几十米长的红毯，红毯两边地面铺满红色的玫瑰花瓣；新人在巴黎铁塔、米兰大教堂、大本钟、悉尼歌剧院、富士山、金字塔、迪士尼等风景名胜前的合影摆在红毯两旁；各种屏幕上也频闪着他们滑雪、跳伞、潜海、坐热气球、吃各类古怪美食的瞬间，照片里的笑容无比灿烂；舞台的右边摆放着雅马哈三角钢琴，左侧是九层大蛋糕。舞台中央，四重奏演员正在优雅而深情地演奏维瓦尔第的《春》。客人们正一一入场，个个珠光宝气、雍容华贵、春风满面。

吉时已到，现场响起激情的开场乐。高老师高喊道：“女士们、先生们，婚礼现在开始！让我们用热烈的掌声，欢迎我们今天的新郎、新娘隆重入场！”

庄严而神圣的婚礼乐曲响起，新郎穿着笔挺贴身的燕尾服，新娘身着洁白而隆重的婚纱，二人携手款款穿过玫瑰和百合做成的拱门，小心翼翼地一步步走上舞台。后面跟着几对可爱的花童，不断向他们抛洒着花瓣。花童后面是八对靓丽的伴郎伴娘。

高老师用他中气十足、略带沙哑的嗓音和精彩幽默的台词，有条不紊掌控着台上的节奏。台下不时爆发出热烈的掌声，又不时爆发出会意的笑声，高潮一浪胜一浪，直至仪式顺利结束。正好十二点，宴会开始。

高老师回到座位，我和小芳向他竖起大拇指。

“高老师您主持得太棒啦！”小芳说道。

高老师谦虚地笑了笑，对我们说道：“这家伙真是太厉害了，这边父母准备一套别墅，那边娘家一辆保时捷外加一百万。小两口啥还没干，啥也不用干了。”他说完，全桌的人都笑起来。

高老师对我俩小声说道：“不要在乎这个，我见得多了，再好的排场不如恩爱的感情。小芳啊，听说你把那边的工作辞了跟定了大宝，真是好样的。”小芳害羞，一时不知如何回复。他又接着说道：“大宝啊，将来一定会有出息的。你们俩好好努力，一起创造，我相信你们一定行。来，你们多吃点，不吃白不吃……”说着给我们一人夹了个鲍鱼。

在回来的地铁上，我望着小芳若有所思。

“怎么了？”她问我。

“后悔了，后悔带你来了。”

“你怕我讹你吧？”

“也许我这辈子都给不了你一个这样的婚礼。”

“我说过要这些吗？”她微笑着说。

“好像也是哦！”我假装长吁一口气，拍了拍胸口。

回到大院，正碰到四川邻居蹬着三轮出去，他老婆、孩子都在车里。他跟我打招呼：“眼镜儿，回来啦。”

“回来了。出去啊？今天怎么带老婆、孩子一起，不做生意啦？”

“眼镜儿，我告诉你，七星园开了一家很巴适的快餐店，好吃得不得了，我今天带他们去打打牙祭。”

“叔叔，今天爸爸带我去喝可乐呢！”小朋友兴奋地告诉我。

“哦，是吗？真棒！好，慢点啊，哪天我们也去尝尝。”

邻居骑着车绕过门口的水坑，摇摇晃晃地驶出大门。

没过多久，孙大爷打来电话，说有房了。和他们家院子同排的一个姓余的大妈，他们家有房可租。我们去了一趟，感觉房不错，比大院的房子贵三倍，加上水电一个月五百。我们商量了一下，决定下周就搬过来。

临走时，我们与大院的邻居们一一告别。我在他们每家都吃过饭，他们朴实善良、积极乐观，他们没有什么太多梦想，或者说，他们的梦想仅仅是好好活着。即便如此，他们的梦想离他们好像还很遥远。我在那里待了整整一年半的时间，永远也忘不了那里的每一张脸。

他们给我俩准备了一辆三轮大板车，我们打点好行李，收拾好心情，一前一后推着，直奔新的住处。车上有几床棉被、一个铁柜、两个箱子、一个炉子、几根铝管、一台旧电视、一个风扇、一台饮水机。那是我第四次搬家。

新的房子是一间独立的二十平方米左右的平房，靠近院子大门，院外不过七八平方米，大门是铁皮做的，中间有个小孔。门前有棵硕大的杨树，树荫完全盖住那间小屋，因此屋里十分凉爽，几乎用不着风扇。杨树旁边有个水龙头。房子北边是个套间，是房东余大妈的住处。院里就我们两家，她家就她一个人。

余大妈七十多岁，不苟言笑，微胖，一头花白的头发，两只大眼睛像两个小灯泡。“灯泡”下各挂了一个大眼袋，就像熬了几宿还没睡醒似的，看人的时候直勾勾的，那眼神看谁都像欠她钱似的。我们刚来的时候，余大妈常常一个人待在屋里，背对着屋外，一动不动，有点瘆人。后来我们才知道，她老伴去年去世了。老太太常说：“他要是还活着那我早死了。”说这话时眼神就像谁欠了她好多钱似的。每每听到这话，我俩都会相互对下眼色，吐吐舌头。晚上，院里漆黑一片，她的屋子很少开灯。她老说我们不应该把灯泡换得更亮，那样浪费电。

我们做饭就在屋外的杨树下，背后是大妈厨房的窗台，窗台比较宽敞。我们做饭时和余大妈就一窗之隔，厨具和碗临时搁在窗台上。她在里边和面，我们在外边切菜。她笑我们南方人做菜太麻烦，我们笑她和面、择韭菜也不轻松。

我常常练习魔术和口技，爱唱爱跳，余大妈成了我忠实的观众。

慢慢地，她不再像以前那样绷着脸了，没事还会给我们讲起她和她老伴的往事。

听得出来，大妈跟大爷的关系远比不了孙大爷老两口。我觉得不是他俩不在乎对方，而是太在乎了，但说话又总是说不到一块。老太太有一肚子的怨气和佐证，证明她的正确，只可惜，现在跟她争对错的人都没了。她坚决认为不能对他太好，说对他好他就翘屁股，就会骑到自己头上来。我问她，他对你怎么样，老太太说，也不怎么样，他怕我骑他头上。有时候她又说他这个人其实也挺好，没有比他更老实忠厚的啦，要命的就是一辈子跟她过不去，前世的冤家……

后来，这故事我们听得不想再听了。

老太太有两个儿子，大儿子住在隔壁南头的院里，只有一个胡同之隔。我们刚搬进来时，他特别热心，问我们需不需要这个，需不需要那个。他说，看到我们两个，就想起自己年轻时候的事，我们租住的那间房就是他当年的新房。他说那间房里有他最难忘的幸福时光。听他那样说，我们感到温暖和感动。

我们说："嫂子一看就是特贤惠的人。"

他接着说："嗨，早他妈离了，现在这个是后娶的，外地的，比以前那个差老远了。"

我们俩立刻紧闭着嘴，尴尬地看着他。他和老太太长得很像，大眼睛、大眼袋，看人的样子就像谁欠他钱似的。他喜欢一边回忆过往的幸福，一边又批判着眼前的不如意。刚开始我们表示理解，甚至同情，还开导他要多往前看。后来我们慢慢发现，他也像个"祥林嫂"，根本不会有什么改观，因此只要一见他过来，我们就赶紧找点由头躲开，特怕他找我们拉家常。大妈的小儿子不知住哪儿，也从没来过，据说不太爱说话，也不想结婚。

我们和孙大爷成了邻居，他们住在西头。我们也经常走动，偶尔还能尝到他家新烙的肉饼和酸黄瓜，就像还租住在他家似的。

孙大爷家有几个长租户。院里靠西的一家四口，江苏的，房里就一个上下铺，他们基本早出晚归，读书的读书、打工的打工，忙忙碌碌，没什么闲暇时间，一家子都像机器人，偶尔见面打个招呼，立刻就擦肩而过。

院南面是一对广东夫妻，每天打打闹闹、鸡飞狗跳的。基本上每回都是男的把女的打得鼻青脸肿。奇怪的是，第二天夫妻俩又和好如初了。我们搬过去没多久，他们生了一个白白胖胖的小子。这时候情况反转，打架时轮到女的占上风，往往把她男人赶到屋外，整夜不让进门。那男人倒也没脾气了。

院北面两间住着一家子，丈夫和妻子都五十多了，每天紧蹙着眉头，不多言语。他们养了一个十三四岁的男孩，甚是叛逆。丈夫的弟弟是个单身，四十五六了，成天乐乐呵呵，爱吹牛、卖弄学问，什么也不干。他们住在一起，男孩和叔叔经常打嘴仗，谁也管不了。

正东面住着一位中年妇女，据说已在那里养尊处优租了七八年，也没工作。她男人每周来一两次，感情甚好。她自己知道，大家也都知道——她男人是个有妇之夫。

东北面住着一家三口，湖北人，有个十五六岁的女儿，学习成绩极好，长得也漂亮乖巧。夫妻俩天天住一起，可惜形同陌路。这家男人不与任何人多说话，整日面无表情、脸色苍白，清早出去晚上回。这家女人面容憔悴、肤色灰黄，倒是热情得很，嘴特甜，见着谁都会打招呼问好，不过看得出来，那是在强装笑容。她逮着机会就和我们分享一款所谓的直销产品，再后来又跟我们分享保险产品。

周围住着几十上百户人家，一半北京的，一半外来的。即便是北京的，几十年前也大都是外来的。我有时沿着大杨树爬到房顶上练功，环顾四周，一排排杨树下立着一排排高低不等的平房，每间平房内都有一个不尽相同的世界，每个世界里都围绕着柴米油盐和各类情感纠葛，日复一日地上演着各自的故事，每个故事都蕴含着独一无二的精彩。他们是主角，也是看客。有的如飘忽不定的杨絮，有幸落入泥土中，得以生根发芽，逐步长成参天大树；有的如匆匆掠过的落叶，只做片刻停留，转瞬间消失在茫茫红尘中。其实，幸运也是相对的、暂时的，终究躲不过风雨的摧残和岁月的洗礼。我是杨絮还是落叶？何处是我的归宿？我们都渺小如沙，皆是天地间一过客而已，没有永恒，瞬间即永恒！

我俩过上了幸福的小日子。小芳找了份工作，离家坐车半小时，工资一个月两千多元。她上班每天起得早，出门时轻轻把门带上，那时我还在睡觉。等她回来时，我早已做好了满桌的美味，等着和她一起享用。吃完晚饭，就轮到我出去工作了。我回来的时候，周围人都已睡下。我对着铁门的小孔模仿蛐蛐的叫声，屋里即刻亮灯，她迅速给我开门，然后送上一个拥抱。每晚回来，她都给我备好了一瓶啤酒和一碟小菜。她幸福地看着我享用美味，我幸福地守护着她慢慢进入梦乡。

我的厨艺也大有长进，毫不谦虚地讲，已不在杨乐师兄之下了。小芳爱吃鱼，我就掌握了红烧鱼、水煮鱼、清蒸鱼、紫苏鱼汤、剁椒鱼头的做法，她想吃什么我就能做什么。她爱吃凉拌菜，什么凉拌香菜根、凉拌折耳根、泡椒凤爪、凉拌猪耳、凉拌木耳等，我样样拿得出手。任何食材，在我手中都可摇身变成美味佳肴。这方面我有天赋，假如不做艺术，干厨师我也高兴。

渐渐地，她被我宠出了脾气，被我惯成了“刁钻严格”的美食家和点评家。她挑刺的功夫实在了得，竟然无师自通，被她考核的内容从美食还延伸到我的表演和书画，比如她常说，这里差点火候、那里搭配太俗、盐太多、不要放味精、这个表演太做作、那个表演不自然，这一笔没有力度、那一画多余……进而又涉及我的言行举止和生活习惯，方方面面，概莫能外。我发现，似乎我越发精进的同时，身上的毛病也越来越多了。不得不服，女人是让人又爱又恨的物种，是一面“镜子”，更是天生的老师！

我在院角养了几只白色的斑鸠，体形小，性格温顺，这是鸽子魔术中要用的一种貌似鸽子的鸟。我通过DVD光盘自学研究出变鸽子的技术，在圈里很快打出了知名度。这也是师兄们没有掌握的技术。我俩十分厚待这几只“鸽子”。一次，一只野猫抓伤了其中一只，我俩在动物医院里花了数倍于它身家的钱才给它治好。它们是我们的家庭成员，一个都不能少。

我在小院里栽了几株月季和葡萄，还种了一株神奇的含羞草，精心地培土、施肥、浇水。月季花开的时候，发出淡淡的清香，像火一样照亮那个灰色的小院。有时候，有意无意触碰一下含羞草，就好像逗一下小宠物一样，很有意思。院里因为它们的存在，焕发出生命的光彩。

那阵子，不少同学经常来我们家聚会。他们十分乐意品尝我的厨艺，我也十分乐意与他们分享。多年后有位叫王星的同学成了资深的美食评论家，他对外侃侃而谈时，不忘带上我，他说他成为美食家的由来得从一位沙画大师的一锅鲜鱼汤说起。

余大妈将这一切看在眼里，有时候半笑不笑地抛出一句话："你们可真够费劲的！"

每一天，我都是满怀希望地出发，再满怀幸福地回家。

那一日，我赶往昌平的一个夜场。经纪人派了一辆"千里马"小轿车来接我们。我坐在副驾驶位，后座是一对二人转演员。一路上我们有说有笑，全是圈里的动态：一个主持人因为泡了黑社会老大的相好，后来消失了，几个月后在下水道里发现了他的尸体；一个女歌手在租的房内被男朋友用锤子砸死，一周之后才被发现；一个年轻的刚出道的小伙子出了车祸，和女朋友一起没了；两个经纪人火拼，其中一个被削掉了三根手指头……

"我说，咱能不能换个话题？"我扭过头来说道。

"唠呗，你说唠啥？"二人转里的男演员回道。

"大哥，你们的演出可真够火的，那天你们说的一个段子没把我笑死。嫂子说今天跟你睡就是你老婆，明天跟你爸睡就是你妈。呵呵，还有些比这还火辣的段子，就像这样的包袱，如果你们家孩子或父母看到会不会生气啊？”

“兄弟，你也太实在了。我们只是逗银（人）笑，大家爱看这些不是？我们只不过是说说，那社会上的正银（人）君子烂事多着呢。”

“呵呵，有道理。你们二人转现在可真火。赵本山太厉害了，仅凭一己之力就把二人转带到了全国。佩服，佩服。哎，师傅您开慢点啊，超速了！”我说着，不忘提醒司机。

“那是，我们都挺佩服他的，还是银（人）家有柴（才），你看现在刘老根多火，把我们也带火了。”

“不愧为二人转的一代宗师！不过也有人攻击他，说他太俗。”

“演员这行，有时候是爷爷，有时候是孙子。二人转一点荤腥都不沾还叫二人转吗？有的人就是爱装。”

“不过，好像现在他也在提倡绿色二人转。哎，师、师傅别开太快了，这是在四环上，都 120 迈啦，超速啦！”我再次提醒道。

“没四（事）儿，他这车牌是假的。这哥们儿开车就是猛，咋地，吓着了？”男演员说道。

“安全第一嘛！上次赶场，我坐了一个车，从八达岭高速到怀柔城，一路开着一百二三十迈去的，演完回来，到昌平才发现没刹车油了。我们都惊出一身冷汗，得亏去时一路畅通没什么车。后来开着 30 迈回来的，盘道下坡时只能开 20 迈，拉着手刹才行。你说多恐怖，还是安全点好！”

“放心，没四（事）儿的，这哥们儿行，赶场好使。我都坐他好几回车了。”

司机笑了笑，不屑地点了根烟。

我回了回神，接着说道：“什么东西都是原汁原味的好，绿色二人转要是没了黑土味那肯定是不行的。关键在于度，把握好度了，做到极致的都是艺术。”

“兄弟，我们管他毛艺术，那是赵本山管的活儿，我们多挣点钱就行。”

“我觉得，每个行当有一两个领军人物引领，就会发展得更好。你看相声，那时候有侯宝林、马三立，就火得很，后来有马季、姜昆、侯耀文他们也还行，现在就不太行了，主要是没领军的了。二人转有赵本山，你看在全国多火？真是够可以的，光王家那几兄弟，从老大到老八都在北京，个个不赖。感觉这两年，北京都被你们二人转给占领了……”

话音未落，突然一阵急促而刺耳的制动声传来，顿时，我们背后有股“巨浪”猛地扑来。我的双眼几欲撑裂，眼珠都要暴跳出来。前方有一辆车向我们飞速袭来，在眼前急速膨胀，只在瞬间，轰的一声，一切都在漆黑混沌中了。

……

“妈呀！”车后传来二人转演员的惨叫声。挡风玻璃已碎，血迹斑斑，司机一动不动，方向盘已被撞歪了。我不知怎的，已钻到了座位下面。我摸了摸周围，摸到自己的眼镜，已碎了一个镜片。门已经不能打开，我从前挡风口艰难地爬了出去。

我站起来，颤颤巍巍地靠到马路边，只见车子前盖已经成了花卷模样，发动机已然报废，车后路面现出两条黑黑的胎痕。焦煳味和汽油味混杂弥漫在空气中。车前十多米处歪停着一辆奔驰，车屁股已被撞得面目不堪了。

二人转男演员不住地喊叫着：“妈呀！我的腿，我的腿……”

估计是他的腿伸到前面座位底下，巨大的冲力来时躲闪不及，折了。女的没大碍，她把他从车里拽了出来，焦急地拨打着电话。他的腿似乎已断，有点飘忽的感觉。我感到胸口一阵阵疼痛，用手轻轻揉了揉、拍了拍，呆呆地站在那里，双脚止不住地颤抖。好一阵子，我才稳定好情绪，然后哆哆嗦嗦地掏出手机，拨通小芳的电话。

“老婆，我想回家。”我声音颤抖。

“你怎么啦？”

“你别着急，听我说，我们撞车了，应该没事。我刚才学了几声母鸡叫，丹田气还能打出来。我一会儿就回来。”

刚挂了，经纪人打来电话：“你们到哪儿了？快点，要不不赶趟了！”

“我们刚才撞车了。”

“啊，怎么搞的？有事儿没？”

“我好像没大碍，二人转那哥们儿好像腿断了。”

“我靠，你没事儿，对吧？这样，你赶紧打个车过来救场。”

“对不起，我演不了了，我要回家。”

“喂喂……”

我毫不犹豫地挂了电话。

“你大爷的！”我狠狠地骂了一句。

我从破车里掏出新买的道具包，踉踉跄跄地向辅路走去。一会儿身后亮起忽闪忽闪的警车灯。

回到家中，我紧紧抱着小芳，久久不愿松开 。

那天，我的新道具包救了我，那是在出事前一天买的一个行李包。以往坐别人的车，我都是将包放到车尾后备厢的，因那天车尾不太干净，我不忍将新包弄脏，就抱在了胸前。那车是没有安全气囊的，追尾时，我胸前的包起到了缓冲和保护的作用。打开包，里面一个铁盘似的道具居然已被撞卷了。之后那一周，我不敢乘坐任何车辆。

车祸之后，我休养了十多天。也算因祸得福，我得以专注于心仪之事，如研究魔术光碟、练习书法和钻研经典。这些不可或缺的生活内容，让我在休养时光中不断充实自我，也让我更加珍惜能追求爱好的日子。

魔术的魔力无须多言，我深深地沉醉其中。如今，我收藏了世界上大部分顶级魔术师的资料，各类光碟足有二百余张，其中包括大卫·科波菲尔、兰斯·伯顿、杰夫·麦克布莱德、布莱特·丹尼尔斯、彼得·马韦等魔术大师的经典作品，还有世界魔术大赛冠军的表演，以及各类魔术揭秘和技术解析的视频。那都是我用心血搜集、用金钱换来的，是一个能激发无限创想和创造的神奇宝库。

书法也有着神奇的魔力，沉入进去，令人痴迷。其用笔、用墨、结字、章法皆含技艺，其形态、整体、气韵、变化、节奏彰显风格。龙飞凤舞间，跨越时空，变幻莫测，又似排兵布阵，指点江山。因此，练习书法可陶养心胸、气度与情操。书法的迷人之处，还在于它是美的历程，“没有最好，只有更好”，让人对未来总是充满期待。

以前在公主坟得了签句“自天佑之，吉无不利”，出自《易经》。此书博大精深、神妙莫测，如一盏明灯，给予我启迪，让我在生活中多了一种思维和感悟，也让我对人生有了新的认知和期待。

这三样爱好有相通之处，相互促进。它们不仅让我的生活更加充实愉悦，还在无形中提升了我创新、创造的能力，有力地推动了我开拓前行的步伐，成为我人生中不可或缺的宝贵财富。

领略了美国魔术大师大卫·科波菲尔那令人叹为观止的表演后，

我深知自己不可能永远从事魔术这一行了。在这个领域，横在我眼前的，有一座我终其一生也无法翻越的高山，他就如同流行音乐之迈克尔·杰克逊、篮球运动之迈克尔·乔丹一般，是后来者永远无法企及的传奇。魔术，于我而言，是眼前谋生的手段，或许它会作为一种爱好，陪伴我一生。成为书法家并非我的追求，我明白，将其视作人生目标未必明智，古往今来，书法领域高峰林立，想要在其中闯出一片天地，前途何其渺茫。对我来说，书法更适合作为一种生活态度、一种调节方式、一种修炼心性的途径。我也从未奢望成为一名学者，若将其作为一种职业，亦非我心之所向，我有自知之明。学习，本来就是应该终生坚持的事情，如果只着眼于沽名钓誉，那更非我本心。

那么，我究竟该去向何方呢？

“你的梦想不就是当艺术家吗？”我提醒“我”道。

“艺术家，确实是浪漫而有趣的职业。可是艺术的门类繁杂、派别林立，哪一样才是我的归宿？”我继续说道，“就拿中国画来说，关乎人的天资、能力、学养、人生阅历等，即便这些都已具备，也未必能成大才，天意、时运才是关键。比如宋徽宗赵佶、八大山人、徐渭、齐白石等。中国画题材有山水、人物、花鸟之分，以材料和表现方法又可分为水墨画、重彩、浅绛、工笔、写意、白描等。不管怎么分类，就专一个类别，从古到今屹立着一座座难以企及的高峰。远的不说，就近代以来，吴昌硕、齐白石、黄宾虹、张大千、潘天寿、傅抱石、李苦禅、李可染、黄胄、刘继卣等，几人能超越？齐白石六十多岁变法方成大家；黄宾虹八十多岁才达到艺术的高峰，且五十年后才受到人们的认可。再说西洋绘画，从中世纪、文艺复兴、印象派、后印象派、野兽派、立体主义、表现主义、抽象主义、波普艺术、达达主义到当代艺术，一路下来，各流派各执一词、眼花缭乱，虽有所踪，不知所往。

艺术之路何其艰难，何其艰险？说成功率只有千万分之一也不为过！”

“无中生有嘛，心有多大，舞台就有多大。你可将各类技艺融汇，不拘于形式和方法，博采众长，从心所欲，也许会有一线生机。不然，你的才能就消耗在盲目重复先人的足迹中，无论中外，多一个你不多，少一个你不少。未来将是跨界相通的时代，无所不艺术。”“我”建议我道。

“管他什么艺术。我眼下需要多挣钱才是正道，饭都吃不饱，还谈什么艺术。据我所知，很多艺术家都是殉道者，为艺术要舍弃很多很多。你看老婆舍弃了一切跟随我，我怎么忍心让她跟我一起殉道？”我对“我”说出心里的顾虑。

“钱是自然而然来的，事做好就会有钱来，只为钱，未必能做成事。我建议你可以试试造型艺术和魔术是否能够结合，那不都是你的强项吗？”“我”又建议道。

“你这个建议我也想过，美国的魔术师布莱特·丹尼尔斯就把画画和魔术结合过，在画板上画出美女的身形，然后将画变成真人。从魔术角度来讲颇有创意，但也就仅此而已，非我所追求的效果，虽然我现在也不知道什么效果将适于我心。总之，我不希望造型艺术只是魔术表演中的点缀，因为魔术已经到头了，不可能再超越。我倒希望造型艺术拥有魔幻般的效果，这好像是条出路。比如，有一种长条气球，转瞬间能编织出各种动物的形状，就具有一定的魔幻效果。我也掌握了这项技能，舞台效果非常棒，但也仅仅是娱乐而已，作为艺术又显稚嫩和简单，缺乏厚度和思想。美国的当代艺家杰夫·昆斯，将其效果放大引申成为现代雕塑，已是先入为主，如果再弄也不过拾人牙慧而已。”我回道。

“只要坚持、坚持、再坚持，我坚信总有一条路是属于自己

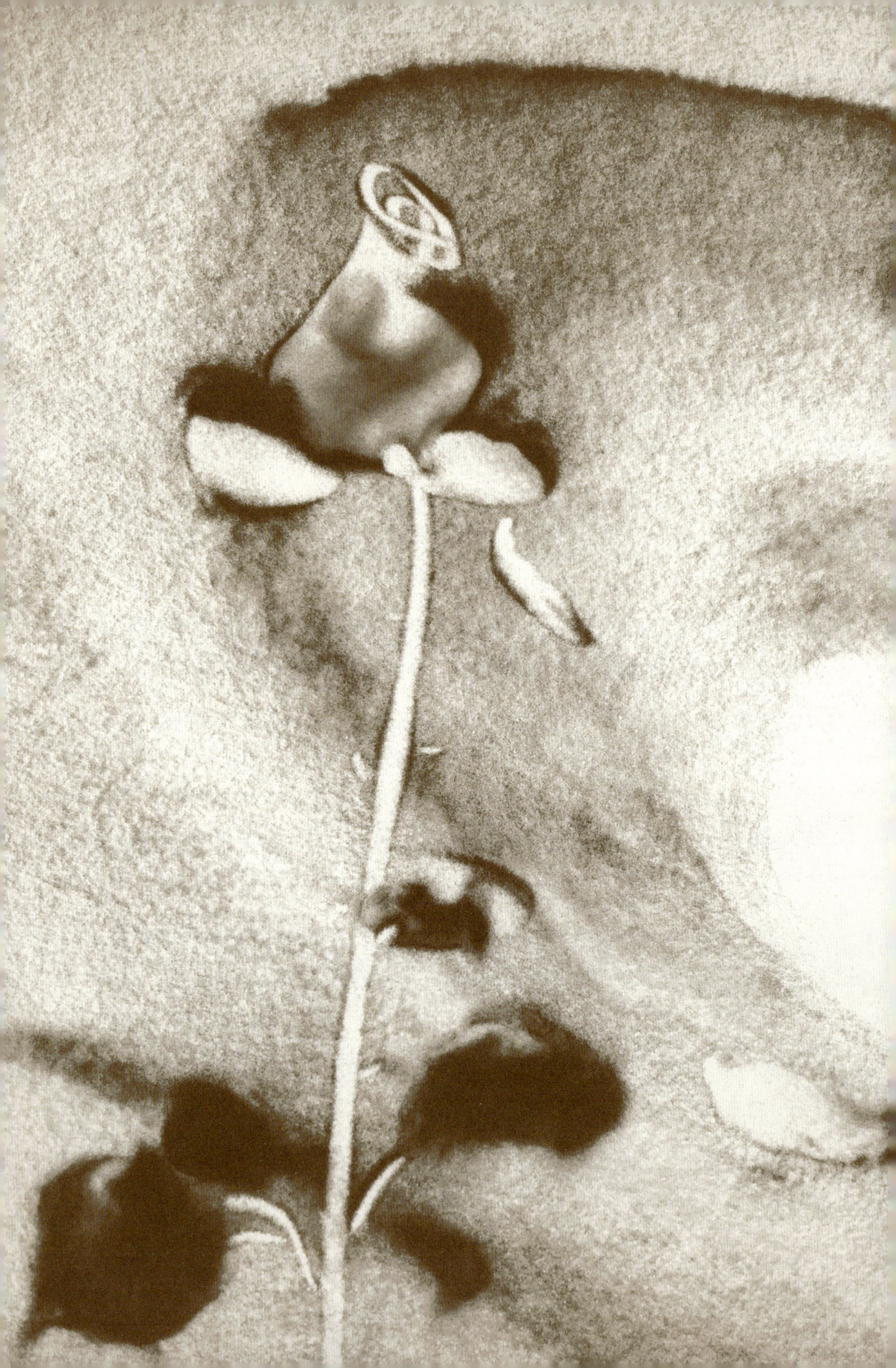

的。”“我”鼓励我。

我点点头，也表示赞同。

这时，初中时候的我拿着我当年的作文本过来了，本上写着一行字：“我希望在艺术之路上开辟一条属于自己的大道。”

我们俩微笑着向他点了点头，他也羞涩地望着我们点了点头……

“老公老公，快起来，快起来！”小芳急促的声音将我从梦中摇醒。

我迷迷糊糊地说道：“怎么了？”

“我快迟到了，都怪你，都怪你，昨晚不让我好好睡，醒得晚了，你骑车送我到车站，快！”

我迷离着眼睛，不由分说翻滚下床，胡乱套上衣裤，只一分钟时间便推着自行车立在大门边。她迅速跳上后座，我们一溜烟拐出胡同，接着上四环，向北驶去，然后向东穿过天桥，再向北，估计只用了五分钟时间，便骑到了沙窝公交车站，正好赶上一趟车。她急忙挤上去，然后转过身来。门“啪”的一声关闭，她从窗里望着我，随即掩嘴乐不可支。

晚上回来，她似乎还没笑够。她说：“你知道吗？早上你穿着睡衣，蓬着个头，像被雷击了一样，衣服都穿反啦！出发时我居然没看出来，哈哈哈……”

“还笑呢，早上没把我折腾死！嘿嘿嘿，我是雷公，雷公报仇又来啦……”

“老公，以后那些又晚又远又乱的地方，咱们不去了吧？你每次出去我都挺担心的。那天要不是那个行李包救了你，都不知道会有什么后果。你要是出了事，我该怎么办？”她手捧着我的脑袋望着我说道。

“我要多挣钱，那样才能让你过上好日子嘛！虽然我们现在住的地方好了些，但还是有很多不便。上次你在澡堂子里头晕，半天没出来，可把我急坏了。我看旁边张大妈家的房子不错，外头有厨房、有浴室，那个租户到年底就不租了，一个月一千块，我想租下来。”

“张大妈也跟我说过，我去看了一下，是还不错。张大妈看你天天乐乐呵呵、又唱又跳的，挺喜欢你的。”

“那是她寂寞。你看她家小儿子每天宅在家里就知道炒股，啥事不闻不问，也不打算结婚。大儿子虽然在国外过得有模有样，但一年才回来一次。哎呀，这些城里的老人也真可怜，连个说话的人都没有。还不如我爷爷住在山里，至少吃得放心、空气新鲜。”

“张大妈每次说起他大儿子时得意得不得了，可说着说着就掉眼泪。”

“想他呗。”

“房子的事你别跟余大妈说啊，张大妈叮嘱过。他们不怎么说话。”

“我早就知道了，呵呵。”

“好吧，先挣钱吧。不过我真不希望你每天搞那么晚才回来，这院里晚上我还挺怕的。”

“我算了一下，你刚到北京的时候，身上有一万块存款，我有五千。这几个月扣除花销，我攒了一万多。你的工资现在等于纯挣，嗯，差不多有三万了。我们可以投点资什么的。书上说，钱滚钱才挣钱。我那个学口技的师弟郑哥，跟我约好几回了，说有个好机会等着我。”

“什么好机会？”

“还不知道，我问他，他也不说，搞得挺神秘的。”

“靠谱吗？”

“绝对靠谱，王老师新收的学生，对他赞不绝口。我在老师那里见过一次，特别谦虚、热情。哦，对了，他可是个军队的干部呢。”

第8章

一切归零

一次在王艺德老师家看到一张新照片。照片上他端坐在靠椅上，身后站着一位身着军服、英姿飒爽的男士。这拍照的姿势，让我联想到老师年轻的时候站在侯宝林、马三立身后的照片。王老师说：“他现在是你们的师弟。”

其实他年纪比我大，但他入师门比我们晚，就得叫我们师兄了。我笑着说道：“下次我带上相机，也要跟老师来个这样的合影。”

王老师说：“过两天，你杨哥和胖哥要过来，你们一起来吧。我把小郑也叫来，你们都认识认识。他也是你湖南老乡。”

“太好啦！谢谢老师！”

几天后，几位师兄弟团聚在王老师家，我终于结识了这位比我大十几岁的师弟。我叫他郑哥，他执意说使不得，我说那样叫着亲切自然。大家交谈甚欢，酒酣之后就开始拍照。我和杨哥、胖哥站在老师身后合了一张影。我脑海里浮现出多年后拿着这张老照片给别人讲故事的情景，心里美滋滋的。

郑哥个子跟我一般高，红光满面、浓眉大眼、脸庞方正饱满，一身正气，但十分低调谦和。吃饭的时候，他总是抢着给我们倒茶，让年纪最小的我受宠若惊，同时也颇感尴尬。他十分健谈，还适时给我们展现了一下最近跟老师所学的效果。虽然我们觉得业余，但都表示夸赞。他很有自知之明，说道："以后还请师兄们多多关照、多多指教！"杨哥说："哪里哪里，应该的应该的！"胖哥说："没问题！"我说："郑哥谦虚了，还请您多指教才是。"

有这样一位兄长师弟，而且还是老乡，我感到很骄傲。交谈中得知，他老家是石门县，与我老家桃源县是邻居，在北京，我们的住处相距更近，不过三站地而已，于是，感情便更进一步了。

郑哥十分热情，经常给老师送去保健品，对我也关爱有加。没多久，我们就处成了亲人一般。嫂子也非常热情，烧得一手好菜。我和小芳经常到他家做客，每次相聚，都感到十分温暖。他说他带兵的时候非常严厉，但我俩与他相处，轻松自在、毫无压力。他博闻多识，对国际关系、政治、经济、科技等方面有很多独到的见解，除此之外，令我感到惊讶的是，他还掌握了很多生活小诀窍和冷门知识，让我深感佩服，并受益匪浅。他们的生活非常讲究，比如在健康养生、营养搭配、节约用水等方面都很有一套。

郑哥退伍不到三个月，国家给他发了一笔不菲的安置费，他用这笔钱投资了一个很好的项目。他十分有激情，认为自己还很年轻，打算靠现在的事业创造辉煌。多年以后，我到了他那时的岁数，虽然自我感觉也挺良好的，但是回想一下，那时的我看那时的他，好像并不觉得有多年轻。

他跟我们说，他正在和他的老领导从事一项伟大的事业，这个事业利国、利民、利己，绿色安全，前途一片光明，是个千载难逢的机遇。他每回说到那个事业，总是一派欣喜、豪迈、激动和神秘的神情。有一次，我终于忍不住问道：“郑哥，这是什么事业啊？能不能也给我们一个机会，让我们也参与参与？”

经他精心安排，我终于有机会接触那个事业，心中别提多感激了。

郑哥带着我进了一间课堂，这课堂正好和高进老师的公司在同一栋楼，在五层。我们一起进去时，正赶上活动刚刚开始。全场共百十来号人，都站着，我们默默跟着立在后面。前方的屏幕正播放着歌曲《感恩的心》：“感恩的心，感谢有你，让我这一生，能够有勇气做我自己……”他们一边跟唱，一边在胸前不停比画着双手。郑哥在我前面，也跟着比画起来。我初来，唱也不是，比画也不是，很是尴尬。好在我知趣，很快便适应了当时的形势，找到了些许应有的状态。那歌曲很贴合我的心境，唱得很温馨。郑哥见状，对我投来赞许的微笑。我心中顿生一股暖流，真想对他说：“感谢有你！”不过，我不知道我有没有勇气做我自己，我也不知道我究竟要做什么样的自己。也许郑哥能给我答案，这里能给我答案吧。

歌曲一结束，大家左一个郑老师右一个郑老师跟他打招呼，十二分热情。显然，郑哥在那里人缘极好，谁见到他都显示出兄弟姐妹般的情谊，寒暄、握手、拥抱不在话下，有的还向他行礼。他的形象在我心里更加高大了。

课堂的氛围让我感觉进入了另一番天地，是我以往从未感受过的世界。我回想起在平民大院里那一年多所遭的罪，比较起来，这里简直就是天堂。每个人都面带天使般的笑容，柔和而恬淡，谦虚、文明、真诚、友爱是这里的基调，我不由得自惭形秽。郑哥给我安排好座位，见我不大自在，便凑到我耳边，轻声说道：“没关系，第一次来都是这样，这也是学习，慢慢就会习惯的。”

说完他目视前方，拿起笔记本和笔，做好了学习的准备。我望着他的后脑勺，有一种难以言喻的感动。

开场音乐响起，现场立即爆发出一阵雷鸣般的掌声。一个戴着大框眼镜的男士走上台来。他有三十多岁，体态微胖，身着紧身的休闲西服，面带喜感、表情丰富，态度十分谦恭。他说他姓瞿，是今天的主持人。他的表达平平无奇，但很有特点。我望着他有些出神，因为他满脸的青春痘似乎在跟随着他说话的节奏一起“跳舞”，那个大眼镜框根本就盖不住。主持并不专业，但观众是我见过的最有素质的观众。我心想，若平时的表演面对的都是他们，那可就幸福了。

“接下来，让我们以最热烈的掌声有请我们的贵人——瞿大哥跟我们分享。”他最后说道，并提高了嗓门儿。又一阵雷鸣般的掌声响起，不少人鼓掌的同时与两侧互相致意点头，发出啧啧赞叹的声音。

一位身材魁梧、气宇轩昂的长者款款地步入会场，不断向台下的人招手致意，也十分谦恭。瞿大哥六十多岁，大背头，慈眉善目，颇有威严，很有领导风范。上台之后做双手下压的手势，底下逐渐安静下来，他这才开口道：“首先，我要特别感谢将我带到这个伟大事业中来的潘易老师。”

话音刚落，掌声再次响起，最前排一位端庄优雅的女士微笑着站起来，向大家鞠躬致意。瞿大哥也一边鼓掌一边朝着那位女士虔诚点头，接着说道：“同志们，今天很荣幸和大家分享、交流，我很愿意和你们携手并肩，共同进步，创造美好的生活！”他说得斩钉截铁、铿锵有力。

“哗哗哗”，底下又涌上一片如潮的掌声。我也跟着鼓掌，不鼓显得自己是异类。我心想，就两句话，掌声便鼓成这样，要是我在这种氛围下表演个节目，那不得“炸锅”呀。

他已切入主题：“我是一个在机关单位工作了一辈子的人，有光荣也有收获，也算过得去。回首往昔，一个字可以形容我的心情，那就是——累！我从一个小干事，一层层往上爬，爬到今天真叫一个累啊。对于我们现阶段这个环境，我感到深恶痛绝。现在要是没有靠山、没有资本，想成功，可以说举步维艰、遥不可及，没戏！这是事实啊，现在一个普通人出人头地的机会太少了……”

台下点头赞同者不在少数。我忽然想起了高进老师，想起他一副快板打到京城的那段。郑哥回过头来用笔记本挡着脸，凑到我耳根前轻声说道：“瞿大哥是很大的大领导，很了不起的。”

我愕然。他立刻又转过头去，虔诚倾听，不时做着笔记。

这时瞿大哥说到了重点：“我通过潘易老师接触到‘维力’后，才真正体会到什么叫平等、什么叫公平、什么叫品质、什么叫生活……”

他在台上越说越有激情，台下的观众个个如沐春风。他们精神抖擞、全神贯注、劲头十足，那痴迷的样子，让我突然想到了两个字——“传销”。小学的时候，在老家看过类似的神情。我还记得那时候身边的好些亲友都参与过，他们经常在一起上课，还依稀记得些什么红宝石、蓝宝石、翡翠、钻石之类的名词。这时他的分享中还真蹦出来几个类似的词语。我立刻警惕起来，凑到郑哥的耳边小心翼翼地问道：“郑哥，这不是传销吧？”

郑哥回过头来，神情有些尴尬地说道：“这是直销，不是传销。传销是犯法的，直销不是，还是国家支持的。没关系，正常，刚开始不了解，先了解了解，不一定非得做。这是分享会，一会儿还有科学知识的课程，很有用的。瞿大哥这么有身份的人，怎么会骗人呢。你看前面那个穿黄色西服的是个大干部，还有我身前那位穿红色衣服的，她是个大学老师。没事，先听听。”郑哥微笑着叮嘱道。

这时，瞿大哥讲到了我心坎上，他说道：“一开始我是持反对意见的，到我这个身份了还折腾什么？搞砸了不怕人家笑话吗？这得感谢潘易老师，她的锲而不舍、百折不挠的精神，终于感动了我这块硬石头。”台下发出一片笑声。他接着说：“小平同志说过，实践是检验真理的唯一标准。我这个人搞了大半辈子检验别人的工作，应该知道的呀，怎么能不实践就随便否定人家呢。你不试、不体验怎么证明他的真伪？我抱着试一试的心态，也带着审视的眼光，参加了一次学习，当然初衷还是给潘老师一个面子。哎呀，真是不了解不知道，一了解吓一跳。你看，到现在我们全家都在做，儿子、儿媳、老婆都进来了！我当时对他们说，你们都跟我进来，全职，这是命令！这么好的事情，值得用心对待，必须全力以赴……”

台下听得全神贯注，不时被他的演讲逗得会心大笑。高进老师讲表演的情景又浮现在我眼前。他们有相似之处，语言节奏感拿捏到位，又辅以刚健的手势，有很强的感染力和艺术表现力。

“再次感谢我的贵人潘老师，改变了我，也改变了我们全家，让我真正过上了有品质的生活。”他将感恩的眼神再次投到潘老师身上，微微鞠了一躬。潘老师也站起来回敬了一下。

郑哥转头又跟我说道：“瞿大哥的夫人是某大医院消化科主任。刚才那个主持人就是瞿大哥的儿子，他以前是中关村一家上市公司的副总。他儿媳妇在银行上班，也是个部门经理。”

我不由震惊了，睁大眼睛向前看去。瞿大哥此时正好在向大家一一介绍自己的家人，他们全家都在现场，一起向大家鞠躬、挥手。大家也抱以长久的充满赞许和羡慕的掌声。

待家人落座，瞿大哥便手持某款产品，说道：“我最开始就是用‘维力’的洗发水做的实验。当时他们说只需一粒黄豆大小就可以。我用过各种品牌的洗发水，还从来没听说过只需黄豆大小的量就可以的。我尝试了一下，哎呀，真是不用不知道，一用吓一跳，果真名不虚传！我连续用了一周后，他们都说我的头发越来越亮了，开始我还不太信，但是用到现在，我可以毫不客气地向大家展示我的发质了，像不像三十来岁小伙子的头发啊？”他左右晃动了一下头，用手从前往后捋了捋头发。

“像！”台下回复得整齐又响亮，接着又是一通热烈的掌声。

“现在市面上的洗发水都是化学产品，什么二合一、三合一的，那都是不正确的。真正的好产品、有品质的产品都是洗和护分开的。先洗，洗的时候用指肚轻轻在头皮上按摩，从前往后，不要用指甲。

我们的头发表层有一层毛鳞片，只有在显微镜下才能看得到，只有这样轻轻按摩，才能将毛鳞片打开，而且不伤及头皮、头发。”他边说边演示，“我们这个产品啊，只用黄豆粒大小就会产生丰富的泡沫，尤其那个清香味是舒适的、自然的。全头按摩三五分钟后，用清水洗干净，再抹上我们的护发素，双手叉开，也是从前往后慢慢抹、轻轻揉，让打开的毛鳞片充分吸收营养。我们的护发素当然也是纯天然提取的精华。朋友们，这才是正确的洗头方式啊，我们以前洗头简直是对自己不负责任啊。”

底下一片笑声。

“护发素在头上要保持多久？”他接着问道。

“三五分钟。”台下应声道。

“这时候我们可以做什么？”

“洗澡。”台下又应声道。

不知为何，我脑海里跳出摇滚歌手在台上和台下观众互动时那一唱一和的火爆场景。

“对啰，这就是时间的合理规划。洗澡的时间正好可以让护发素尽情呵护我们的头发，那我们洗澡用什么啊？”

“维力沐浴露！”台下应和得跟排练过似的，瞿大哥也十分满意台下的表现。

“对啰，用蜂蜜做的高浓缩维力沐浴露，也只需一粒黄豆大小的量，打在浴网上，泡沫也十分丰富。这个产品纯天然，吃也没事，我有一次尝了尝，味道还真不错。”台下发出赞许的笑声。

“打完泡沫后，用清水冲洗，连同护发素一起冲掉。不瞒大家说，洗了那样一个澡，一整天皮肤都是凉飕飕的，清爽极了！”

他说得眉飞色舞、笑逐颜开，让我的思绪瞬间进入一个鲜花绿柳、清风徐徐、阳光明媚的场景中，天空飞扬着一个个大小不一、五光十色的泡泡，他在那里欢乐开怀、怡然自得，与泡泡一同飘飘然，满脸挂着满意而幸福的笑容。那状态犹如尝到了周星驰电影《食神》里的“黯然销魂饭”一般。想到此，我不禁笑了起来。

郑哥又回过头来，对我微笑着点头，比前两次笑得更亲切，眉毛向上挑了两下，眼睛也格外有神。他是在告诉我，他十分赞同瞿大哥的分享，因为他也有过这样的亲身体会，而且不止一次有意无意跟我提过他的秀发。之前我没太在意，因为那时的我也有一头秀发，但并非维力的功劳。直到刚才听了瞿大哥的分享，我才恍然大悟。

我问郑哥：“郑哥，瞿大哥他们现在做得怎样了？”

“瞿大哥现在是高级营业代表了，了不起，了不起！”说那话时，他带着崇敬、庄严的神情。

瞿大哥一边讲着，我一边琢磨着，当然并非在琢磨产品。我分析出了几条表演的心得：第一，现场氛围的营造很重要，是成功的基础和保障；第二，节奏的把握是精髓，抓住精髓才能掌控局面、引导走向，才能出彩；第三，互动不可缺，观众有了参与感，就会更加乐意捧场……

瞿大哥在一片掌声中结束了他的分享。说完，他落座在前排靠中间的位置。

接下来是瞿大哥夫人分享的环节。她是某大医院科室主任，也是教授、博导级的专家。她和蔼可亲、文质彬彬，是贤妻良母型兼事业有成型的。她也是先发表了一番有幸和感恩之类的言辞后才进入了主题。

“我们家老头吃了维力的保健品后，精气神十足，现在年轻了十多岁，上班那时候的这疼那疼全没了。”她语气随和，娓娓道来。

台下微笑着，表示认同。

“刚开始他是拒绝吃这些东西的，也认为比同类产品贵。其实只要按照产品说明书去用，你会发现性价比比同类产品要高得多。比如我们的洗发水、沐浴露，对吧？”

台下不住地应和，表示赞同。

她继续说道：“人为什么会老？因为我们人体内有一种自由基，它使人体的细胞氧化，造成人体组织器官的老化。只有补充足够的维生素 C，才能延缓我们的衰老，但是要补充足够的维生素 C，我们每天所吃的水果蔬菜至少得一筐。”

底下一听又乐了。

有人说：“那我们不得成八戒了？”

大家索性放开笑了。

“当然，只要我们每天吃三片维力的维 C，就完全能满足我们的身体所需。如果搭配胡萝卜素和我们的蛋白粉，那就更容易吸收了。现在医药的维 C 是不能多吃的，吃多了会有副作用。我们的维 C 是天然的，从蓝莓中提取的，完全可以放心食用。可能有的人认为吃这些保健品开销大。你们不在医院工作，其实只有看到花大把钱保命的时候你才什么都想明白了，比起医药费来，这点钱不算什么。我是个医生，知道最好的医生不是能治好病的医生，只有能防患于未然的才是最好的医生。所以，我今天跟大家分享，一定要提前保健我们的身体，切不可轻视。”

底下大家不住地点头。

“我还告诉大家，医院不是万能的，90% 的病没法治。现在的医疗技术还有很多局限。我们现在，一感冒发烧就去医院是不对的，其实只需要好好睡觉、多喝水就能自愈，但是很多人就是不信，尤其看到小孩发烧，更是不得了。现在你一到医院就得排队吧，排完队不由分说就得抽血化验，这个检查、那个检查的，没病也会弄出病来，其实有的完全没那个必要，但我们也没办法。现在的治疗，首推输液，然后就是打针，最后才是吃药，其实那都是错误的。我告诉大家，能吃药不打针，能打针不输液，输液是最会破坏人体免疫系统的。当然，这些是指病人。人哪，最好别生病，没病啥也用不着。我反复强调，预防和保养才是最重要的。”

我感受到了，瞿大哥的爱人还是很有社会良知的人。

她也开始互动了：“朋友们，我问问大家，什么东西让人老化？”

“自由基。”

“怎么消除自由基啊？”

“吃维 C。”

“那怎么补充维 C？”

“吃维力的维 C 。”

“谢谢大家！”

她露出了满意的笑容，大家也跟着笑了。

那一刻我感觉我仿佛置身于幼儿园里似的。

接下来另一位，也是具有一定社会地位的老师，分享了维力的洗涤剂。他将浸满墨水油渍的白纱布放到水里，然后滴上几滴维力洗涤剂，稍稍摆动几下便还原成白色，似乎比之前的还白，颇有点魔术表演的意味，不过那是事实。而后还有几位陆续分享的嘉宾，从不同的角度、不同的领域、不同的经历都做了比较精彩的分享，他们满面春风、满怀激情、各有千秋，都赢得了台下阵阵掌声。

最后轮到那位深藏不露的潘易老师发言了，顿时又掀起了一轮高潮。郑哥一边热烈地鼓掌，一边将幸福的眼神投向我。

只见潘易老师极其优雅地走上讲台。她应该在五十岁左右，略施淡妆，举止高贵，说话的声音清新动人，语调不卑不亢，表情自然可亲，手势落落大方。她言辞优美，出口成章，并无慷慨激昂的调调，但有种难以抗拒的魅力，宛若山间涓涓的细流，引人入胜，又似一曲《高山流水》在弹奏，扣人心弦，以至于让我一时忽略了内容的实质。她没有推销相关产品，也没有传授专业知识，更没有现身说法做演示，主旨是人生与哲学。她感情真挚、字无虚发、句句在理、逻辑严密、条理清晰，有超强的艺术感染力。总之，她往上面一站，气场十足，有绝对的领袖风采，让人无不为之倾倒。

郑哥轻声对我说道："她是这里的最高上级，年收入好几千万。"

我心中一震，能做到让这些干部、专家教授以及各类精英都对她顶礼膜拜，这人是怎样的一种存在？我想，一定是她融合了成功女性、智慧女性、气质女性、美丽女性所有魅力的缘故吧，这种人是万中无一的杰出代表，她的收入也彰显了她的价值。我也十分好奇，她究竟是怎样一步步走到这一步的？如果我在舞台上的表现能达到这样的境界，那该多好啊！当然，如果我在台下有她那么会挣钱那就更好啦！

她讲完，台下所有人都站起来为之喝彩，我已完全被她的风采折服。

郑哥在猛烈地鼓掌，左右不停地摇晃着脑袋，嘴中不住发出啧啧称赞的声音。那一刻，他完全忘记了我。而那一刻，他不知我有多感激他。

演讲过后，全体起立欢送潘易老师，由瞿大哥父子等几位陪同离场。然后是十分钟的休息时间，大家意犹未尽，自发交流，场面十分火热。

瞿大哥回到会场后，便开始分组会议。这种会议每十人一组，每组各围成一圈，依旧透着欢快、平等与和谐的气氛。大家依次谈心得体会，我和郑哥这组似乎彼此都熟悉，当然，除了我和另一名新加入的朋友。

他们的自我介绍都做得相当流利，似乎有既定的套路和模式，或者说那是训练的结果，其声音都比较清脆洪亮，我都担心会影响到其他组的分享交流。不过很快我就知道我的担心是多余的，其他组根本不介意也不在意我们的声响，因为他们似乎比我们更带劲，让我想起了军训时各班在操场上斗志昂扬地比拼大合唱的情形。轮到我做分享了，我套用了前面那些既定的模式，说道："大家好，我叫大宝，是个魔术、口技演员，我今天是跟着我的贵人郑建国大哥一起来的，很高兴见到各位大哥大姐。"我的声音比较平和，似乎还没找准那种作报告似的语调，心中颇有些紧张。"好！"他们的掌声震惊四座，我的话还未说完，略显尴尬。我停顿了一下，对他们的热情和鼓励表达了感谢，也是在找寻刚才一不小心被吓跑的话茬儿，然后继续说道："这里的真诚、热情和温暖是我在任何地方都没有感受到的，心里有说不出来的激动与感动。今天有幸听到这么多优秀老师的分享，真是受益匪浅、收获满满，以后我还要继续学习，充实自己，向大家看齐，还请各位大哥大姐多多关照！"说完，叫好声和掌声不在话下，我的心跳个不停。

排在我后面做介绍的是一位年过六旬的长者。他带着浓重的口音说道："各位维力的朋友们，大家好！我叫李永权，是来自江西的一名退休干部，现在和孩子们一起住在北京。说实话，孩子们很反对我搞维力，但我一直在坚持。我认为孩子们太忙，没时间了解维力，也没时间理解我。我经常跟他们讲：毛主席说的，没有调查就没有发言权。你们不做调查研究，怎么能随便否定一件事呢？说实话，我们现在不缺吃也不缺穿，但也不能天天闲在家里吧，还是要搞点事情吧，退一万步讲，我保养好身体也是为你们减轻负担吧？”大家对他的坚持和见解表示赞同，并给予鼓励的掌声。他继续说道：“在这个团队里我感受到了温暖，感受到了人与人之间的理解，感受到了平等，这既是一个充满友谊的天地，也是最好的学习和交流的天地。毛主席说，与天斗其乐无穷，与地斗其乐无穷，与人斗其乐无穷。所以，我一定会坚持下去，一定会斗争到底的！”

“好！”我们再次为他的气魄鼓掌叫好。

这个时候，瞿大哥和他儿子向我们走来，大家赶紧站起来。瞿大哥非常谦逊，急忙让我们坐下。郑哥特意将我引荐给瞿大哥，我荣幸地和他俩一一握手。

“这位是瞿大哥，那位也是瞿大哥。”郑哥笑着向我介绍道。

“合、合适吗？”我有点不好意思，感到叫不出口。

“哈哈哈，那你就叫我老瞿大哥，叫他小瞿大哥。”老瞿大哥豪爽地说道。大家都欢快地笑了。

“老瞿大哥、小瞿大哥好！”我笑着下意识将手放到脑后挠了挠，心中有澎湃之感。

分组会议结束后，到了午餐时间。大家一起在楼下街边的一个饭馆餐聚，郑哥告诉我，这里聚餐都是 AA 制，大家都很自觉。我表示赞赏，并开始掏钱，郑哥摁住我的手，说这是第一次，他请我，下次就按制度来。他说这样挺好的，因为大家都是坦诚相待、没有利害关系的创业伙伴，既避免了面子问题，也能处得更长久，所以都很赞同。

饭桌可谓另一种形式的分组会议，只是组员有所交叉。大家有说有笑，聊得十分投机，有聊到让“维力杀手”（反对做维力的人）回心转意、弃暗投明的故事，有聊到卖红薯大妈因做维力而咸鱼翻身终成巨富的，有围绕所点的菜肴，延伸到营养搭配学问的，有痛批餐饮行业各种弊端的，如地沟油、劣质臭豆腐、注水肉、烤羊肉串等，基本是些传奇和反转的内容，最后把火力和主题聚焦到批判“苏丹红事件”上。总之，就是最好别到外边吃，做个讲品质、懂生活、财富自由的维力人才是王道。

吃完饭，我坐着郑哥的自行车到了他家，他似乎还有聊不尽的话题，聊到家乡的味道，聊到“非典”的教训和经验，聊到国家领导，聊到萨达姆的未来，聊得我头昏眼花，有些招架不住了，可他还是满血状态。最后他告诉我，他的精神状态就是吃了维力保健品的结果。到这儿，我算是坚定彻底地被他“征服”了。

回到家，我难以抑制心里的激动，恨不得把今天的所见所闻用个什么办法拷贝到小芳的脑袋里。我也不知从哪里说起，胡子眉毛一把抓地跟她说了一通。她好像听明白了，但并没有被我的激情带动。我千言万语概括为一句话，说道：“长夜里看到了光明，久旱逢甘霖，我们走大运了！”

小芳冷眼看着我，用手摸了摸我的额头，说道：“什么呀，你没事吧？”

“维力，对，做维力，前途无量！”

“维力？你说的是那个传销吧？”

“你看你不懂了吧，不是传销，是直销。传销是犯法的，直销不犯法，国家还大力支持呢。”

“我在我表哥那里听说过，好像是一种传销，骗人的。”

“只是好像，对吧？你也没有亲自考察过，对不对？有调查才有发言权。”

“你看邻居那湖北女不就是做直销的吗？也没见怎样，她现在都改卖保险啦。”

“品牌不一样，人也不一样。我看郑哥圈里的都是正人君子，待人十分真诚，关键都是些有身份、有地位的人物，就冲这，也不会是骗人的。”

“我觉得你还是好好变魔术更靠谱。”

“那是把戏，不值得当事业！”

她无言以对，只好呆呆地看着我。

后来我又跟着听了几回课，更加坚定了信心和决心。我将在那里所学的知识一一用到生活中，对饮食结构也做了很大的调整。我做了不少笔记，譬如：读万卷书不如行万里路，行万里路不如踏着成功人的脚步；思维决定行为，行为决定习惯，习惯决定命运；圈子决定格局，层次决定高度；等等。渐渐地，我与人交谈，嘴上常挂着话术，俨然一个维力人了。

小芳慢慢也受到了影响，我找了个机会把她带进那个氛围中，这也是运用了在课堂上所学的技巧，叫借力使力。终于，小芳同意了我们做维力，而且以她为主来做。

从此，余大妈没事就直勾勾瞅着我们，她搞不清楚我们究竟在干什么。我们的生活用品，从洗头、洗澡、洗衣到洗碗，清一色全部换成维力产品。课上学到的不少销售技巧和知识，现学现用，一一实践。维力是无须投资店面的事业，在家里就可以做生意。遵从郑哥的意见，我们花了几千块买了全套产品摆放在家里，展柜是郑哥赠送给我们的。

用他的话说："那样也许无须推销，人家会主动询问呢。"我们做好一切准备，只等客人或朋友到来，来了主动询问，问完随时成交。至于提货，可以到维力专卖店去。

我们隶属于瞿大哥的系统，瞿大哥下面是胡大姐，胡大姐下面是郑哥，郑哥下面是我。这一级级呈金字塔式的销售团队，越往下竞争越激烈，相互比着业绩干，为团队、为自己，也为了上级。我算理解了什么叫高级营业代表，比如，瞿大哥底下有四个或更多胡大姐这样的，那就不得了了，对照级别和待遇远超我想象，而且还有上升的空间。理论上只要不断发展下线，谁都有成功的可能，只要自己发展的下线（确切讲叫合作伙伴）得力，超过上级也是有可能的。比如那个卖红薯的老太太的传奇故事，就是因为她早期发展了几个一直在坚持而且越做越好的合伙人，即便她自己后来不做了，但金字塔尖的业绩依然存在，而且业绩难以估量，他们称这叫公平！叫聚沙成塔！

可现实是，我们的运气完全比不了卖红薯的老太太。

邻里街坊不为所动，都是冷眼旁观。他们爱看我练习魔术和口技，我便为他们表演，演完有意识将他们的视线引到柜子上，他们立刻打退堂鼓。估计他们还心有余悸，我以前也受过孙大爷院里东北面那个湖北女人的推销之苦。

我用做得一手好菜的特长与优势，进一步发扬热情好客的传统，将身边的同学和朋友轮番宴请一遍。我准备好了各类话术，只待他们吃完后主动提起，可是，结果证明，都是我一厢情愿而已。我甚至感觉到，他们全是"维力杀手"。我的运气也太差了吧？！

一天我去上课，在楼下正好碰到了高进老师。高老师问我来做什么，我说我在五层上课。我以为他会问我上什么课，结果他说道："挺好，去吧。"

那阵子，我绞尽脑汁、费尽心思去认识人，哪怕街边卖烤红薯的，为了跟他聊一阵子，我现场吃了好几个红薯。总之，毫无成果。

在维力的制度中，低于底线业绩是没有提成的。这也是我当初没注意到的。后来为了维护郑哥团队的底线业绩，也是为了维护自己的面子，我们在没有任何业绩的情况下只好自己掏钱压货了。

如此这般，这般如此，我们渐渐感到力不从心了。虽然上级老师们并没有抱怨，还一直给予很多关心，但是在上课总结的时候，我总感觉抬不起头来。后来，我俩痛定思痛，找出了问题所在：还是自己的努力不够彻底，没有全力以赴。

那天下午，我和小芳面对面坐着，桌子上放着我们所有的积蓄。

我说："你来时卡里有一万，我身上五千。这几个月我也挣了差不多两万，除去开销和购买产品的钱，我们总共还有两万五千五百零三十。"

"真的全买产品吗？"

"不破釜沉舟，给自己点压力，就不能爆发出最大的动力。我们家的产品要是有量，不怕吸引不了他们。就那么点可怜的东西搁在柜子里，说从事世界五百强的事业，谁信？自己都不信。现在我的演出能养活我们俩，你的一个月工资两千可以算纯收入，搏一把，全部投入也不会饿死的。人生难得几回搏！"

"还是和郑哥商量一下吧，我上次到他家去，感觉嫂子没有以前那样热情了，她笑起来好像有点勉强，你觉得呢？"

看到她心里不踏实，有顾虑，我便拨通了郑哥的电话。电话那头似乎在争吵，但很快就安静下来。

郑哥问我什么事。我说道："郑哥，对不起啊。这些天来，我们一点成绩都没有。我们总结了一下，感觉是自己动力还不够，没有全力以赴，现在打算将全部家底两万五千块都压上，给自己来个破釜沉舟，成败在此一举。小芳有些不放心，让我听听您的意见。”

那头稍有沉默，他长“嗯”了一声，然后说道：“这个事情，我不好给你们做决定。从我个人来讲希望你投，也给自己一个动力，我也佩服你的勇气。但这毕竟是你的血汗钱，我也有义务提醒你，做事还是要给自己留有余地。万一有个闪失，不能弄得自己倾家荡产、一蹶不振，那是我不愿看到的，也不想让自己过意不去。你们再好好商量商量。”

我俩面面相觑。思考良久，我心里突地升腾出一股无名的冲动与力量，拿出冷水浴时的气概，猛地一拍桌子。“啪”的一声刚落，接着又“砰”的一声响，那响声沉闷，有如水中爆炸的爆竹声。我们抬头望去，头顶上的灯泡已经爆裂，地面散落着几片薄薄的玻璃碎片，还有几张纸币。

这一瞬，我俩都惊呆了。

“老公，不祥之兆啊！”

“不，这意味着新的光明即将到来！”

余大妈赶到门口，眼睛看看上面，又看看地面，然后直勾勾看着我们。

“我早说过，你们不要换那个灯泡的。”说完，她紧绷的脸上略显出得意的神情。

又是一些充满激情的时空片段。我忙碌在不断宴请同学和朋友的时空里，忙碌在学习和琢磨推销技巧的时空里，忙碌在如何实践推销技巧、知识的时空里，忙碌在不断开拓人脉和结识新朋友的时空里……

我也徘徊在希望与失望的时空里。

多年以后，我偶尔还能在人行道上或商场或小区门口碰到这样的情景：一个西装革履的年轻人，手提一袋维力包装的产品和资料，十分真诚地微笑着面对来来往往的过客，试图与他们交朋友。那一刻，我就像看到了从前的自己。

窗外，几片树叶飘落。电视静音了，屏幕上滚动播放着神舟五号载人航天飞船的消息。我和小芳面对面坐在桌前，屋里放着一堆无法出手的产品。

小芳说："算了吧，我们真的不适合干这行。"

"是的，我们不能再骗自己了，干那个不是我的兴趣所在，一点也不快乐。"

我望着她，她望着我，心情复杂，然后都笑了。

"我老想起你那天送我去沙窝赶车的样子。"她说着，又开始笑。

"够悲催吧？那天应该画个自画像，肯定有意思。看来，你可以指着这个笑话活一辈子了。"

我们给郑哥打了个电话，表示抱歉也表示感谢，寥寥几句，便就此退出。挂了电话，我们如释重负。

"我爸又打电话了，催我回去！"

"我晕，前天你婶婶打电话，昨天你叔叔打电话，你爸天天打电话。我都已经到这份上了，这，这不是要我命吗？！"

一波未平，一波又起。

小芳一直是瞒着家人过来跟我在一起的。起初只有她深圳的表哥一家知道这件事。时间长了，她表哥绷不住，把情况告诉了小芳的父亲。小芳的父亲在老家是有名的火暴脾气。据说他得知消息后，气得三天没吃饭，在家里时不时恸哭，说女儿被拐跑了之类的话，然后发动全家族的人陆续给我打电话，催促我还他女儿。她叔叔是家族的权威，部队团级干部转业，在湖北工作，也给我打了电话，全是绵里藏针的话。而她父亲给我打的几次电话更不客气了，每次都暴跳如雷，恨不得隔空把我劈了。

“怎么办呀？我已经一无所有又十恶不赦了！”我苦笑着说。

“我爸也真是，自己把这事搞得全天下都知道了，周围那些人都琢磨着看好戏呢，哼！耳根又软，稍微对他吹点风就信以为真，真是拿他没办法！”

“他也拿你没办法呢！这也不能怪你爸，谁叫你来时不跟他商量商量。”

“得便宜卖乖，我要是跟他商量还来得了？”

“哈哈哈，别生气，咱们歪锅配歪灶。我瞒着家里辍学，你瞒着家里辞掉工作，这不是天生一对吗？”

“呸呸呸，我才不歪呢。我辞职他才不管呢，他是恨你这臭小子把我拐跑了。”

“对对对，他跟我说：我这个女儿五岁自己梳头，六岁洗衣服，七岁就会做饭，又勤快又带眼法（有眼力见儿），呜呜呜……哈哈哈！”我学着他父亲的口吻，颇为形象。

她一巴掌打来，被我笑嘻嘻地抓住手。

“打死你个拐人的骗子！”她恨恨地说道。

“我怎么会是拐呢？他又不是不认识我爸，他俩还一起喝过酒的，我就是跑得了和尚也跑不了庙啊。”

“他脾气上来哪还想得了这些？别笑了，他说他明天就过来。”

“什么什么，这也太咄咄逼人了吧？如果他真来怎么办？”我傻眼了，有些不知所措。

“他真来，我就再也不理他了！”小芳嘟着嘴，斩钉截铁地说道。

“真的？”

“真的！”

“那我就斗争到底了！”

这时电话正好响了起来。

“不用猜，肯定是你爸。”我打开免提，话筒里闪来一阵小雷暴。

“你跟我听着，三条：第一，你要她赶快回深圳，继续上班；第二，让她去湖北叔叔家；第三，我明天就来接她！”那头的声音恨不得把电话给爆了，一条比一条声音响。

这是把我逼到墙角了，我也急了，拔高几个调门说道：“伯父，算了，您不用过来了，明天我给您送回去，不过我也要提醒您三条：第一，我爸就在隔壁乡里，您又不是不认识，我就算真把小芳拐走了，我跑得了和尚跑不了庙不是？还有，我们本打算今年过年回去才告诉您，还要订婚的；第二，您既然讲女儿从小就聪明，她会无缘无故舍掉一切来北京跟我在一起吗？这只能说明我们有真感情，如果老天安排我俩就是一对，您今天非要棒打鸳鸯，您这只会适得其反，想过没有，将来我们的关系该怎么面对？第三，时代不同了，您女儿将来嫁给我也不是泼出去的水，您不要以为将来就再也见不着她了，以前是怎样将来还怎样。还有，您是她爸，将来就是我爸，我待您也会像待亲生父亲那样的。请您三思！”

他一时无语了，最后挂了电话。

小芳抿着嘴，眼睛睁得溜圆，给我竖了个大拇指。

“从来没人跟我爸这样大声说过话！”

“是吗？我刚才声音大吗？那是因为发自肺腑吧。呵呵，这两关总算过了！”

“赶快赚钱吧，不然回家拿什么去孝敬我爸。”

“这不，现成有一堆了嘛。”我指着那一堆没卖出去的货傻笑道。

如何处理那一堆货物，成了我们最头疼的事，吃又吃不完，卖又卖不了，送又不舍得。我们只好留一部分，将其他诸如蛋白粉之类的保健品打包寄给了她父母。后来他们也不吃了，说太多吃不消了。

“我们得继续吃，那可是血汗钱换的，一定要把它消灭干净。把身体养好了，咱们继续战斗。”我边吃边说。突然，我胃中一阵痉挛，有一股逆流而上的东西直逼喉咙，我飞快地冲向门外，“哇”的一声，地上被我喷了一大块白色的糨糊。

第 9 章

新的曙光

我们把灯泡换成了百瓦的，一到晚上，房间里比白昼还亮。

我们又回到了正轨。昨日的失败也很快在忙碌中翻篇，我们完全有信心在回家过年之前翻盘。我已不是孤军作战，有了后援，战斗力便直线上升。一切又从头开始，任何挑战和困难都压不倒我们。

小芳按部就班上着班。我现在每晚可以赶两到三场，前面先演一个饭市，后面再演一个或两个夜场，周末可以接两个促销，偶尔接个婚礼和其他类型的活动，如此，一个月至少能挣上一万多元，当然这还不包括圣诞、元旦和春节期间所谓的“活动旺季”的收入。演出这行基本上都是现演现结账，我们每天都能见到几百块现金到手，因此，即便忙碌，也不影响我们过得快活自在。这种挣钱方式虽然远远比不了维力的潘易潘总他们，但比一般的白领算是强不少了。后来我遇到了比潘总更厉害的潘总。

一次，我在国贸参加一个活动，国贸西南角竖起了一栋栋白色的高楼，那个高楼的创造者也姓潘，叫潘石屹。那日他站在我的旁边，身着中式立领的休闲服饰，寸头，笑容可掬，露出一排整齐的白牙。我觉得眼熟，是的，在报纸上见过他。这个潘石屹比那个潘易应该至少厉害一百倍，不过，看着好像很普通，确切讲看着很朴实，不留神的话，很容易被人当作“路人甲”。我当时穿着小丑服，戴着红鼻子，手里拿着长条气球，工作内容就是在那个白色的大厅里晃来晃去，也用不着表演魔术。其实对他们来说，我自己也这么认为，我的那个角色在那里完全可有可无，少一个我不碍事，但可能多一个我，能证明他们不差钱吧。对我来说，十分乐意接到这样的活儿，这种活儿既轻松又挣钱，是绝对的美差。

更有意思的还有一次，我参加一个 MV 的拍摄，扮演“卓别林”，与华人巨星周杰伦合作。现场只是拍了个走步的镜头而已，他们就给了我五千块。那天很多人想和周天王合影，全被保镖挡住了，出乎意料的是，他主动走到我面前，礼貌地说道：“我们可以合个影吗？”就这事，我吹了好一阵子的牛。那两件事加上前不久做维力的经历，让我感受到，真是挣钱的不费劲，费劲的未必挣钱。

12 月刚过，高中同学功夫和向俊从长沙结伴来到北京，约我一起聚聚。功夫跟我曾是前后桌，关系一直不错，毕业后还是头一回见面。他来时没有提前打招呼，到了北京才告知我。那天，我突然接到他的电话，他还是带着特有的笑声说道：“嘿嘿嘿，老同学，我到了啊！”

“你怎么不早告诉我，弄得我措手不及的。”

“我这次出差事情比较多，怕到时候不一定有空来看你，没想到一路上都非常顺利，中途还碰到了向俊，他也正好办完事，我们商量着一起来看看你。来了不跟你打个招呼不够意思撒，嘿嘿嘿。”

“好嘛，这才想起我来。你不知道，我现在也是个大忙人啊，要

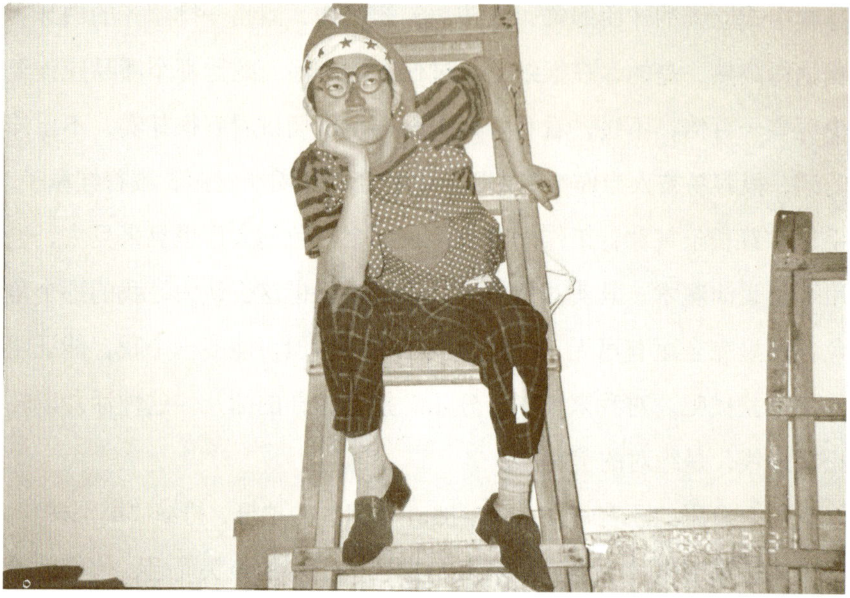

是早点告诉我，我可以在家里亲手给你们做顿大餐，临时打招呼就没这个待遇啰。这样，晚上我在亚运村有个饭市演出，我们就在那里聚聚，正好还可以观看我的表演。夜场演出我就不接了，陪你们。”

晚上，我定了个靠近舞台的桌，点了几个北京的特色菜。他乡遇故知，兴奋不在话下。我们边吃边聊，兴致盎然。

“功夫，你现在在哪高就？”

“在常德一所大学当实习老师，教法律。”

“大学老师！哇！佩服，佩服！我们连大学都没上完呢，好嘛，你就直接当大学老师了！还让不让我们混了？来来来，碰一个。”我举起茶杯，跟他碰了一下。

“向俊才厉害呢，现在到湖南卫视了，那才要命呢！”

“能进湖南卫视，那可了不得！真是我们的骄傲！来，敬你。”我接着跟向俊也碰了一杯。

“莫讲那些啰，我在湖南卫视还只是个初出茅庐的纯真小弟而已。”

“谦虚了不是，就你这高高大大、白白嫩嫩的‘欧巴’，前途绝对大大的。”

“我听说湖南卫视一半都是我们常德的，是真的还是假的？”我问道。

“那是真的呢，两任台长都是我们常德的。”

“那你当台长的时候别忘了我们啊！哈哈。”

“又来了，罚一杯，罚一杯。”

“你们现在怎样？小芳呢？”功夫问道。

“我们挺好，就是有点忙，还挺充实的。小芳今天要上班，赶到这里太远了。下次你们来一定要早点通知我们。”

“那确实，北京真的大！”

功夫提起我当年的一段“糗事”——高中第一学期，我们年级本来分为四个班，98、99、100、101 班，我在 101 班，功夫在 99 班。开学一个月后，学校决定将不足人员的班级 101 班拆分到其他班级，我被分到了 99 班。原 101 班的同学们不服，说学校凭什么不拆其他班级非拆 101 班不可。一部分挑头的同学把桌椅又搬回到原 101 班教室，一部分碍于面子也只好跟着做，还有几个被迫搬了回去。唯独我，不但不跟“潮流”，也不在意面子，更不惧胁迫。搬离原教室后，我像块硬石头一样雷打不动，用湖南话讲“霸得蛮”。当时，101 班好些同学痛批我是叛徒，给我施加压力。那时，功夫正坐在我前面，他虽然知道他们在孤立我，但并不影响他对我的友好态度。我记得，那天我心情十分低落，他回过头来跟我握手，说：“你好，我叫功夫，功夫的功，功夫的夫。”

从此，我们成了很好的朋友。

“那个时候，你够狠的，成了众矢之的还岿然不动。”功夫讲完这段又补充道。

“我就觉得他们太假，也太较真，说什么同学之间已经产生了深厚的友谊，舍不得分开啥的，可能吗？一个月时间能有多深？再说，不同班级只是不同教室而已，不照样天天见面？搞得跟生离死别似的，自欺欺人！还有，当时101班是最末尾的班，人也最少，不拆它拆谁？简单的逻辑，到他们那里就搞得特别复杂了。毛主席说过要实事求是，我没认为我有错，我干吗要随大流？”

“坚持真理，勇于做自己。”向俊赞赏道。

“别夸我，你才厉害呢，那时不知倾倒多少小迷妹，不也岿然不动？现在进了湖南卫视，别真招架不住啊，哈哈。”

“哪有，现在事业第一位，每天忙得不可开交。你不知道电视台真的是个复杂的地方呢，比分个班可麻烦多了。”

“都一样，你以为司法界就好干啊？”功夫说道。

“我觉得你的选择英明，在大学里去当老师，单纯。”向俊说道。

“讲哪里话，大学也不见得清静。”功夫说道。

“哎呀，照你这么说来，这世间就没有净土了？”我说道。

“也不用太悲观，顺其自然，走一步看一步。世界本来就是这样，淡定点、从容点，一切有为法如梦幻泡影嘛！”

“你看你这个学法律的，还讲起佛法来了，哈哈。”

“当老师的，总得要有点东西吧？”

“哎，你怎么搞起魔术来了？”向俊问我。

“一言难尽啊，也许是为了追求自由吧。不过也还算喜欢的。我妈本希望我将来能接我爸的班，去当医生的，可我对当医生一点都不感冒。小时候住在医院里，看过好多死人，不想过那种日子了。”

“是的呢，他们牯牛山那里产黄金。以前他跟我讲过，说看过村子里为打金子的各种死法，对吧？”功夫说道。

“你还记得啊！我在医院里也看过很多，估计没几个人有我这种经历。我小时候晚上都不敢下楼上厕所。那时候就想不明白，金子有啥好，那么多人都为它送命！”

“有钱能使鬼推磨撒，现在干点啥事不都得钱？”向俊说道。

“其实活人也可怕。”功夫说道，颇有些激动。

“我就看我爸在单位当个院长，兢兢业业、老老实实，当几年院长，家里电视都没搞到一台，我们兄弟俩的学费都挤不出来。那些员工还这个那个的，其实他们各家都已经有彩电什么的了，还不满足，老觉得我爸不知贪了多少似的，好像这个世界上就没有好人了。所以，我曾发誓，长大后要做个自由人，绝不去单位上班。”说完，我猛喝了一口茶。

“其实做医生很挣钱的，只是你爸不会搞。”向俊说道。

“很多人都这么说过。我觉得不是我爸不会，是他不愿意。他最恨贪官污吏和那些不公正的事了。我有自知之明，脾气和性格也随他，当个闲云野鹤更自在，也安全。上次在大学里出于正义我还搞过一回事，没几个领情的，还差一点就被开除了。”

“嘿嘿嘿，说说看，又是怎么回事？”

“待会儿再说，我要上场了，向台，一会儿给我点评点评。”

“哎呀，你莫这样讲啰！”向俊笑道。

婴儿的啼哭声响起。(我在幕后模仿的。待全场安静下来，我缓缓上台，向观众鞠躬。)

我就知道，上场了，掌声就会没有的。(台下笑了，接着大家鼓掌。)

谢谢大家！我叫大宝。虽然其貌不扬，但身上有绝活。有什么绝活？天上飞的，地下跑的，水里游的，凡是能发出声音的我都能学得惟妙惟肖。

您不信？那我给大家讲个故事。前不久我去了趟动物园，动物园里头真是热闹极了，您猜怎么着？那里头正举办“联欢会”呢！

头一个上台表演节目的是谁呢？猴子。对，猴子！这毛手毛脚的猴子能表演什么节目呢？杂技、跳舞、翻跟头？

不是，那都过时了，今天它表演的是二胡独奏《二泉映月》。

(我先是猛然来一个孙猴子挠痒的动作，然后拉开二胡独奏的架势，但不失猴子的身段，此处有掌声。接着口技模仿二胡的声音。完毕有掌声，间带笑声。)

狗熊不服气啦，每次都是我开场，今儿个让猴子抢了头，算什么事？我来！狗熊来了个看家绝活——唢呐《喜洋洋》。(口技模仿唢呐的声音，突出笨重的身姿，此处有掌声。)

接下来是祖孙三代的摇滚表演，首先有请狗爷爷(口技，老黄狗的声音，沙哑，浑厚)，有请狗爸爸(口技，大狗的声音，声壮，有力量)，还有我们的主唱小狗(口技，小狗叫声，清脆，节奏快)。(此段笑声掌声相随。)

准备好了吗？(口技，狗喘气的声音，此处有笑声。)——

开始！（口技，架子鼓的声音，然后以狗叫声收尾，反复来三通，以不同的狗叫声收尾，此处有掌声和笑声。掌声结束，立马来一通完整的有气氛的架子鼓表演，最后以小狗连续激烈的惨叫声结束，此处有热烈的掌声和笑声。）

您猜怎么着，小狗太激动了，一不小心打着狗腿了，哈哈。（笑声。）

接下来上场的是动物园里最令人羡慕的伉俪，大花公鸡和母鸡的男女二重唱，有请。（模仿公鸡走路的姿态，腿脚有弹性，挥挥翅膀，此处有掌声。然后，口技公鸡打鸣三声，做出一副深情款款的样子。此处有掌声与笑声。口技，母鸡叫，前面缓，沙哑点，然后越来越响亮，直到不间断的母鸡下蛋的声音，此处有掌声与笑声。）

我们的流行歌星，“唐老鸭”也来了。（模仿鸭子，摇臀摆尾，口技鸭子叫两声，很绅士地行个礼，此处有掌声。）

他将为我们表演《康康舞曲》。（口技，配上康康舞的伴奏，用鸭子声唱“嘎嘎……”此处有笑声与掌声。）

最后上场的这位歌星，是我们的台柱子——百灵鸟。（口技，小鸟的叫声，有节奏的，欢快的，此处有两三次掌声。）

这是一只非常漂亮的小鸟，有一只公鸟看上她了，想请她吃饭，问她去不去（口技，去不去，此处有笑声），她毫不犹豫地表示拒绝，不去不去（口技，不去不去，此处有笑声）。那公鸟不死心，单腿跪下来求她，去吧，去吧（口技，去吧，去吧，此处有笑声）。她头一甩，撒着娇，不去，不去（口技，不去，不去，此处有笑声）。公鸟生气了，我好歹也是个富二代，这么不给面子（口技，你去不去，去不去），哟，还动手了你看看（表演动手打一下对方），母鸟也怒了（口技，不去，不去，就不去，就不去……拜拜。此处有激烈的掌声），飞走了。

下次再见！表演完毕，谢谢！

我鞠躬谢幕，走下台来。

下台后，我擦了擦额头的汗，问他俩：“怎么样，你们觉得？”

“挺好！”

“挺好！”

“说真话，我想听听意见。”

“我觉得嘛，演得还可以，就是场合不太适合。你看看，大家都在吃饭，没几个人认真在看，你一会儿学狗叫一会儿学鸡叫有点尴尬，他们不像我们这么关注台上。”功夫说道。

“面子这关我早过了，这不是为了挣口饭钱嘛。今天有其他魔术师表演，我就只演口技了，改日让你们看看我的魔术。”

“对，我觉得这种场合演魔术更好。” 向俊说道。

“向俊，你在电视台干，见多识广，有没有什么好的点子介绍给我。”

“问对人了，湖南卫视的创新意识在全国可是排在最前列的。我见过有的表演跟魔术很接近，好像是有个美国人，用肥皂泡泡做表演，有点意思。其实也没啥技术含量，就是吹泡泡，把人都能装进去，很漂亮，很梦幻，效果蛮好的。我还见过一个外国人，哪个国家的不记得了，他用沙子画画，也很神奇，像魔术一样，你不是会画画吗？你也可以研究研究。”

“哦，好，谢谢！干一个，敬你们两位！”

“现在有几个同学在北京的？”功夫问道。

“有华姐、阿梅、明思、容丽，还有刘辉，再就是我们两口子。”

“我们这届还真不赖，百分之六十都在一线城市打拼，好像都还过得不错哦。你知道吗？那个在上海的玮儿现在都开大奔啦。”

“嚯，厉害啊！”

“厉害！”

“那个惠儿在深圳当上派出所所长啦，好搞笑呢，上学的时候最喜欢打架搞事的家伙。”

“哎，你们知道吗？‘马屁精’出车祸了。”

“哦，真是倒霉。”

“现在还躺在医院里呢。”

“那谁，李美丽，咱们的校花呢？”

“在广东跟了一个黑社会老大，后来好像去了东南亚，之后就不知道了。”

“你应该早点下手的，可惜了。”

“就知道调侃我。”

“哎，还有那个长得很高的盛力强，你们知道吗？”

“怎么了？”

“没了，病死的！”

“啊，不可思议！！！”

“其实在老家的日子是最好过的，那方济公的儿子都能跑了，我们的还是小蝌蚪呢，哈哈。”

“对了，你刚才说在大学里差点被开除是怎么回事？”

“哦，是这样的……”

高进老师根据我的特长给我打造了一个小品，把我所有的特长都融了进去。一有时间，我们就在公司里排练。他的精神头就像天天吃了加量的维力保健品似的。不过，他的保健品是运动，还有，就是良好的心态。排小品更加增进了我和他的感情。

他和我爷爷一样，各自“统领”着一个大家族：

他们兄弟五个，他是老大；我爷爷兄弟三个，虽然排行老二，实际也是老大。

他关照着兄弟们个个成家立业，我爷爷也是帮衬着他的弟兄们成家立业。

他帮助他的两个儿子成家立业，我爷爷帮助自己的六个儿子成家立业。

他刚年过花甲，好动，踢球、跑步、拿大顶，样样都不赖，烟酒不沾；我爷爷已是九十高龄，好静，每日几顿小酒、烟不离手，天天跟尊佛似的坐在堂屋门口，望着对面的青山。

他夫人体格硬实，富态安康；我奶奶早在我出生之前就去世了。

他在北京，我爷爷在湖南的大山里。

我跟他已无话不谈，他还是那句话做总结：“人啊，生来就是受苦的！”我不知道，他和我爷爷谁过得满意。

我知道，高老师已到了能享受苦难的境界，得失在他眼中都具有美感。那时候正值他的人生巅峰。

“高老师，我们老家有一个叫幺妹的五保户傻老太太，她年轻的时候老公死得早，四个孩子也一一夭折，但她跟没事一样。现在她七十多岁了，体格壮如牛，从不生病，吃得香、睡得着，每天比谁都乐呵。”

“可不，人是越傻越快乐。但是，只有不傻也快乐的，那才叫境界。我们兄弟里头，老五是最聪明的一个，也是心态最好的一个。你五叔在兄弟里过得最好，跌得也最惨。厉害的时候给首钢领导当顾问，给市领导上课，那叫一个威风，转眼间得了两个癌症，医院下通知书，说活不过三个月。但他该吃吃该喝喝，全不当回事，跳广场舞，练太极球，十年过去了照样活得好好的，还拿了北京市太极球比赛的冠军。"

"那可不是一般的心态好！"我竖起大拇指。

我们闲扯了一堆后，又回归到节目上来。

"有时间我们得找机会压压活（演习）去，基本问题不大了。我找时机看看能不能上《曲苑杂坛》，那里的导演跟我有交流。我已经跟几个地方台的春晚联系了，更得抓紧时间练习了。"

"哇，太好啦！"我高兴得拍起了巴掌，忽然想起在公主坟草坪上的一幕，没准儿真的会实现。"我相信你，一定行！"我心里说道，那也是李青松在公主坟时对我说过的话。

《曲苑杂坛》在 20 世纪 90 年代可谓央视的王牌栏目。即使在 21 世纪初，这档栏目在老百姓心里也非常有分量。能上《曲苑杂坛》，是无数曲艺工作者梦寐以求的事。我的口技老师王艺德先生就上过好几期，他给我们看现场照片的时候，也是十分得意的。人的命运不可捉摸，我老师上了好几期，没见产生多大的社会反响。在他之前，有个藏族小伙子叫洛桑，就因为上了几期节目，红遍了大江南北。可惜的是，在他如日中天的时候因一场车祸去世了。那时候我正上中学，在邻居家蹭电视时看到了他的表演，很是羡慕。我感觉洛桑会的我都会，就差一个伯乐。现在高老师就是我的伯乐，能不能上《曲苑杂坛》、上央视也许就靠他了。

那段时间我们提高了排练的频率，高老师每次都比我早。

一天早晨，我拖着疲惫的脚步来到公司，刚一进门，高老师展开双臂又要来个拥抱，那是他和学员或朋友打招呼的习惯。我见状，立即往后一闪。

“高老师，可不能拥抱啊！”

“怎么啦，大宝？”

“您看。”

我把衣服撩起来，胸口露出一大串黑紫色如小葡萄似的水泡。

“哎呀，大宝怎么这样了！你怎么不说呀？早知道这样，咱们今天就不排练了。”

“那怎么行呢，时间都定好了的，能坚持就坚持。”

“上医院了吗？”

“我自己抹了点药，不过还挺疼。”

“听我的，赶快去医院！”

……

回来后我斜躺在床上，疼痛难忍，不住呻吟，偶尔疼得叫喊出声来，豆大的汗珠从头上滚落。那疼痛像烧红的烙铁在我前胸后背不停地摩擦，有几次疼得我差点儿背过气去。

两天后，我才缓过来。

小芳说：“你爸说了，带状疱疹是会要人命的，农村里叫缠腰丹，你前面后面都有了，如果全腰都长上，命就难保了。”

“真没想到这么疼，去高老师那儿之前我感觉还能忍住，回来就不行了，呵呵，真是要命。”

“霸蛮吧你！这是免疫力下降导致的，别以为保健品就是灵丹妙药。我说了，排练那么紧张，太晚的演出别接了，你就是不听。还有，你也别什么事都不跟家里说，你要早点问你爸，也不至于拖了两天才去医院吧？”

“怎么没说过？他们知道你在北京陪我可高兴呢。”

“全是报喜不报忧的话。”

“我还跟他们说了，今年回家咱俩订婚。”

“这不还是喜事嘛。”

“那可说不准，还不知道你爸打算怎么收拾我呢。再说了，婚姻不是爱情的坟墓吗？”

“好啊，后悔了吧？嘿！”小芳朝我手臂狠狠一掐。

“哎哟，呦呦呦，别、别碰我，还没好呢！”

“对了，杨哥上午打你电话了，我接的，他说他明天下午来看你啊。”

第二天下午，杨乐师兄和他的新女友，一个北京女孩，来我住处，给我买了一堆水果。

一周过后病痊愈，我立马又投入紧张的排练中。正赶上高老师家里换家具，他将换下的布艺沙发和双层玻璃大茶几送给了我，说茶几可以当桌子用。

到年底，我的身体和钱包都满血复活了。令人高兴的是，我和高老师的小品将登上南方某市的春节晚会。对我来说，比那更开心的是——我人生中将第一次坐飞机。

云海之上，壮观至极，我心情激荡，久久不能平复。看到天上那轮灿烂辉煌的太阳，我恨不得高歌一曲——“那就是你，灿烂辉煌！”我的嘴唇微动着，并未发出声响。高老师在一旁已经熟睡了。

过关斩将、风尘仆仆，总算扛到了年底。只剩最后一关了。

小芳的父亲是个厨师，在乡政府旁边开了家饭馆，因为厨艺好、

口碑好，所以生意十分火爆。乡里红白喜事也都首邀他去帮厨。除此之外，他闻名乡里的原因还有一个，那就是他的脾气也十分火暴，是个见火就炸的主儿，没几个人敢惹他。

多年后，我和岳父也就是小芳他父亲，酒后笑谈到小芳没跟他打招呼去北京的那一段时，他眼睛一鼓，恨恨地说道："你以为你厉害，当时我劈了你的心都有。"

我们春节回到老家的那个片段是这样的：我和小芳拖着行李站到他面前，他正热火朝天忙着炒菜。厨房在马路边，半敞开式的，烟熏火燎，热气腾腾。我有些心慌，感觉他身后全是刀枪剑戟、斧钺钩叉。他见到我，分外眼红，立刻甩掉炒锅，手执大铲向我径直奔来，身后是火山喷发的景象。我睁大眼睛，一片乌云瞬间盖在我的头顶……

小芳叫了一声："爸。"

他怔了一下，抬起头，停住手中的活儿，站着一动不动，柔和的眼神望着我们，露出和蔼的微笑。

我蹭了蹭眼，定了定神，发现他还在原地，于是亲切地喊道："伯伯。"

五秒钟后，他淡定地说道："回来了，好。我先把这几桌菜炒完，那几个客还等着呢，先进去吧。"

"噢，好的。"

拉着行李进了门，我这才松了口气。

"这个婆娘，还不把盘子拿来，我这锅里都快糊了！"后面传来一个炸雷，让我一惊。那是她父亲嫌她母亲没配合到位，大声嚷道。那阵仗让我背后有些发凉。小芳见我的样子忍不住笑了，她早就习惯了，见怪不怪。

她母亲端着一碟盘子出来，正好撞见我们。我叫了声伯母，她笑得合不拢嘴。

小芳告诉我，全家就奶奶和妈妈从一开始就对我不持任何反对意见。我问她为什么，她说因为你家离我家不远嘛，我恍然大悟。

我再问她："你爸咋没想到？"

她笑道："我爸是看人嘛。你没见到他今天看你的眼神？"

"好像没那么凶。"

"他心里正美着呢。我妈跟我在电话里说了，他骑着摩托车早就去你老家挨户调访了个遍，啥底细都摸清了。你们村里的人都夸你是个棒小伙。恭喜你，你小子通过考核啦！"

"是吗？哈，你爸够狠！"

"嘻嘻。"

我放下行李，殷勤地投入搭把手的节奏中。我的余光看到乡里乡亲在一旁笑着，指指点点。不一会儿她奶奶、舅妈、姨妈等人闻讯赶来。

忙到夜里九点多，送走最后一拨客人，我的肚子早已咕噜咕噜叫了。小芳的父亲已准备好了八个火锅，有牛肉钵、羊肉钵、鸡肉钵、鸭肉钵、牛蛙钵、腊肉炖笋钵、野猪肉钵、肉末青菜钵。小芳跟我说过，她父亲爱听好听的话，我一边吃一边不住地啧啧称赞。果真，他心花怒放，脸上的褶子扯平了一大半。

酒过三巡，小芳母亲和小芳便去给猪喂食，据说后屋养了八头猪。我俩越聊越投机、越聊越来兴致，他聊起了自己的豪迈人生。

小芳的父亲说，他年轻的时候和朋友玩摔跤，不小心摔断了肋骨，那时候条件有限，没得到及时救治，导致左侧肋骨畸形，成了残疾，人生命运就此改变。那时候全县就两个招兵的名额，他本已被选中，那一下，不仅失去了当兵的机会，生活上也受到了影响。小芳的父亲本来干不了重活儿，但为了全家生活干了不少重活儿，如建铁路、架电线、做石匠等，有时候一走就是几个月。两个孩子基本上由小芳母亲带着。他说他干活不输正常人，什么活儿都能干，技术活儿也没问题，比如电工、放电影，说这话时他很骄傲。可是，即便他能吃一切苦，到三十五六岁时家里还是过得紧紧巴巴。眼看着孩子越来越大，他心急如焚。

他跟我说："走投无路的时候，还干过两天拉皮条的生意，但实在是不适应那行，只得放弃。"

最后，他只身投奔湖北，也就是小芳叔叔那里，潜心学了两年厨艺。说到兴头上，他把他以前做的笔记翻出来给我看，那是他值得骄傲的凭证，工工整整的字迹让我汗颜。从此，他靠着一锅一铲将两个孩子带大。

我的岳父身残志不残，靠自己的勤劳，送出一个大学生，后来还盖起了三层小洋楼。小洋楼盖好的时候，我看到他心潮澎湃，脸上洋溢的豪情似曾相识。那一刻我突然想起，在国贸那次做活动时潘石屹就是那样的神情，对，就是！

我那时候生活艰难多少人等着看我的笑话。我觉得不要紧，人只要有一双手，只要勤劳，不怕活不出个样子来。”

他那句话刻在了我心里。

几天后，我们按照家乡的风俗举行了该有的仪式，小芳正式成了我的未婚妻。那一天，大家都笑得非常灿烂，她父亲笑得眼里闪着泪花。

我给家里置了一台彩电，那是我家的第一台彩电，那是我来北京后的第三年。我还带着小芳回了趟老家的牯牛山，与爷爷及叔伯亲戚一一见面。我带着她站在小时候瞭望过的地方，对她说：“小时候，我特别想知道山那边还有什么，我梦想自己像一只鸟儿一样，能飞过去，飞到很远很远的地方。”

“你现在不是已经飞得很远了吗？”

“可是我没有想到，会有一个伴儿和我一起飞翔，而且，她还那么美。”

淡淡的云，像临风飞舞的轻纱，飘浮在湛蓝的天空中。眼前是连绵起伏的青山，青山里偶尔点缀着粉色的樱花。我们相依相偎在山头，遥望着远方。我知道，用不了多久，那里所有的樱花都会跳跃出来，还有火红的杜鹃伴着它一起绽放……

回到北京，我们换租到张大妈家的房子。余大妈有些不舍，张大妈非常高兴。搬家得找些充足的理由才行，也是为了让邻里相处得更融洽。我们的理由很简单也很充分：一是订婚了，得换个条件更好的地方住；二是现在的家当也越来越多了，没地方搁。高老师给我的玻璃桌子和沙发，横在屋里十分不便，扔了又可惜。对我而言，条件好转了，必须让小芳过得更舒适一些，还有，新年计划得马上实施了，以前在余大妈家院子里拉不开架势，一直没有落实，现在的地方不仅有厨房、浴室，更令我满意的是——有个更大的院子，完全可以满足我做实验和搞创造的需求了。

经验告诉我，越能吃苦不代表越能挣钱。演艺这行，越有技术含量也不代表越值钱。比如，杂技演员最吃功夫，但市面上价格最低。很长一段时间我都没想明白这是为什么。我偶尔能捎带着帮人介绍点演员资源，发现同样一个演员用不同的工具表演，其报价就很悬殊。比如普通的打击鼓和一种水花四射的打击鼓，演员一样，打击的技法也没什么高下之分，价格相差十倍还多。还比如变脸，其技术单一，实质就是魔术，相对有的魔术节目我觉得变脸的技术含量差多了，充其量就是一两个门子的活儿，但往往变脸的价格比魔术高出好几倍。我当初没跟杨乐师兄一起去学变脸就是嫌技术含量不够高，当然那只是我当初的认知，纯粹针对门子而言。但从经济上考量，学变脸比学变魔术要轻松实惠得多。究其原因，其实就是鲁迅先生所言："大概是物以稀为贵吧。"我要补充的是，物还以在什么平台、什么时间段去卖，来决定其价格，譬如肯德基的玉米和圣诞节的演出。

去年老同学到北京相聚，向俊的建议我一直放在心上。他的两个点子，一个是吹泡泡的表演，叫"泡泡秀"，我的魔术光盘中也有相关的资料，那种表演美轮美奂，趣味性极强，观众们尤其是小孩子肯定喜欢。另一个，是用沙子画画的点子，倒一时无从找寻资料，网上搜索也无果。不管怎样，至少泡泡秀还是有眉目的，说干就干！

首先，要制作一套表演泡泡秀的工具，这对于魔术师来说并不难。我只需画好图纸就行，哪里能做道具，我心里很清楚。我设计了一个平底大盆，直径一米多，高十五厘米，用来装泡泡水。同时，我又设

计了一个大环，那大环足以将人框住，有个一米多长的手柄。

我在不锈钢工厂里，手持刚做好的大环十分得意，很时尚、很漂亮，有范儿、有质感。尤其是那面银光发亮的大盆，像个超大的魔镜，我看着镜中的自己，仿佛瞬间被它的魔力吸引，慢慢地我的思绪开始游离恍惚：

> 音乐响起，灯光闪耀，我身穿白色衬衣，扎着时尚的领结，外罩黑色贴身马甲，袖子高高卷起，手持银色的大圈，拖着悠长的、五光十色的大泡泡走上台来，身后还飘扬着一个个充满生命力的泡泡。我深情地向台下鞠躬，台下抱以热烈的掌声。我开始正式表演，在特制的玻璃圆桌上创造出一个巨大的泡泡，泡泡顷刻间趴在桌子上，呈半球状，充满动感。在灯光的照耀下，各种色彩兴奋地翻滚流动在泡泡表面，像木星上的星云，比那星云更美妙、更神秘、更通透。然后我将一根玻璃管小心插进那个光辉的存在，就如在显微镜下进行试管受精的手术一般，期待着去创造一个神秘鲜活的生命。接着，我猛抽一口白烟，向那玻璃管道吹去，徐徐的白烟输入那流光溢彩的球中，“木星”里头顷刻间出现了一个更神秘的“海王星”。台下一片沸腾。
>
> 此时灯光聚集到那桌面，台下又屏住呼吸。我轻轻摆动那根玻璃管，球中之球瞬间灰飞烟灭，白色的烟雾如幽灵般向四周飘散，台下顿时又响起兴奋的掌声。但那白色的烟雾，终究挣脱不了外球的束缚，除非我用一只手将它再次刺穿。白色烟雾被外球捕获、稀释，与之融为一体，外球也逐渐失去了本我的光华，原有的绚烂与光彩现在已黯然失色。得失

就在一瞬间！我之手是上帝之手，我轻轻触摸，它会随着我跳跃摆动，它的心即刻卷起白色的龙卷风。我猛然撒手，一切的一切瞬间消失。白色的“幽灵”终于得到了绝对的自由，但也失去了绝对的自我。终将无我，本来无我，如露亦如电。

台下的掌声经久不息。他们能否看穿？

我用特殊的内部结构为丝网状的玻璃管蘸上泡泡水，向桌上吹去，桌上瞬间幻化出一堆“钻石”，闪耀着璀璨的光芒。它们不断运动、消亡、相互兼并组合，台下观众根本无法领略它的细微变化，他们只能看到光辉的外表，领略美的虚无。人之肉体的亿万个细胞，它们在时刻演变，不得一刻停息，肉眼凡胎哪能看出瞬间的奥妙？窃以为是永久的存在，然而它不过是瞬间的假象。生命有长有短，其终极意义无二，长就是短，短会变为长；小中有大，大中有小；小可变大，大可变无；无为最大，亦为最小……

我邀请两位朋友上台，让他们张开双手，“上帝”，也就是我，赐予他们一人一捧“钻石”。他们和台下都会心地欢笑。他们愉快地捧着下台，台下无数双眼睛向他们投来羡慕、讥讽的目光。钻石在他们手中渐渐消失，他们因消失而开怀。我想问他们，如果真是钻石，面对手中的消亡是否还能开怀？眼前的钻石和现实的钻石有何不同？只是此泡泡和彼泡泡、球与球中之球的区别吧。他们只能见到泡泡虚幻的色彩，不见真实空气的存在；他们只知泡泡瞬间存留的宿命，不知泡泡美妙的永恒本质亦在瞬间。

最后我再请上一位，请他进到不锈钢的圆盆中，我抡起银色的圈杆，将盆中的泡泡带起，泡泡立刻将他全身覆盖。

他在里头兴致勃勃，如仰望星空，寂寞、美妙、无助、惊叹，似有打破的冲动，却无冲破的勇气，因为他被虚无笼罩。我们在外，能看穿斑斓的表层，可笑的他已被我们洞穿得一览无余。他全然不知，沉醉在自己的世界中。

“砰！”泡泡瞬间破灭，一切已成为过往。台下的眼睛看着他，他也看着台下。所有人思绪都停留在逝去的泡泡身上。“上帝”也就是我，导演着这虚幻的一梦。我向他们致意，这只是我的魔术而已。或许他们恍然大悟——台上的，是戏中的真实；台下的，是真实的戏。

“大哥、大哥，那什么，有什么问题吗？”

不锈钢厂的技工打断了我的思绪。

“没问题，就是它！”我再次朝那“魔镜”望去，微微一笑。

道具只是基本硬件，“泡泡秀”的关键还在于泡泡水。在我的思维里这并不是什么难题，那不过是小时候玩过的把戏，无非是肥皂、洗碗精、洗衣粉之类的东西兑水而已。

李政道先生说过：“科学和艺术是硬币的两面。”二者固然不可分开，但科学是科学，艺术是艺术，科学是理性的，艺术是感性的，用艺术的方式去做科学实验是绝对不科学的。这次，我失算了，不是所有的事情都能凭感觉做到。吹几个小泡泡，洗衣粉稍加兑水就可以完成，可是要创造出能装下人的大泡泡，能持久不破的大泡泡，就不是想当然那样简单了。这种水必须要科学调配才行，为此我翻阅过不少资料，也考察了不少化工厂，买来一堆堆试验品，以各种比例做调配试验，均不理想。后来，我请教相关专家，他说问题也许出在我那漂亮的、时尚的不锈钢道具上，金属会氧化，能让泡泡水逐渐变质。

我恍然大悟，到这一步，我已经试验过无数次了。要知道，我甚至还自以为是地加过盐、糖之类的东西，还放到炉子上加热过，等等，充分发挥了爱迪生的发明精神。

功夫不负有心人，最终，我获得了满意的大泡泡，但这并非我研制出来的。有位杂技家告诉我，韩国有这种浓缩液，按比例兑水就行。我对自己的执着感到好笑，非得撞到南墙才转过弯来，要不是碰到他，我指不定还一直把希望寄托在化学家们身上呢。这轴劲，真不知是好还是不好！这次我付出了“惨烈”的代价，钱花了不少，精力也费了不少，还受了皮肉之苦。我的双手被严重腐蚀，外层皮肤如医用手套一般脱落了一层。

张大妈和一帮孩子天天开心地看着我吹泡泡。余大妈偶尔也过来瞧瞧，她纳闷地直盯盯打量着我的东西，一言不发。孙大爷、孙大妈就在隔壁，也时常过来“捧场”。

孙大妈说：“别又倒了，洗衣服多好。”

孙大爷说：“你小子真行啊！净弄些稀奇古怪的玩意儿。”

我自己编好了一个表演的流程，录了段视频，视频里小芳给我当助手，她是第一个被我的大泡泡罩住的人。

小芳偶尔客串我的表演，当我的魔术师助理。我常跟她开玩笑：“这叫嫁鸡随鸡，嫁狗随狗。”

她说：“以后还得随着你去外边吹泡泡！”

泡泡最终还是泡泡，在市场上并不成功，一是演出成本太高，二是没有什么场合用得着。小芳问我为什么不提前做一下调研，也省得白付出了。我跟她说：“如果什么事情都只看能否挣钱，可能就不会开始了。现在市场不接受不代表将来不接受，至少，我玩泡泡玩得还是很开心的。”

多年后看到很多游乐场和商场的儿童乐园里都有了泡泡秀的表演，我心想，如果当初我踩到了点，发展肯定要顺利得多，没准儿现在那里面表演泡泡秀的人就是我。不过那都是过去式了。那时我的身份已从魔术、口技演员变成了“沙画师”，用不着捡起泡泡了。只能说，一切都是命运的安排，泡泡是泡泡，口技、魔术又何曾不是泡泡？

经历了泡泡秀的时光，我的重心又回归魔术表演。我经常在网上发掘各种创意，深感互联网兴起带来的便捷性，一如魔幻。科技改变了生活，改变着时代。互联网不仅是工具，也是无所不知的“老师”。我经常在搜索栏里输入各类表演的名词，有时在“表演”二字前面加上前缀，比如，最先锋的、最前沿的、最时尚的、最新颖的、最新奇的、最有创意的，等等。

有一天，我在词条栏里输入了一个词——“最震撼的表演”，一段用沙子画画的视频偶然跳到我眼前。我只欣赏到一半，血液就沸腾起来。我连着看了五遍，遍遍都让我激动万分。这不正是我在寻找的东西吗？“耶耶耶！”我猛地跳起来，哈哈大笑，拍着手、跺着脚，在房间里激情难耐地转了好几圈，那情形，就像我当年在地铁边上捡到那五十块钱一样。

小芳回家一进门，我冷不丁把她抱起来，她顿时被我的“突然袭击”整蒙了。

“咋啦？快放我下来。”

“哈哈哈，老婆，我找到了一个特别特别特别牛的东西，简直棒极了，简直是无法形容！你快来看。”

我把她抱到椅子上，打开那个视频。

“嗯，不错！”她很平静。

“你不觉得超级棒吗？”

“棒，很棒。”她睁大眼睛，望着我，不住点头。

“真的？”

“真的，跟泡泡秀一样。”她忍俊不禁道。

“我也能做，能做得更棒，我能做得最棒，真的！”我双手托着她的脸说道，那状态恍若《水云间》里的“梅若鸿”附身。

“我相信，我相信！”

“我要把它融到我的魔术表演中，成为独一无二的魔术师！”我庄严地说道，一股豪气在全身经络里穿梭着。

这个实验的成本极低，一张桌子、一个电筒、一把普通的沙子而已。高老师送我的玻璃桌子成了我现成的道具。

那映入我眼帘的视频，是匈牙利艺术家弗兰茨·佐库（Ferenc Cakó）在2003年秋季韩国汉城国际卡通动画节上的一段现场表演，作品名曰《创世记》。表演是在一个发光的画盘中进行的，其过程借助投影仪传递给现场观众，连贯变化的画面与大气雄浑的音乐浑然一体，真是震人心魄、直抵肺腑：

> 创世之初，混沌无物。上帝的旨意，要有光，从此，世界开始了它的进程。海洋中出现了生物，大地上奔跑着生灵，生命之树生发繁荣。伊甸园中，亚当、夏娃以最淳朴美丽的姿态，赤身立于那棵智慧树下。他们偷吃了智慧的果实，羞愧着、相爱着、奔跑着成为永恒。

短短八分钟，弗兰茨·佐库用细沙演绎了生命的创始与演化，海怪、猛犸象、绵羊、猿猴、雄狮、果树。亚当、夏娃、奔爱、对望，一撒一抹间，令人应接不暇，尽显艺术、创造、生命和爱的无限魅力。

第二届丝路青年梦想汇
The 2nd Silk Road & Young Dreams

2019国际沙画艺术高峰论坛
2019 INTERNATIONAL SAND PAINTING ART SUMMIT FORUM

那是看得见的音符，是手的舞蹈，是沙的艺术，那还是充满灵魂的交响，是舞动生命的华章，是上帝的艺术！让我为之着迷、为之倾倒！

《创世记》也创造了我的未来！

十五年后，在北京国贸最高的楼里，我以中国沙画创始人的身份发起和举办了“首届丝路青年沙画国际大赛”和“首届沙画国际论坛”。活动开幕时全球五十多个国家的大使和多名外交官出席。我邀请到这位已年逾古稀的匈牙利大师——弗兰茨·佐库担任组委会主席。现场，我与他一同为冠军颁奖，并进行了友好的交流。

我对他说：“谢谢你改变了我的人生！”

他对我说：“我从你身上看到了大！为我们共同的沙画艺术喝彩！”

那一刻，我心想：所有的“大”都是从“小”开始的，都是从“无”开始的。

我还记得，在看到视频后，我实在按捺不住，从屋子里蹦出来，兴奋地爬上屋顶，张开双臂，深深呼吸。阳光穿过杨树的叶子洒在我的脸上，透过我的眼睛。我对着那一片片高低起伏的平房，大声歌唱：“啊，太阳，我的太阳，那就是你，那就是你！”

第 10 章

挺进沙窝

北京的变化可谓日新月异，就像一名运动健将，迅速起跑，正全力以赴奔向前方。一栋栋高楼大厦如雨后春笋般拔地而起，一片片低矮的平民区转瞬消失。处处人潮涌动，处处车水马龙……这是一座古老的城市，但并不显岁月变迁的沧桑，因为它保有一颗年轻的心脏，四面八方无时不刻不在朝它体内注入新鲜的血液与能量。

我和小芳尽情地体味着帝都的魅力，沐浴着青春的阳光，享受着奋进的快乐。我们徜徉在紫禁城、颐和园、长城等这些举世闻名的地方，我们也穿梭在那些不为众人所知的胡同小巷和各色商场。我们十分珍爱着、时刻营造着属于我们的每一个幸福的瞬间。

我们买车了，是一辆黑色的夏利。

那天，我们是从房山提的车。我刚拿到驾照，还没上过高速，但从那里开回来必须得上高速。我要小芳坐别的车回来，她不同意，一定要坐在我的副驾驶位，她说多双眼睛更保险，要和我一起开回来。我以 40 迈的速度终于开到了家，到家时衣服已湿透了。我们没有即

刻下车，两个人像孩子摸到喜爱的玩具一样，爱不释手，一会看看这个部件，一会再摸摸那个部件，然后你看看我，我看看你，傻笑不止，久久不愿下车……

后来，我们陆续换过好几辆车，且档次逐渐提升，然而激动的程度却都无法与最初那次相提并论。那个品牌虽在短短几年后便消失于历史的洪流中，却在我们的记忆里留下了永恒的印记。那辆车堪称我们北漂生涯的一个“里程碑”，自此，我们彻底告别了以骑自行车为主要出行方式的时代。之前，我们前后竟然丢失过十几辆自行车。

时光在车轮的不停旋转中悄然飞逝，换了汽车后，时间似乎流逝得愈发迅速。两年后，当人们热烈地谈论鸟巢的建设进度时，平房区的许多墙壁上，已被悄悄刷上了一个个白色的大圆圈，圆圈内赫然写着一个大大的“拆”字。对于“土著”而言，这个圈与五环的圈虽有关联，但有着截然不同的意义，它象征着告别过去，预示着涅槃重生。年轻人为此满心欢喜，年长者却心生惆怅。“拆”这个字，既意味着一夜之间财富骤增，也意味着不同的人家有着不同的悲欢。那一个个因拆迁而引发的故事，让我不由得回想起小时候在老家目睹的一幕一幕——无论是父子、手足、夫妻还是朋友，在金钱面前，这些关系往往都会显得格外脆弱。我们是看客，还没有资格进入那个轮回中。拆了，我们大不了打点行囊，搬到其他的地方。

我们并没有等到那里开拆，提前搬到了不远处的筒子楼里。一个月一千五，对于我们来说不算什么负担。这次搬家却意味着我们告别了蜗居平房的时代，迈向新的台阶。

新居是托一个朋友介绍的，离原来住的地方近，价格也实惠，比周边均价便宜了三百块钱。我们毫不迟疑地下了定金，可是，在看房交接的时候却傻了眼。那房子满地狗屎，有新鲜的，有成干儿的，有压扁了的，有成球的。尤其是那小狗，要是不动的话，完全是个粪球。它看到人了，显得分外兴奋和亲切，上蹿下跳，恨不能长翅膀直接扎到人的怀里。它的热情太过刺激，吓得我俩一阵躲闪。我们的反应让它感到失落，流露出可怜的神情，奈何此刻我们实在不敢施以怜悯，哪怕一丝丝。

前面的租客是个年轻人，养狗是他一时的冲动，根本没有考虑后果。他工作繁忙，经常出差，导致了现在糟糕的状况，而他却对此不以为然。对小狗来说，跟了这么个主儿，真是倒了八辈子霉。这是多么悲惨的“狗生”！

狗没法决定自己的命运，倘若它自己能决定，我想它宁愿风雨漂泊去流浪，也不愿天天被孤独地关在家里，失去自由吧？狗的命运，人可以决定，而人的命运，谁来决定？老天？老天会考虑后果吗？这个年轻人因一时的快意，不仅给狗带来了悲哀，也给他人制造了痛苦，且不说小狗闷在屋里撕心裂肺的叫嚷，会给邻里带来耳朵和心灵上的双重折磨，这成堆的狗屎，对下一家租客来说，不是要人命吗？！

开门的一刹那，我俩差点被掀翻。

“你自己每天忙得要命，还老出差，干吗要养只狗呢？！”我捏着鼻子，不解地问道。当然，我知道这话问了也白问。

那年轻人笑了笑，似乎觉得我们的反应有些过度。我暗自思忖，他没准儿习以为常，没那味儿还过不了日子呢。

“这都是朋友价，也没收中介费。”房东有些不好意思地说道。

“得请个保洁。”小芳说完立即又捂住口鼻。

“请了，人家不干，给多少钱也不干。呵呵。”房东说得轻巧。

原本以为捡了个便宜，这下碍于面子却不好推脱。我只好对小芳说道：“看来我们要走狗屎运啦！”

“哇呕！”她捂着嘴，不敢再多说一句话。

我们找清洁工，也没一个愿意接活儿的，最后只好自己动手了。我俩整整搞了两天卫生，吐了几十回，恶心了一周，很长一段时间还心有余悸。所有的地面先是统统铲过，再用钢丝球反复仔细打磨，再用洗衣粉反复仔细冲刷，最后满屋子熏了几盒檀香。搞完卫生后，我和小芳讨论最多的话题有：任何臭味只要习惯了都会上瘾的，这也是老北京人爱喝豆汁、长沙人爱吃臭豆腐的原因；那外国人见我们吃皮蛋时的反应才叫过度呢，那算个啥；没有责任心，最好植物都不要养，造孽；非洲土著生吃动物毛肚也是能理解的……

搬进去之后，我们很快就感受到楼房和平房的区别了。最大的区别就是冷清，我想这也是那个小伙子养狗的原因之一。小狗见到人后兴奋异常，估计也跟楼房有关。孤独的感受我在大院是领教过的，但我那时毕竟还有不少低头不见抬头见的邻居。这楼上楼下虽然也有邻居，但几乎没什么交往。我们住在三楼，经常和二楼的一个单身老头打照面，他养了一条大狗和三条小狗。他肯定不会寂寞，我为他感到欣慰，但有时也莫名担忧他家的卫生环境。和他撞见了也就是远远打个招呼，点个头，仅此而已。他怕人，我怕狗。

我们的新居是一个大一居，大概五六十平方米。一间卧室，一间客厅。厅较大，没有窗户，光线得借助厨房和卧室的大门反射过来，虽显压抑，倒是个搞实验的好地方。高老师给我的玻璃桌我们也带了过来，既是我们吃饭的桌子，也成了我实践用沙子画画的道具。

确切地讲，我完全是也只能是闭门造车，摸着石头过河。除了那段不算高清的视频，再也找不到其他的资料作为参考和借鉴。我尝试着跟手彩魔术结合，比如在画盘上画着画着手掌出火了；比如画个鸽子，鸽子变活；比如画出硬币，沙子里真的变出一堆硬币；再比如，画出一条鱼再变出一条真的鱼，等等。想法很多，也积极实践，但实际效果并不理想。正应了小芳那句话——“跟泡泡秀一样”。

我有事没事就在桌上摆弄沙子，创造的火花有如美妙的泡泡，一个接一个在我脑海里闪现，然后又一个一个化为泡影，找不到任何突破口。

小芳每天要上班，我就闷在家里，时间长了也不免感到无聊。自从在维力的圈子里混了一阵子之后，我在人际交往方面倒是活跃了不少，或许也是楼房的冷清所致。在楼下跑步时我认识了两个特殊的朋友，同一个小区的，在其他楼，谈不上是邻居。

一位是油画家。也不知是从哪句话开始，我们聊到了画画，我说我也画画，就这样，之后每次见面就会聊上一阵子。那画家比我大个七八岁，我能在他身上找到老大的影子。他告诉我他在北京已经十年了，还带我去他家参观过他的作品。他自然是很满意自己的作品的，搞艺术的都有这个自信。平心而论，我那时也觉得他的东西真是不错，我画十年也未必能达到那个水准，但他是个毫无名气的艺术家。他的房子是租的，日常开销是老婆上班补贴的，也没要孩子，倒是很有责任心。我不知道假如老大没有回去，十年之后倘若成了他那样，是否会满意。跟他聊艺术，他底气十足，纵横四海、博古通今。他也有点“艺术家”的通病，觉得除了自己的东西，其他人的不足挂齿。尤其谈到美术界的一些蝇营狗苟的事情，他深恶痛绝。他坚信自己是百年才出的大才，对未来抱有美好的憧憬。跟他聊现实，他会说：“操他大爷的！”他说完这句，门口的八哥也跟着说：“操他大爷，操他大爷。”

我很尊敬他，因为他一直在坚持做自己。

另一位很特别，是我跟楼下散步的大爷大妈们演示一个手彩魔术时认识的。那人五十多岁，一头带卷的长头发，身材非常健硕，戴着个大墨镜，挺有神秘感的。每次都是他主动跟我说话，因为他那气场我不会去主动搭讪他。他对这些障眼法之类的东西挺感兴趣的。见他很随和，我便也乐意同他分享。比较熟了后，他告诉我，多年前他的职业是特工，也可以称为“特务”。

“我这特务跟电视里的特务不是一回事。”他补充道。

我说：“那就是007之类的吧？或者说是我方的，对吧？”

他说：“也可以这么理解。”

他还告诉我他这类职业，很早就什么都不缺了，该有的都有。

我问他：“那还有什么该有的没有？”

他说：“朋友。”

他说他现在就是活个情趣，我表示很羡慕。但他又说：“人生太无味，太无聊！”

有一天，他邀我去他家做客，还特意带我进他的卧室参观。床的正前方墙上嵌了一个巨大的玻璃柜，柜里养了两条巨蟒，里头还有一只瑟瑟发抖的兔子。我愕然。他说他睡觉的时候就看着这柜子里的节目。我感到浑身发毛，他不以为然，说："现实比这刺激。"

我说："您真是太有情趣了！"

头疼的事来了。没几个月，房东急着要卖房，一家子找了一堆看似理由的理由，轮番催促我们搬离，什么孩子要结婚、媳妇要生产、老头有心脏病、老妈脑梗之类的，眼泪一把鼻涕一把，让你无法拒绝。他们的表演简直可以拿奥斯卡奖了。我们都知道，那时他的房子已经涨了一倍，他们忍不住要卖了，但是这个真正的理由他们打死也不承认，毕竟有合同在，他们清楚单方毁约的损失。这可苦了我俩，又得找房搬家。小芳拿合同和他们说事，他们居然使横，说什么他们白道黑道都有人，怕你们外地的不成……最后在朋友的调解下，房东极不情愿地补偿了我们一千块，我们也只好认赔。通过这事，我领悟到：真正的表演其实在生活中，在舞台下。

事后我说道："没错，现实比这刺激！"

小芳问："你说什么？"

"我说，操他大爷的！"我狠狠地吐了口唾沫。

我们只好临时去找房子，费尽周折，总算找到了一个差不多的房子，仔细考察后方才定下来，贵了好几百块，还有中介费。搬家的辛苦自不必说。

一天，我跟小芳说："老婆，我们开公司吧。"

"你怎么会想到开公司？"

"我这些天觉得，虽然我们现在的收入还比较稳定，但长此以往不一定保险。我们要梦想，但也要直面现实。你看，我现在会这么多东西，什么魔术、口技、小品，可还是朝不保夕的，更别提出人头地了。高老师想带我进《曲苑杂坛》，一直没有实现，说明有门路也不一定靠谱。没有名气也挣不了什么钱，你看原来小区那个画家就是个很好的例子。我综合考虑了一下，我们可以开家公司，或许可以给自己创造更大的机会呢。”

“做什么呢？”

“演出啊。你看现在老有人找我介绍演员，我都是牵线搭桥让他们自己联络，其实我们完全可以做个演出经纪公司啊。你看那些经纪人包括杨师兄他们攒的活动，不就是那么点事嘛，舞台、音响、灯光、演员，这些资源我们现在都有。我现在白天又没什么事，可以在公司待着，比在家里强，没准儿做得好，我们很快就发达了，到时候就可以踏踏实实干自己想干的事情了。人家大卫·科波菲尔研究一个魔术节目花了七年时间，凭什么，不还是钱？人只有到了那啥也不缺的时候才会想着整点刺激的。外国人能琢磨出好东西来，就是因为他们物质生活早满足了，所以才能专心致志去琢磨精神生活。”

“那我还上班吗？”

“你继续上班，毕竟是份稳定的工作，我该演出演出，公司就是不挣钱我们也还有保障。”

“行吗？”

“怎么不行？对了，开公司需要什么条件，该怎么准备，你帮我了解了解，你不是管过公司吗？”

“办公地址、营业执照、工商、税务、财务。”

“太棒了，真专业。我明天就去考察考察办公地址。其他事情我也不懂，你弄，就这么定了。”

我俩通过多处考察和反复商讨，最终把目标定在沙窝西南饭店写字楼，那里正好还有一间房。我对那地儿也有好感。

小芳说："这门牌号不行！414 太难听。"

物业的人说："这间最好，有些人还专挑这个号呢。"

"414 也可以这样理解——发多发。"我对她说道。

"对了，上一家就是做大发了搬到更好的地儿去了。"物业接着我的话茬说道，眼神里流露出对我的赞赏。

"要不再便宜五百块，我们就租下。"小芳说。

"不行，顶多再便宜二百，三千三一个月，季付，不行就算了。"

"好吧，就这样，租了！"我抢在小芳之前拍了板。

回来时小芳闷闷不乐，说我不是个做生意的胚子。

很快，我们办齐了各类执照；我从十里河淘了几件家具，一套老板桌椅、一套太师椅、一个皮质沙发；去花鸟市场买了棵发财树，将家里的电脑摆在工作台上；照着高老师公司的样子，在墙上挂了几张我和几位明星大腕儿的合影。就像布置新家一样，我们一样一样将东西抬上来，再归置好，一切妥当后，瘫坐下来，心里别提多美。

"老婆，你说我名片上安个什么头衔才好，董事长、总经理还是总监？"

"副总就行，出去谈事情有回旋的余地，也让对方感受到我们是有后台的。"

"那你安个什么？"

"我什么都不安，印名字就行。"

"高，真是高，给人遐想的空间。"我向她竖起大拇指。

什么都备齐了，小芳天天上她的班，我也天天上班。不到一周，我就坐立不安了。不开公司的时候老有人找我，开了公司反倒音信全无了。我跟物业商量，想在公司窗口贴个广告，物业不让。于是我在车后面贴上演出、婚庆、活动等字样的广告，把车停在饭店门口，正对着过往的马路。就这样每天守着电话。

头一个月，我们公司只赚了一千块钱，第二个月公司颗粒无收。焦急的我找出所有的名片和电话，逐一发布一则“广告”，只把名字和称呼换了换，内容是：“×××，您好，我是大宝（魔术、口技演员），现在成立了一家公司，主营各类演出……请多关照，谢谢！”有些比较重要的名片发不发？一开始我心里打鼓，怕太冒失了，可是，形势所迫也就顾不得面子和其他了。石头先扔出去，未必见水花，也未必有声音，但总比握在手里要坦然。

一通信息发送出去，没有任何回应，如石头扔在云雾弥漫的深渊，心里倍感失落。到了第二天，我接到一条信息：“大宝，明天你上我们公司一趟——宋春来。”看到这条消息我激动得要跳起来，深渊传来石头落在锣面的声音，两年前的一幕便浮现在眼前。

宋春来，何许人也？他是首都农业龙头国企三元集团的大领导、北京市政协委员。与他相识颇具戏剧性：大概是 2006 年的秋天，一次演出结束后，有位年轻的朋友找到我，说有一位观众想见见我，于是他带我见到了一位瘦瘦的、慈祥的、说话有些慢条斯理的长者。离开时应他所需，我给他写了个纸条，留下了自己的电话，事后也没放在心上。

那年春节临近，我们准备回老家过年。刚把行李装好准备发车，我突然接到一个电话，他将曾经的一面之缘以及我给他留电话的事情叙述了一遍，我只略微有印象。他希望我晚上能参加他们的年会。那时我们早已整装待发，归心似箭，不打算接任何演出，我便委婉地拒绝了他。但是他执意邀请我去，没有作罢的意思，态度极其热情诚恳。我不好推辞，便坦诚地回道："宋先生，是这样的，我都已经准备发车了，要回老家过年。不是我不想去，您要是早点给我打电话，我还好做安排，对吧？"

"没关系的，晚一天回去吧，来得及。我们就在香山附近，很近的。帮帮忙，演出费的话你说个数。"

听到这话，口气还挺大的，我咬咬牙报了个价，目的只是打消他的念头："一千。"那时年会演出费一般在五百左右，算是我头一次黑心的报价吧。

"行，你过来吧。"

他这样回复，让我顿生悔意，为什么不报得再高点？但似乎也没有更好的借口了，我说话不经大脑地冒出一句："主要是我叔叔、阿姨都在车上，不方便。"

他立刻回道："没事，都过来。"

"还有我老婆……"我已经语无伦次了。

"全过来。"

我再也没法回绝了，只好驱车前往。晚回一天也没什么，能多挣点钱毕竟也是件好事，只是我这叔叔、阿姨上哪儿找？我只好临时找到老房东孙大爷两口子，因为他俩早就想看一场我的正式演出，这不正好？

去的路上，我一边开车一边想：这是个什么人，什么时候留的电话呢？

按照他发来的路线，我们来到一个非常气派的会馆酒店。接待人指引我们到会场，向我们介绍了一些情况，我这才知道他是个人物，旁人称呼他"宋主席"。那时他还在开会，正在主席台上侃侃而谈。

我颇感惭愧，觉得来前电话里的语气有些欠妥。

开完会，宋主席找到我，十分亲切地说道：“大宝，你好你好！这次是我们公司的年会，晚宴时希望你来助助兴。主要是我临时想起的，所以联系得有点唐突，耽误你时间了。”

我带着“大部队”而来，感到有些不好意思，也不知该说些什么，只是反复说道：“没有，没有，谢谢您的信任！”

他立刻叫人把我带来的“家属”安置在宴席中。他十分和蔼，说话特有磁性，没有任何架子。我窃喜，庆幸老天没让我错过。其实这完全是他坚持的结果。

这场年会穿插着他们员工自编自演的节目，我是唯一被邀请来的表演嘉宾。我连魔术带口技演了约半小时，掌声连绵不绝。相比员工的表演，我的节目当然要精彩得多，宋主席自然十分满意。

临别时，他将包好的演出费给我，还给了我一沓票，说：“这是麦当劳代金券，你在外忙的时候可以垫垫肚子。”然后又安排人赠送我们三元牛奶、北京烤鸭、果酱等各两箱。我很感动，有些过意不去。孙大爷两口子笑得合不拢嘴。

自那以后，我们也没什么联系。若不是开公司这件事，倒快忘了我还曾认识这么个人物。

接到信息的第二天，我起得特别早，在镜前捯饬了好久才出发。来到北三环三元集团的总部，再次见到那张慈祥和蔼的面孔，再次听到他慢条斯理、很有磁性的声音，我倍感亲切。

“大宝啊，好久没见了。”他微笑着说道。

“宋主席，上次见面好像就在昨天，这次冒昧打扰您了。”

“我看到你给我发的信息了，祝贺你呀！你的事呢，我想了一下，我们工会给下面的单位组织慰问演出，你来演几场怎么样？”

“没问题，宋主席，演员我都能找到。您知道的，我自己也能演，怎么安排节目我心里有数。”

“这样吧，先定十场。费用的事情你跟李主任协商，好吧？我还叫了两个副主席和主任，中午就在外面一起吃个饭。”

“太感谢宋主席了！”

很顺利地，我签下了十场慰问演出的合约。那是我的公司成立之初接下的第一笔“大”业务。每场演出一个半小时，总策划、导演、演员全由我负责。集团特意安排了一辆大巴作为演员的专车，每次派一位副主席或主任陪同。这次系列活动让我们充分领略到大集团的风采，每到一处都会受到热烈的欢迎和热情的接待。我们也非常高兴地品尝了三元集团的各色美味食品。

毫不谦虚地说，我将那十场任务完成得非常出色，后来他们又加签了两场。最后一场，我还把高进老师请来助阵。

三元集团后来整合为首农集团，规模愈发宏大，宋主席也成了首农集团的工会主席。自与他那次合作后，我们一直保持联系，每年都会聚几次。他始终关注着我的动态，尽可能地给予关照，有时让我感受到如父亲般的温暖。宋主席颇具身份，低调谦虚，在我们面前极为和蔼可亲；而在更有身份的人面前，他不卑不亢，尽显独立自尊的风范。通过宋主席，我还认识了集团的董事长。在我心中，他们都是风云人物。董事长也十分低调谦虚，后来他们还一同出席过几次我组织的活动。令人遗憾的是，董事长在临退休之际因病去世，着实令人唏嘘。宋主席退休后，回到老家，安享晚年，投身于他一生最爱的事情——种菜。

完成三元集团的活动后，经朋友介绍，我又接到了啤酒节的活动，在王府井步行街的中央广场举行，总共也是十场。于是，小芳辞掉了工作，和我一起打理公司。

我们很清楚，这些都是靠朋友关系得来的业务，要想进一步开拓自己的市场，必须要有自己的网站和宣传渠道。我找到还有联系的大学同学，请他们帮我设计了公司的网站，网站里的图片是我演出时积攒下来的资料，主推各类形式的表演和演员，甚至包括明星大腕儿。网站一上线，我就在百度竞价排名上做了推广，效果立竿见影。不到半天，业务就主动上门了。

一天，电话里又来了单业务，听口气来头不小，并指定要我公司负责人前去沟通。我和小芳心照不宣，摁下免提，相视一笑。

备好了资料，我依旧是精心捯饬一番。在那家公司的会议室里，我见到一位很拽的负责人。他直视着我，让我想起了余大妈的眼神。我的腿情不自禁地抖动起来，小芳碰了一下我的腿，然后从容打开笔记本，拿起笔等着记录。对方耷拉着眼皮说道："是这样，我们公司经常搞活动。这次是想举办一场别开生面的表彰大会，出席活动的不仅有公司的领导，还有上级主管单位的领导，非常重要。这个活动不仅要体现公司对员工的关怀，更关乎公司的脸面。所以今天邀请苏总过来，一是初步碰个头，对我们有所了解，二是听听你们的建议和意见，看看能否这两天拿出个方案。"

我看了看小芳，她没有任何表情。

"嗯，是这样，今天已经有两家跟我谈了，你们公司是第三家。"他补充道，扫了我们两眼。

"没问题，我们可以出方案。"我说。

"当然，方案一是看创意，二要看价格。"

"明白。"

回到公司，我俩即刻进入紧张的策划与构思中。如何安排节目、怎样设计流程、融入哪些元素、提供哪些创意，这些都是我最擅长的。几年下来，各类活动的流程和效果我都了然于胸，做个策划文案对我来说并无难度，但仅限在纸上体现。小芳正好弥补了我的不足，她能把我的文案变成精美的 PPT 方案。看到她心无旁骛的样子，还有飞速的打字水平，我忍不住从背后抱住她。

“干什么？工作呢！”

“我爱你，老婆！”

只用了一天一夜，我们便完成了策划方案，可是发过去后，如石沉大海。我们反复推敲和寻找问题所在：是不是沟通有误，没有领会客户的需求？是不是创意不够新颖？是不是我的腿抖得不应该？等等。直到第四天，我们主动询问对方，对方回复：“还在商讨中。”

到第六天，我再问，对方说：“你们这个方案吧，我个人觉得还不错，也有可取之处，只是报价有点高，但是我觉得也不是问题，再考虑考虑。”

我一时有点摸不着头脑，说道：“王总，我们报的价格真的很实在了。”

“我刚才不是说了吗？价格也不是问题。”

我最终也没明白是什么意思，后来小芳回来了，我和她说起，她说人家这是和你要他那份呢。我睁大眼睛看着小芳，确信自己真是理解不了这种深层意思。

从那以后，通过朋友介绍来的业务由我接待，网上来的业务由小芳洽谈；我写策划、创意的文案，她编辑成电脑版；活动执行，我们并肩“战斗”。如此我们接下了不少重要的活动。为了打磨好方案，连续几晚加班都是正常的事，也记不清有多少次在公司打地铺，有多少次在外吃盒饭。有的活动从一开始就绞尽脑汁、费尽周折，到头来疲惫不堪、一无所获；有的活动从头到尾行云流水，不费吹灰之力，往往还带来很多意料之外的惊喜。我记得，我俩给一家中央金融企业出了上百页的方案，花了整整一周的时间，还自费打印成册，极尽诚恳与实在，最后还是以失败告终；我记得，我们给中国联通顺利做完一场年会后，小芳在睡梦中都笑出声来……

我个人的演出也从未中断过，因为这也是我们很重要的一块收入。高老师一直在努力，想上《曲苑杂坛》和央视的小品大赛，但是没有任何结果。有一天我对高老师说："高老师，你常说君子之交淡如水，是不是也要变通变通？"

"这样，我们下次给他们带两箱啤酒。"

"行吗？"

"行不行就这样，我相信是金子总会发光的。"

"是金子总会发光？"我现在对这句话表示一定的怀疑。我想到了王艺德老师，他不久前已经回西北，不打算再来北京了。他多少还是带了些遗憾回去的。金子想要发光，还得看在哪儿、在什么时候、有没有运气？说白了还得看有没有那个命。

高老师有一次极力推荐我去德云社，还带着我到访过那里。我当初在前门广德楼看到的那个无名的、头上有一小撮黄毛的相声演员郭德纲，就是那里的班主，他现在已如日中天、名满天下了。

去时高老师对我说："大宝啊，你有天赋，应该去个更好的地方练练。"

我辜负了老师的一片好意，虽然到过德云社，但并没有想在那里发展的意愿。我有自知之明，在曲艺方面，我的天赋和条件还是有限的，不是吃不了那碗饭，是吃不好那碗饭。而且那个时候我已心有所属了。

和高老师在朝阳剧场演完了一场小品后，我对他说："高老师，我要去做沙画了。"这次演出也就成了我们最后一次合作。

在商场经历了一些时光，我们逐渐意识到，要想做大公司只有两条路可以走。一是将公司转型为公关公司。这样能接到一手的活动，一般是为各类企事业单位做整体策划。有的公关公司只需要维护好一家大客户就可以过得很好，前提是这样的公司往往要具备庞大而专业的策划营销团队，有实力的公关公司都是好几百人的队伍。我们公司只能接到一些末端的执行的活儿，到那一环，利润也所剩不多了。另一条路就是做明星大腕儿的经纪业务。可是我们手底下没有什么一手的明星资源，也没实力包装打造自己的明星。两条路我似乎都走不通，我们就像行驶在团雾笼罩的高速路上，开不快，也不敢开快，直到我和陈曦那次聊天，才总算穿过了那段迷茫期。

陈曦是个经纪人，是我认识了好几年的朋友，跟我年纪相仿，个头也差不多。他有洁癖，穿着一丝不苟。我们经常合作，合作得也非常愉快。他知道我的公司也经营演艺方面的业务，但并不忌讳，有演出的活还照样叫我。他信任我，知道我是个守规矩的人。

一次活动中，我跟他在台下无意间聊到了"沙画"，从此开启了我人生的另一篇章。人生就像沙画，承上启下、连贯变化，是有意和无意综合营造的效果，无法预知下一幅的精彩。

那日活动刚结束，我俩手持红酒杯，在现场寻得一僻静处稍作休息。

他说："大宝，你得出出新活了，年年见你就那一套。"

"你以为魔术随便就能出新东西啊？我一个空手出牌练了整整三

个月呢！”

“现在这些客户越来越刁了。”

“就是，你那边又有什么新鲜活儿了？我们共享共享。”

“水鼓、激光舞、肩上芭蕾。”

“这些我也有，也见怪不怪了。哎，你知道沙画吗？”

“沙画！当然知道，我还正找呢。”他睁大眼睛，兴致陡然提升。

“是吗？一场多少钱？”我随意问道。

“可贵呢！国内没有。上次一客户急要这个，我联系到法国一老头，开口要二十万，没敢应承。”

“什、什么？二十万！干吗不接？”我吓了一跳，眼睛也瞪大了。

“其实客户不差钱，我也想接，但不敢接啊！外国人沟通挺麻烦的，还有万一签证什么的出了纰漏，那我就亏大了。哎，看着的钱不敢挣啊！现在眼前又有要这个的。”

“还有多久？”

“什么？”

“你不是说眼前有个要沙画的活动吗？什么时候要？”

“下下周。”

“签！”

“签？找谁呀？”

“我呀！”

“你？”他上下打量了一下我。

“我早就会了。”

“行吗你？怎么没见你比画过？”

“都把我当魔术师了，我哪有机会展示？你要是早点跟我说这个事，我早就转型了。”

“呵呵，商业秘密嘛。”他继续问道，“你真行吗？”

“你看着我，我问你，我——大宝，什么时候忽悠过你——陈曦？”

他眨了眨眼，略一思索，然后说道：“那我可真签了？”

“签，必须的！”

“给你多少钱？”

“外国人不是要二十万吗？我初次，你给八千，你看着往上报怎么样？”

“ok！”

陈曦伸出合作的手来，我握住他的手，都欣喜地笑起来。

“拿着，今天的演出费。”他放下酒杯，数了五百块递给我。

合同的事自有小芳负责对接。第二天我跑到灯具城买了个六十厘米见方的吊顶灯，然后带着灯具再奔到给我做泡泡秀道具的不锈钢厂，当场画了张图纸给那老熟人，如此这般跟他说了一遍。然后我在农贸市场买了两把细筛子，在小区门外的工地上筛了一堆细沙回来，将沙子洗净、染色，再在锅里炒干。

小芳问：“为什么要炒？”

“上台用的沙子不能让人看着太普通，我加了颜料染过色。”

“没毒吧？呛死了。”

“冒着生命危险也得试试，呵呵。”

“陈曦已把资料发了过来，你看看，五幅画面，一个瓶子、一只白鸽、一座长城、几滴洒出的水珠、一个品牌标志，要求时长控制在三分钟内。”

“工欲善其事，必先利其器，嗨，早该这么办了。行，一会儿我研究研究。”

对于会画画的人来说，画出这几样东西并没有什么挑战性，但是，限定了时间，要快速画出来就不是那么容易了。除了水珠，其他几样东西我很快就推敲出来了。水珠看似简单，但是再怎么快也快不起来。如果是用素描的方法，画一滴水珠没有几分钟或十几分钟是完全画不出来的。用沙子画，我的目标是最慢十几秒得出来效果，其难度可想而知。我一遍遍在玻璃桌上试验着，一次次感到无助和失望。

一周后，我取回已做好的沙画道具，甚为满意。

小芳看到后说道：“为什么不早把这个做出来？”

我回道：“你看见没？这造型是专门画画的工具嘛。以前老想着它是个魔术道具，想给这里安个机关，那里整个门子的，甚至还弄成了可以伸缩的，没少动脑筋。其实我是钻在里边拔不出来了，最简单的才是最好的，明白了吧？真要把它弄成了魔术节目，我可就把它糟蹋啰。苍天有眼，不早不晚，正好！”

“轴！”她说道。

我说着在道具上顺手画出了一条鱼。

“哎呀，你这鱼画得真是活灵活现。”

“可不？本来还想着画出来后再变出真的来，看来也用不着了。”

“真是越简单越美啊！”

“我怎么就没想到要成为一个沙画师呢？要知道，它是完全可以单独成戏的。”

“你还是口技演员呢，还会演小品，呵呵。”

“错，我还是名厨师，大厨师，天天给你做好吃的。不对啊，你刚跟着我的时候怎么说来着？说要天天给我做好吃的，给我天天榨果汁什么的，怎么咱俩调个了？”

“行了，行了，你赶紧练吧，陈曦天天打电话催，等着看效果呢。”

“这陈曦，跟催命似的。”

“快练吧，别把这些年积累的好口碑给砸了。这可不是一个普通的活动，还有奥组委的人参加呢。”

“我练，我就不信攻克不了这一关，这几天你得给我补补啊。”

“好啦，还给你榨果汁。”

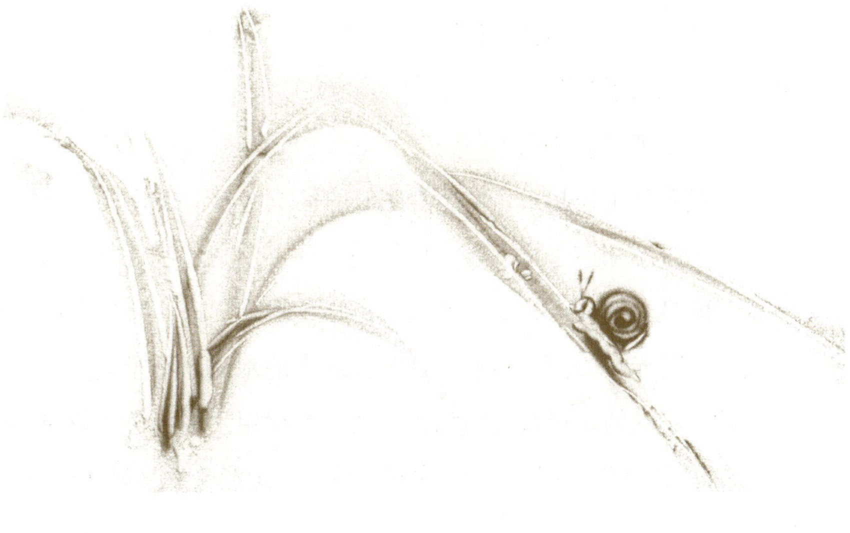

仅剩一天就要正式演出了，陈曦非得晚上过来看看才踏实。我前一天加昨天一整晚一直到现在，都在全力以赴地攻克水滴的画法，无论怎样提速，效果都无法达到我的预期。我简直要崩溃了，就这么一滴水，我怎么就拿不下！汗珠，却不合时宜地挂了我满脸。

小芳知道我这一个星期练得近乎发狂，最后两天更是夜不能寐，很是心疼。她递给我毛巾，说道：“实在不行就画一滴两滴，谁会数有几滴水珠啊。”

“一两滴出不来那氛围，你喝可乐时只喷两滴出来啊？”

“实在不行，直接倒上去？”

“我也想过，但水珠在中段，瓶子和最后的 LOGO 没法画了，那也是重点。”

“跟陈曦好好说说，让他跟客户解释解释，客户不问的话就这么着吧。”

“不行啊，这就是客户的要求。”

“那我们也尽力了，这个世界上就不可能有人会在那么短的时间里画出来，还能怎么办？”小芳着急了，下意识地用手敲在了画面上。

“等会儿，等会儿！”

“怎么了？”

“出来了，出来了……”

我手舞足蹈起来，然后着魔似的猛地抱起了小芳。

小芳不知道怎么回事，以为我出现了幻觉。我放下她来，将她的手在画盘上轻轻一拍，一个圆圆的造型呈现出来，我用食指在画上勾出一条高光，一滴晶莹剔透、十分逼真的水珠跃然于画面之上。只需一秒，水珠便奇迹般变幻出来。我又继续用手的各个部位以不同的力度在画面上轻轻拍摁，反复实践，最终确定能又快又好达到既定效果。

费尽心血勾画了近一周也没成，谁知只需轻轻一摁，我激动的心情难以言表，给了小芳狠狠一吻，对她说道："踏破铁鞋无觅处，得来全不费功夫，天意啊，天意啊！你看我找的老婆，生长在'沙堤'（小芳老家的地名），和我开的公司在'沙窝'，我们都跑到沙窝里了，不做沙子还做啥？老天其实早就给我启示了！轴，真轴，我这死脑筋！哎呀，老婆你真是我的幸运星啊！老婆，老婆，我爱你，就像大宝爱沙粒……"

在闻名遐迩的北京 798 艺术区，为迎接奥运会的到来，可口可乐举办了一场全球性的创意活动。这个活动的开幕式上，将会呈现一场独特的视觉盛宴，我是那个神秘的主角。气势恢宏的音乐响起，灯光不停闪耀，我身着红色闪耀的中式服装出场，大步流星地行走在星光大道上，身后紧跟着多名助理，两旁的观众一片混乱，无数长枪短炮向我直逼过来，咔嚓咔嚓声不绝于耳，我沉着地向他们一一挥手致意。

"大宝，大宝！……"粉丝们在激动地呼喊我的名字，我回过头来，猛地将一把金沙向他们撒去，他们瞬间抓狂，哭喊声震耳欲聋，一个个激动得手舞足蹈……

"大宝，大宝！"陈曦在我眼前晃动着手掌。

我猛眨了几下眼，回过神来。

"哦，没事，我正在过一会儿要画的画面呢。走吧，进去吧。"

我定了定神，搓了搓手，感觉手心湿湿的。我坐在椅子上，小芳用手压住我的右腿。"别抖。"她说道。

"抖了吗？"

我猛喝了一口水，听着前面领导的致辞，但什么也没听进去。

"接下来我们有请沙画大师——大宝登场！"

台下响起了雷鸣般的掌声，我突然呆住了，有些发怵。小芳顶了一下我的后背，我这才迈开步子，走上台去。

屏幕打开，台上灯光立即灭了，音乐缓缓响起。我按照早已练得滚瓜烂熟的流程将长城、鸽子、水珠、瓶子、标志一一展示出来。我的手早已不是我的手，是设定好程序的机器，在没有任何纰漏地执行着既定的指令；我的心却还是我的心，它在一个安静的世界里怦怦直响，那一刻只有我自己能够听见。

我的脑海中闪现着儿时在采金洞旁的沙堆上和小朋友们嬉戏的画面，我们堆着长城，我们将酒瓶埋在沙堆里，我们将水倒进沙坑，我们头上扑闪着洁白的鸽子，鸽子上面是湛蓝的天空；父亲指着家里墙面上的画，在严厉批评着我们兄弟俩，我耷拉着脑袋站在一旁，一动也不敢动；教委领导走进我们小学的教室，摸摸我的头对同学们说“大家都要向苏飞同学学习啊”；我待在家里，全神贯注地描绘着心上人的画像；我和父亲站在进京的火车上；我在台上说“这个学校对我们的承诺就是——学费一定要交”；我对着理发师说“师傅，怎么好怎么来”；我在舞池里，面对四周挥舞着双手在模仿鸡叫；我手上的气球爆炸，瞬间变出一只鸽子；我对陈曦说“我——大宝，什么时候忽悠过你——陈曦”；我这个“武陵人”已步入桃花源，来到了另一个世界，眼前豁然开朗……

忽然，全场灯光打开，掌声猛然响起，久久不能平息，底下观众已霍然站起，那是对我最高规格的赞赏。他们从未见过如此神奇的表演，一撒、一抹、一勾、一点，皆由细小的沙粒完成，挥洒时行云流水，转瞬间变幻时空。他们内心的悸动，就是我初遇沙画时的感受，而我初见的沙画不过是段小视频，他们所见的沙画面对的是巨幕，可想而知，现场效果有多震撼。

我成功啦！他们不知道，此刻我想哭。我尽量稳住自己的情绪，就像以往表演完魔术后那样，很绅士地给现场观众鞠了个 45 度的躬。

我的演出在压轴位置，活动结束后观众们久久不愿离去，一个个都拥到我的沙画台前。他们兴奋地向我伸出大拇指，说道："太神奇了，太棒了！"

交流中得知他们都是来自中央美院和各大美院的学生，我心中不由得一惊，好在是事后知道的，不然更不敢登台了。他们中有的忙着跟我合影，有的情不自禁地在画面上动起手来。一位学者模样的人主动跟我握手，说道："我是中央美院的老师，您这个表演真是太棒了！这个值得好好研究研究，值得好好推广推广。"

"请您多指教！"

"要想推广开来，还需要追根溯源……"

此时我已顾不得跟任何一位多聊，陈曦很职业地把我从包围圈中解救出来。

小芳高兴得不得了，对着我的耳朵轻轻说道："老公，你太棒了！"

"呵呵，刚才我的腿都软了，没看出来吧？要是提前知道台下坐的都是干什么的，我今天恐怕要掉链子啰。"

"哈哈哈，瞧你那点出息。"

"哦，对了，刚才我画画的时候，音响师放音乐了吗？"

"放了啊！"

"我怎么感觉没听着啊。"

"吓蒙了吧你，哈哈！"

"好像画了好久，像做了一场梦。"

陈曦过来拍着我的肩，说道："兄弟，以后多关照，别涨价啊！"

在朝阳剧场，表演完毕后我对高老师说道："高老师，我要去做沙画了。"

他表示不解，小眼睛直直地看着我。

"很感谢您一直以来对我的认可和关照，我想明白了，曲艺不是我的未来，我在这方面也不是最有才华的，而且我也没有童子功。在这方面只有郭德纲那样的人才能成为真正的大才。魔术也只是我暂时谋生的手段。我现在已经找到一条属于自己的路了，就是画沙画，它能融合我所有的特长，能实现我的梦想。我一直在摸索，现在终于找到突破口了，为了做好它，我必须得专注，需要把曲艺和魔术都放下，我要全力以赴去做它，我能做得很好，我能做到最好！"

高老师听得目不转睛，他思索了片刻，说道："好，有志气！"他说那话的气势不如以往，也没有平时那戳手的姿势。那是我们最后

感谢 · 回报 ·
1993
1995
1996
1997
1999
2000
2002

感谢 · 回报 ·
1995
1996
1999
2000
2003

一次合作。

如果能过滤掉当时与高老师谈话的所有环境，把我们置入只有纯粹的丁字路口的情境中，谈话间我们尚处在路口，谈完后我们分道，继续着各自的人生，工作上从此再也没有交集。如果说，我的那个方向正处于上坡的趋势，高老师便是逐渐走在了下坡的路上。无论他多么努力，试图挡住光阴的流逝，试图长久地屹立在人生的顶点，但岁月还是无情地一点点吞噬着他曾经的辉煌。之后，他的公司只勉强支撑了两年，便退出了历史舞台；他的兄弟，也就是最强壮的老四，成为他们兄弟中最早离世的人；他十分心爱的老伴儿也因病卧床不起……

但高老师就是高老师！他依旧得意于往日的战绩；对于当下，他坦然面对、淡定从容，露出强者的微笑；对于未来，他仍然充满了信心。我知道，一个人一旦笃定了“人生来就是受苦的”这样的信念，那么，他又有什么放不下，有什么看不开的呢？

小芳曾问我：“你为什么那么痴迷沙画？”

“过往留不住，未来不可期，当下最可贵；瞬间美，变化，包容；淡定，从容。”我答道。

第11章

初露锋芒

我的第二场演出是参加北京电视台主办的“京张心连心晚会”，活动在张家口的涿鹿举行。现场艺术家和明星云集，我也初次享受到与他们同等的待遇。我记得一个花絮，主持人报幕说：“现在我们有请沙画大师苏大宝登场！”我身着米白色中式服装，大步流星地走上那个盛大的舞台，脑子里还浮现着在张家口加油站穿着军大衣变魔术的场景。主持人一见到我，下意识地随口说道：“啊，是你吗？”台下都笑了起来。那时候我确实还很年轻，直到我在行业里摸爬滚打了十几年后，依然有很多人觉得我很年轻，没办法，在他们脑海中我应该是个长须白头的长者才对。我当时只是笑了笑，现场音乐响起，我开篇稳健地写出几个篆体大字——“千古文明开涿鹿，合符文化定中华”，全场顿时响起热烈的掌声……活动结束后，有媒体如此报道：

> 浓情应随歌声飞，秋分欢乐激情扬。“合符欢歌”京张心连心大型文艺会演，日前在张家口水泉沟广场与全国各地

> 的嘉宾、观众雀跃欣赏，现场一片欢歌笑语。整场文艺演出以歌舞类节目为主，有独唱、合唱、歌伴舞、舞蹈、组合、朗诵等多种表演形式，同时中间穿插了历史大讲堂，表现了涿鹿厚重的历史文化底蕴。在现场，沙画表演者苏大宝将长城、五环、鸟巢、张家口祭三祖大典等题材，用巧妙的创意与熟练的技法使沙与画浑然天成，令现场观众无不惊叹，也将张家口的深邃历史以新奇的表演，独特的方式，诠释给来自各地的嘉宾。《千古文明开涿鹿》聚沙成塔，一场独特的沙画表演带来震撼的视觉冲击和享受！

回到北京后，我对小芳说："你赶快跟同学联系一下，改网站，把所有的演出形式换下来，我们就推自己。我那些魔术、口技的照片都去掉，换成沙画的图片，我与明星大腕儿的合影继续保留，我的身份改为沙画师，再拍点作画的特写传上去，把我新画的梅、兰、竹、菊重新编辑一下传上去。对，就这样，尽快！"

"你用毛笔写的公司名称还要吗？"她问道。

"换一个，嗯，换个主题。"

"那你再写一个？"

"好，把我的纸笔拿来。"

小芳铺好纸，倒好墨，我提笔写下了"中国沙画"几个大字。

"如果我全力以赴往这个方向发展，将来没准儿是个大书法家。"题完字，我颇为得意地说道。

"行了行了，赶快拍照吧，我好让人家放到网站上去。"

这时，手机铃响，我按下免提。

"大宝，今晚有空吗？去滚石演一场。"

“谢谢，我已经改行了，以后不再演魔术、口技了。”

“那干啥呀？”

“沙画师。”

“沙画师，干啥的？画画的吧，好吧，真不做了？”

“真不做了，谢谢。”

“好，拜拜！”

“再见！”

我郑重地按键，放下电话，然后对小芳说：“以后我叫苏大宝，我现在是一名沙画师，你——小芳，就是我的经纪人！”

“看来我的经纪人证也没白考，真派上用场了。”小芳说道。她不久前拿下了经纪人证。

“没证也一样，关键在于经纪的水平。我相信你，你是最棒的！”

“你也是！”

小芳很快将这些工作落实。我们约来了做网站的同学，一起商讨设计网站的模板和风格，很快便拍板实施。我新录的《梅兰竹菊》沙画视频经过小芳的编辑，呈现出令人激动的效果，让我的作品更具国风。她在视频播放之前设置了一个红色的幕布，幕布徐徐拉开后显示出作品的名称和创作者的名字，然后播放沙画视频，播放完毕后显示出品公司及联络方式。视频一经传到搜狐、优酷、土豆等网站，点击量飞涨，而且还有无数的转载。

我感叹网络科技的神奇，也感慨小芳的细致以及她强大的工作能力，打字、编辑、推广，她样样出色，完全弥补了我的不足。

“你简直就是上天派来成就我的天使啊！不得不承认，实战出真知，我那一年大学专业算是白上了。”

她说：“你别夸我啦，我浑身起鸡皮疙瘩了。这些东西你只是不懂，我这点三脚猫的功夫还差得远呢，真正技术好的在广州。”

“谁啊？”

“我弟啊。”

“阿云？他现在怎样了，还好吧？”

小芳的弟弟比我们小四岁。一年多前，他从师范学校专科毕业后曾投奔我们，也期望能在北京有所发展。他心地善良、勤快聪明、性格内向、脾气倔强，自尊心很强。刚毕业工作那会儿，他心气比较高，不愿寄人篱下，也听不进我们的建议。我们当时也在北京漂着，没什么可给他安排的。出于保底考虑，我们出资让他学了几个月厨师，想着将来至少能接他父亲的班，有个生活保障。他并不满意这样的安排，但确实也没有更好的选择。跟我们发生了两次口角后，最终他赌气去了深圳他表哥的公司。

“他在表哥那里待了没多久，去了广州一家顶级的广告公司，在那里待一年多了。”小芳说道。

“我上次听你说过这事，他公司是广州顶级的？当时你怎么没说？”

“世事都在变化嘛，去年不是今年是，这样的事情不是挺多的嘛！冥王星降级了，九大行星都变八大了。以前谁知道刘翔？不就是刚创造了一个 12 秒 88 的成绩就一飞冲天啦。”

“原来如此。的确，士别三日当刮目相看。以前我们也有不对的地方，虽然出于好心，但未免没注意到人家的感受。”我说道。

“那时候能怎样？我们自己也朝不保夕的。”小芳说道。

“我们也算尽力了。这小子，倔起来跟他爸一样。我只是说了句——面子不值钱，他居然闷头捡瓶子换了辆自行车出来。他本来是想告诉我他不在意面子，可那不是爱面子是什么，那叫死要面子活受罪。”

“你以为谁都跟你一样？”

“我只是想告诉他面子一钱不值嘛，做厨师也没什么不好的，我要不干现在的事没准儿也去当厨师了，也没必要捡瓶子卖去不是？”

“他那是跟你赌气，他不是说他当乞丐也能养活自己嘛。他不想当厨师，不是面子的问题。你不是也不愿意接你爸的班吗？你们俩那时说话根本就没在一个频道。”

“我知道，不当厨师难道他去当老师？去当魔术师？那不是那当口实在没有更好的选择不是？我问你，后来他怎么又没在你表哥那儿干了？”

“表嫂说他跟表哥也赌了回气，自己去了广州。”

“好嘛，直接去了最顶级的公司，还是心气高啊。”

“也好，磨磨性子，长长本事。”

“过得怎么样了？”

“用他自己的话说——竞争十分惨烈，根本挤不上去，被当猪似的使唤，累得跟狗一样，钱也没挣着。”

“呵呵，精辟。有女朋友了吗？”

“还没开窍呢，自己都在糊口阶段，哪敢找女朋友。”

“我不就敢找吗？呵呵。”

“你以为谁都跟你一样死皮赖脸，那是你命好，知道不？”

“是是是，哈哈。其实他人挺好的，也勤快。”

“除了脾气犟，就是太老实，太敏感，心理脆弱。”

“那是因为口吃的毛病，有心理阴影，你不是说他小时候常遭人笑话嘛。如果敏感，心里又跟明镜似的，有时候反倒不好了。其实这人哪，有时候傻点也没关系。我那时候在台上学阿猫阿狗遭别人笑话，就跟没事一样。”

“你以为谁都跟你一样缺心眼？”

“确实，那会儿我压根没那个意识，一心就想着有钱挣真是太好了。还有，我就记住了高老师说的话，把台下的人都当大白菜。”

“你弟不也敏感吗？”

“我弟也是，都是心气高、爱面子。说有才吧也有才，长得还比我帅。要是有我这么自信就好啰。说不好，有些东西天生的。”

“你下次见到他们，别跟他们讲大道理，好吧？他们听不进去的。别跟个唐僧似的，没完没了，我听了都嫌烦。”

“不是听不进去，也不是不懂，是做不到。我不过是尽己所能，不想让他们走冤枉路罢了。说到底，最终都得靠自己。”

“不说这些了。刚接了个活动，下周去广州，顺便看看他。”

“好，再会一会小舅子！有人说小舅子和姐夫是所有关系里头最难处理的关系之一，其难度不亚于媳妇与小姑。杨师兄与他前女友分手，听说就是他小舅子的功劳。”

“也未必全是他小舅子的问题吧？你师兄不是说找个北京的老婆可以少奋斗二十年吗？没准儿是他自己心猿意马、意志不坚呢。”

“呵呵，师兄的选择也没准儿是对的。”

“那你也试试？”

“我，我就算啦，哈哈！我打算多奋斗二十年也无妨，认命了，哦不，值！”

“哼！油嘴滑舌。这可是你说的啊。今天我想吃鱼啊，要清蒸的。”

“遵命！”

主办方为我定的头等舱，这是我以往身份所不具备的待遇。其实

騎牛駕春風
辛丑春吉
蘇大寶

我认为，是不是头等舱无所谓，小芳说："有必要。"

广州的活动是一家国际社交网站登陆中国的发布会，在丽思卡尔顿酒店举行。主办方对我非常尊重，让我有些不太适应。

小芳对我说："你要自然点，人家把你当大师对待来着。"

"真是受宠若惊啊，我感觉浑身不自在。发型还行吧？"

"哎呀，行，都问我好几遍了！"

"服装下次得换换了。你说我要不要留点胡子？"

"自信点好不好？拿出你以前在台上表演魔术的派头来。"

"身份转变也得有个适应过程不是？他们越把我当大师，我心里越发虚。对，大师，我现在是大师。"我抖擞了一下精神，清了清嗓子，做了个扮相，眉毛恨不得冲到头顶。

"正经点、自然点，他们来了。"小芳轻声说道。

主办方的人走过来向我们点头微笑，我也绅士般点头致意。

阿云在现场临时充当我的助理。他面带笑容，十分谦恭，办事非常细致，有板有眼，我心里很是满意。

"阿云还行，有眼力见儿，靠谱。有些事只要稍微一点拨就通，进步大大的。看来还是环境塑造人啊。"我对小芳说道。

活动进行得十分顺利，结束后，我俩想去他的住处看看。他打了辆车，带着我们来到一个杂乱的地带，见一小巷后下车，然后朝里走去。不知绕过了几个弯、穿过了几条巷，总之越走越瘆得慌，比我初次到北京时进的破胡同还要吓人。这种感受来自高楼与高楼之间那种极致紧凑带来的压迫感，好似只有喘息的余地。若是此处再点缀些蜘蛛网什么的，再配个或红或绿的灯效，绝对使人头皮发麻。

终于走到头了，看到眼前的景象，我感到很纳闷，高楼林立的巷子里居然还独立存活着一栋两层的破矮小屋，那感觉就像一个八九十的“老头”被围堵在一群彪悍的肌肉男中间。

“你就住这儿？真是佩服，怎么找到的？”我不假思索地问道。

“长见识了吧，这叫城中村，应该跟北京的胡同差不多。这是钉子户，还没拆的。”他知道我的感受，歪嘴笑着说道。

“还是北京好！”我感叹道。

进了门，迎面是几块长短不一的木头凑合出来的楼梯，登一层心里咯噔两下。初极狭，才通人，复登上楼，也不见豁然开朗。到了二层，迎面就是一扇门。推开房门，能感受到有微弱的灰尘抖落。昏暗笼罩在房间的每个角落，越发凸显出房屋漏风、漏光的特点。外面的光经过了几道折射和反射，到这里居然还能通过屋子的空隙钻出来，营造出多条红外线交织似的效果。我盯着那光线里肆意翻滚的万千尘埃，有种说不出来的难受。

“没装暗器吧？”我笑道。

“小心点啊，这里常有老鼠光顾，昨天我睡觉的时候，差点把我鼻子咬了。”他笑道。

话音未落，某处突然有个响动，小芳“啊”的一声，把我俩同时吓得一激灵。

“干吗呢？大惊小怪，心脏病都被你吓出来了。”我大声说道。

阿云咯咯笑个不停。

“跟我再去北京吧，当我的帮手，肯定比这里强。”

阿云看了看他姐。

“至少我们在一起，爸妈更放心。”他姐说道。

“什么时候？”他问道。

“越快越好，你尽快处理好自己的事情，我在北京等你，争取下个月就来。”我说道。

“要的！”他露出腼腆的笑容。

回到北京，我们开始找新的房子。我们觉得上班和生活的距离耽误了太多的时间和精力，想找个大些的房子，既能办公又可居家最好，反正现在大部分时间也都在公司。阿云到北京的时候，正好赶上搬家，公司也搬，家也搬。那天正好赶上了暴风雨。搬完之后，我们三个累得都快趴下了。

阿云笑道：“来得可真是时候。”我俩也笑了。

我们三个站在落地窗前，迎面是优美的人工湖，心中都有种前所未有的敞亮和愉悦感。微风吹拂着水面，波光粼粼，《献给爱丽丝》最契合那种感受。小芳站在我的左侧，阿云站在我的右侧，我感觉自己插上了一双翅膀。那时正值2007年的夏日，暴风雨过后，天空多晴朗，空气新鲜，令人精神爽朗，还有那太阳，无比灿烂辉煌。

如果动物也有情感，我想知了幼虫从地里爬出来时，又或毛毛虫破茧化蝶时，会和我此时有一样的感受。我们生活在八楼，楼层不高不低。朝南有湖，鱼戏其间；朝北是公园，有个篮球场。整个小区笼罩在一片祥和的气息中，有葱葱绿荫、丛丛鲜花，有暗香频至、蜂蝶飞舞，有神清气爽的老人在歌唱，有朝气蓬勃的少年在追逐。新的地方，新的气象！

新房的确是新房，之前从未有人居住过。120平方米的空间足够我们三个人办公和居家了。大间做我俩的卧室，小间阿云住，客厅就是办公区域。

我给阿云布置的首要工作是完善网站的各项内容，同时在搜狐、优酷等网站上注册多个账号，不间断地将我作画的视频传到网上。这项工作虽然枯燥，却是当时面向社会推广沙画最有效的途径和手段，也为我个人的宣传起到了巨大的作用。当然，业务主要还是来自百度的竞价排名。比之经营演艺公司时的推广，关键词“沙画”要便宜得多。演艺公司的竞争非常激烈，谁出的价高，谁就可以排在百度行业位置的最前面。沙画就我们一家在做，没有竞争就没有伤害。我们可以以最低的付费标准排在最前面，而后面没有老二，也就无论老三、老四了。我演出的费用也是水涨船高，有段时间我们都搞不清楚市场的上限在哪儿，总之业务呈井喷之势，完全出乎我们的意料。正如他们所说的：“这不是普通的沙子，是金沙！”

网站不仅吸引了广大商家和演出经纪方的眼球，也吸引了不少传统媒体的关注，中央电视台一档很热的栏目《财富故事会》就是慕名而来的。我以前在公主坟的草地上面对中央电视台时的预感，这回终于要实现了。

“你说奇怪不奇怪，真的有预感这回事。你高中转到我们学校时，在教室门口出现的一刹那，我就知道你将来是我的老婆。”

“我知道啦，说了好多遍啦！你还说你上大学的时候从窗台上看到我俩在学校的转角处手牵着手漫步。”

“真的！我一点也没骗你。”

“是真的啦。这次央视拍摄就是讲你自己的故事，你别到真要你说的时候掉链子啊。”

“还是你懂我。还有，我看到沙画的时候也是这种感觉，就觉得这辈子就是来干它的。”我陶醉其中，小芳呈麻木状，阿云在一旁嘿嘿傻乐。

“你有啥好笑的？”

“自、自恋。”他欲语还休地吐出三个字，捂着嘴咯咯直乐，时不时瞟我一眼。

“想不到，你还是个蔫儿坏。”

“我跟你说，导演说还要取外景，他们知道你下周要去南京参加保时捷的发布会，打算跟着去现场拍摄，要我们跟主办方沟通协调一下。”小芳说道。

“好事啊，品牌发布会，央视都来报道，他们高兴还来不及呢，我们也有面子不是？”

去南京的路上，除了我和小芳，央视同行的有一位女编导和一位男摄像师。在雄伟壮观的北京首都国际机场三号航站楼，我反复演练着取票、办登机牌、安检的流程，只为电视中需要一组人在旅途的镜头，偶尔有围观者，让我有些放不开手脚。

编导说：“你不用看镜头，知道吗？”那神态让我想起小学时的老师。

编导极其严格，我感觉她一定是“处女座”。

“呵呵，导演，我是怕电视里出来显得没镜头感，业余。”

“这不是拍电影，是讲你的故事，越自然越好，明白吗？再来。”她严肃地说道，面无表情。

“好的，导演！”我瞟了一眼小芳，她向我吐了吐舌头。

上了飞机，我俩坐一排，他俩坐在靠后的位置。小芳小声对我说：“这导演真是够厉害的，北京台的导演随和多了。”

“央视嘛。高老师说过，电视台的人见多识广，什么人都见得着，见怪也不怪，眼光自然比普通人高。这次虽然他们说住和吃都是自己解决，我看我们还得留心好生款待，破费点儿也应该。”

“我知道，我也是这样想的。他们严格要求是好事，你好好配合，别自以为是。”

下飞机时已是晚上九点。取行李的时候，我听到装沙画台的箱子有响声，感觉不妙。晃动了几下，里面叮叮咣咣的。

“坏了，作画的玻璃碎了！”我睁大眼睛望着小芳。

“估计是托运时弄坏的，他们瞎扔的时候我就感到不靠谱。怎么办？”

“到地方再说吧。”

我看了看另外两位，表情木然，似乎这事跟他们没什么关系，也无建议。

司机将行李一一搁好后，我们便直奔酒店。外面下着瓢泼大雨，汽车俨然在水里航行，我的心也沉到了水里。前方的雨如万箭齐发向我们袭来，然后被雨刷轻而易举地挡开，让我联想到电影《英雄》中的某些片段，心生“壮士一去兮不复还”的苍凉之感。

“是明天上午的活动对吧？”我问道。

“九点半，原定今天晚上到后去现场彩排的。”小芳回道。

“要是定早点的票就好了。”看着外面的瓢泼大雨，我隐隐有些焦虑。

“谁也没想到机场会出这么个岔子。”

“这样，我们先到现场去调试设备，把道具什么的先卸下来，跟主办方去沟通一下，让他们想办法帮着划块玻璃。我们下车后，麻烦师傅把两位导演送到酒店。导演，我们明天上午九点在会场见？”

他俩表示可以。

会场在南京郊区的一家保时捷 4S 店内。接我们的几个“大块头”眼睁睁看着我和司机把东西卸了下来。

小芳对他们说：“有劳你们帮忙抬进去，谢谢！”

他们这才发现了自己的价值。

进了现场，我们和负责人接洽上，跟他说明了情况，他随即招呼手底下三个“大块头”去帮我买玻璃，谁料这些人出了大门都打退堂鼓。

“这里是南京的郊外，我们不太熟。”

“你看雨太大了，打车不好打。”

“这么晚了，店也都关门了。”

他们说的是实情，于是我问道：“那要是没玻璃，明天的活动演不了怎么办？”

“那我们也没别的办法啊！”

我有些懊恼，心想哪有解决不了的问题，只是不想尽力而已。我回过头，打算让他们负责人给他们施施压。透过玻璃墙，我看到负责人正忙得团团转，恨不得有三头六臂才行。我转过头来，又看了看这三位高大肌肉男的可怜样儿。

“算了，我自己想办法吧。”我悻悻地说道。

“你怎么想办法？”小芳问我。

“我知道，我肯定会弄到一块玻璃的。”

“你怎么弄？打了半天车都打不到。”

“这样，你先去酒店休息，我自有办法。”

“我还是在这儿等你吧。”

“也行，可能会晚点回来。”

说完我撑开雨伞，向路口停的一辆还在冒热气的摩的走去。一个六十多岁的老人，穿着雨衣，正在发呆。

“走吗？”我大声喊道。

“去哪？”他也尽量提高嗓门儿。

“师傅，你带我去附近买玻璃的地方，我要划块玻璃，买到了给你三十块钱。”

“太晚了，都关门了。”

“四十块。”

“要收工了，这么大雨。”

“五十块，再不去我打车算了。”我做出后退的架势。

“上来吧，真是的，晚上买什么玻璃，明天买不行吗……”他的声音从大到小，把那句话逐渐吞到了肚子里。

咕隆咕隆，摩的屁颠屁颠朝黑暗中扎去，我感觉自己就像在小船上荡漾一般。大概行驶了十几分钟，我们来到一个集贸市场。老人找到一排门脸房挨个敲门，都没反应，然后又驾车去了另一个地方，估计也是一条他熟悉的街道，还是无果。

“都关门了，只有到桥那边去看看。”他大声说道，说完把车头一扭，不知朝哪个方向驶去。我没听清楚那桥的名字，雨还在下，我看着他佝偻的后背，感激之情油然而生。

车子摇摇摆摆驶过一座小桥，进了一条巷子，很快停了下来。这时雨也似乎感觉到时间有点晚，该休息休息了。老人下车走到一个底下透着微光的卷闸门前。我看到了一丝希望，也跟着下车走了过去。“咚咚咚！”他用力敲门，并叫喊着，生怕这条街的人听不见。不一会儿，里面回话了，感觉他们认识。他们用方言交流了几句，里面的人便把门拉起来半边，里面传来小孩的哭声。

我和老人猫着腰走了进去，果真是有玻璃的地方，但并不像玻璃店。房子后面有个大熔炉，还有不少铁具堆放在一旁。靠左面的墙边横着一张钢丝折叠床，那人的老婆坐在床边披散着头发正在哄孩子。孩子三四岁，黑乎乎的，看到我们有些害怕，停止了吵闹，露出一副可怜相。我指着熔炉旁边竖着的几块玻璃说：“我想划一块六十见方的磨砂玻璃。”

“都在那里。”他说道。

我走过去翻了翻，心凉了半截。

“有没有磨砂玻璃？”我问道。

“那没有，这都是老早以前留下的。”他说道。

“可是我要的是磨砂玻璃。”我失望地说道。

“干什么用？”老人不解地问道。

“说了你也不明白。”沙画台的玻璃板要不透明的才能出效果，我心情有些低落，没法跟他解释，“师傅，还得麻烦您找找去。”

“找不到了，这是最后一家，要不就只能上城里头转，但这个时候都关门了。”

看样子，的确不是钱的问题了。

“咱们灶台旁不是有块玻璃嘛，让他看看。”那女人说道。

“我看看，在哪？”没等她丈夫回答，我已快步走到他们厨房边。其实谈不上厨房，只是一个放着锅灶的角落。果然，在油盐酱醋和一堆糙面饼之类的底下压着一块长方形的玻璃，正是磨砂的，只是已被油烟灰尘造得黄不溜秋了。此刻我像见到金子一般，一量尺寸，完全可以划出我要的大小，心里顿时乐开了花。

回到会场时，雨完全停了，空气格外清新。小芳一直在门口等着。

“太好啦！”她看到我手上紧紧攥着的玻璃激动得拍手蹦起来。

“你怎么不在里边待着，感冒了怎么办？”

“我看你去了快两个小时，还不回来……”

“清洗玻璃去了，老费劲呢。我不是说了嘛，我肯定能找到的。预感，知道吗？今天是一个孩子的母亲拯救了我们，回去再跟你说。彩排去吧。”

彩排顺利通过，我们出门准备去酒店。我回头又看了看会场，里面依然在忙碌，忙得热火朝天。

“看来他们今夜无眠了，我们倒是可以好好睡上一觉。瞧那几个大块头，唉，站那里就是不知道该干什么。走，睡觉去。”

我朝着天空猛吸了几口清新的空气。

第二天上午九点，悠扬轻快的小提琴四重奏旋律萦绕在会场内，一派高雅非凡的氛围，尽显高端大气的档次。舞台上，灯光璀璨夺目，一辆崭新的保时捷 911 赫然停在中央，车的两侧优雅伫立着两位美女。舞台前方，整齐有序地摆放着白色镶金边的包布座椅，彰显着奢华与精致。我演出的地点在保时捷店内那醒目的 LOGO 正前方。央视的朋友行动迅速，很快便架好了机器，并依据现场情况忙着踩点。场外风和日暄，昨夜的风雨已成了昨夜的梦。众多穿着考究、发式精致、妆容靓丽的男女，手持红酒杯，悠然地在场外等候，他们一边品味着豪车的奢华魅力，一边发出欢快的笑声。还有不少身着小少爷、小公主装束的孩子在场地中尽情追逐嬉戏，他们那洁净的小脸上绽放着天真无邪的灿烂笑容。那几位身材魁梧、西装革履的大块头站在门口，显得威风凛凛。

时间到了，大家一一落座。我的节目排在开场。主持人介绍完毕，灯光随即暗下，音乐响起。我将一捧沙子在画盘上铺开，从容地勾勒着每一幅画面，淡定地变换着每一幅画面，行云流水、挥洒自如，那汽车和品牌的故事也从我手中徐徐展开。此时的我已是胸有成竹的沙画师了。现场的观众无一不沉醉其中。我知道台下不仅有观众盯着我，还有央视的镜头在时刻捕捉我的精彩瞬间。我的手在沙面上舞动生风，我的画在时空中连贯变化，我的思绪在恍惚中涌动翻飞。那一刻，我仿佛置身于一个巨大的发着荧光的玻璃板上，轻舞飞扬，并掀起了一场巨大的沙尘暴，而混沌的风沙皆在我的掌控之中，似有生命一般在我周围环绕、奔腾，沙子在空中有聚有散，不断焕发出金子般的光芒……只有李太白的诗句才能形容出那样的意境，只是李太白从未领略过那样的境地。

短短几分钟后，乐停、画止，所有人在同一时空共同领略了一个短暂而美妙的意象世界。掌声响起，我优雅地鞠了一躬，信步走下舞台，然后径直向场外走去。

“感谢来自北京的沙画大师苏大宝先生！”主持人的声音追上了走出场外的我。

我靠着栏杆，向天空远远望去，心旷神怡。所有的云朵都在昨晚被贬下了凡间，只剩下一望无际的湛蓝。

编导走到我面前，淡然说道："现场效果还行，不过你还得跟他们说说，找个隔音的地方，我们还得做人物采访。"

"好的，好的。一会儿结束了我问问负责人。"

"抓点紧，今晚我们得赶回去，明天台里还有别的事。"

"好。"

活动很快结束了，负责人告诉我，这个地方怕是找不到隔音的场所，看看酒店有没有会议室可以用。我们住的酒店离会场不远，但是个快捷酒店，一问果真也没有。我问了服务员这里还有没有其他酒店，服务员说这里在郊区，附近只有一家三星级酒店，于是我们打车前去。前台的服务员带着我们到了会议室，编导进去上下打量了一番，说道："不行，不隔音。"

"好像没什么声音吧？"

"我说不行就不行，这酒店在闹市区，杂音太多。"

"关键是人生地不熟，往城里赶，一家家试怕是来不及。要是找不到该怎么办呀，导演？"

"那就不录了，你自己考虑好。"她说话总有一种不咸不淡的味道。

"我有办法了，先回住的地方。"

一行人来到我住的房间，安静得能听见针掉地的声音。

"导演你听，这间屋怎样？"

她眨了眨眼，说道："还凑合，但窗那儿差点感觉，房间有点小。"

"好办，请摄像大哥帮忙，我们把床竖起来，堵在窗口。"

我俩将床架推到靠窗的位置，把床垫竖起来，正好严严实实将窗户堵住。本来这房间就安静得很，窗户堵住后立刻感到耳鸣，不仅如此，房间也自然显得宽敞了不少。

“这样行吗？”

编导戴上耳机，拿出话筒对着空气，好像在收集什么神秘的信息。一分钟左右过去，她说：“可以，但是背景不行，要有幅画就好了。”

“我知道旁边有个集贸市场，要不我们看看有什么可以装饰的。”

我们打了车，要司机带我们去最近的集贸市场，不想才一分钟就到了。我寻思着昨晚那摩的司机最开始是故意绕了路，怕我扯皮，不由得有些好笑。很快，我们买好一卷宽胶带，并物色了一大块蓝橙相间的蜡染布，编导觉得那布做背景可以。一行人再打了辆车回来。回到房间，我们一刻也没停，我用胶带将蜡染布粘到墙上，那摄像师架机器、调灯光。不到半小时，一个较为合格的录像棚就被我们营造出来了。

我坐到镜头前，小芳站在镜头后，我们都很紧张。编导手持话筒和我相对而坐。摄像师打了个“OK”的手势，她便开始提问了：“你是从什么时候开始接触沙画的？”

“这要追溯到2004年吧，我在网上搜到一段名为‘最震撼的表演’的视频，是匈牙利的一位叫弗兰茨·佐库的老先生，他在韩国动漫展上表演了一个叫《创世记》的作品……”

约两小时，我们录完像，赶紧收拾各项设备，把床恢复原位，退房。司机已在楼下等候。到机场也是马不停蹄，我们终于卡在最后几分钟赶上了飞机。坐下来那一刻，我浑身瘫软，不一会儿就进入了梦乡。醒来时，窗外挂着一轮皎洁的明月，我看着它，它也像在看着我。我越看心里越亮堂，轻轻地对它说：“我要上央视啦！”

小芳还飘在梦里，嘴角不时微微向上扬起，又缓缓松下来。

到了北京，我们打车到家。下车时我把钱递给司机，司机对着灯搓了两下，说道："嘿，哥们儿，这张给我换换，谢了啊！"

我接过那张五十的，看了看，确实是张假币。

"这不是昨晚那摩的司机找我的吗？"

我俩不约而同地乐了。

回到家，阿云对我们说："情人节过得咋样？"

我俩一头雾水。

"对呀，我把这事给忘了。"我拍了拍脑袋。

"哼！"小芳故作生气。

"感谢你提醒啊，你这个家伙。"我带着坏笑对阿云说道。

阿云拿出一束玫瑰花送到他姐面前，说道："姐夫提前叫我给你准备的。"

小芳瞬间醉得像朵花一样。

"这小舅子，人才！"我对他竖起大拇指。

"呵呵，今非昔比吧？"他还是那副歪笑，继续说道，"告诉你们一个好消息和一个坏消息。"

"什么呀？快说。"

"好消息是我们的视频点击量有几百万啦，好多人留言。"

"是吗？"

"你画的爱情故事，我给改了个名字叫《情人节沙画》，你们去的那天是情人节，我把它传到网上后好多人转载，点击量像坐火箭一样上升，嘿嘿。"他说得手舞足蹈，越说越兴奋。

"二十一世纪最缺什么？人才呀！"我再次给他竖起大拇指。

"你不是说还有个坏消息吗？"小芳问。

"坏消息是，我们有竞争对手了，你看。"

他把鼠标放在一句留言上："玩了这么久的沙画，没见过你这么画的。"

留言者名叫高业民，点击他的名字能链接到一个博客主页，主页显示，那人是一名资深的新闻漫画家，兼油画和沙画创作，还是位北京电影学院的特聘教授，其中还有一段他去年在央视少儿频道表演沙画的视频。

"他挺傲慢的，这样说是瞧不起我啊。"我感到那留言有挑衅的味道。

"我觉得他是说你们的风格完全不一样，看来也是个多面手。不过从他主推的东西来看，好像他还没意识到沙画的商业价值，只是爱好而已。"小芳手捧着鲜花说道。

"我们继续传视频，扩大影响。"

"明白。"说完，阿云继续注册更多的账号，继续推送视频。

第二天，阿云说高业民现在已经开始频繁传视频了。我打开百度视频，输入关键词"沙画"，原来只能看到我的一些视频的页面，现在他已占据首页的半壁江山了。我感到浑身黏着冰冷的湿衣，而且迎面刮来一阵阴风。

"不过只要我们传新的视频上去，就可以把他的视频挤到后面的位置。"阿云说。

"那就比谁有耐力了，谁传得多谁就赢。"我拍了拍阿云的肩。

从此，我和高业民时刻关注着彼此的动向，并激烈地进行推送沙画视频的持久战。我们在虚拟的世界里相互较量，此消彼长，难分胜负，但从未真正谋面。

我们还招了一名专职传输视频的员工辅助阿云。很快，高业民也设计了一个网站，把沙画作为主打，漫画和油画作为附带推出。在百

度竞价排名的战场，我们也打得分外激烈。尽管我们都知道，百度是渔翁，但谁也不愿退让。凡是可以展示和推广自己的平台，我们都建立了根据地，尽最大的努力去维护和更新，比如各个门户网站的百科、贴吧、博客等。我想我和他都已预感到，沙画作为一种新兴艺术形式会越来越受关注，它的黄金时代即将来临。

在与高业民竞争的过程中，我迷上了中国的传统文化，一方面我感觉那是我创作的源泉和根本；另一方面，传统文化给我智慧，使我在竞争中有方向、有主心骨、有力量。高业民每出一个新作品，我都会一一截图并打印出来仔细分析。他的作品具有浓厚的漫画色彩，充满浪漫的童趣，构思缜密、变化精巧；我的作品得益于写意画、书法、魔术的修为，追求极简、大气、唯美的构图和意境以及行云流水的现场表现力。总的来说，他的适合做动画短片，我的更适合现场演绎。

一天我对小芳说:“工欲善其事,必先利其器。知己知彼,百战不殆。不知道我的工具和他的谁更好，有机会我得看看去。”

“那不都一样吗？一块发光的玻璃板。”

“不能这样理解，毛笔都一样，但使起来就不是那么回事了。”

“跟他联系联系，交流交流？”

“开玩笑吧？怎么可能，我们都斗成这样了。”

“没准儿英雄惜英雄！”

“我总觉得他瞧不起我，你看他每次发布的文字和视频都是有针对性和指向性的。”

“你想想看，他是本地人、大学教授、美协会员，还在知名报社任职，比你年长十岁。你是谁？瞧不起你也正常。”

“我也不差，虽是草根，和他打个平手也不丢人呢。”

“我去，居然攻击我们，你他妈才抄我们呢！”新来的小伙子倪鸿在网上和对方干了起来，他正在传视频，看来是被对方怼急了。我对小芳摆了个无奈的手势，然后走过去。

我看到他在贴吧输入的文字欠妥，严厉地批评道：“对骂是没有任何意义的，我们要学习对方优秀的经验，还要不断研究、开发对方还不知道的路径。他们骂我们，我们应当感到高兴，说明他们开始着急了，千万不能让对方知道我们的军情和军心。我比他年轻十岁，再过十年见分晓也不迟，重在坚持。我不希望再看到这些文字了，知道了吗？”

“知道了，宝哥。”他向阿云递了个眼色，阿云隐隐发笑。

“你、你、你们都得读读《道德经》。”我说道。

转过身去,我对小芳说:“看来想跟他联系交流的可能性不太大了,别到时候自讨没趣。”

“也不一定是他在怼我们，没准儿是他底下的人不懂事。”

“我觉得也是，不至于这么小心眼，看作品就知道一个人，但毕竟同行相忌啊。”

“除非……”

“除非什么？”

“他演出的时候去看看。”

“他演出会告诉你？”

“你这个死脑筋。小倪，你的手机借一下。”

倪鸿已把手机递了过来。她拨通对方网站上的电话：“你好，请问你们是做沙画的吧？”

我们几个目不转睛地盯着她。

对方回答：“是的。”

她接着说：“我们公司近期的活动需要沙画，但想看看现场效果，不知道您哪天有演出，我们想到现场看看……下周，下周几？周六，周六下午，金融街威斯汀酒店。好的，到时候我们要去的话就联系您。谢谢！”

她镇定自若地挂掉电话。我们一个个瞪大着眼，像背后的筋被抽掉了似的。

“芳姐，他下周来电话问我怎么办？”

“说不去了就好嘛！跟对方骂仗你劲儿挺足，这时候倒没主意了？”

倪鸿摸了摸后脑勺，不好意思地笑了笑。

“有件大事要跟你说。”小芳对我说道。

“什么事？”

“你还记得上次‘798’的活动吗？有个在奥组委工作的人跟我

联系了，说看看奥运会开幕式上是否能用上沙画。”

“什么，这么大的事你才说？”

“我这不正要跟你说，你把我引到高业民那里去了嘛。”

听到这个消息，我在房间里转着圈踱来踱去，像一只点燃烟花的“小蜜蜂”。

“简直不可思议，简直不可思议！我的天！”我不知道该怎样才能表达我的心情，反复叨叨着这句话。他们也感到异常兴奋。

小芳又对我说:“你现在要着力准备一个奥运主题的作品呈上去。”

“不用说，全力以赴！看来，我更得看看高业民的道具了。”

“现在的工作强度挺大，我觉得我们缺少一个后勤，主要是帮着做饭就行。”

“看看你爸能不能过来，他不是厨师吗？”

“他肯定乐意，但是他那脾气——”

“脾气挺好的，我们合得来。”

“跟你合得来，不一定跟我们合得来。”阿云笑道，小芳也笑了。

“哈哈，都这样，越近越没好脾气。有我在就肯定没问题，请他来帮帮忙，一会儿我们一起给他打个电话。”我说道。

一周之后，我早早来到位于北京西二环金融街的威斯汀酒店。进了大堂，我十分谨慎地从步梯来到二楼，环顾四周，觉得没有问题，便走向活动大厅。大厅的门是敞开的，我来到门口远远望去，见五六个人围在舞台下右侧，在探讨着什么。沙画台的光自下往上投照在他们脸上，让我想起凡·高的《吃土豆的人》。正中间的毫无疑问就是高业民。我之所以敢如此确定，并非因为能看清他的脸，而是他那顶在很多图片中出现过的鸭舌帽，我曾说他是个帽子控。我想走近了去看，却没有迈开步子。

我很想问问他："你为什么也玩上沙画了？"

他也许会回答："喜欢，仅此而已。"

"我也是。你觉得沙画什么地方吸引你？"

"瞬间变化，连贯变化，令人想象不到的变化。"

"还有吗？"

"天真、浪漫的诗意和童趣。"

"还有吗？"

"它是种无法保存的艺术，是创造和消亡同时并存的过程，不为结果，也留不下任何结果。"

"生就会灭，灭意味着生，最终不生不灭。"

"一切都在掌控中，没有比这个更好玩的艺术了，你认为呢？"

"我很同意你的说法。我认为沙画还当追求瞬间的、自然的、简约的、流畅的、大气的外在美，还当追求和谐的、整体的内在美。收放自如、刚柔相济、自然而然才是最高的境界。至于其他艺术我将来也会体验一下的，也许它就是最有意思的艺术吧。"

"你来做什么？"

"我想看看你的作画工具，你能和我一起交流交流吗？"

此刻，我已情不自禁地挪步到大厅中间。突然电话铃响了，把我吓了一跳。

是小芳的电话。她说："爸爸我们已接到了啊，你回来时告诉我们一声，我们好安排炒菜。"

"好的，知道了。"我转身低头小声说道。

"你看到了吗？今天有他的表演吧？"

"有呢，我看到他了，正在彩排什么的。等他们散了，我找机会到跟前再看看去。你跟爸爸解释了吧，我有事没去接他，让他先休息休息。我估计一小时后就回来。”

“说了，没事，你看完了赶快回来就是。”

我挂了电话，转过身来，舞台边的人已经散去。我环顾场内，没有见到他，心里突然一惊，我立即掉转头，看到了他的背影。他缓缓地走到步梯口旁，双手撑着栏杆朝底下的大堂观望，很是悠闲。

我即刻飞步走向舞台……

回到家，满桌的美味佳肴已摆放开来，就等我了，一看就是岳父大人的杰作。

“爸，你应该先好好休息的，小芳和阿云也会做饭。”

“跟他说了，他就是不听，说多了还不高兴。”阿云很无奈地说道。

“我说了，在车上一直睡着来的，屁股都睡疼了，还休息什么？”他说话像放鞭炮似的，一个字一个字地往外爆开。

“哦，是这样，很好，活动活动筋骨，我们也可以大饱口福了。今天真是个好日子，得来点酒助兴了！哎呀，还有这个菜，简直不得了！”我急忙转移话题。

“这鱼是我前天从自家鱼塘里捞出来的，喝山泉水长大的，你们莫糟蹋了。”

“对对对，还得大厨亲自操刀，我都快流哈喇子了。快，拿酒来！”

岳父脸上的褶子这才舒展开来。

吃到尽兴处，小芳问道：“怎么样，看到了吗？”

“当然看到了，我们可以放心大胆往前冲了。我的道具绝对是最先进的，还得是当过魔术师的人来设计啊。他的是木头做的一个大灯箱，作画的就是一块大平板，四周没有沙槽，挡板有些高，把作画的手全给挡了。我掂量了一下，他的东西太沉，笨重得很，黑咕隆咚，也不美观。不如我的，不如我的！我的道具又轻便又时尚，还实用呢。”

“现在你自信了，以前怎么就老怀疑自己的东西不行呢？我早就说过工具只是一方面，还得看技术。”小芳说道。

“你这是什么话啊，工具不重要？磨刀不误砍柴工，我学厨师的时候首先就是学磨刀。”没等我开口，她爸帮我说了。

“还是爸说得对！呵呵，来敬您。”

“你这个车换得好，好看。芳儿的车开得也还行，就是慢了点。”

“她才学会没多久，以前没让她学，是觉得开车是件危险的事情。现在太忙了，不得不学了。跟我哼哼几年了，还不满足她，都要爆炸啰。”

“她随我，生气了莫张（别理）她。”

“哪里撒？我车开得也还可以的吧？主要怪前面那辆车开得太慢了，老挡着我。”小芳不服气地说道。父亲来了，她好像往回长了几岁。她话说完，我们几个都忍不住乐了。

“爸，她刚才那句话怎么说来着？”

“哪句话？”

“工具是一方面，还得看技术，对吧？哈哈。”

“讨厌。”

“你今天搞什么去了，神秘兮兮的？”说着，她爸抿了一口酒，好像很久没这么爽快过。

小芳姐弟俩和我眉目交流。

“我今天当了回 007，呵呵。”

我也抿了一口酒，接着便把今天的考察过程娓娓道来。

第12章

ONE WORLD ONE DREAM

北京很多显眼处和风景名胜区都已陆续植入了奥运的元素，变形的“京”字大红印章盖在了城市标语上、墙上、大地上、T 恤上、报纸杂志上、文创产品上，等等，红得十分醒目，目光稍作停留，绿色的影子就盖在了眼睛里。总之，这都是用最传统的方式向世人昭示着一件铁板钉钉的事——2008 年奥运会即将在北京举行。奥运的口号也无处不在，“同一个世界 同一个梦想”举目可见，汉字底下放了一行英文“One World One Dream”，外国人和中国人可以各取所需，都没落下，充分显示了我们泱泱大国的厚重感和大胸怀。五个福娃也活跃得很，五个福娃，五种口味，虽说众口难调，但那阵仗已充分表现出我们的诚意——“北京欢迎你！”中国人历来要面儿，宜多不宜少、宜大不宜小，图的是个热热闹闹、皆大欢喜和圆圆满满。我有时候在想，可口可乐有什么好喝的，既没营养，还就那一个味儿，一成不变，这是代表了创新不足、能力有限还是啥？它是怎么就让全世界人民都喜欢或能接受的？

岳父大人每到一个景点都要手执小红旗到印章和五环跟前留张影，那是他日后回去跟街坊邻里吹牛的资本。我只想跟他说，如果重在拍这个印章什么的其实不必跑这么多地方，阿云用软件P一下没准儿效果更好。当然也不能忽略他的爱国情怀。不只是他，很多老头、老太太的觉悟和积极性都是令人敬佩的。只可惜火炬手不是他们，否则他们一定会把毛主席“星星之火，可以燎原”的理念发挥到极致。他到哪我陪到哪，做贴身的保镖和专职的司机，还兼顾摄影的差事。但凡他逛的景点我都在场，可我的兴致一没在景、二不在那印章，这些元素都没法激发我创作的灵感。

岳父大人的心很野，可他的肺不争气，这也是老天爷的安排，如之奈何？他的性情一上来，往往不会顾及自己是个病弱之躯。岳母大人经常这样说：“他就是匹野马，家里拴不住，年轻时老不着家，回来就跟我干仗，还不如不回来。”她虽这样说，但总是带着笑的。通过观察，我认为岳母大人所说的情况属实。若是在老家，菜园、山上他有的是事情干，垂钓、打鱼、钩黄鳝、逮泥鳅是他的最爱，总之没有闲着的时候。他要的是老有所为，要的是自由，我想这也应该是所有老年人的梦想吧。一开始我带着他逛了不少我觉得值得打卡的景点，后来他怕耽误我的工作，自己又去过不少地方。他独自行动，总让我们的心悬在嗓子眼儿。他说他有残疾证，能省钱。其实不是省钱的事，我们要的是省心，其实也不是他不省心，是我们担心他不省心反而落了个不省心。他年轻的时候早把那独行的功夫练出来了，没人跟着他，他自由自在，反倒会特别留意自己的安全问题。他那脾气不能堵，只能导，我是从他女儿身上吸取的教训。他独自出去了几次，每次都安全而归，回来时高兴得像个孩子，慢慢地我们也就放下心来。

再后来，他觉得出去逛也没多大意思，于是在精神领域另辟蹊径。他在房间里先是守着电脑把《007》全套电影看完，然后把各个电视台的抗日战争片看了个遍，之后守着几个电影频道择优观看，尤其是把邵氏影业的武侠片一一做了梳理，竟然到了能独立发表影评的地步。再后来，实在觉得没什么更有意思的了，他就坐在电视机前看钓鱼，他往日在现实生活中钓鱼能坐多久，在电视机前也能坐多久。他的任务就是做两顿饭，还不足以打发他多余的精力。我们没有太多时间跟他交流，也不敢交流太深入，因为交流太深他会把握不住，若是在兴头上被打断或话不投机他就会生气。

功夫不负有心人，他终于找到了一件更有意思的事情：他发现附近的森林公园里有野菜，如马齿苋、野苋菜之类的，而且长得十分茂盛。于是，他每天天刚亮就出发，到我们起床的时候他会带回来一大堆绿油油的野菜。他采得高兴，我们吃得开怀。他感觉找到了更大的人生价值，认为挖野菜可以为我们节省买菜的开支，便越采越带劲儿，越采越多，往往一挖一麻袋。他把菜装好后自己扛不动，就给阿云打电话，要他去帮着扛。阿云为此苦不堪言。

野菜的做法五花八门，有清炒的、蒜蓉的、炝炒的、凉拌的、腌制的、做成干菜、做成包子饺子馅儿，等等。我们连吃了几个月的野菜，一个个肚肠里的油水被刮得利利索索，虽然每顿都有肉，但看见了肉，还是两眼直冒绿光。他十分享受这个过程，我们不忍打断他的兴致，也没有更好的理由说服他，还得配合着一个劲儿地说："好吃，好吃！"

他研究野菜的态度和我研究沙画的态度一样，他干事的那股劲头和我干事情的劲头也相似。在他把野菜"玩"得淋漓尽致的时候，我的作品 *One World One Dream* 也出炉了。我很快将作品寄给了那位奥组委的朋友。一段时间后对方没有回复，我们追问情况，说是还在讨论和创意中，再隔一段时间再问，还是如此。我们也明白，奥运工作何其复杂，即便我们进了里面也不过是"一粒沙"的分量，问了两回也不好再问，只能听天由命了。

通过这段时间的相处，我们彼此佩服，更合得来了。阿云、小芳看得都有些嫉妒了。想想当初他要来接小芳回去那事，我们都笑了，真是不打不相识。

我说道："爸，你看你当初的火是不是白发了？"

他笑道："你以为你厉害，我当时劈了你的心都有。"

我和小芳打算今年结婚。我说我要开着自己的新车来迎娶新娘，她说她要坐着自己的新车嫁给新郎。双方的家长没有能力给我们准备什么，我们自己积攒了足够成家的资本。

这些年的积蓄，我们大部分都存在了建设银行，之所以都存在那里也是有原因的。建设银行是中国最早用沙画来做宣传的银行。对我来说，那也是沙画发展历程中的一个重要节点。

当时，建设银行的相关负责人希望我现场演绎几个词语——善建者行、知足者富、以心相交、成其久远。“善建者行、成其久远”是具象性的，也就是说可以用看得见、摸得到的东西来表现，比如，“善建者行”可以画房子、画参天大树等；“成其久远”可以画山川河岳、日月星辰等。“知足者富、以心相交”这两句是表现心理状态的东西，虚无缥缈、难以象形。我给他们出了个主意，我说：“中国的艺术，比如诗词、绘画都重在意境的营造和表达，多以写意为主，比如‘知足者富’这句，如果以金玉满堂的画面来展现的话，有些俗气，太过直白，我会用灵芝、竹子、蝙蝠这几样东西来组合，它们与文字谐音，芝同知、竹同足、蝠同富，而且这些都是中国文化中具有美好寓意的东西，给人以思索和回味的空间。”

他们表示同意。

我继续说道：“‘以心相交’这句，如果画成两个人办理手续、握手或画成面带笑容的银行职员的办公画面，都不足以表现字面的意义，太硬太俗。我建议以高山流水遇知音的典故来隐喻，即画出钟子期和俞伯牙的故事意境。只有心灵相通才能以心相交，这是写意画的特色和优势，太直白就不艺术了。”

他们说：“就这样，你画就是了。”

这个活动原本只用于现场表演。活动做完后，建行总部领导也非常欣赏这样的表达方式，希望将这段视频录制下来，并在全国所有的建行网点播放。他们出于版权的考虑，要与我签订一个协议，答应再给我一笔费用，问我多少钱合适，我说：“我已经挣了你们的钱，你们播放就是。”遂签字。

后来有人说我傻，我说：“知足者富。”

关于这个事情当时小芳也问过我：“为什么拒绝他们的好意？”

“既然已经挣过他们一笔了，再要也不太合适。”

“这是两回事，第一笔是表演费用，第二笔是版权使用费。”她说。

“我明白，那要多少合适？要多了，对方接受不了，我们会缺失一个宣传沙画的重要机会；要少了，反而掉价。不要钱有不要钱的好处，那样会减少很多不必要的审核流程和意外，会使这个作品和沙画最高效地传遍全国。”

不出我所料，很快，建行全国的网点都推送了这个作品，而且循环播放长达好几年。有几次出差，我还特意跑到机场建行的电视屏那里看看，心里颇为得意。我对阿云说：“你看，我画的，还在播。”

这个作品也为沙画的落地宣传做出了很重要的贡献，多年以后我还碰到有人这样说：“沙画呀，我在建设银行看到过！”

我笑着对他说：“我画的。”

善建者行、知足者富、以心相交、成其久远，它来自中国的传统文化，我认为那是实现梦想的金玉良言，这些话也刻在了我心里。在建行沙画之后我又陆续接到中国银行、中国工商银行、中国农业银行、交通银行、中国民生银行、中信银行、荷兰银行、华融湘江银行（后更名为湖南银行）等各大银行的订单。

忙忙碌碌是最容易忘记时间的，也是时间流逝得最快的时候。一撒一抹间，离过年转眼只剩下一个多月了。元旦过后我们就一直张罗着拍什么样的结婚照、选什么样的服装、挑什么样的首饰等事宜。温暖幸福的时光只稍作停留，没几天南方发生了前所未有的雪灾，电视里天天播报受灾的情况，也时刻牵动着我们的心。老家正在受灾，已断电，通信也受阻，我们在北京只能干着急。等到电话终于可以接通的时候，爷爷去世的消息传来。父亲说他们是走路回的老家，路上有些地方的雪已齐腰深了。在外工作的儿孙们基本赶不回来。我跟父亲说我们也赶不回去，看情形过年也未必能回，只能年后回去给爷爷上坟了。我们商定把婚期往后推。爷爷已是九十大几的人了，身体本也没什么毛病，如果不是这场大雪的话，我想他最少可以活到一百岁。很遗憾，爷爷看不到我们的婚礼了，我们再也看不到爷爷了！我点上三炷香，和小芳一起朝南方磕了三个头。

“小时候一到寒暑假，我和弟弟最高兴的事情就是回乡下爷爷那里。我们打着回去看爷爷的旗号，实际上也是名正言顺逃离父母的‘监控’。见着爷爷，也就问声好，然后立刻就去采野果、挖竹笋、摸鱼虾了……”我们围着玻璃桌，边吃边聊。

“现在对采野果、摸鱼虾之类的事情不感兴趣了，想好好看看爷爷却看不到了。拥有的时候以为永远都会拥有。他一直就是那样——正襟危坐，跷着二郎腿在堂屋门口，像一口钟，像一尊菩萨。现在想起来，好像长这么大就没怎么跟爷爷正经说过几句话。印象最深的就是小时候和他一起搭了座木桥，他在我前面，扛着木头，身影还是那样的清晰，但那桥的样子和他说过的话却全模糊了。上次在老家应该坐在他旁边好好跟他说会儿话的。”我遗憾地说道。

沉默了一会儿，岳父说：“你那个当村支书的叔叔我见过，有一回到我馆里吃过饭，那是你大叔还是小叔？跟你爸爸长得很像，都是眉头紧皱的样子。”

“那是我大叔。他们弟兄确实挺像，脾气都一个样，看电视看到奸臣、汉奸都会破口大骂。我妈有时候怼我爸，会捎带上我爸的兄弟，最后再把爷爷也带上，说他们家就是那号莵根（遗传）。”

他们都笑了。

“我一看就是你叔叔，还特意给他们多加了几块肉。”岳父说道。

阿云和小芳听了有些忍俊不禁。

“我爷爷、伯伯、姑父都当过村支书，现在我叔当村支书。我们全村都是亲戚，我现在都认不全。我们家族算是村里最大的家族了，我爷爷虽然排行老二，却是这个家族的老大。爷爷有四弟兄，大爷爷在祖籍新化没有过来，三爷爷很早就过世了，只剩三奶奶、小爷爷和小奶奶。他们都是属于‘树根’级别的。我爷爷有六个儿子、三个女儿。我大伯伯、二伯伯、三伯伯、四姑妈、五姑妈，还有两个叔叔、一个小姑，我爸排行老六。真是不知道他们那个时候是怎么养活的。”

“那个时候哪里像现在这样，现在天天都是过年。那个时候唯一的愿望就是活下去，我们那里都饿得啃树皮了，还有吃土的。”

“我爸老说他上学的时候，冬天下雪都是打赤脚，有双鞋简直就是奢望。我和弟弟最不喜欢听那话，时代不一样，挑战也不一样嘛。”

“那你的叔伯兄弟姊妹不得一群啦？”

“就是啊，我大伯、二伯、三伯都有四个，除了我小叔只有一个之外，其他的都是两三个，要是再加上我三爷爷和小爷爷家族的就不得了了。”

“那是有点吓人了。”

“我外公这头也是，我妈他们也有八姊妹。”

“你外公有多大年纪了？”

“八十多了，跟阿云奶奶差不多，比我爷爷小十岁吧。今年过完年后得去看看他们了。”我看了一眼小芳，说道。

“你们祖籍是在新化，对吧？新化人讲话特别搞笑。牛肉他们读牛蝇；鸡蛋叫啵；到哪里去读到奶奶脚气。”说完他自己忍不住捂着肚子笑起来，把我们也带笑了。

“我前些年演魔术口技还去过新化赶场，就想看看我们祖籍所在的地方。一路上碰到六个办丧事的，那一年过得紧巴巴的。还挺远，从常德出发坐了八九个小时的车。我真是佩服我爷爷，那时候逃难带着自己的老母、妻子、两个儿子、两个兄弟来到牯牛山，当时那里完全是一片荒山野岭，是怎么找到的？”

“为了活下去，走一步看一步，哪儿会想那么多。”岳父说着睁大眼睛，仿佛看到了自己的童年。

“那时候要是逃到北京，你现在不就享福了？”阿云说道，面带坏笑。

“那就不好说了。”小芳笑道，接着又说，“我看孙大爷那一大家子也不见得过得有多轻省。”

“那个时候，你奶奶带着我和你两个叔叔也跑到安化去借过红薯米，不然也会饿死。”岳父说。

“是啊，我爷爷就是饿死的。爸，你其实应该排行老三，对吧？”小芳说道。

“前面两个都是没养活的。”

“奶奶真是不容易，受了好多欺负才把孩子们带大。三十多岁就死了丈夫，一个人带大三个伢儿。”小芳说道。

“我奶奶我都没见过，据说是一位能干的女中豪杰，还经常徒步去县里开会。那时候县里干部下基层都是在我爷爷奶奶家落脚，都说我奶奶特别力量（能干）。只可惜过世得早，还不到五十岁。我爷爷之后单身了四十多年，简直无法想象。但不管怎么样，我爷爷儿孙满堂，晚景还算可以，子孙们对他都很孝顺。叔伯们都建了大房子，聚居在一起，爷爷想住哪家，哪家都乐意。但他自己很有原则，很有时间观念，一家住一个月，到月必须去下一家，强留他也没用，都拿他没办法。”

“要不是这次雪灾，你爷爷恐怕活百把岁没问题。”岳父说道。

“那肯定，他从来没得过什么病，主要是老家空气好，养生。我爷爷九十岁的时候身体都好得很，还独自来过我们家。那时候来一趟很不容易，要倒两次车，还要徒步一个多小时的崎岖山路。他来时没打招呼，也没给叔伯们说，进屋的时候把我们都吓了一跳，把叔伯们也急得够呛。”

“你爷爷过世了，好像也没见你掉眼泪？”小芳说道。

“不知道为什么，我跟爷爷从来就没怎么亲近过，我印象中爷爷从来没有抱过我，不像你跟你奶奶的感情那么深厚。”

“她从小就只要奶奶的，爸爸妈妈都不要，只跟奶奶睡。”她父亲说道，带着一股酸劲。

“那跟我和我外公的感情差不多。我小时候也只要我外公。我三岁到五岁是跟着外公外婆的。那时候家里有了弟弟，我爸妈工作又忙，带不了我，就把我放到外公外婆家了。我现在记得特清楚，那天号啕大哭着在山路上追他俩，感觉世界都要毁灭了。后来外公用了根超大的黄瓜转移了我的注意力，我才打住。外婆有点凶，我有点怕，就天天跟着外公，放羊、砍柴、摘野果、采茶叶、挖红薯、掏鸟蛋。记得有一次他带我在屋后的山上给我掏了个鸟蛋，让我生吃，吃得我胸前全是蛋黄。我舅舅说我那个时候就是个糊邋遢，头上还经常长虱子，外婆就用六六粉给我杀虱子。我害怕，哭得厉害，外公就改用刮刀给我剃光头。我更害怕了，头皮上被刮破了好几道口子，真是想起来就好笑。晚上我都是跟外公睡的，外公睡觉老爱唱‘菩萨’（梦话），那时候只要听他一唱，我就吓得头都不敢露出被子来。我爸妈是在我五岁的时候接我回去的。外公老笑话我，说我那时都不愿回去了，哭喊着要打死爸爸、打死爸爸，不过这事我一点都不记得了。我将来要是有了孩子，绝不让他当留守儿童。”说着，我笑了笑。

“那你是得回去好好看看你外公了。”岳父说着，把最后一口酒吞了下去。

晚上我躺在床上，想着二十多年前的一幕幕，好多事情就像发生在昨天。爷爷从来没有跟我讲过他的故事，也没讲过别的故事，他就像一座钟一样，永远对着屋对面的那座青山，坐在堂屋门口，孤独地坐了一辈子，又好像只坐了一小会儿，不知那些静如死水的日子他都在想着什么。外公跟外婆好像从来没怎么交流过，没见他俩说过几句痛快话，也各睡各的房间。外婆去世的时候，外公坐在楼板上哭得顿足捶胸，哭得声嘶力竭，谁也没有他伤心，他是否后悔活着的时候没有好好珍惜？爷爷严肃，外公慈祥；爷爷儿子多，外公女儿多。是爷爷过得好还是外公过得好？父辈他们有几家过得如意呢？人生真是不易啊！高老师说得对，人生来就是受苦的！如此越想越散，整晚无眠。

春节过后，我们全家回到牯牛山的老家，给爷爷上坟。老家的山后已有十来座坟了，都是爷爷奶奶辈的，现在又新添了一座。我们一一为他们敬香燃烛，磕头作揖。奶奶的坟和婆婆、三爷爷、三奶奶、小爷爷、小奶奶一块，爷爷独自在山的更高处。这是子女们为他选定的地方，面对延绵起伏的群山，凸显了他在家族中独有的位置和威望，但依然是那样孤独。后辈们为他选的位置不知他自己是否满意，还是对着那座山，以前是坐着，现在永远地躺着。

山谷里响起噼里啪啦的鞭炮声，樱花被震落，飘散在空中，随风而去。

“其实，爷爷他们来到这里繁衍生息就是个奇迹。古往今来，人类不知要经历多少灾难，战争、地震、瘟疫、水灾、饥荒、疾病，不知道有多少人在自己闭眼的那一刻就意味着一支血脉的中断。今天这个世界上能有我们的存在简直就是奇迹，就是极大的福报。如果时光能够倒流，我真想好好看看一位位祖先，问问他们是怎么一步步走过来的，好好听听他们的故事。”我一边烧着纸钱一边说道。

“能活下来就不容易！”弟弟说。

我们依次给爷爷磕完头，我问父亲：“爸，你说为什么爷爷从来没抱过我们？是不是不喜欢我们啊？”

“不喜欢你们，九十多岁了还来看你们？请爷爷奶奶们保佑我们平安健康、兴旺发达！”母亲回道，既是说给祖宗们听的，也是说给我们听的。

父亲说：“这么多子孙抱得了哪一个？你看这个家族不是和和气气的吗？”

我鼻子发酸，眼泪默默地流出。

“我总以为爷爷会长命百岁的，现在想来觉得好笑。世人都希望能活得长久，其实活得长久也未必是件好事。像爷爷这样的，九十多岁，得经历多少事啊？姑妈死的时候我见他好像也并不伤心，可能是让时间磨得麻木了吧。”我说道。

“做长辈的都是希望儿孙们能和和气气、出人头地的。”母亲说着，双掌合十。

“我觉得人这一辈子应当先照顾好自己，自己都活不好怎么为别人活？”弟弟站起来说道。

我也跟着站起来，面对着远山说道：“以前是能活着，现在是好好活着，往后要活好了。”

下山时，父亲带着我们走了一条我们从没走过的路，也许是他小时候经常走的地方吧。山路的一边是杉竹装点的青山，另一边云雾缭绕，好一个人间仙境！我从没想过我的家乡居然有这么迷人的地方。我们穿过一片竹林，偶然碰到一座孤坟，坟的规模不俗，用青石板铸成，还有座小石牌坊，已零落地散在周围，即便这样依然能让人感受到当年的气派。我们走近一看，是道光年间的墓碑，墓主人姓张。我说：“也许很多年前，他们是这里的主人，而且还是大户人家，可惜现在已没有人打理祭拜，也许他的子孙后代有的都在国外了。爷爷他们来后，这里就属于爷爷他们的，但也只是暂时而已。多年后，这里又不知属于谁了。山还是那山，转眼物是人非！”

我们都很感慨，父亲面色凝重。

在老家待了两天后，我们直奔仙池界外公家。仙池界在牯牛山的山腰，是桃源县和安化县的交界处，离爷爷那里走路得半天。爷爷这边属桃源，外公那边属安化。我记得牯牛山上有座古庙，据说是南岳庙的分支，庙门有一副大气的楹联：“古帝威严千载，牛星普照万代。”我初中时爬上过一回，只剩下破门和那对楹联了，现在估计连门也没了。

见到外公，他迟疑了一下，然后高兴得像绘本里的太阳公公。他说他今天眼皮跳了一整天，没承想我们会来。这话让我感到有些伤感。外公的确是个慈祥的人，我愿意好好跟他在一起多待一段时间，但总有些让人无法接受的现实，像石块一样压在大家的心里。这些“石块”源于祖辈的偏心，源于父辈间相互的理解偏差，源于生活的艰辛，源于希望的渺茫，源于缺少文化和见识。我母亲与小舅的关系并不融洽，似乎今生都难以改善，然而他俩小时候却是最亲密的姐弟。面对这些解不开的“麻团”，我们后辈除了尴尬和无奈，便是一声叹息，想改变却又无能为力。他们被山养育，也被山贻误。佛也保不住自己的庙堂，何况人呢！我曾发誓，如果我有了后代，一定要让他们成为有能力、有文化、有见识、有胸怀的人。一切从我做起，我会尽己所能做好“铺路石”，那也是我存在的使命吧。

外公得知爷爷的死讯，并没有感到多大意外，他说：“九十六，死也死得啰。”

然后他推算着自己和我爷爷相差的岁数，再问问还有哪几个他知道的老一辈还活着。他兴致勃勃地讲起了很多陈年往事，某年某月某地某事，记得清清楚楚。我特意带上摄像机给他拍了很多视频。他很配合，还展现了很多特殊的才华。外公年轻时是村里的会计，能双手打算盘。让我意外的是，他居然还能把四书五经的很多篇章背诵出来。我小时候和他在一起的两年，他从来没有教过我这些。外公其实是个文化人，那为何把那些东西埋藏在心底？储存在我记忆里的都是那些惟妙惟肖模仿大自然的声音和那些欢笑。也许他认为那些东西没什么用，还不如纯粹寻开心吧。

舅舅说，外公的父亲是个大地主，后来被抓壮丁去了台湾，他被抓后家里遭到土匪的抢劫，被烧了二十间堂屋。我无法想象那时候属于他们的繁盛。到他这辈已经繁华落尽，当然也因此才在后来保全了性命，一如《活着》里的富贵。我的外婆是被拐的女童，被我外公的母亲收留。据说收留她时，她已被打得遍体鳞伤，皮肉、血水和衣服粘在了一起，泡了三天药水才分离开来。后来她和我外公结了婚，十六岁生孩子，养了八个子女，当生到我母亲时是第六个女儿，以为不会有儿子了，就抱养了一个儿子，也就是我大舅。大舅长到十几岁时，外婆生了我小舅。这是我知道的外公家族大概的历史。外公说："我们总共生养了十五个孩子，最后只活下来七个。"我感到十分震惊，那也是我前所未闻的事情。

我问他最想做的事情是什么，他说："我最想看到他（指他父亲），怕是也看不到了。那是什么时候的事，早不记得样子了，估计他在台湾也另外成了家。刚解放的时候我还老到队里乡里去打听消息，后来也就无所谓了。算来他今年应该一百零五岁了，怕是早就没得啰。"

我的眼睛已经湿润，其实他也是和他的母亲、妻子养育了一大家子人和一个大家族的。那些都是往事，他和他们，包括我，终究只是那山的一个过客，所有的故事就像那暂时盛开的樱花。我望着屋外，看到外婆抱着两三岁的我，在屋场上对着青山唱着轻快悠扬的山歌，那歌声飘向山谷，飘到现在。我现在才真正体会到她的衷肠：

一根那个竹竿容易哟弯哟嗬
三缕啊麻纱呀扯脱难
猛虎啊落在呀平阳哟地哟嗬
蛟龙啊无水呀困沙滩

梭那一支郎当郎当一支嗖

不怕力小怕孤单

众人合伙金不换

众人那个合伙呀金不换

……

我们的到来，让外公非常激动，口里埋怨着舅舅舅母招待不周，舅舅舅母似乎也有很多难言之隐。他兴奋地在堂屋神堂上插上香，为祖宗们燃上纸钱，并打卦唱念，保佑子孙们平安幸福、世代昌隆。烧完的纸屑闪着零星的光，伴着细烟升腾舞动到堂前，我看着堂上那几个大字，那几个我也书写过的庄严而神圣的大字——“天地国亲师位”，没有哪一次像这次这样震撼我的心灵……

回来后我与老大联系，约好见个面。他从北京回来已经有些年头了。阿云好奇，跟随前往。我们的老家离得并不太远，我照着他发给我的路线，花了一个多小时车程便到了目的地。他住的地方让我眼前一亮。虽是个普通的筒子楼，但楼旁有个篮球场大小的水塘，几棵碗口粗的梧桐像卫士一样守护着，很有感觉。他还是那个样子，身着那套黑色溜肩的西服，西服里估计还放着铅笔盒和橡皮。如果给他画个速写，一头卷发、一副眼镜、一嘴小络腮胡，其他都可省略。

“兄弟！”

“老大！”

那情形，好像就在东五环高碑店见面。

“老大，你这个地方可是神仙待的地方。”

“哈，哪里。”

寒暄几句，他带我上到筒子楼二层，他的画室和住处都在那里。迎面挂着几块朴拙的木板，上面镌刻着他的手书，有种别样的情调和品位。画室里堆放着他的各类作品，有素描、油画和水彩等，还有他搜集来的各类具有天趣的石头、树根、瓦罐。那画室如果在北京算是奢侈的，不是说它有多豪华，而在于它足够专业和洒脱。我看了，很感动，也很羡慕。无论在哪里，他始终坚持着自己的追求。

“在远离喧嚣的都市，有一片心灵的净土，就在老大这里。”

“哈，兄弟，你过奖了！”

“老大，我想问你，你现在觉得什么是艺术？”

“我觉得，艺术是对当下世界的个人化的表达，是一般人的属性上的个人化。反人类倾向是不行的。”

“你觉得什么样的人才是真正的艺术家？”

“艺术家必须是行走在当代艺术洪流中的人，有好的作品就算是成功的艺术家了。”

“我觉得你这样的就是艺术家。”

“哈，过奖啦！我的作品没几件卖出去的。”

“作品卖得好那是被市场认可的艺术家。”

“那也是成功的艺术家啊。”他笑道。

“看来你更宽容了。关键要看自己想成为什么，别人怎么认为是他们的事。对吧？”我笑道。

“我认为是这样的。”他若有所思地说道。

“我想把人生作为一个漫长的艺术创作过程，我想成为这样的艺术家——生活的艺术家。你觉得怎样？”我问道。

“我支持你，我的艺术是我的生活。”

“不，是我的生活就是我的艺术。我想说的是，我的生活才是最大的艺术。当然，艺术的定义有很多种。”

“说说你的。”他道。

“我以后可能会写本书，专门阐释我对艺术的想法。总之，我想追求一个无悔的过程，争取做到家庭、艺术两不误吧，倘若到闭眼的那一刻也没什么后悔的就算成功了，呵呵。”

“很好的理想！”他点点头。

“你现在最欣赏的艺术家是谁？”我问。

“杜尚，那个把小便池挂在墙上当作品的人，还有达·芬奇。就目前的认知，我最欣赏他们两位。能创作出他们那样的作品，不光是对之前的艺术相当精熟就行，还需要更大的真诚、勇气和创造力才可以。”

“你现在的梦想是什么？”我问。

“自由吧。艺术中包含了自由的特征。有的理论家也提出艺术的本质就是自由，我很认同。”

“恭喜你，你已如愿以偿了。”

“哈哈哈，兄弟，你又笑话我了，我很想绝对自由，但自由是相对的。”他大笑道。

“您没准儿哪天会像弘一法师一样，追求灵魂的生活。”我说道。

说到这里，他的爱人把茶端了过来。她的肚子已微微隆起。

“恭喜你们啊，老大，这才是最伟大的杰作。”我说道。

阿云在一旁，看着他的作品眼睛有点发直。

“老大，有没有合适的女孩子，给我小舅子介绍介绍，他爸老跟我说这事，要我找机会给他开开窍。”

阿云红着脸躲开我们的眼神。

“哈哈，没准儿早就开窍了，你是在帮他穷操心。”

“呵呵，他是个老实人。我也是没办法，他爸跟我交代好几次了，我得帮他实现愿望。我这岳父，我找他女儿时他有的是办法对付我，他儿子找别人的女儿，他可是一点辙都没有。”

“兄弟你还别说，我们学校还真有一个女老师，跟他蛮般配，可能比他小点儿。”

“那太好了，对吧，阿云？”

吴云吞吞吐吐笑着回道：“看看也不是不可以，万一是个美女呢？”

“小兄弟，人不一定是个大美女，但肯定不差。”

“呵呵，开玩笑的，只要心地好、孝敬父母就要得。”阿云很认真地说道。

“当老师的肯定错不了，要不先会会去？”我立马拍板。

“我马上安排，他们家在桃花源里，风景区。我给她打个电话，要她到景区门口来接一下我们。”

“走！”

桃花源离我母校桃源二中只有两公里，那是我上学时常去的地方。想当初，从初中升高中时，老师们因我没能考上县一中而替我感到惋惜，殊不知我不但没有遗憾，还为上的是县二中而沾沾自喜呢。首要原因就在于这所学校坐落在桃花源旁。这是什么样的地方？世人向往啊，能在此处读书岂不是人生的一大幸事！岂是一个县城能比的？其次，我有自知之明，一中都是尖子扎堆的地方，我的文化课成绩比不过他们，压根就不想往那独木桥上挤。来这里上学我自始至终都没后悔过，那是我人生中最美好的时光。如果当年去了一中，也就不可能碰到小芳了。桃花源里还是有桃花运的。

那个女孩应邀过来，也知道我们的目的，很大方，很甜。她请我们喝最好的擂茶。吃完后，我和老大商量一起逛逛古庙，探探石碑，也趁机给他们创造相处的机会，毕竟时间短暂，效率才是第一位的。

春光还很慵懒，桃树的花苞也还不愿醒来。这样也凸显了棵棵苍松与片片翠竹的精气神，它们在微风中发出沙沙的响声。我俩沿着曲折而古老的山道一步步向更深处前行。

“这里就是陶渊明写的世外桃源啊，来到这里就能逃避世间所有的烦恼？我觉得也不过如此。”我伸了伸懒腰，随口说道。

“那是因为你在念着过往，又心牵着未来，忽略了眼前的美妙。人嘛，得不到的都觉得美好。一篇《桃花源记》，勾起了世间多少人的向往，世代如此。而我们呢，生在这里，却老想着出去。北京人没几个逛故宫、爬长城也是这个道理。他们有很多还以出国定居为荣，你觉得好不好笑？”老大说。

“超越时空的东西都是能让人产生美感的，比如梦里的、脑海中的、看不见摸不着的。其实，很多没去的地方还不如不去，去了，美好反而消失了。我第一次看到天安门时有点失望，比我想象的要小，上头也没有悬个红太阳。”我说道。

“《桃花源记》中我最欣赏‘缘溪行，忘路之远近’，这句才是精髓。后面的都是杜撰罢了，那种心境才是我们该追求也能追求到的。”老大说道。

“太精辟了！寻访的过程才是真正该追求的啊，钓胜于鱼，到没到目的地，其实根本不重要了。南阳刘子骥要找桃花源，到死也没找着。这样看来，如此执着于桃花源，也算不得什么高尚之士了。”我说道。

“不能这样认为，也许他早就知道根本没有桃花源呢？”老大笑道。

“也对，值不值得、满意不满意只有他自己知道了。”我若有所悟，然后又问道，“老大，你还会去北京吗？”

“恐怕不太现实了，要是个无所牵挂的人还可能去。”

“还是在老家最舒服，我挺羡慕，真的。”

“老家不把人当人的事也多了！”他笑着骂了一句。

“呵呵，老大一点也没变，还是老样子，看来桃花源里也有烦恼啊。哈哈！”

“我现在求的是能住在心灵的桃花源里。”

“您已经在通往灵魂生活的路上了！”

晚上回程，阿云像打了鸡血一样，兴奋得不能自已。

我问他：“真的拥抱了？”

“真的，我现在胸口像有个猫爪子在挠，哎呀，不得了！”

“这么快，哈，看来确实是个老实人。荷尔蒙的力量势不可挡啊！”

“我跟她说了，混出个样儿来就来娶她。”

“你这是迅雷不及掩耳盗铃啊！有追求，好好干，先把游戏戒了啊。”

“玩游戏，还好吧？”

“你玩起来都把时间忘了，把你拔出来你还老不领情，对公司其他人的影响不好，知道吗？我就搞不明白，玩游戏图个啥？”

“你不懂，过程美妙。”

“别狡辩行不行？要想打败对手得先战胜自己。”

“你说的是‘胜人者有力，自胜者强’。”

“道理你都懂，知行合一才行。别只图嘴上快活，你都答应好几回了。”

“我一定会的，为了她我也得戒，我现在浑身充满了力量。哎呀呀！”他在胸口狠狠挠了几把。

走亲访友告一段落，又要启程去北京了。岳父在北京半年得出了一个精辟的结论，再浓缩精华形成一个字——“熬”。当然，他跟邻里街坊不会这样形容。可这次他不打算跟来了。

我们装了整整一车的家乡美味，充满力量地踏上新的征程。没想到一路上如行进在水云间，还有不少冰冻之处。在湖北境内的高速上，一个大转弯后突然碰到冰面，前方的几辆车陡然失控，都旋转着漂移起来，带着刺耳恐怖的声音。我下意识猛踩刹车，车瞬间失控，左右来回剧烈摆动。千钧一发之际，我松开刹车，这才调正方向，然后以点刹将车逐渐控制住。前面的几辆车左碰右撞，最后都冲出了高速……我们侥幸逃过一劫，半晌说不出话来。沿途又见到不少撞车、溜车的事故，之后走走停停快三十个小时才到河北境内。几张碟片循环播放了数遍，反复刺激着我的神经，我跟着碟片的节奏一路高歌勇进，不敢丝毫懈怠。阿云终于开口了：

“姐夫，你别唱 dangerous，dangerous 了，都凶了两次了，还不够 dangerous？换个听听行不行？”

“行，还有一首我最喜欢的。”说完我按了几下音响的键，车厢里缓缓响起迈克尔·杰克逊的《地球之歌》，我也跟着哼哼起来：

What about sunrise 日出呢

What about rain 雨呢

What about all the things 所有的东西呢

That you said we were to gain... 还有你应许给我们的一切呢……

What about killing fields 被杀戮的土地呢

Is there a time 有没有结束的时候

What about all the things 还有你说过

That you said was yours and mine... 那同属于你和我们的东西呢……

Did you ever stop to notice 你是不是忘了

All the blood we' ve shed before 我们曾被流的血

Did you ever stop to notice 你有没有注意到

This crying Earth this weeping shore 地球在流泪，海岸在哭泣

Aaaaaaaaah Ooooooooh Aaaaaaaaah Ooooooooh

What have we done to the world 我们对世界做错了什么

Look what we' ve done 看看我们做错了什么吧

What about all the peace 还有你向独子许诺的

That you pledge your only son... 一切和平呢……

What about flowering fields 百花争艳的大地呢

Is there a time 有没有结束的时候

What about all the dreams 还有你说过

That you said was yours and mine... 属于你和我们所有的梦想呢……

Did you ever stop to notice 你是不是忘了

All the children dead from war 战争中死去的那些孩子

Did you ever stop to notice 你有没有注意到

This crying Earth this weeping shore 地球在流泪，海岸在哭泣

Aaaaaaaaah Ooooooooh Aaaaaaaaah Ooooooooh

I used to dream. I used to glance beyond the stars 我曾经

梦想过，我曾经遥望群星之上

Now I don’t know where we are 如今我不知我们身在何方

Although I know we’ve drifted far 尽管我明白我们漂泊了太远

Aaaaaaaaah Ooooooooh Aaaaaaaah Ooooooooh

Aaaaaaaaah Ooooooooh Aaaaaaaah Ooooooooh

Hey,what about yesterday (what about us) 嘿，昨天呢

What about the seas (what about us) 海洋呢

Heavens are falling down (what about us) 天堂在堕落

I can’t even breathe (what about us) 我简直不能呼吸

What about lost again (what about us) 再次失去呢

I leaded the woe（what about us) 我造成了这灾难

What about nature’ worth (ooo,ooo) 宝贵的自然呢

It’s our planet’s womb (what about us) 那是我们地球的孕育地

What about animals (what about it) 动物呢

We’ve turned kingdoms to dust (what about us) 我们把他们的王国化为灰烬

What about elephants (what about us) 大象呢

Have we lost their trust (what about us) 我们是不是已失去它们的信任

What about crying whales (what about us) 哭泣的鲸鱼呢

We’re ravaging the seas (what about us) 我们污染了海洋

What about forest trails (ooo,ooo) 森林里的小径呢

Burnt despite our please (what about us) 被我们违心的烧毁了

What about the holy land (what about it) 神圣的大地呢

Torn apart by creed (what about us) 被宗教四分五裂了

What about the common man (what about us) 普通人呢

Can't we set him free (what about us) 我们难道不能给予他自由吗

What about children dying (what about us) 奄奄一息的孩子呢

Can't you hear them cry (what about us) 你有没有听到他们的哭声

Where did we go wrong (ooo,ooo) 我们到底哪一步走错了

Someone tell me why (what about us) 有没有人告诉我原因

What about baby boy (what about it) 小孩子呢

What about the days (what about us) 这个时代怎么办

What about all their joy (what about us) 他们所有的欢乐呢

What about the man (what about us) 人类呢

What about the crying man (what about us) 哭喊的人们呢

What about Abraham (what about us) 亚伯拉罕先知呢

What about death again (ooo,ooo) 再次灭亡呢

Do we give a damn 我们真的不在乎吗

Aa...

"真是经典，百听不厌！"阿云说。

"可不，真正的艺术家！"我说道。

到了 4 月中旬，高业民在网上传了一个奥运主题的作品，并得到了广泛传播。在那个被奥运熏陶甚久的时空里，任何一个创意都可以点燃大众的激情。北京就是一个充满荷尔蒙的男子，正迫不及待地拥抱奥运女神。我再次咨询奥组委的朋友关于奥运会是否会用沙画，还是没有明确答复。于是，我将早已创作好的作品也推向网络，一时间，这两个作品风靡网络，奥运的圣火也点亮了沙画的前程。我和高业民开始让大众知道，中国有了一种新的艺术——“沙画”。 我想这是我

俩都乐意看到的结果。

大喜连着大悲。我们还在惊悚于“4.28北京—青岛T195列车脱轨事件”时，5月12日汶川地震又震颤了中华大地，无数生灵毁于一旦。仅在一瞬间，埋葬了多少故事、多少希望、多少梦想，人类的生命在大自然面前是如此脆弱和不堪一击。无论是在路上还是在某个地方，在时间的长河里处处都潜伏着危险，稍有不慎，或时间一到，大难降临，渺小的人类在那一刻只能听天由命。能活下来，就是最大的福报！所有的媒体都充斥着各类让人痛心和崩溃的信息，沉痛、悲哀、绝望笼罩着这个时空，让人沉闷得透不过气来。

网上传播着高业民创作的地震主题的沙画，而我不知为何创作不出任何作品。那段时间，我每天趴在地上，沉迷于把沙画固定下来的实验。他们告诉我，高业民受到很多媒体的关注。我置若罔闻。

我原以为地震的痛楚会给奥运会蒙上阴影，8月，奥运会如期而至。那烟花组成的巨大脚印从过去一步步走来，向未来一步步奔去，欢笑和激情淹没了一切。每一步都走了，每一步都没留下，每一步都算一步。同一个世界，有无数个梦想，在火炬点燃的那一刻，都汇聚成一个共同的梦想——世界太平、人民幸福！

我和你 You and me
心连心 From one world.
同住地球村 We are family
为梦想 Travel dream
千里行 A thousand miles
相会在北京 Meeting in Beijing
来吧，朋友 Come together

伸出你的手 Put your hand in mine

我和你 You and me

心连心 From one world

永远一家人 We are family

第13章

人间有味

在中国举办一次奥运会，一直是所有华人的梦想。在奥运会开幕式上呈现沙画，则是我个人的梦想。最终，华人的梦想在历史的舞台上得以实现，而我的梦想却终究只是梦想。虽心有遗憾，但亦感荣光，毕竟有机会参与其中，已然是一种难得的人生体验。我母亲常言：“不可不求，不可强求。”尽人事，听天命，这也始终是我的人生信条。对方却有感于我的诚意与付出，也尽力为我创造在鸟巢一展沙画风采的机会，说一定会让我搭上奥运这班车，要让世界的目光看到我们中国的沙画。

以生命的本质而言，大象与蚂蚁并无二致，仅仅是躯体大小的区别罢了。举办奥运会与民间办酒席也有相通之处。往大了说叫盛会，往小了说叫办酒席，在我们老家称为“赈酒”，办奥运宛如国家赈一次酒。东道主可以借此扬眉吐气、一展雄风，前来参会的嘉宾们趁此或是捧场或是搅局，有的欢喜愉悦、开怀畅饮，有的趁机取利、寻衅滋事，有的冷眼旁观、凑个人数，总之，大家不过都是找了个由头，一同打发时光、制造刺激感受、加强情感纽带。看似欢聚一堂、其乐融融的景象，却也只是表面的繁华。谁都明白，真正深厚的感情唯有经过风雨的洗礼才会坚如磐石。奥运开幕式，更多的是让那些遥不可及的平常人兴奋不已，他们才是诚心诚意、最为朴素的捧场者。而真正身处其中的人，大多或心不在焉，或无暇顾及，或心怀叵测。我的沙画在大众那里掀起热度，在那样的场合确实不值一提。对我来说，其最重要的意义或许只是满足了一下自己的虚荣心，让我在特定的时空里短暂地冒了个泡，日后便又多了一个泡泡可吹。当然，这仅仅是我一时的想法。

之后，我也参加过不少类似的国际活动。那时的我学得聪明了些，一有机会就“逮住”那些名流合影，一如做演员时老爱找明星大腕儿拍照一样。多年后，我为自己的行为感到羞愧，觉得大可不必。可再后来，我也渐渐释怀，一切顺其自然。可以理解，平心而论，除却虚荣心，那些资料对开拓业务确实也有一定的作用。在某些场合，拥有一些吹嘘或长脸的资本也是必要的，故作清高难免显得做作，不食人间烟火，毕竟我们还在凡尘。不管怎样，自身的能力才是实力的核心。凡事皆在一个“度”字，削尖脑袋、硬着头皮往上挤确实大可不必，要做就争取做得让自己舒服，也让别人舒服。我一直如此认为，没有任何背景的年轻人，唯有自己才是最坚实的背景。荣耀不过是虚幻之物，真真假假，别人未必会当真，自己更不能当真。然而，社会中总是不乏势利眼，他们“贼眉鼠眼”地老爱琢磨别人背后的事情，然后见碟下菜。遇到那样的人，那就营造些氛围满足他们的胃口吧。

沾了奥运的光，我的媒体曝光率瞬间得到了拉升。之后，我参加的活动几乎都与奥运扯上了关系，一时间也快成中央电视台的常客了。如《小崔说事》春节特别节目，央视的新年财富晚会，央视法语、央视英语、央视俄语频道都给我做了新闻特别报道。正所谓人前显贵，背后受罪，电视里的自己光鲜亮丽，背后的付出绝非一般人能想象。我那位高中同学功夫对此就深有体会。他出于好奇心，曾义务给我做过两回助手。那次，他随我去天津滨海国际会展中心参加央视的新年财富晚会。这个活动几乎将当时中国经济界和企业界的风云人物悉数囊括，活动现场，政府更是动用了海、陆、空来保驾护航，当真是名副其实的风云聚会。有机会参与其中，着实是难得的学习和开眼界的机会，功夫对此也充满了期待。然而，现实是，我们在零下十几度的会场环境里，一遍又一遍地进行创意构思、修改完善、彩排演练，一熬就是整整三天。

“不是人干的活儿！”功夫说。

功夫辞掉了大学老师的工作，刚从湖南来到北京发展，打算当一名职业律师。他刚到北京的时候说来有趣。

那天下午，我的手机响起，是一个座机号码打来的。接通电话后，里头说道：“我到了啊。”

“你是谁呀？”我感到很是突兀。

“你这个哥哥，成艺术家了就健忘啦？我是功夫！嘿嘿嘿。”

“哈，功夫啊，你说到哪里了？”

“在这个珠江风景。”

“你开玩笑吧？”

自从几年前在亚运村的饭市一聚后我们就再也没见过，平时也不常联系。我纳闷他怎么会知道我住的地方。

“我在珠江风景，这个 16 号楼。”

“不会那么巧吧？我们也住珠江风景呢。”

“啊！不会吧！”

原来，功夫有个亲哥哥，上学就在北京，毕业后留了下来，过得不赖，还买了房子，那房正在珠江风景，与我相邻。他哥哥忙，长期出差，房子对其精神价值大于物质价值，功夫来京正好填补他哥空房的遗憾。

挂了电话我随即前往。彼此见面，兴奋不已，十分感慨缘分的神奇。一阵寒暄后，他带我参观了一下他的住所。

“你一个人住这么大一个房子，起点够高的啊。”

“嘿嘿嘿，不住怎么对得起我哥哥。”

“我要是有个哥哥就好啰。”

“那确实。”

“真没想到，我们高中时前后桌，在北京这么大的地方一不小心又成了邻居！”

“哥哥，初来乍到，有什么开眼界的机会也想着我啊。”

“哈哈，那是当然。我是真佩服你，好好的大学老师不当了来当北漂。嗯，我过些天有个央视的活动，在天津滨海新区录制，你去不去？”

“去去去！我给你当助手。”

参加完那个活动后，他差点没后悔死。

日出日落，日落日升，手在舞动，沙在飘扬，腿在行走，车轮在转动，一晃又到了年尾。我和小芳拍了几套甚为满意的婚纱照，把婚礼所需的物品尽可能地准备妥当。离“修成正果”的那一刻越来越近了。

这次回家，增加了一个新司机，阿云也学会了开车。阿云开车，车的性格也随他。譬如，前方路上有根木棍，你若提醒他别压着了，他保准就能压上。当然，那并非他有意为之。他是个有趣的家伙，你让他弄的事他不一定用心弄，你不让他弄的事也许会弄得淋漓尽致。

譬如对待游戏，我老对他说不要玩，他便一如既往在不触碰我底线的情况下坚守着，孜孜不倦、毫不懈怠，偶尔还打个擦边球。还譬如，我好几次催他，要他跟那位很甜的曾令他心动的女孩联系，他却越来越淡化此事。也许他认为需要向他爸交差的人是我吧。他有一套自己的逻辑：是因为我不让他打游戏，他才会去打游戏的，如果我不管他，也许他会自觉一点。这很有他老爸的风范。“打游戏这事我也很矛盾，明知不好但又戒不掉，戒不掉就会失去斗志，失去斗志就会前途渺茫，前途渺茫还找什么女朋友？”他这样解释道。

他这种性格有两面性，有时候让人头疼，有时却能搞出些令人意料不到的惊喜。譬如，有的作品，我只需让他编辑个百分之九十的效果就够，他一定会挑战百分之百的水准，认真起来，八匹马加九头牛也拗不过他。但有些工作，确实也无人能取代他！

小舅子他姐也不赖！我想这还是得益于她爸的基因，认真劲儿无人能比，脾气是长江后浪推前浪。我们已经在北京携手走了四五年，欢笑中也偶尔夹带点小插曲。从高中那时候算起，我们在一起的时光也有七八年了。彼此对对方都了如指掌，没有任何秘密可言，正应了那句话——“七年之痒”！在她眼里，我的优点似乎越来越渺小，缺点越来越阔绰；她的脾气和她的岁数也呈等比增长趋势。不过，我环顾周围的女性，再想想我妈，也就心里平衡了。我们吵架，不至于像她父母那样有时大张旗鼓地干，也绝不会像我父母那样各闷各的，越闷越远。在前人和旁人的经验与教训中，我们用心体会着、领悟着，也用心经营着自己的生活。去粗取精，能达到黄金分割的标准就是幸福万岁了。事实也是这样的，我们大部分时间里都是和谐美满的。他们说我俩越长越像了，这就是所谓的夫妻相吧。

如果我说我是把别人喝咖啡的时间都用在了工作上，双方的父母是绝对不买账的，即便这是鲁迅先生说的。如果我说在北京还有大把三十来岁的年轻人都不着急结婚，他们肯定会愤怒。迟早要办的事，早晚都行，我们心里倒是真不急。

“还不结婚，太不像话了！”我父亲在电话那头催我好几回了。他虽有心，但能力有限，也只能是尽言语上的责任。小芳的父亲凡事都急，就这事却表现得很矜持。不是他不急，是他不能表现出急，其实他脸上是根本藏不住事的。

说实话，那当口我们恨不得把所有的时间都用在事业上。但为了家人，为了亲朋好友以及农村里的舆论制造者和传播者们，我们得把婚事给办了。我是这样认为的：生活与沙画异曲同工，也是由无数个瞬间组成的一个过程，偶尔来个小高潮不仅是艺术的规律，更是生活的需求。

婚期是我定的。本来母亲说过，她要好好看看日子的。我说就定初八了，那是再好不过的数字。依她看的话，这日子肯定得定到元宵往后。我明白母亲的心思，她总是希望孩子多点时间待在她身边。毕竟，那时我们正值事业的上升期，很多机会转瞬即逝，定在初八也是我折中的选择。我的人生大事都是自己决定的，好与歹自己负责，没有顾虑，也不怕。

结婚这件事比谈恋爱要复杂得多，那是事情过后我们的切身体会。谈恋爱是两个人的事，结婚是一群人的事。谈恋爱是“对唱”，结婚是“大合唱”，而且不是简单的大合唱，譬如《黄河大合唱》中的花式大合唱。“大合唱”的演员包括双方父母、双方的七大姑八大姨、亲朋好友、邻里街坊，还有媒婆、红娘、督管、人情、乐队、放炮、装烟、奉茶、烧火、煮饭、宰牲、择菜、擦桌子、洗碗等等。有不离不舍的，有谆谆教导的，有严阵以待的，有大声吆喝的，有嘘寒问暖的，有煽风点火的，有大大咧咧的，有寻寻觅觅的，有有说有笑的，有又哭又闹的，还有专职看笑话的，应有尽有，只要哪里有点不和谐，立马就会凸显出来。一个表情、一个节奏、一句歌词、一个音调，稍有差池，“黄河大合唱”就成了“黄河大泛滥”。总之，结婚是我们的事，热闹更多属于他们。还有，这里头，面子始终是大家关注的头等大事，也是共识，是自上而下的传统。

我们尽可能按照老家的传统礼仪来走。虽然以前也经历过很多这样的场面，自己还策划组织过类似的活动，但轮到自己时反倒有点摸不着头脑了，大有化身为提线木偶的感受，这就是所谓的“只缘身在此山中”吧。婚礼是人生中的一个高潮，有的人一生中期盼能多来几次这样的高潮，我很佩服，但不羡慕，对我而言，一次足矣。小芳是上天赠予我的最好的礼物，我很知足。

我亲自驾车，驾自己的车去迎娶新娘，实现了我们当初的梦想，也算是我俩唯一突破传统的一个花絮吧。

走完过场，稍作整顿，我们就马不停蹄地赶回北京。新加坡新建成的樟宜机场给我们发来邀请，希望我为机场创作几个作品，同时还热情邀请我们到新加坡进行为期一周的考察。考察可真是个美差，这不就是旅游吗？到了那里，机场给我们安排了两位工作人员做引导，带着我们把新加坡逛了个遍。对我们来说，这是老天给我们安排了一个美好的蜜月。

新加坡是绿色的，整个城市就是个大花园，是绝对精致和清新的城市。道路两边、建筑周围或是沙滩海岸，到处都充满生机和美艳，一尘不染，干净得让天空嫉妒。

这个国家的面积小到飞机起飞就算出国，所以，它的城市规划得很周密、很有创意，没有浪费一寸土地。就说新加坡机场吧，已经被捯饬得不仅仅是个航空港口了。商场、室内生态公园、电影院、艺术馆，形成了一个完美的整体，一切都是那么自然融洽。周末的时候，很多本地人会特地来机场度假。这样的场景我想在北京是不会有的。还有，新加坡人办事情也很讲效率。

新加坡是和谐的。这是一个多种族的国家，人文风俗很不同，但并不影响它成为太平安乐的天堂。我所碰到的人，都极力推荐着自己的国家，说国家有多么多么好，政府的工作做得多么多么棒。我想若没有和谐安宁的生活，他们是不会也不必如此的。我相信他们讲的是真实的，因为他们脸上都泛着幸福的浪花。

我俩流连忘返在鱼尾狮广场、榴梿剧场、海底世界……我一边游览一边思考一个问题，这个国家很小，也许永远也承接不了奥运会那样举世瞩目的工程，但是它依然可以用自己的方式和努力赢得世人的尊重与亲睐，获得重要的国际影响力和地位，有很多值得我们学习和借鉴的地方。

考察完毕，我为他们创作了五个作品，总时长为一个小时，在机场的各个屏幕循环播放了多年。这些作品展现在国际最先进的航空枢纽，对沙画的传播起到了很大的作用。后来东南亚一带也出现了沙画师，在他们接受采访的报道里就曾提到我，甚至之后还有来自马来西亚的朋友专程到北京跟我学习沙画。

几年后，我在教学的过程中跟学生们分享新加坡给我的感受，其中除了上述的几点外，我还说："新加坡是艺术的，它像沙画一样，追求环保的、美妙的、自然的、效率的、和谐的整体效果；新加坡也是务实的，我后来再次受邀参加了樟宜机场举办的'世界机场颁奖盛典’，他们举办的国际宴会简洁得让我震惊，比较起来，我的婚礼宴会也算超国际水准了。”说完，他们都笑了。

我曾问新加坡的朋友，你们朋友间没事在一起经常做的活动都有什么？

他们回答我说：“骑行。”

他们反问我，我说：“吃饭。”

我以为，国与国之间，抑或人与人之间，无论是友情、亲情、爱情，饭桌上的文化交流才更接地气。这也是我泱泱大国维系情感的主流形式，孔子讲，食色性也，食在前面，相对来说，更为简单、朴实、纯粹和有效得多。倘若有个有关饮食主题的“奥林匹克”竞赛，也许会更受地球人欢迎，而且体育、艺术、文化、情感等，这些存在，谁敢说能独立于饮食之外？

功夫的到来，也增加了朋友聚会的频次，他那里，确切说他哥那里，成了我们的新据点。他有一手好厨艺，没有辜负自己的体态。他个子比我矮，体重却遥遥领先。

我们从新加坡归来后，大家又迫不及待地相约在一起把酒言欢。因为对美食的热爱，我大学的几位要好同学与高中的几位好友相互都

熟了。以往总是在我家聚会，如今功夫将热情好客的光荣传统完美地继承和发扬了。大家在欢声笑语中分享着彼此的故事和经历，美食与情谊交织在一起，让每一次相聚都成了难忘的回忆。

那日我和小芳、大学同学王星又聚在功夫家里。功夫身着围裙在厨房里搞得热火朝天。香气袭来，弄得我心直痒痒，手也痒痒，忍不住走了过去。

“功大厨，需要我打个下手吗？”

“不用不用，你坐着看电视就行。”

“你这厨艺见长啊！上次那道红烧肉怎么做的，教教我呗。”

“哈哈，这可是独门秘籍。”他故作神秘道。

“你今天不教我，以后我就天天过来蹭饭啦。”

“我也一起来。”小芳挂完电话也走了过来。

“谁呀，聊得这么亲切？”我问她。

“劳斯莱斯，他们想把鸟巢的画面也加进去，还想看看你上次给美孚石油和 F1 赛车画的视频。哎呀，我要先尝尝啦。”她迅速夹起一块刚盛好的凉拌辣猪耳放入口中。

“嗯，好吃好吃！”她啧啧称赞。

“那一会儿赶快回去发资料。”我说道。

“急什么，先蹭一顿美食再走。说好了啊，功夫，你要不教，我们就天天来蹭饭啦！”

“嘿嘿嘿，这个请客吃饭还请出麻烦来啰。其实很简单，准备一块上好的五花肉，修理方正；准备一块老姜，切片；准备一把小葱，打成卷；花椒少许；冰糖少许；生抽少许；食盐少许；绍兴花雕两袋。准备好后，将姜片搁在砂锅底，再把香葱铺上。将肉过开水定型，皮上改刀成块，要切得恰到好处，块成型，但不散。再把肉放在葱面上，把花雕一次性倒入，放花椒、冰糖、生抽、食盐。猛火烧开，再调文火，煮干为止。最后盛盘，将汤汁淋于肉上。姜葱可以不要，但扔掉好像有点可惜，味道也是蛮棒的，只是不好看而已，可以放在肉下。”

“哦，这样啊，难怪，原来是两袋花雕，也不简单啦。”我有毛塞顿开之感。

“冰糖用蜂蜜取代效果更佳。”他补充道。

“我觉得挺容易的啊。”小芳不以为然。

“一听就知道是个不常做饭的，外行，呵呵。”我随口道。

“那确实，嘿嘿嘿。”功夫笑道。

“这个菜，难度不在食材难找，在于对‘少许’二字的把握，要做得恰到好处是最难的。就跟我画沙画一样嘛。有时候老碰到一些会画画的人，他们自以为是，觉得沙画很简单，不过是换个工具作画而已。真要他试试，光我那条三秒画鱼的功夫就够他练的，那是几千遍实践得来的经验。有些东西只可意会不可言传，很难量化。他这个红烧肉，根据人的心情、肉的分量、火候的差别及炊具的不同还要做相应的调整，哪有那么容易，对吧，功夫？”

“哈哈哈，宝兄果然懂行，美好的事物都是相通的。”

“我上次参加《小崔说事》的节目，阎肃老先生说：‘沙画十二分的精彩。’郑渊洁说：‘沙画简直是巧夺天工，出神入化。’词坛泰斗、童话大王这些有高度的人才能看出其中的门道，随口说容易的其实是他们没悟性而已。”

“你们有高度、有悟性！好吧，以后我这种没高度、没悟性的就只管吃啊。”小芳笑道。

“看见没，这就是婚后遭遇，挖了个坑等着的。”我做出个无奈的手势。

“嘿嘿嘿，男人要征服世界，女人只要征服男人。”功夫说道。

“你不知道，她最早跟我在一起时，跟我怎么说的，说什么：‘老——公，以后我天天给你煲汤、榨果汁。’哪想到，结果倒成了我给她做了几年饭。做几年饭不说，嘴还越来越刁了。今天做鱼，她说她想吃鸡，明天做鸡，她说她要吃鸭。你说说看，到哪儿说理去？”

“哼，难道你不觉得那样很幸福吗？”小芳笑得很得意。

我和功夫睁大眼睛，相互对视无语。

“快快快，好了没有，我口水都要流出来了。”小芳止不住地笑着催促道。

“你们这次去新加坡就没有吃到什么好吃的？”功夫笑道。

“别提了，我们吃了四五天方便面。吃不习惯啊。他们的国际宴会上，菜是上一道瓜分一道，总之全程桌上就一道菜盘子。我数了数总共上了十道菜，唯一的一个荤菜是清蒸鲈鱼，其他都是素的，辣椒的影子也没有，我简直是服了！”

正说着，王星从客厅走了过来，他本来一直在看电视，见我们聊得欢，按捺不住了。他说道：“哈哈哈，只能怪自己，谁叫你惯着她的，你看我，出来玩哪有带老婆的啊？” 他是西北口音，从未变过味儿。

“还是王总厉害，哈哈！我们都快翻篇了，您又来个火上浇油。”功夫说道。

“男人就是干大事的，哪那么多时间碰坛坛罐罐。你今天这个下场，全是咎由自取。”王星笑着走到桌边，也拿了块猪耳放进嘴里。

“王大师，你又放毒，小心我告诉聪聪。”小芳说。

“没事，她就是在这儿，我也会对她说：‘去，一边待着去！’”

“吹牛吧你！”我和小芳同时脱口而出。

“王总威武！嘿嘿嘿。”功夫说道。

王星是我大学同级不同班的同学。他就是属于那种没好好上几天学，也没交够学费，但拿到毕业证的人。他老家在甘肃，学过少林武术，仗义、好交朋友、能侃。毕业后他开了家广告咨询公司，公司在“非典”时期受到影响，半路夭折。他公司有个东北女孩叫聪聪，本来是名设计师，后来兼业务、兼秘书、兼副总，最后索性兼了老板娘。也不知是王星拿下了聪聪，还是聪聪拿下了王星。王星对我们说：“当时的情况是这样的，我对她说了句：‘这个姑娘工作表现得不错，得娶了当老婆才行。’就这么一句话居然就成了。”

他们合二为一后，果真力量成倍增长，咨询公司开得红红火火。聪聪后来还兼了一家大型商场的部门经理，或者说她成了一家大型商场的部门经理还兼着自家公司的设计、业务、秘书、副总和老板娘。王星有了这么能干的老婆，口福也不浅，不知是有闲暇还是兴趣，泡在美食天地里居然玩出了建树，并逐渐成长为一名资深的美食家，进而他把咨询公司也自然聚焦到餐饮行业。他除了普通话依然带着浓厚的乡土气息，其他面貌委实越来越具有大师风范了。不得不说，饮食养人！他时常笑侃他的美食之路，乃是由沙画大师的一罐鲜鱼汤开启的。他说得对也不对，对的是那罐鱼汤真实存在，是我亲自烹制的，他一个人喝了多半罐；不对的是，那时候我不名一文，蜗居在小平房内，前途未卜，还不知道沙画为何物呢。

酒过三巡，我们依然谈兴十足。

“可不，王总现在红光满面，到哪里都是好吃好喝，每到一处大鱼大肉、指指点点，而且钱还到手啦。哪像我，只能天天吃沙子。”

“大宝你错了，指指点点不还得用手啊？动动口就来钱的那才叫能耐，功大律师才最挣钱。”

“别介啊，王总不也是动口嘛。”功夫谦虚道。

“王总了不得，大学没好好上就到处给企业讲课，关键人家还买账，真是奇了怪了。光杰也是这样，大学不见人影，毕业出来居然也当了培训老师。”我说道。

“光杰是谁？”功夫问。

“也是我们大学同学，现在算过得最好的。跟我俩一样，草根出身。他每天忙得团团转，公司越做越大了。”

“那哪天也约来聚聚。来来来，尝尝我今天的红烧鱼块。”

“嗯，嗯！不错不错！绝了！王星你也尝尝。我想没准儿我哪天也会当老师的，我这辈子最想做的两件事就是当艺术家和当老师，其次当厨师。”我说道。

“当老师有什么好的？你以为现在有多少是为人师表的？”功夫说道。

“你这话倒是老大的口气，对吧，王星？”我笑道。

“哈，还真是。老大在干吗？”他问道。

“当老师。上次我的婚礼他和他老婆还来过。他能做个好老师。”

“来干一个，为老师！”功夫提议举杯。

“说说看，你为什么想做艺术家又想当老师？”功夫又问道。

“艺术家自由，老师神圣，两者都是人类灵魂的工程师，都是灵魂唤醒灵魂的工作，善莫大焉。”

“宝兄是个理想主义者，现在谈灵魂和梦想都过时了，现在啥不是门生意。”功夫说道。

“多挣钱才是王道！这点光杰最明白。”

“王总总结得精辟！哎，下次真的把光总约来聚聚啊。”

“王总讲的当然叫‘王道’嘛，来，敬一个，功夫一起来！”

“你们只管聊啊，我一个人把菜吃完了哈。”小芳说。

“哈哈哈，快吃，多吃菜！”

“王星，你下次得把聪聪带上，我也好歹有个聊天的不是？”

“她得在家干活。”

“人与人的差距怎么就那么大呢？王星，你得传传道，怎么创造和谐社会？”

“嘿嘿嘿，又要拜师。”功夫坏笑道。

“你们这些男人，没一个好东西。哼！”

“以前说女人是本书，其实女人才是最好的老师。只要你尊师重教，啥事摆不平？”

“听明白没，苏同学？”小芳更得意了。

“高，王总高明，再敬你一个！”功夫举起酒杯，一饮而尽。

“酒后吐真言啊！我也敬一个。”

“王星，你刚才看的是什么节目，那么着迷？”

“《天天向上》，你们湖南卫视的节目，现在火得很，你没看过？”

“现在哪有时间看电视啊。”

“这个现在真是火啊，宝兄要是能上这个节目就好了。”功夫说道。

“是吗？我刚才晃了两眼，那么多主持人，好像就汪涵一个人在说，其他的就跟陪衬似的。”

“哎，你不懂了。那个就更厉害了，这叫靠脸吃饭，只往那儿一站，钱就到手了，谁能比？”

“还是王大师看得透。”功夫拍手称赞。

“说实在的，我们都是得靠实力吃饭的，最辛苦。起点太低了，没什么背景，要出人头地真是太难了。现在大学毕业有几个能留下来的？四环以内有房有车的哪个没两把刷子？在这里白手起家想干出个名堂来，没准儿需要两代甚至三代人的努力。我们都是铺路人，是受苦受累的一代。”王星说道。

“不是说嘛，我们‘80后’啥也没赶上。当我们读小学的时候，读大学不要钱；当我们读大学的时候，读小学不要钱；我们还没工作的时候，工作是分配的；我们可以工作的时候，不但不包分配，撞得头破血流才能找份饿不死人的工作；当我们不能挣钱的时候，房子是分配的；当我们能挣钱的时候，却发现房子已经买不起了，你看看现在这房价涨得！”小芳说。

“光杰约我好几次了，说西四环有个楼盘的房子值得买。我问他你买没？他说他没买。他那么有生意头脑的人都不买我更不敢买了。没几个月每平方米涨了近一万，再想买时还没你份儿了，排队，一共就三百套，几千个号等着，就这么现实！”我感叹道。

“他公司人多，顾虑得更多。嗨，人这一辈子要只是为了个房子而活，那可真是亏大发啰！说到底还是我们起点太低啊，没有抗风险的能力。”王星感叹道。

“我以前有个朋友，生下来就有套四合院，现在在国外还住着大别墅，开着小跑车。都说条条大路通罗马，他们一出生就在罗马，人比人不能比。今天华姐他们没来，真是不忍心叫他们。他们住天通苑，上班在中关村，车是限购后买的，挂的外地的牌子，所以每天必须在八点前赶到公司。他们每天早上五点多起床，吃完早点，给孩子做好饭，接着马上出发，要趁不堵车的时间段赶到公司楼下，到了楼下再补睡一小时，然后上楼上班。晚上工作到八点才能发车回家，回到家就得十点多，孩子老人早就睡了，天天如此。以前他们没买车时更恐怖，每天都是五个小时在公交地铁上度过！”

“确实不容易，上次他们两口子到我这里，她老公几乎没怎么闲过，一天八九个小时都在打电话。我这次都不忍心叫他们过来。”功夫长吁了口气。

“天生享福的人，那是他们祖辈积了德，也得惜福才行。我们现在的付出不一定让我们过上好日子，但是为下一代积德了。我相信，老天对每个人都是公平的，一分耕耘一分收获。”小芳说道。

“嘿嘿嘿，你们太单纯了！”功夫不以为然。

“没背景没靠山，就脚踏实地、自力更生，走一步看一步，走到哪是哪，走得踏实开心才最重要，道路是曲折的，前途是光明的。喝喝喝。”我端起了酒杯，大家都一饮而尽。

“你刚才说那节目叫什么来着？”我问王星。

“《天天向上》。”

“哦，记住了，好好学习，天天向上！”

“功夫，我觉得你今天做的这道土匪鸭真是正宗，比我爸做的还要好吃。”小芳说道。

“是吗？那太抬举我了，嘿嘿嘿。”

“幸亏我岳父大人不在，不然听到这话，他心里肯定不痛快。”

“我觉得吧，主要是你这个菜里不像我爸放那么多香料和味精，感觉更有鸭味。”

“哎，小芳这次说到点子上了。”王星来了兴致。

“王大师终于要点评了。”我抬高了嗓音。大家都笑了，只等高见。

“苏东坡说，人间有味是清欢。我觉得这话也适用于美食，清淡、自然是最高境界的味道。”王星说这话时带出点职业范儿。

“我以前觉得除了湖南口味，好像别的地方味道都不值一提。刚来北京那会儿尝北京烤鸭，我觉得太难吃了，又甜又糊，外头还包层皮。香是香，但没有鸭的味道。”我说道。

“北京啥都有，啥都不正宗，只有烤鸭是正宗的，但烤鸭也算不得最棒的美味。湘菜重香辣，口味重，的确刺激感官。但我认为，凡是需要佐料和重味支撑的味道都不能算最美的味道。”王星又说道。

“我上小学的时候，老家叔叔做过一道菜，那真是绝了。怎么做的我不知道，原材料就是山鸡、干白辣椒、鸡木耳、冬笋，味道出奇鲜美。鸡木耳你们可能没听说过，样子有点像白色绒绒的鸡冠子，那是我们山里的特产，很珍贵，不是年年都有的。吃了那顿之后，我再也没有吃到强过那道菜的味道了。有一回我参加一个活动，中了个奖，叫什么火腿来着，据说材料来自荷兰还是新西兰，吃一种榛子长大的猪，要腌上三年，等肉的脂肪乳化才去享用。还说要一两万块钱才能买到。我拿回家当腊肉炒了，说实话还不如我们老家的腊肉。后来有人告诉我，说吃那东西还要用专门的刀切成薄片生吃，配什么红酒才能真正品出火腿的滋味。我也试了试，还是一般般，感觉有点故弄玄虚，比我叔做的味道差老远了。”我说着，也回味着当年的情景。

“食材取自天然，烹制去掉浮华，加工后去除糟粕还保留食材的原汁原味，那便是真正的人间美味了。美女也是这样，最美的是无须任何修饰的自然美，第二等是化妆了但看不出修饰痕迹的美，再次一等就是看着很美但看得出化了妆的，这等就有伪饰在当中了。”王星说得兴头更足了。

“我去内蒙古吃过一回水煮的羊肉。那羊肉什么香料都不搁，就是清水煮，盛出来时色泽米白鲜亮，但也并不是特别诱人。尝上一口后，那鲜美甘甜简直难以形容，我这辈子都不会忘记那味道了。”功夫也聊起了曾经的美味。

“照你这样说，水煮的羊肉算一等美味；山鸡白木耳冬笋煲算二等美味；那火腿肉只能算三等了。”小芳说道。

“还是小芳有悟性！”王星说道。

“要说价格上，一等味道的最便宜，三等味道的却最贵了。”我说道。

“不是所有的东西都是用价格来衡量价值的。人间的味道，很多时候被各种皇帝新衣似的理论蒙蔽了。比如，以为食材贵就是美味，以为食材稀有就是美味。虽然也有一定的道理，但不是衡量味道的唯一标准。有时候最贵的也是最便宜的，比如空气。往往最美味的就是纯天然的，真正的美是无须修饰的自然，无需解释的存在。做人也是这样，纯粹一点，少些修饰和做作也是美德的体现。”

“王大师牛，受教了，受教了，再干一个！”

……

回来的路上，小芳怪我喝得有点多，说每次和他们聚会都喝醉。我说：“高兴嘛，当然得多喝点，其实也没醉。对了，我没准儿哪天会上《天天向上》的。”

“还说没醉！”她狠狠地嚷道。

自从央视的报道陆续出来后，我引起了重庆一家广告公司负责人的关注，他叫王岗，想成为我在西南地区的代理人。他的态度十分诚恳，积极性很高，也很有想法。我也觉得可以尝试一下新的合作机制，经过几次磋商后我们便达成了合作。他最先给我接洽的业务是重庆华润地产举行的一个开盘活动，这也是沙画第一次在重庆上演。活动是以当时十分红火的一档访谈栏目《鲁豫有约》的形式来做的。我的节目作为开场节目。演完之后，王岗告诉我，说鲁豫想见见我。我感到非常高兴，正要过去，看到鲁豫已被现场的人流团团围住，无法分身，只好作罢。我对小芳说，准备准备吧，没准儿要上《鲁豫有约》了。

王岗人很厚道也很热情，比我年长十多岁，微胖，戴一副大眼镜。做完活动后，他带着我们把重庆的重要景点和美食一一领略了一番。他的爱人也十分热情，跟王岗岁数相近，但脸上看不出岁月的痕迹。小芳赞赏她保养有道，她说无须刻意保养，就是有经常阅读的习惯。

重庆的山城特色很有意思，但景点只有小萝卜头待过的那间牢房给我留下了深刻的印象。也不是那阴森的氛围和恐怖的刑具刺激了我的神经，我是感叹几十年前居然会有个小生命在这里经历过如此深重的苦难，而且没有等到光明的到来。现在已物是人非！

重庆的麻辣火锅，叫人欲罢不能。他俩陪我们吃了三天火锅，我们拉了三天肚子。据说吃了不拉肚子的火锅绝对不正宗。

从重庆回来后直到 3 月底，我陆续参加了西铁城、诺和诺德、中国一汽、劳斯莱斯、惠普、周大福、中国移动、中国电信举办的活动，中间还穿插参与了安徽卫视、东方卫视、上海电视台、中国时尚传媒集团等媒体举办的各类栏目和各种盛典，而且还接到了湖南卫视《天天向上》的邀请……

听说要上《天天向上》，王星这次请缨，也要给我当回临时助手。他问我这些是怎么办到的，我说："对一件事情具有强烈的渴望时，就会梦想成真。"

我真的没有忽悠他。我还跟他说，我有预感很快也要上《鲁豫有约》了。他感到不可思议，说到时候还要跟我去录制现场。

4 月初，我们刚在湖南录制完《天天向上》，又接到王岗的电话，说重庆某地产协会举办的活动也想邀请我参加，看能否临时穿插一个活动。来不及在湖南逗留，我们又急忙赶往重庆。王星帮完忙，独自回了北京。

赶到重庆，王岗接到我们非常高兴，一路上言语中多次提及一位牛姓秘书长。我们所住的酒店也是活动举办的地方，我们只稍作休息，王岗便打来电话，说牛秘书长想见见我，要跟我探讨一下作画的方案。

我们下到二楼，王岗已在电梯口等候。穿过一个长廊，上几级台阶，王岗远远地给我介绍，前面沙发上坐的穿深蓝色连衣裙的就是牛秘书长。我纳闷，是不是介绍得有点太早？走到跟前我才发现，这牛秘书长不过是个二十出头的女士。她身旁还站着几位工作人员，似乎在等待她的指示。王岗很恭敬地对牛秘书长道："秘书长，沙画大师苏老师来了。"

"牛秘书长，您好！"我真诚地说道。

"稍等啊，我先吃了这口。"

那秘书长很是沉得住气，稳坐在沙发上手执水果勺，勺上还有半块水果。我们的到来似乎打断了她享用水果的愉悦心情。少顷，她站起身来，颇有风姿。她上下打量了我一番，然后开口说道：“苏老师，很年轻嘛！”

王岗顿感不自在，尴尬地笑了笑。

“牛秘书长更年轻。”我微笑道。

我说完，她花容有些失色。

我接着说道：“我以为秘书长是一位年长的领导，没想到居然是位年轻的美女，还这么能干，真是不一般啊。王总跟我说牛秘书长特别有才、特别尽责，要跟我一起商量商量今天的画稿。我来之前已经把手稿发过来了，不知牛秘书长有什么意见和建议。”

“苏老师，哪有，您过奖了哈。我就是想，我们领导有一句口号，是否可以加到画面中？”她显然听到了她想听和爱听的话，说话的语气也温柔不少。

“没问题。加在前面或加在后面，效果都是可以的，前面是开场，后面是压轴，都能体现领导的分量。”

“那就太好了。”

“可不可以把领导的样子画出来？”

“这个不太现实，不是画不出，是时间不允许。素描画人头像，最少也得十几二十分钟，那还得有模特。如果在台上磨蹭半天就为画个头像，观众是看不下去的。万一画得不准，把领导画丑了，还会有风险。”

“哦，不用画，不用画，我只是问问。我们领导特喜欢中国风的曲子，我想听听您准备的音乐，对，音乐。”

“我这里中国风、西洋风、中西结合的都有，这样，我让他们放放，您来挑。”

“好好好，王岗，你叫调音师过来。哎，苏老师，我们坐着聊。”

王岗迅速朝大厅舞台走去。

晚上的演出大获成功，掌声阵阵。席间，协会的领导特意过来敬酒，以尽地主之谊，其他领导也紧随其后，一起陪同敬酒。

“苏老师，苏老师，来来，我们一起合个影。”牛秘书长手持酒杯走了过来。

“牛秘书长，真是女中豪杰啊，敬您！”

“哪有，哈哈哈，敬您！”

牛秘书长面现红晕，先前的领导气质已被脸上的红云遮盖得一丝不剩，只留下青春少女的纯真。

回来的路上，我和小芳讨论着重庆山城的特色，讨论着小萝卜头的故事，讨论着重庆的气候，讨论着重庆的美食。正聊在兴头上，她的电话又响了，她睁大眼睛望着我，说出几个字来：“哦，《鲁豫有约》！您好，您好！……”

两个月后，《鲁豫有约》正式给我做专题片。这是当时中国家喻户晓、分量很重的一档访谈节目。

为了在《鲁豫有约》上讲好自己的故事，我们全力以赴。光外景地的拍摄就花了三天。为了还原现实，可谓煞费苦心。当我回去找那些奋斗过的地方时，全都找不到影子了。都说物是人非，现在连物都没有了。

在北京走一步看一步，一不小心就快十年了，十年时间也不过弹指一挥间。摸爬滚打，殚精竭虑，多少次朝不保夕，多少次忍气吞声，多少次风吹雨打，多少次泪流满面。北漂到第八年，我才拨开乌云见日月，才有机会微微抬起头来。这些历程正是他们感兴趣的，他们认为这是一粒沙子创造的奇迹。回首往昔，所有的故事像尘埃落定后的

痕迹，他们的追寻就像一阵风吹来，将尘埃再次扬起……

我记得正式录制前，我吃了一碗担担面，因为有些紧张和激动，那碗面我没有吃出一点味道，真是独特的印象，这在我脑海中记忆深刻。我在现场画了两个作品，一幅《梁祝》，一幅《古韵千秋》。功夫、王星、小芳、岳父大人也在现场。鲁豫问我成功的经验，我说："坚持、坚持、再坚持！"

老家的人在电视里看到了我，再次奔走相告。与以往电视报道的内容不一样，以往关注的是我的画，现在关注的是我这个人。母亲在电视机前看了我的故事，顿时泪如雨下。直到那一刻，他们才知道我在北京根本就没有念完大学。四年前，我给家里打过一个电话，我说："我已经毕业了！"

6 月 25 日，迈克尔·杰克逊与世长辞，那一整天我郁郁寡欢，心情沉重。

他们都知道，迈克尔·杰克逊在我心中是神一级的人物。

阿云问我："宝哥，你怎么那么喜欢迈克尔·杰克逊？"

"他是伟大的艺术家，没人能够取代，永远无法超越，他是纯粹善良的人！"我又说，"我得画个作品缅怀他。"

"那你画一个，我给你好好编辑。"

"不用编辑，我能一气呵成。你能从那清澈而又无奈的眼神中看到渴望、看到失落吗？你能理解台上的荣耀与台下的孤寂形成的莫大讽刺吗？"我叨叨起来。

"宝哥又着魔了！"阿云说道。

我只用了半天时间就创作出《缅怀迈克尔·杰克逊》的沙画。作品在网上瞬间引爆，转载不计其数。仅我们视频账号下就留下了几千条网友的评论。这个视频继而在电视里蹿红，之后在上海、广州、深圳等城市的各类移动媒体上连播数月，形成了极大的影响力。功夫见状，以义务法务的身份提醒我，说我完全可以和转载的几个大媒体打版权官司，准能收获一笔不菲的费用。我说不必了，那不是我的初衷。

因为作品的影响力，我也收到了中国区缅怀迈克尔·杰克逊纪念晚会的邀请，我现场挥洒作品时，看到无数歌迷热泪盈眶。9 月份上海电视台与《东方早报》因为这个作品为我联合颁发了"2009 年中国年度摩登人物"和"2009 年中国年度艺术人物奖"。当然，这些都是我始料未及的。

高业民在那段时间里同样非常活跃，除了受邀为一些重量级的国际品牌创作作品外，也参加了湖南卫视的另一档黄金栏目——《快乐大本营》。我发现他也擅长跳霹雳舞。在我的作品疯传的第三天，高

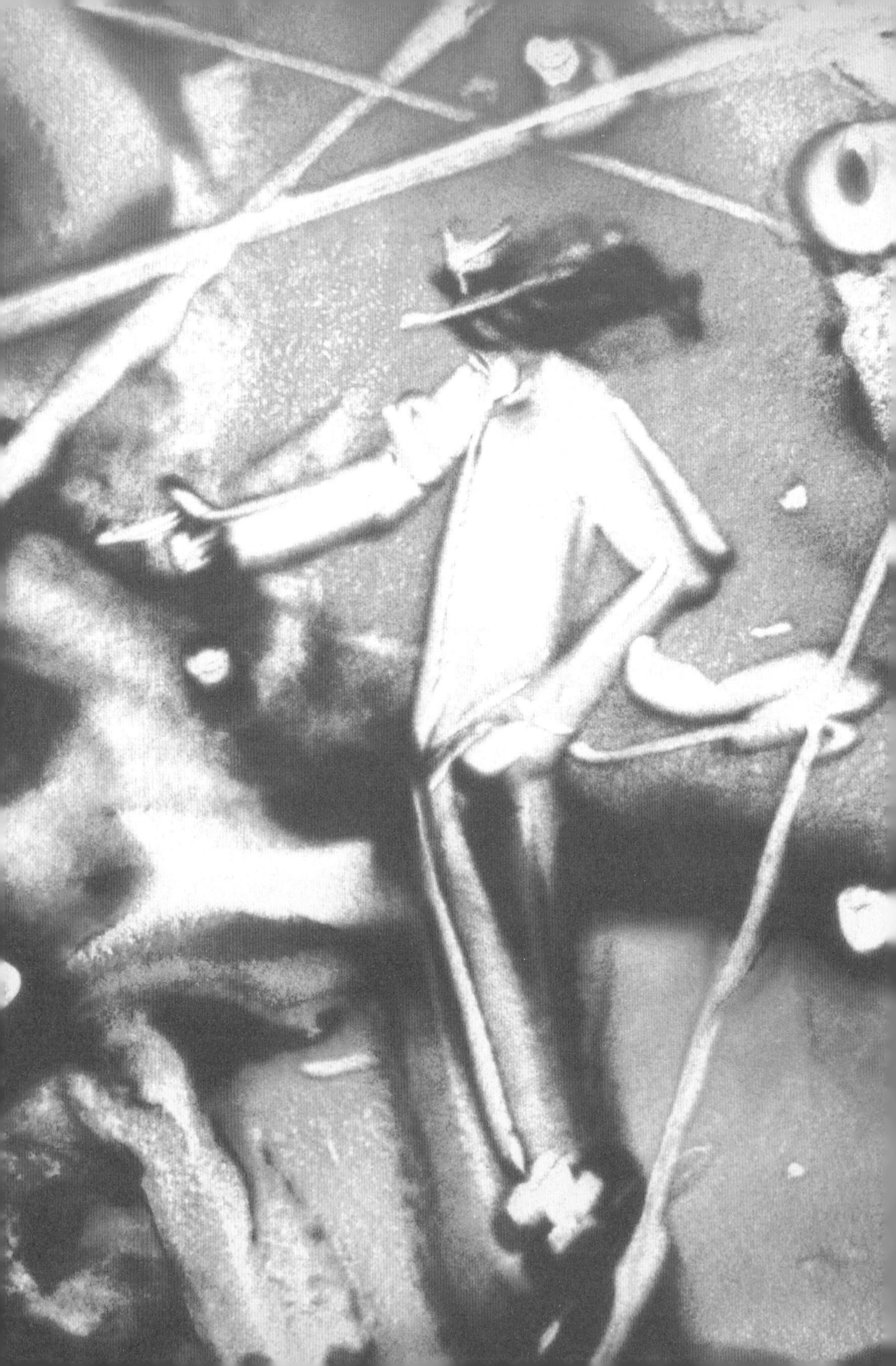

业民也推出了一段纪念迈克尔·杰克逊的视频，流传甚广。自奥运会之后，沙画的创作紧跟时事，几乎从未落下任何一个历史事件。沙画作为一种艺术语言，为时代留下了特殊的痕迹。

阿云拿着刚收到的报纸说道："宝哥，我觉得你现在应该把'中国沙画第一人'挂在网站上，不要再有顾虑了。现在媒体、报纸都这样称呼你，怕啥？"

"那是他们博眼球吸引读者的伎俩。《老子》讲，吾有三宝，一曰慈，二曰简，三曰不敢为天下先。第一人可不是随便称的，我可不想成为众矢之的。"

"你不称别人也会称，你不称媒体也会称，你不称对手也会称。你的风格就是中国风，不是学来的，是自己琢磨的，称第一人也不为过。再说了，你就这么没自信？"小芳说道。

"不是没自信，是——"

"是什么？你知道行业第一对我们业务开发的重要性吗？"

"宝哥，媒体都这样称呼你了，有什么的？"

"中国沙画第一人？"我问道。

"中国沙画第一人！"他们异口同声。

"好！就是它了。阿云，上！"

我望着窗外，做了一个长长的呼吸。

第 14 章

高处临风

窗外的蝉鸣声激情四溢，此起彼伏，不断变换着调子与节拍，一刻也不停歇。我沉浸在工作间中，解衣般礴，酣畅淋漓地创作。或许蝉也能察觉到，当它们卖力歌唱之际，从某个房子里不时传出一个人的歌声与叫喊声，嘹亮且充满神经质，似在与它们应和，又似在较劲。它们定然不知，那声音的源头正是鄙人，歌声和叫喊声是我创作沙画时兴奋所致。蝉愈发鼓足了劲，它们的表现着实有些不解风情，而房子里的几位却早已习惯了我如疯子般的创作习性。于我而言，工作间不只是一个创作的空间，更是一个激情澎湃、无所顾忌的“私人舞台”。

我的日程板上，依次排列着佳能、万科、雷克萨斯、SOHO 中国、VISA、宝马、玛莎拉蒂等众多品牌的邀约，创作的火焰正在熊熊燃烧，其炽热程度欲比当空的烈日。每完成一个作品，都是一次高效的学习之旅；每参与一次活动，皆是一次新奇的体验之旅。

有一天，我收到了客户寄来的一张合影，合影中呈现的是我和潘石屹握手欢笑的瞬间，我会心一笑。好几年前我见过他，那时候我身着小丑的装扮，他已然是地产大亨。

除了投入创作，便是不停出差。在日程安排最为紧张之际，一个月里我仅仅在北京停留了三天，其余时间不是在天空中翱翔，就是辗转于各个城市参与各类活动。对于许多城市而言，在我抵达之前，那里皆是沙画从未涉足的处女地，诸如天津、南京、石家庄、重庆、成都、西安、昆明、乌鲁木齐等地。我坚信高业民在那段时间里也是同样忙碌的节奏，我们在暗自较劲的同时，也共同将沙画的种子播撒向全国。

我在《鲁豫有约》中展现的作品《古韵千秋》与《梁祝》在网络上广泛流传。我所绘制的《梁祝》，日后几乎与中国所有重量级的小提琴大师都有过合作。同年 8 月，中国传统文化促进会在人民大会堂为我颁发了“弘扬中国传统文化大使”的荣誉称号。在人民大会堂里，我见到了众多重量级的领导嘉宾，其中有一位叫王定国的百岁老人格外引人注目。她是革命老前辈，一位伟大的母亲，历代国家领导都曾向她表达敬意与爱戴之情。我虔诚地与她合了一张影。难以想象，她那瘦弱的身躯究竟承载了多少可歌可泣的故事！我尤为敬佩的是，她不仅自学文化，还在七十岁之后练习书画，直至百岁仍笔耕不辍，完成了上千幅作品！她以实际行动书写了属于自己的精彩人生。她坐在那里，精神矍铄，眼中放射出纯粹的光芒。不知怎的，那一刻我想起了小萝卜头。人的命运竟是如此不同，物是人非与物非人是，皆是足以震撼人心的生命状态。

在那段特定的时间里，世界各大顶级品牌竞相向我发来邀请，我忙得不可开交，有些活动甚至都来不及进行创意构思。创作是需要时间、需要酝酿的，可我向他们解释也无济于事。他们全然不顾，要求也并不高，只要我能到场即可，以至于有的演出到了现场才临时商定内容。对我而言，这简直就像是硬塞到手上的钱，挡都挡不住。那种

状态极其考验人，我的创作能力正是在那个时候锻炼出来的。

阿云紧紧跟随我的节奏，总体来说是一个称职的助理，工作能做到百分之九十九的程度。然而，这并不意味着我就可以高枕无忧。我最担心他那百分之一的疏忽，往往越是害怕发生什么，就越会来什么；越是担心疏忽什么，就真的会疏忽什么。只要我脑中闪过那个念头，就会立刻打住，因为我深知我的预感有多么准确，也明白人的意念有着多么强大的力量。这与他开车的情况别无二致。如果你坐在副驾驶位置上，看到路上有木棍，千万不能提醒他注意安全之类的话，否则肯定躲不过。这并非他故意如此，他就是这样一个人。所以，我们俩的配合也留下了不少令人难以忘怀的片段。

有一次我们在天津演出，他把架摄像机的横杆落在了上一场演出的地方，到了现场才发现这个问题，而那时距离开场只有一个多小时了。我的现场作画道具主要分为两部分，一部分是沙画台，另一部分是垂直拍摄画面的摄像设备。摄像设备也由两部分组成，一个是摄像机，另一个是架摄像机的架子。为了方便携带，我将架子设计成了由底座、竖杆、横杆三个部件组成的装置。那横杆是不锈钢手工特制的，根本无处可买。情急之下，我只好在场外找了两根木棍，先用黑色胶布将其全部包裹起来，然后用胶带将其中一根木棍垂直固定在竖杆上，把另一根木棍一头固定在竖杆上，一头固定在横向的木棍上，起到三角形稳固的作用。最后再用胶带把摄像机粘上去，反复缠绕直至稳固。就这样，算是有惊无险地度过了这一关。

还有一次，我们在唐山某岛上参加一场国际活动。当他打开道具箱时，瞬间傻眼了，我看到他呆呆的样子，顿感不妙，立刻上前查看，原来他将我作画的玻璃板落在了上个场地。我的道具经过几次改装后，作画的画板也设计成了可以随时拆装的组合，由底下的亚克力板（用于匀光）和上面的磨砂玻璃板（用于作画）组成。这样的设计是为了方便清理进入夹层的沙子。上一场演出活动后，他清理完两块板子，却忘了把玻璃板再放回去。岛上离城里很远，没有出岛的车，只能坐船，时间又非常紧迫，购买玻璃几乎是不可能的事情，他当时甚至连跳海的心都有。他说：“我就是游泳也要把玻璃找到！”虽然这是说给我听的气话，但也是他最真实和无奈的表达。在那种情况下是不能刺激他的，急了他真的能做出极端的事情来。我想说，在那个节骨眼上，他只有弥补过错的诚心，却没有立功的办法，办法只能靠我自己来想了。跳进海里肯定是捞不出玻璃来的，开船去城里买，时间又来不及。我只好对他说：“那不还有一块亚克力板吗？”

“行吗？稍微使劲，板子会被摁下去的。”他可怜兮兮地说道。

“没办法的办法了，沉稳点，别慌，别让人看出来。”我提醒他注意表情。

自我夸奖一下，那天我的表现堪称“艺高人胆大”。无论是观众还是主办方，都没有看出丝毫破绽，并且十分满意。他们绝对想不到，那是我游走在钢丝上、最为惊心动魄的一次表演。表演结束后我俩才发现，我们都出了一身冷汗。

大部分时候，主办方都会将我待为上宾，但也难免会碰到不近人情的情况。有一次在北京的蓝色港湾，主办方忙于应酬出席活动的领导和嘉宾，组织有些混乱，把演职人员给忽略了，中午彩排完后，没给我们安排午饭。到了下午，看似也无暇顾及我们，我便对阿云说：“看这个情况怕是得自己解决为妙，还有一个半小时，你到外面去带点吃的回来。”他去了半天没回来，在离开场差不多只有十分钟的时候才气喘吁吁地赶回来。我有些生气：“怎么去了那么久？马上要开始了！”

“给，先吃，还有咖啡提提神。这周围没卖吃的，我跑了好远才买到的。”他边说边把一个热狗和一杯咖啡递到我手里。

“你吃了没？”

“没有。”

“那你干吗只买一份？”

“贵得要死，我演完回家吃去。”

“傻呀你，又不是花你的钱！”

说到吃的，我又想起我们在上海香格里拉酒店那次。那天早上，我俩在二楼餐厅一人点了一碗面条，正吃着，服务员把账单拿来让我们签，两碗面条五百块！虽然可以签单，但我俩都如鲠在喉，吃不下去了。“早知道这么贵，我们还不如自费到外面吃去。”我说道。

我俩一致认为奢侈浪费可耻，不管主办方如何优待，我们都不会随心所欲。

这些花絮点缀着我们游走的历程。除了创作和演出，其他时间我俩基本都在天上飘着。万丈金光，云浪翻滚，众星捧月，银河横空，碧海青天，苍茫大地，巍巍昆仑，江河逶迤，云蒸霞蔚……无限风光尽收眼底，令人心旷神怡。然而，我们也经历过两次令人魂飞魄散的飞机事故，其中一次遇到强气流，飞机突然失重，俯冲了二十几秒后才稳定航道，那一刻我近乎绝望。“真是高处不胜寒！下次再也不坐飞机了！”我俩摁住胸口，不住地摇头。话音未落，我们又心急火燎地赶往下一趟班机。最紧张的一次，我们一天之内到访了四个城市，一早从北京赶往昆明，下午从昆明赶往成都，晚上从成都赶往天津，最后从天津乘车回北京……

精神劳动的挑战丝毫不亚于体力劳动，有时候更胜于体力劳动，体力劳动在睡觉和休息的时候是可以停止的，而精神劳动在睡梦中还可以进行。有些活动，不得不劳其筋骨。譬如有一次，我将同时与四位领导合作，一位是全国政协副主席、一位是前文化部长、一位是省委书记、一位是省长，每位领导各有五分钟的演讲时间，他们依次演讲，由我临场作画，同步演绎背景内容。这种活动的挑战可想而知，我不可能和每位领导一一沟通交流，他们演讲的时长也只是个大概，因此我只能根据活动的主题，前期做大量的调研工作，积累素材，还要做好随机应变的多项准备。除此之外，我现场作画的时候，还有一位监督在我身后，也许这只是主办方出于突发事件的考量，而对我来说又增加了挑战和难度。参与这种活动，需要具备强大的心理素质。活动之前，需要花费大量精力做准备，寝食难安也属正常。

我们在长春一汽参加奥迪 A6L 首款车的下线仪式，那是我第二次来到一汽的车间。去之前，我已将一版创意发给了对方，临登机时，对方反馈了一个修改意见，说所画的内容要由一段长诗改为三段短诗，分三次画。于是我在飞机上进行修改调整。刚下飞机，对方又打来电话说三段诗的创意取消，改为一篇散文。我只好在赶往现场的车上再次进行调整和创意。赶到现场时，画稿也改得差不多了，然而情况再度发生变化，散文的内容做了不少临时修改，我的画面也需随之调整。在反复确认文本不再做任何改动后，我对他们说："请给我三十分钟的时间，我要修改练习，这个时间里不要再打扰我！"一小时后，中国、德国的几十位领导悉数到场，他们站在屏幕前，尤其是德国方面的领导们，个个身材高大，如同一道道竖起的墙。音乐响起，我胸有成竹地铺开沙子，将一幅幅临时调整后的画面行云流水地展现在他们眼前……直到最后一个画面结束，屏幕从中间分开，挡风玻璃上标着

“000001”的奥迪 A6L 车在激情喷射的彩烟中闪亮登场。

活动结束后，我走上前去与新下线的车合了张影，我认为那又是一个见证历史的瞬间，值得留念。只一小会儿，车间就像一个巨大的发动机缓缓启动，轰隆隆的声音响彻整个车间。钢筋铁骨搭建的流水线上，一辆辆车架安躺着，正亦步亦趋地向前推进，每到一个节点，各类机器人手臂按指令在车躯上完成一道道工序，准确无误，直至组装完备，出落成一辆辆崭新的作品。我忽然明白，为什么之前我的创作会显得如此被动，也许在他们看来，一切创造都有既定的程序吧。在他们眼里，我或许只是一只搞艺术作品的机器手，想到这里，不免有些失落。在商业演出中，常常会碰到此类情况，没什么想不通的，也没什么好辩解的。那种情况下，与他们谈论艺术的规律无疑是自讨没趣，他们的程序是——先说行与不行，至于好与不好则另当别论。

我经历过一场令我近乎崩溃的活动。那是一个世界顶级的医药品牌，要借助沙画演绎来发布一款新药。在此之前，他们已经更换了好几个沙画师，我不知道高业民是否在我之前接触过他们。（2009 年后开始涌现一些沙画新秀。）我是由一家公关公司找的。按理说，公关公司是连接品牌和艺术家的桥梁，我只需与公关公司沟通交流即可。然而，负责沙画事宜的两位小姑娘看来功力不太深，被品牌方折腾得痛苦不堪，我也就顺带受到了牵连，稿子一改再改，没完没了。后来，那两个小姑娘不得不把我推到前台，希望我亲自出马跟品牌方交涉。

我只好跟他们来到那家品牌的总部。总部位于国贸，气势确实非同一般。偌大的厅里不见一人，充满冷色的调子，一种阴森沉重的气息笼罩其间。两个小姑娘一进那场合，身子瞬间“缩小”了一半。她们连日没有休息，脸色苍白、眼袋红紫，头发也有些凌乱。二人在我一前一后，低着头悄无声息地领着我前行。我这才发现她们的服装一黑一白，突然一股莫名的感受闪过，如夏天里冷不丁塞了块冰在领子里顺着脊梁骨滑落。穿过几条走廊，沿途两边的门都是紧闭的。上了两节钢质的楼梯，脚踩在上面发出咚咚咚的响声，响声又从四壁回过来，形成共振，嗡嗡混作一团，越发显得幽静。

终于来到会议室，两个小姑娘自觉退到后面。会议室是唯一敞开着大门的房间，我看到已有五个人坐在会议桌的一边。显然，另一边空着的座位是给我们留的。五个人都低着头，有看手机的，有看资料的。我的出现并没有引起他们的关注，或许并没有引起他们的重视，适才上楼梯的声音人不至于听不见。两个小姑娘也不敢作声，让我的处境很是尴尬。我知道那几个人不是不知道我的存在，依我看，能在那种环境里工作的人，应该是具备了无须用眼睛就能觉察和感知的能力的。我不能等着他们宣我进去，我也不会任由他们审问，大不了不挣这笔钱。我大步流星走到他们对面，他们依然如故。我挪出桌底的座椅托起来再放下去，发出“噔”的一声。他们如一群正在水底觅食的鱼突然遭到了落水石子的惊吓，这才一一抬起头来。他们一定有短暂的惊愕，不知面前坐着的带着微笑的人是何方神圣，怎么会如此不客气。

“各位领导好，我是沙画师苏大宝，今天应邀过来和贵公司探讨一下关于沙画创作的事情。我平时都是助理接洽，很少亲自出马的，但公关公司的两个小姑娘非要我今天过来，可见这个创作的难度以及各方对这件事情的重视程度非同一般。这次创作的进展的确缓慢，为了省去中间的传达环节，做零误差的沟通，降低各方的交流成本和工作负担，我认为来一趟也是非常有必要的。我会尽己所能，争取让各方满意。”

“还站着干吗？进来啊。”中间那位中年男子发话了，两个小姑娘这才走进来，挪出椅子在我两旁坐下。

“是这样的，苏老师，我是这个活动的负责人，姓黄，这是我的名片。”他递过自己的名片。

我双手接住：“谢谢黄总，我的联系方式找她们要就行。”

“明白。前面那个稿子我们都看了，觉得可否这样，再融入一些药物的分子结构以及药物在人体几个关键部位产生作用时的图片。就是产生作用的这个过程，我不知道可否表现出来？”说完，他点燃手中的烟斗，猛吸了两口。

“可以，那就是再次推翻前一版的创意了。您的意思是展现药物入口后经过消化系统的吸收，进入循环系统后，到达患处并进行治疗的过程，对吧？”

“不一定那么详细，比如吃到嘴里，然后到患处。我们觉得前面那版主要是体现了药物给人带来了生活的美好，这种重获新生的画面还是有点抽象，跟实际的产品结合得不是太紧密。”

“您能说出‘重获新生’几个字，就说明前面的画面还是有意义的。人的欣赏角度是不一样的，我知道这款药物的发布会，底下坐的都是行内人，对于他们来说天天看到的都是这些专业性的画面，如果沙画也是画这些特别具象的东西，我担心会有审美疲劳。而且他们本身都知道这个药物的针对性，再次灌输疗效以及产生疗效的方式其实是毫无新意的。我的想法是，突破专业学术的范围，创造更多意料之外的画面，形象比喻、写意表达会给大家更多的惊喜。我的专业是艺术创作，你们既然请我，我站在对贵方负责任的角度也必须说出来。比如，前两版里所画的具象的胃和肠道实际上太过直白，甚至有些血淋淋的感觉，不美。倒不如画大地、小苗，受阳光雨露的滋润，长成参天大树，然后大树的树干变化成人的骨骼关节，在关节处再画出星光闪烁暗喻药物的作用，这样既能画出更多艺术性的画面，也能遵循沙画瞬间美和连贯变化的艺术规律，同时也能准确表达想传递给观众的理念。”

“嗯，是这样的，我们觉得您这个想法不是不可以，就是，是否可以多加一些人体器官的画面，然后怎么又能巧妙地结合成现实的美好，对吧，黄总？”他旁边的助手发话。

“可以。”他又抽了一口烟斗，颇有艺术家或设计大师的风范。

“这样，我们从头再捋一遍，从文本的第一段来配草图，我现在就临场创作，一幅幅向后推，我们共同创意创作如何？这是最省时间的。”我说道。

“好好好……”五个人不约而同地点头。

约两个小时后，大家达成了一致意见。我收好稿纸，正准备告辞，黄总说道：“苏总，我们公司总经理陆总一会儿过来，先让他看看再定。”

“哦，好。”

陆总一来，全盘推翻。我只好又以这样的沟通流程再走了一遍。当然，增加了陆总的创意，创作的方向是另外一个路数了。又是两个小时过去，我再次成功地征服了他们。我看了看旁边两个小姑娘，她们已露出胜利的喜悦笑容，她们已经三天没合眼了。我收拾完东西，打算握手再见时，陆总迟疑了一下，说道：“苏先生，我们集团副总董总是这个活动的总负责人，让她看看，她定了就肯定没问题。”

我心中一惊，嘴上也只能说好。

果不其然，董总一到，再次全盘推翻。与前面不同的是，董总是位非常强势的女性，一切只能以她的想法来，可以说我几乎没有创作的自由了，更无从发挥沙画的特点和优势。我尽力将她的审美取向和前两版方案中的优势做了一个融合，这让她感到很不爽。最终我们僵持在一个技术性的问题上时，她终于爆发了：“你就说你行不行吧？”

此言一出，她下面那几个人以及公关公司的两个小姑娘都被吓到了。我前所未有地感到自己的专业性受到了挑衅。“艺术遭到了亵渎！”我心里怒斥道。

我沉默了几秒，然后说道：“董总，请您见谅，我不是有意跟您较劲。我有我的职业操守和对艺术的尊重，我也是在尽最大的努力来满足各方的需求，争取做到让大家都满意。您问我行不行，我想我已经给世界五百强企业中的几十家打造过作品了，无一说我不行的。今天我前所未有地碰到您这么一位超五百强水准的企业领导，如此自信于自己的审美和跨行指导的能力。如果您坚持己见，我无话可说，但是，我也不会认为我不行，而且就此打住也不是我的性格。这样，这个作品我会做两套沙画版本的方案给到您，一套是完全尊照您的思路画的，一套是综合我和刚才几位公司负责人的创意做出来的，当然，最后还是由您定。至于刚才那个关于激光打洞的技术，一定要画出来，我建议采取音效配合的手段来实现。不过建议放在开场的前十秒钟体现出来，如果放在中间或末尾，误差的可能性太大，无法实现音画同步。所以，我建议无论哪一版都将第一幅画面做调整，用您坚持要表现的内容做开篇。如果这两版您依然不满意，我再综合二者的优势再次出个终极版本，如再不成就请另请高明。”

我的话说完，大家默不作声，都看董总的表态。估计这是董总头回遇到这么不给她面子的人了。我继续说道：“董总，您是个完美主义者，完美的事情是不存在的。周杰伦的歌那么多人喜欢，但也有一堆人在骂呢！”

“是吗，我是吗？”她反问道，并把眼神投向大家。

这时候，她底下的同事纷纷笑着点头，有的发话了：“嗯，有点儿。”

她的表情很有意思，不知是高兴还是不高兴。因为，我们也不知道这是在赞美她还是在讽刺她，这要看她自己的感觉了。

我继续说道："其实我们的目的是一致的，就是要用沙画的艺术语言讲述产品的特色、疗效，以及对人类的健康和美好生活的憧憬与再造。其实对于一个活动的总指挥，这件事情是个很小的环节。黄总、陆总他们，以及公关公司都非常负责，我们共同的智慧不可能完不成这个任务。我号称'中国沙画第一人'，也会尽最大努力对待这件事。如果我也不行，再找出一位能完全满足您要求的也几乎不可能了。刚才言语多有冒犯，还请海涵！"

"好吧，苏老师，就按您说的执行。"她微笑道。

我收拾完一摞手稿，他们全部起身将我送出门。从开会到结束用了八个小时。

最终，这个活动圆满成功。从此以后，凡是需要开会商定的稿子，在沟通前我要做的第一件事就是确定有几层领导审查、拍板人是谁。不是特殊情况，一般我会提出各级领导共同探讨的要求，这一定是最高效的沟通方式了。当然，不是所有的沟通流程都能遵循我的意愿来，比如央视春晚，那就只好硬着头皮打持久战了。

忙，往往会产生一种"磁力效应"。越忙，磁场就越强；磁场越强，对各种事物的吸引力也就越强。吸引的事物多了，磁场随之变得更强，进而就会更忙。所谓的事赶事、福不双至、祸不单行，便是这个道理。在那些日子里，本就处于创作和表演的高速运转时空之中，我还要忙着应付网易、腾讯、《广州日报》、央视新闻、北京新闻、央视少儿等媒体的采访报道以及各类节目的录制。"中国沙画第一人"这个名头越来越响亮，而名头越响，"磁力效应"也越发明显。

事情越来越多并不意味着工作越来越复杂。有了这个名头，事情

其实变得越来越好办。有的活动，主办方以能够请到我出席为荣。他们会说：“您来了，我们就放心了！荣幸之至！”还有人在他们身后窃窃私语，他们的唇音被我的眼睛“听见”：“哇——中国沙画第一人！”有了这样的名头，胜过一切言语的堆砌和抬捧，当初的定位真是明智。当然，实力才是成功的保障。无论他们的想法如何变化，我都能在极短的时间内应变，并做出切实可行的创意和方案。

工作日程已经安排到两个月后了。其中有几场活动对我来说非常重要，一个是 9 月份央视俄语频道的开播仪式，现场有中俄两国的重要人物出席；一个是 10 月份在江西南昌举办的金鸡奖颁奖盛典；还有一个是上海电视台和《东方早报》联合举办的《摩登上海》颁奖典礼。每一个活动都是一次独特的挑战，每一个挑战都是一次历史的见证，每一次历史的见证都会成为我艺术历程的重要节点和永生难忘的记忆。在俄语频道开播仪式上，我与中国交响乐团合作表演《渔舟唱晚》。参加完活动后，有媒体报道中国沙画传到了俄罗斯。再之后，我作为50位青年代表之一，接受了中国国际广播电台与俄罗斯国家电视台联合拍摄的纪录片。10月份在南昌举行的金鸡奖颁奖典礼，云集了影视界各位大咖。我与小提琴大师盛中国先生联袂演绎《十送红军》，成为典礼的六大亮点之一。这也是我和盛先生的第二次合作，上一次在天津我们联袂演绎过经典作品《梁祝》。这次盛典的合作非常默契，我们在后台高兴地击掌欢庆。同月在上海，上海电视台与《东方早报》联合给我颁发了“2009年中国年度艺术人物”和“2009年中国摩登人物奖”，同时领奖的都是当红的文化艺术界、音乐界和影视娱乐界的大咖。

也许对很多人来说，这样的经历和收获应该是幸福的，是令人骄傲的。我固然有那样的感受，但当时却是怀着忐忑的心情去参加那些活动的。

参加完央视俄语频道的开播仪式后不久，我接到了央视春晚剧组的邀请。这个惊喜来得突然，完全出乎我的意料，因为我预计，应该再等两年才有可能和春晚沾上边。我知道春晚的分量，也很早就知道进军春晚的难度。对高老师、王老师那样的老艺术家来说，上春晚可以算毕生最大的愿望了。我曾有所耳闻，不少演员就是花了重金打点也未能如愿。如今，我轻易就获得了“船票”，除了上天对我巨大的关爱还能是什么呢？

接到通知后，按照剧组所给的路线来到位于五棵松西北角的一栋普通楼房，我才知道春晚剧组原来就在这里。短短五分钟的车程，真是没想到春晚离我如此之近，我感到有些好笑，觉得老天爷很幽默。上到五楼，一出电梯口，迎面是一块春晚倒计时的牌子。此时离春晚还有三个多月时间。我心头一热，要知道见到这块牌子是多少演员梦寐以求的。接待我的好像是制片人，他眼神里不时向我传递着幸运之神降临在我头上的信号。按照流程，我得先签一份保密协议，我看都没看条款便签下了自己的名字。我也抬来了沙画道具，为他们介绍和展示了一下作画的过程。我问他们有没有想好怎么运用，或是需要我做一些什么准备，比如创作方向和主题之类的，他们说还没想好，等想好后再跟我商量。最后，一位女士跟我说："总导演说，今后你就不要去参加有媒体曝光可能性的活动了，争取在春晚上一炮而红。"

"没问题，只是我有两个已签约的活动得履行，也是你们台的，我不能毁约，我争取让他们都不宣传就是了。"

"这个你自己看着办。"

那时的活动，只要出现沙画就会成为媒体曝光的亮点。我们回来商量了一下，凡是锁不住曝光的活动我们就不参加了，这也意味着那几个月将损失众多媒体曝光的机会和不菲的收入。

"为了春晚值得！"我充满信心地说道。

父母打算来北京度国庆长假。此时的北京正值一年中最美且最舒适的时候，而且奥运的余温尚在。我估计这几个月因为春晚的事情会放下不少活动，不至于像往常那般忙碌，正好可以陪他们逛逛北京。

这是父亲第二次来京。我在西客站接到了他们。父亲依旧如上次那般，心情激动，母亲更是多了几分豪迈之情。车窗外的天空湛蓝无比，飘着一个个各具特色的风筝，那些风筝安然自在，仿佛是从我们的心田放飞出去的。

"你怎么又换车了？那辆车不是才买两年？"父亲问道。

"哦，刚买的，感觉现在有时候出去需要稍微讲点面子了。"我说着，汽车开出了车站。

“哦，这里就是上次经过的地方吧？”父亲看着莲花桥说道。

“是的，刚来北京的时候，我们两个就是在这个桥上分别的。你转过身后我眼泪哗哗地流了下来。那天我是走路回学校的。没想到会有今天吧？呵呵。”

“我看你那《鲁豫有约》的节目，眼睛都哭红了。都怪你爸没用，什么都没给你两兄弟置办。”母亲抱怨道。

“我不怪你们，都得靠自己。这些年关键是有小芳，没有她我今天都不知道还在哪里赶场呢。”

我说完，小芳不好意思地笑了一下。她回过头问道：“爸、妈，明天去天安门，后天去长城，可不可以？”

“先回去，把东西放好，吃完饭就去天安门。”父亲说道。

“这么急干吗？坐了一天一夜的车不累啊？”我笑道。

“还好，不累。”

“不累。”母亲也补充道。

我们都忍不住笑了。

我们带着父母登上天安门城楼，天安门广场尽收眼底。清风吹拂着鲜艳的红旗，也吹拂着我们的心，红色在那一刻显得格外艳丽。能登上这最神圣的地方，没有人不会感慨万千。我现在路过天安门，和小时候经过乡政府时心境没什么两样，但是登上去的心情还是幸福感满满的，尤其是和家人一起。那种时刻，没有人不会联想到老一辈革命家们浴血奋斗的光辉历程。此处的风从未静止过，我又恍然看到了汹涌的大海、巍峨的高山、辽阔的草原、无际的沙漠……

看着他们俩不停拍照，我们俩相依着也感到十分欣慰。逛完天安门广场，我们一起在前门大栅栏吃了一顿炸酱面。原以为这地方应该能吃到正宗的炸酱面，可这炸酱面真够杂的，父母吃得不痛快，他们无法理解这一点汤都不带的面是如何成为北京特色的。我问他们要不要再来碗豆汁或炒肝之类的特色食物，他们直摆手。

我们带着他俩来到八达岭，他们站在蜿蜒逶迤的长城上感到无比自豪。我们还特意在八达岭竖起的一块巨大牌子前来了张全家福，上面写着“One World One Dream”。我们又逛了颐和园、圆明园、动物园、植物园等地方，一家人从来没有如此轻松愉悦过。一张张照片里定格着一张张幸福的笑脸。

母亲看着电脑里的照片，轻轻地擦拭眼泪。“真没想到，还有这个福分！”她边看边说道。父亲在一旁默不作声。

“跟着你爸，一辈子什么福都没有享到。”她接着又说，“就一个辣椒吃饱了。”

父亲眼睛一眨一眨，好像对那些话已具备了天然的屏蔽能力。我们觉得有点好笑。

“妈，其实你自己也喜欢吃辣椒，好吧？别什么都推到爸身上。爸就什么优点都没有？毕竟还当过几年乡卫生院院长呢。”

“一提这个就来气，他风光的时候给家里带来过什么？你俩学费都交不起了，还要天天寻些酒喝，那些个应酬做什么用，身体都搞垮了。”

“人到那份儿上，有时候身不由己嘛。”

“幸亏没当了，不然命都没了。你不知道，那时候有多少亲戚朋友来找我们家借钱，以为他当了院长，家里就有好多钱了。家里哪来的钱？他倒好，推到我身上。你堂姑父找他，开门见山就要一万，身上没有直接拒绝不就得了？他倒好，转过头来问我有没有。我说哪里有钱？从此你姑父怪了我好几年。还有他堂侄女，来家就问叔叔在不在，我说不在。你猜她怎么说来着？她说：‘唉，叔叔不在家就不好开口了，本来想借点钱修房子。’你就看看，我在他们家都成什么人了！”母亲越说越来劲。

“妈，我都听好多遍了，耳朵都要起茧子了，这都是正常现象。不说爸啦，就说我吧，现在上了几次电视，好多人都以为我不得了了，现在找我借钱的也不少。还有特搞笑的一个老同学，他先是问我认不认识张靓颖，我问他什么事，他说他哥哥在四川惹了麻烦，被公安局收了。张靓颖不是四川的嘛，如果哪天我演出碰到她了，麻烦跟她说一声，要她帮忙跟公安局打个招呼把他哥给放了。我都不知道该怎么回答他了。”

“很多人以为只要当了官，只要有了名，就肯定有钱了。”小芳说道。

“这都不算什么，我以前演出的地方有个老总，据说杀了人被关起来了，我们都多少年没联系了。有一天我突然接到他的电话，说是从监狱里打来的，问我还好吗？你说我好还是不好？”

“还有这事？你怎么说的？”母亲睁大眼睛说道。

“我也不想骗他，实话实说。我说我只是徒有虚名，你说人家会信吗？”

“后来呢？”母亲问道。

“后来也没什么联系了。我就说，我要是真上了春晚，不知道还会有什么稀奇古怪的事找上门来。现在我都不敢再借钱给别人了，没一个还的。”

“别学你爸，你爸呀，就是太实在了，让别人当猪宰了还帮人数钱。当几年院长，连台彩电都买不起。”

“我倒觉得做好自己的本分就是了，老天终究是不会亏待善良人的。你们两个在乡里都不笨，为什么就是没搞出什么名堂？其实就是各搞各的，力没往一处使。”

“她啊，只依得她的！”父亲终于发话了，眉头半竖着，样子很严肃。

“你搞哪件事又跟我商量过？”母亲回道，随即提高了嗓门儿。

“好好好，不说了，不说了，吃饭啦！尝尝阿云的手艺。爸喝什么酒？”

“听到酒我就来气，一辈子就是酒把脑袋灌晕了！”

“好了，不说了，妈！”

“有白的没？”父亲和颜悦色地问道。

我们都忍俊不禁。母亲眼神一瞟，顿生嫌弃的表情。

10 月中旬，我和阿云前往江西南昌，参加第二十届中国电影金鸡奖颁奖典礼。同行的飞机上我们已见到不少明星大腕儿，心情甚为激动。下午我们在会展中心参加完彩排，执行人员告知我走红毯的时间和地点，我对他说：“走红毯就算了吧。”

晚上，我看着屏幕上一位位、一对对、一队队的各界大咖潇洒自信地走在红毯上，心里有一种说不出来的滋味。曾经多少次梦想着有朝一日也能真正踏上那红地毯的，真到了梦想成真的时候，我却要主动回避它，老天爷实在幽默。

阿云看着我，意味深长地说道：“宝哥，我觉得你应该去走红地毯的，其实没什么，多好的机会啊。央视的人就是说说而已，这么久了都没通知你，还不知道有没有戏呢。”

“他们也是，节目的创意不让创作者参与，真是搞不明白。”

“他们不是想不清楚沙画和什么搭配吗？我觉得你今天的活动就可以给他们一个借鉴。对了，你跟文艺部的李导不是挺熟吗？让她跟

他们提醒提醒，别把你给忘了！”

“这好吗？他们可是不希望我曝光的，我还凑上去告诉他们，是不是找死啊？”

“你试试，问问李导，她说可以不就行了？”

“有道理。”我即刻拨通了李导的电话

“大宝，你好！”李导在那头说道。

“李姐，您好！我现在在南昌，今晚我参加金鸡奖的颁奖晚会，应该在央视三套和六套同步直播，这次我和盛中国老师合作表演。给您打电话是想问问您，这个创意是否可以给春晚剧组的导演们看看，我上次接到他们的邀请了，但他们一直没有很好的创意，我想今天晚上的节目没准儿可以给他们一些启发。”

“挺好的事啊，我告诉他们，让他们看看，没什么的啊。”

“但是他们上次跟我说，不要我曝光什么的，我也不知道他们知道了会不会生气。这个活动是我之前签的合同，也跟他们说过的。”

“没事，这是好事。我先帮你问问。”

“谢谢李姐！”

“不客气，等我电话。”

挂完电话，我和阿云拍手称快。“你真是个人才！”我说。

没过多久，李导打来电话，情绪激动地说道：“大宝啊，真是叫人气愤，我好心好意把你的节目推给他们，他们居然发火了，把我给批了一顿，还以为我在中间有什么猫腻，真把我气得！”

“啊——”我和阿云面面相觑，“真是太不好意思了，李姐，给您添麻烦了，对不起，对不起！那我这怎么办呀？我以前跟他们说过的，那是在之前就签了约的，我不能单方面毁约啊。”

“她们说总导演都拍桌子了，说什么：‘他还想不想上春晚！’这事弄得！”

“李导,我这边已经在候场了,马上要开始,我不可能临场掉链子,这更不行。谢谢您，我必须履行职责。顺其自然吧！”

电话挂断，我感觉像掉进了冰窟里。眼前刚才还明星闪烁的，一个电话的工夫全然暗淡。阿云很尴尬地看着我，我也把眼神转到他身上，他麻溜地转移视线。

“人才！”我苦笑道。

“做主的还是你自己撒！”他心虚地回道，然后瞟了我一眼。

此时主持人张国立报幕了：“下面有请小提琴演奏家盛中国、沙画艺术家苏大宝登场！”

音乐响起，我大步流星地跨上那个超大的舞台。摄像机在我周围盘旋，我的脑海里也在不住盘旋。我知道此时此刻现场囊括了中国最顶级的导演、表演艺术家、影视明星，他们会在现场看着我；电视机前也会有亿万观众，包括父母、老婆及亲友会通过电视看到我；也许还有春晚剧组的导演正恶狠狠地盯着我。谁能知道，此时此刻，我心里的滋味？

节目结束后到后台，我和盛中国老师击掌庆贺合作成功，他笑得十分灿烂。

晚上的庆功宴我没去参加，毫无心情。母亲打来电话，激动地说在电视上看到我了，还有好多明星。我和阿云相视而笑，都笑得十分勉强。

回来后，阿云在网络上看到人民网、搜狐、新浪等媒体陆续推出金鸡奖的新闻和消息，而且把我作为重点报道的对象。我看了其中一篇：

盛中国苏大宝跨界演绎红色经典 引爆金鸡夜空

http://www.sina.com.cn 2009 年 10 月 16 日 11:31 新浪娱乐

新浪娱乐讯 据总导演程青松透露，本次金鸡奖的颁奖典礼，除了多名电影人角逐奖项外，还别出心裁，邀请到了著名小提琴演奏家盛中国先生，与中国最具影响力的沙画艺术家苏大宝先生跨界合作，构成本次颁奖典礼的一个激情单元，真挚感人的现场表演，成为晚会的一大亮点，势必掀起颁奖典礼的高潮。

苏大宝表示，由盛中国先生领衔、40 名小朋友合唱的《十送红军》感人至深，正是追怀激情岁月的情感音乐表达，让人感受到视觉和听觉的震撼。自己用手中的沙子，呈现一幅幅饱含红色激情的史诗画面，全方位展示一段如歌如泣的红色历史，更是表达了对革命历史名城南昌的热爱与深情。

“金鸡奖的颁奖典礼上，我与盛中国先生合作《十送红军》，其中唤起的不仅是电影人重温过去的岁月，也会让青年演员了解历史，感受‘红色浪潮’的冲击，这都是很有意义的。”苏大宝笑着补充道。

……

看完之后我惊出一身冷汗。

“完啦！我什么时候接受过采访？我一直躲着的啊！”

我立马告诉阿云，不要转发，尤其不要在网站和博客里体现这些内容。能低调就低调吧！

10 月下旬，我和阿云又一次来到上海，在东方艺术中心参加上海电视台和《东方早报》联合举办的《摩登上海》颁奖礼。活动现场依然是明星璀璨，走红地毯环节我又一次有意避开。开场节目是我的沙画表演，中途给我颁发了两个奖项。之后我叮嘱主办方千万不要把我报道出来。他们不知缘由，觉得不可思议，疑惑不解地应声道：“我们尽量！”

第二天还是有不少媒体报道了我。我获得了年度艺术人物奖，名字与多名文化艺术界大腕儿并列。

春晚剧组终究还是没有给我任何后续的反馈，或许从一开始，我只是他们临时碰撞出的一个火花罢了。即便如此，我坚守着我的承诺，不再去承接任何有曝光风险的活动，眼睁睁地看着一个个机会悄然溜走。在高业民的动态中，有好几个活动都是我推掉的，看得我心里着实不是滋味。我不禁想，会不会是因为我的曝光，春晚剧组去找了高业民呢？应该不会，如果他们找了他，我相信他也不会如此大张旗鼓地参加一些节目。或许他们对他的要求没那么严格？但似乎也不可能。就这样，我在不安中度过了一段极为漫长的日子。

离春晚只有不到一个月的时间了，依然没有任何消息，我不得不主动出击。我给他们打去电话，他们的回复依旧是那样，说还没有想好如何呈现我的节目，也没有确定用什么方式来搭配我的节目。几天之后，终于等来了他们的消息，电话里的人说道："苏老师，实在不好意思，我们一直没有想好怎么来创意您的节目，没有想好用什么方式来搭配您的节目，所以只好下次……"

后面说什么已经不重要了，我把手机放下，大家都能听到电话里的声音，你看看我，我看看你，半晌没有说话。

"有得有失，有失有得。没关系，亡羊补牢还来得及！"我故作轻松地说道。

不到两周的时间，小芳又把我的日程排得满满当当，一直要忙到

春节。其中不乏重要的活动，比如在湖南参加湘台一家亲晚会，与台湾著名歌星伊能静合作；在全国政协礼堂参加纪念毛泽东诞辰 116 周年的晚会；央视英文频道做专题报道；上海世博会全球直播启动晚会；与歌坛大姐齐豫合作湖南经视跨年巨星演唱会；与著名歌唱家刘媛媛合作央视农业频道春晚；央视《半边天》栏目片头创作；央视财经频道春节晚会，与著名主持人欧阳夏丹、王小丫合作。如果春晚剧组一直不回复的话，我也会主动推却这些机会的。

第 15 章

山外有山

阿云对着电脑说：“宝哥，现在有媒体称高业民是‘中国沙画第一人’呢。”

“怎么回事？看看他的网站。”

自从我的网站挂上了“中国沙画第一人”的名头后，高业民迅速做出反应，几乎在同一天，他的网站上打出一个似乎高我一头的旗帜——“亚洲最具影响力的沙画家”。我知道，我们的竞争将越来越激烈。之后我们在百度视频、百度贴吧、各种网络论坛上你追我赶，劲头此起彼伏。我们顶着各自的名头参加各类活动，接受各类媒体的采访和报道。百度排名上我们也打得如火如荼，那阵子我们的广告费在成倍增加。沙画界出现了几位后起之秀，他们也兴致勃勃地加入竞争中来。

显然，从媒体的关注度来说，“中国沙画第一人”比“亚洲最具影响力的沙画家”要受青睐。高业民估计是感受到了媒体对我的偏爱，意识到名头的特殊效果，也在网站上把名头改成了“中国沙画第一人”。

“好吧，一个山头出了‘两只虎’！”我笑道。

“他这是混淆视听！”阿云气愤地道。

“这个名头也不是国家颁发和权威认证的，他要用是他的自由。一两个报道没关系，很快就会被淹没的。你们要把所有自己能把控的平台经营好，要在与他们竞争的时候占据上风，要让想找沙画的媒体第一眼就看到我们，这叫先入为主。能否保得住这个名头就看你们的了。怎么弄那是你们的事，我的任务就是创作、读书。”我说完，打量着他们。

“小王，你进来一下。”

小王是公司里新来的一名刚毕业的东北小姑娘，三个月的实习期快到了。她慢悠悠、无精打采地走了进来。

“这段时间，你感觉怎样？”

“挺好的，宝哥。”

“你想继续在这里工作下去吗？”

“想啊，我挺想的，我觉得您跟吴姐还有阿云、倪鸿都挺好的。”

“是吧，那就好。可是，我希望你能把工作做得更好一点。我也知道你每天从东边赶过来从没迟到过，挺不容易的，这些都挺好。”

“没事，宝哥您说，有什么做得不好的，我改。”

“我给你讲个小事，可能你不大在意，或者都忘了。有一次桌上的水培植物快没水了，我见后有意说了句：‘这花快没水了。’你抬起头来看了一眼，说：‘真的耶！’然后就没下文了。直到那天下午，你在屋子里转了两圈，忽然想起有件事情没干，于是终于把花盆里倒满了水。”

“是吗？我不记得了，宝哥。”她捂着嘴笑道。

“当然，最后你把水倒满了也是很好的。我只是举个例子，倒水是件小事，但能看出一个人办事的风格和习惯。小事情也会悟出很多道理来。有的人也许会偷懒，根本就不会去倒，那当然是最低的层次了。倒了，什么时候倒却是个值得研究的问题。比如你那天的表现，你当时看了一眼，应了一声，但拖到了下午才动。我认为当上级说出那句话时应该即刻去办，你觉得呢？”

“嗯。”

“当然如果是手头忙不开，就另当别论。有比这再高一个层次的是，当老板或领导还没发现之前，就把水倒好了，把事办了，这叫想人之未想；如果怕别人不知道，可以当着大家的面倒，倒的时候，可以边倒边说：‘这花快没水了。’”她又捂着嘴笑了。

“不是有句话嘛，勤奋的员工在老板到之前的半小时到公司，聪明的员工在老板到之前的 5 分钟到公司。当然，我不是想教你变成投机取巧的人。”

“嗯。”小王腼腆地笑道。

“其实，我觉得还有更高层次的表现，做事情的目的并不是做给别人看，每一件值得做的事情其实都是为自己做的。我不知道我讲的你明白了没有？”

“明白了，谢谢宝哥！”

“好了，你去吧，顺便叫一下倪鸿。”

倪鸿缩着脖子、端着脑袋、摆着双手走了过来。他是名牌大学毕业生，心气高，有些桀骜不驯，性子比较急。在他眼中，阿云、小王和他不是一个量级的。

“宝哥，什么事？”

“小倪，最近没跟对手掐吧？”

“哪有，上次您批评后就再没敢了！”他边说边挠后脑勺。

“你也不要跟小王掐嘛。”

“我哪有？”

“那就是她跟你掐了？你们相互看对方的眼神就不对。要搞好团结啊，一个好汉三个帮，明白吗？”

“我没有，哦，知道了，宝哥。”

“我知道你看不上小王做的事，你可以提醒她、教她，但不要讽刺人家。”

“我，我哪有，呵呵。”

“你对阿云也有意见，认为他上班时偷着打游戏，认为我罩着他、包庇他。但是，我告诉你，他打游戏不能成为你上班时买彩票的理由，他自己耽误自己终究是要承担后果的，你干好自己的事就行了。”

“宝哥，你——”

“我怎么知道的，对吗？屁股大的地方，一目了然。我毕竟在社会上摸爬滚打十年，你们才出道而已。我告诉你，用心做事的时候人的神态和状态是不一样的。记住我说的话，年轻人要想早点成功就得心放低点、眼看远点、脑多动点、手多忙点、脚踏实地点。”

“是，宝哥。”

“你去把《道德经》第二十四章好好读读，争取能背下来。”

“好的。宝哥，没事我先回去了。对了，宝哥，嗯，嗯……”他有话，欲说还休。

“什么事？”

“我想跟您借点钱，或者您提前支付一下我下个月的工资。我想搞点小投资。”

“我研究研究再说。”

半夜，我起来上卫生间，大厅里闪烁着暗蓝的灯光。阿云见我走来，瞬间关闭了一个页面。屏幕上布满传视频的账号。

他有些慌张，我装作没看见。

“还没睡？”

“这个时候传东西是最快的。估计明天一早高业民他们就慌了，哈哈，够他们忙一个礼拜了。”他故作轻松，说话一点都不口吃了。

“不在于一口吃成个胖子，在于坚持啊。也得劳逸结合，注意身体。对了，你和那个甜姑娘发展得怎么样了？”

他默不作声。

“没有坚持吧？你工作的时候老打游戏，以为我不知道吧？一心多用是干不好事情的。我只要看你的眼神就知道你在干什么，其实不仅是我，大家都知道，只是不说破而已。你自己也知道，但老骗自己。我知道你在游戏这个虚拟的空间很容易找到自信和成就感，但那毕竟是虚拟的，要把握好度，不能一回到现实就颓唐弱智。我知道你有的时候把握不好便会自责，觉得对不住大家，也对不住那位姑娘，其实最终没有对住自己。和她是不是断了？”

“一直没联系。”他无奈地看着我。

“我希望你花更多的时间去看看书，那样会更充实。《活法》那本书，我帮你做了不少笔记，你得好好看看。我不希望你怀着内疚为我工作，一切都是在为自己。每天进步一点点，希望就会越来越大，要相信自己。我知道你是琢磨着哪天人模狗样了再去找她，对吧？你别一根筋，不能这样想，机不可失，时不再来。我追你姐时，啥都没有不是？有时候要拉得下脸来。”

“宝哥，我跟你商量个事。”他带着愠怒说道。

“什么？”

“请你以后不要对我说‘一根筋’这句话了。还有，你别说得太多了，其实他们都挺烦你的，只是不敢说而已。”

阿云的牛劲儿起来了，一般人顶不住。那时候他赌气离开北京时用手打墙的片段，我记忆犹新。我也知道他的底线，那当口基本上都是我自己找台阶下。谁让他是我小舅子呢！“好，没问题，我们一起改。”我淡然回道。

他沉默不语。

“早点休息，后天出差的东西提前准备好，反复检查，确保万无一失。”我又说道。我虽从自我的“台阶”下去了，但他自我的内疚感也跟着上来了，这已是规律。

我回到床上，小芳已经醒来，她看着我说道：“叽里咕噜，有什么好说的，做领导的只提要求和看结果！”

我直直地看着她若有所思。

“愣着干吗？睡觉！”

“我们一定会赢。”

说完，我关了灯。

2010 年元旦之夜，上海闵行体育馆一派欢腾的景象。“2010 中国世博旅游年”启动仪式暨“2010 走进世博”大型旅游主题晚会将在这里拉开帷幕，面向全球直播，国家旅游局和上海市的领导们都将出席。彩排中，我窃喜这么震撼的舞台、这超大的屏幕，我的节目将在今晚大放光彩。数百名身着少林、武当服饰的舞蹈演员和我一道演绎《中国风》，音乐十分震撼，整体效果可谓气势恢宏。

原本我画的内容在来之前就确定好了，在最后一次彩排时，有一位领导说：“节目好是好，就是不知道该看哪儿。”其言外之意是，

前面在动，后面的背景也在动，看着令人眼花缭乱。最终的调整使我的东西大打折扣。原来的创意中那些巧妙的、连贯变化的部分都得去掉。我的任务仅剩下四幅画面，每画完一幅，做一分钟停顿，然后再换。这对沙画的艺术性来说是致命的打击。但为了大局，也只好如此。

这是世博会最重要的活动之一，我的表演在电视上播出，由网站推出去，再传到各类门户平台，我又一次为自己的艺术履历和社会影响增添了一个重要的成绩。可是，我知道，我心中也有挥之不去的遗憾。

我看着阿云和另外两个员工兴奋地推送着刚刚截取的世博会视频，悻悻地说道："这世界就没有完美的东西啊！"

"宝哥，《半边天》的片头视频央视他们已经在用了，我们可以传了吧？"

"可以，剪辑一下再推！"

“我们现在的视频含金量是越来越高了，估计高业民他们肯定急了哈。”

“可不，我看他好像是孤军奋战。除了他的两个助手，好像再没有其他力量了。不像我，除了你们三个，还有半边天顶着呢。”我把目光投向小芳，她得意地笑了笑。

“我看他喜欢摆 pose，跟你一样，都挺自恋的。”阿云笑道。

“我哪有自恋？”

“你更厉害，全秀自己了。”

“只秀自己是一种策略、一种智慧，懂吗？说了你也不懂。”

“知人者智，自知者明。你不是说了解自己比了解他人更难吗？哈哈。”

“好你个阿云，书用到地方了！”

“宝哥，你画画的时候唱的歌，嘿嘿，自我感觉太良好了。”倪鸿冷不丁笑道。

“还可以吧，男高音呢！”小王也笑道。

他们一个个“嘿嘿嘿”，笑得有点邪性。

“你们几个像妖怪一样。干活！《广州日报》给我的专访已寄过来了。阿云你一会儿拍个照存档。看看网上有没有电子版的，没有就把你拍的传到网站上。前面那几个都放上去了吧？”

“网易《苏大宝：我手中撒出的必须是美》、新浪《中国沙画文化传到俄罗斯》、腾讯《苏大宝与中国沙画》、上海《新闻晚报》的《苏大宝的两会沙画》、CCTV 英文国际频道《苏大宝的中国沙画》，就这些，对吧？”

“《鲁豫有约》在凤凰卫视播出时叫‘苏大宝——灵巧的手’，在湖南卫视播出时换了名字，叫‘苏大宝——沙子的魔力’。这两个虽然都是一回事，但都要传上去，以不同的题目传。”

“我也是这么做的，嘿嘿。”

“那就好。现在高业民把我们的网页设计做了个拷贝，我们的网站得重新设计版面了。”

“抄袭！”倪鸿拍了一下大腿，随后恨恨地说了句脏话。

“骂也没用，重新设计一版吧，以往的构架也确实可以再优化一下。我建议不再用模板了，我们自己搭个构架出来吧。”阿云说道。

“他们学我们，证明我们有价值，呵呵，他的好东西我们也得学习，我不也当过 007 嘛！对了，最近他出的那些展现人体的作品，我觉得不错，截图打印出来，我好好琢磨琢磨。网站构架你们先出个方案，阿云说得有道理，这次我们得原创一个网站。”

“对了，有两个人跟我联系了，都想拜访你，一个河南的，一个深圳的。”小芳说道。

“做什么的？”

“河南的是个警察。深圳的是个搞服装的，现在在美国出差，说回国时来拜访你，挺客气的。“

“警察？抓我啊？”我调侃了一句。

“他说就想见见你，在电视里看到你的表演，也看过《鲁豫有约》，挺崇拜你的。”

“那就见见呗，下周不是在‘798’有场演出嘛，问他去不去。”

一周后，在“798”我见到了那位从河南赶过来的朋友。他十分激动，双手紧紧地握着我的手。没想到他是一口气开了十几个小时车赶过来的，风尘仆仆的，脸上布满了灰尘，我非常感动。他不敢直视我的眼睛，说话时也有些紧张。

“苏大宝老师，终于见到您了，我们全家都是您的粉丝，我女儿特别崇拜您……”

“实在不好意思，真不该给您打电话，让您费这么大劲。”

“没有没有，能见到您我就很满足了。能不能给我孩子签个名？她一定会特别开心的。”

我在他拿出的书本上写了几句话，他高兴地拿着书本又踏上了回程的路。我本想邀请他看看演出，但他自知那时的样子有些不合时宜，我也没有强留。看着他远去的背影，我感到惭愧。

回来后我心里一直没有平静下来。

“你怎么回事，在想什么呢？”小芳说着给我端来茶杯。

“今天真是让那个河南朋友折腾了。”

“都过去了，想也没用。”

“其实我主要在想，沙画不仅吸引了我，还有很多人都感兴趣。我觉得它的作用不仅仅是在艺术创作和表演上。现在网上不是老有咨询学沙画的人吗？”

“你想收学生带徒弟？教会徒弟可是要饿死师父的哦。”

“不仅是教徒弟，我觉得它可以发扬光大，还有更大的潜力！你发现没有，我们每次的演出最吸引什么人？”

“小朋友？”

“对呀！每一次演出，只要有小朋友，全都会围过来。这说明什么？说明沙画对孩子有着天然的吸引力。如果和美术教育结合起来，作为一种新型的艺术教学方式没准儿可行，关键在于它有吸引力。我玩了这么久，觉得它比其他艺术形式更有意思、更有魅力。”

“现在天天忙得要命，哪有时间搞教学啊？”

“不一定现在，以后可以探索一下。不，现在有机会可以试试水。

下面公园里不是有小学生吗？明天找两个上来，让他们试试。”

“好的。”

“那个深圳的朋友什么时候来？是路过北京，对吧？”

“他说的是下周，具体时间还没确定，说是从纽约过来的。”

“把家里收拾一下，明天我去裱两幅字挂上。嗯，买盆滴水观音放屋里，调调氛围。”

第二天，我来到玉泉路花鸟虫鱼市场，将自己所书的两幅字送去装裱，又在花鸟市场逛了逛，顺便看看这里的画廊。这个市场的民间画家已经换了好几拨，只有几家是坚持了多年的。我想看看有没有心仪的、价格也比较实惠的画，没有淘到。回程时，我脑海里忽然擦出一个火花——在北太平路上有个地方，挂着一个牌子叫“兰馨画廊”，何不去看看？以前在沙窝办公时老经过那里，一直想进去看看，不知为何总是错过。今天反正时间还早，离得也不远，我想着想着，顺势调转车头朝那里驶去。

那个画廊在路北。画廊两边是些“招摇”的五金之类的小店，与文化完全不搭，牌子只有三尺长、一尺宽而已，不经意间很容易忽略。冬天的树木花草都已凋零，那牌子倒显得比往日要醒目一些。两扇普通的门，颇有古味。我轻轻推开半扇，将脑袋斜着探了一半进去。里头幽暗，看不到底，只约莫看到临门的墙上有两个画框。

我正迟疑要不要把脑袋再往里塞。“你找谁？”从左侧传来一个沉稳的声音。

我把脑袋全探了进去，转了 45 度，看到一个中年男人正站在窗边的案桌前临习书法。

“我想看看画，这不是画廊吗？”我说着，鬼使神差地走了进去。

“这里不对外开放。”他边写边回道，显然有些不高兴。但此时我已经走到他身边了。

“《礼器碑》。”我说道。

他抬起头来看了我一眼，说道：“你也懂书法？”

“我喜欢，小时候练过，是从《曹全碑》入手的，后来也练过《张迁碑》和《乙瑛碑》，《礼器碑》也练过。我个人比较喜欢《张迁碑》，觉得它朴拙有天趣。”

他放下笔来，打量了一下我，说道：“这是我的一个私人会所，不过可以带你参观参观。”

他走到门口，打开开关，屋里瞬间亮堂起来。好一个充满文化气息的所在！我心里为之一震。里面陈列着各种古典家具，柜架中装点的有书籍、古董、芝兰，还有部分非洲的工艺木雕。墙上挂满了当代大家、名家的字画，还有民国时期的东西。我忍不住啧啧称奇。他带我观赏品评了几幅字画，然后带我走进里屋，有间很讲究的茶室和一间很有品位的餐厅。屋子并不大，但够十几个人搞沙龙，满屋散发着淡淡的香味。我想到一副对联——“室雅何须大，花香不在多”。

“不好意思，今天打扰您了！”我越看越感到拘束，觉得不便久留。

“您是做什么的？”

“我也喜欢画画写写，不知道您看过沙画没有？”

“沙画？沙子画画？”

“是沙子画画，但也不纯粹是画画，它是即兴用沙子画画讲故事的一种表演，现在比较时兴。您要有时间欢迎到网上或我的网站去了解了解，还是很有意思的。这是我的名片，请多指教。”说完，我双手把名片递了过去。

“苏——大——宝？”

“是的，沙画。”

“好，有时间我看看。”

“谢谢您，耽误您时间了，那我就不打扰了。”

“好好好，有时间过来坐坐。”

“谢谢！”

从里面出来，我开车直奔家里，还没走一公里，刚到沙窝桥下，电话响了。

“苏先生，很高兴认识你。”

“您是？”

“我姓刘，刚才在我会所见过面的。”

“哦，刘老师，您好，您好。今天真是很不好意思，打扰您了！”

“哈哈，你这个小伙子。今天真是有缘。是这样的，晚上我这里要搞一个小聚会，要是有时间也欢迎你来参加啊。”

“好啊好啊，太好了，我一定来，谢谢刘老师。晚上几点到？”

“六点就行了。”

“好的，我准时赶到，谢谢！”

晚上我提前几分钟赶到那里，里面已有三四个人在茶室交谈甚欢。我走进去，刘老师站起来热情地招呼，并给那几位介绍道：“这个年轻人很厉害，用沙子画画，很有意思，被称为‘中国沙画第一人’。”

那几位听后均露出赞赏的表情。刘老师也为我一一介绍那几位朋友，慌忙中我一位也没有记住，只知道满口的“幸会幸会”。好像一位是北大的老师，年纪比我长几岁，一位是空军的画家，还有一位是刘老师的夫人。他们谦让着让我坐下，说一会儿还有几位嘉宾到来。刘老师也为我正式地介绍了一下自己。原来他也是北大的教授，这个

地方是他组织的文化沙龙。没多久又陆续进来几位，他们一一落座，谈笑风生，我插不上话，有些坐立不安，便走出来对着墙上的字画心不在焉地观摩起来。

不一会儿，大家谈笑着走出茶室，向餐厅走去。刘老师走过来也招呼我一起过去，我自是客气地随往。所有人中我最年轻，便自觉靠后，静候他们相互谦让落座，刘老师也热情地给我安排了位子坐下。

我环顾了一下，生怕记错了称呼。刘老师坐在中间，他左边是画家吴老，右边是企业家秦总，秦总旁边是海军的书法家陈老师，陈老师旁边是北大的姜老师，姜老师旁边是我，我旁边是秦总的助理。吴老旁边是空军的画家汪老师，汪老师旁边是央视的宋导，宋导旁边是吴老的夫人，吴老的夫人旁边是刘老师的夫人。

刘老师提议，喝酒按他们山东的规矩来，大家表示赞同。我有点惊慌失措，因为我平时除了喝点啤酒其他酒一概不沾，即便啤酒也就是两瓶的量，更谈不上什么规矩不规矩了。斟酒时我表示喝不了酒，以茶代替，他们也不勉强。

刘老师将酒盅的酒倒满口杯，然后举杯说道："我先提一杯，首先欢迎各位的到来。今天高朋满座，一会儿还有我们部委的领导章部长要过来，他前面有一场，说晚点赶过来。今天有我们重量级的企业家、全国政协委员秦总，有我们十分尊敬的书画大家吴老以及夫人，有我们海军著名的书法家、诗人陈老师，我们空军著名的画家汪老师，有我们央视资深的宋导，有我们北大的姜老师，还有我们艺术界的新秀沙画家大宝，有我们秦总的得力干将叶总，对你们的到来我表示热烈的欢迎，我先干为敬。"他眼睛炯炯有神，气质儒雅，身着灰色的西服，爱马仕的皮带非常醒目。

他一喝完，除了三位女士和我外，其他人将杯中的酒一饮而尽。我头回遇到这种喝酒方式，侥幸之余颇感新奇。我知道在南方喝酒好像是先斟满一大杯，然后一小口一小口抿来着，我父亲就是那样喝的。

喝完第一杯，大家动了几下筷子，皆赞赏了一下厨师的厨艺。

刘老师又举起第二杯，说道："第二杯，虎年就要到了，新老朋友相聚，大家有缘在一起提前过个年。我们结识新朋友不忘老朋友，先预祝所有的朋友新年快乐、健康吉祥、五福临门、虎虎生威！"

说完他又一口干掉，大家也都随之应和。我也将杯中的茶猛喝了一口，生怕对不住他们干掉的那口酒。

几分钟闲谈后，刘老师夫人和厨师给每人上了一道海参小米粥，盛粥的餐具十分别致，底座下燃着一根蜡烛，保持粥的热度。

少时，刘老师又发话道："第三杯，今天是个文化的聚会，是思想的碰撞，是头脑的风暴。秦总虽然是企业家，搞科技，但也是有文化情怀、有文化修养的人士。我期待大家在一起常聚，相互支持、携手前行。让我们的文化发挥出更大的社会价值，也让我们的企业插上文化的翅膀，为我们的国家作出更大的贡献！来，干！”

大家一饮而尽。三口之后，我的茶已见底，遂向旁边寻觅茶壶，心中暗想，我不知山东的规矩深浅，这样喝下去就是茶也得喝吐了，再喝得悠着点了。

好在三杯过后，有人提议走一圈。我正纳闷什么叫走一圈时，众人推举秦总或吴老作表率。二人相互谦让，最后还是一致推举吴老先提酒致辞。他稍作推辞，然后端起酒杯，开头说了些感谢之类的场面话，然后不紧不慢地娓娓道来。

原来他是书法家陈老师带来的朋友，再一听我才知道其实他们也并非全都认识。他自我介绍已有八十多岁了，但看起来只有六十多岁。他兴头上来便聊起了自己的艺术人生和艺术见解，其中不乏谦逊之词，也痛批了艺坛的不少丑闻。大家听得津津有味，忘记了用餐。我暗自称奇，书画果然养人！他以长者的姿态向我们寄予了期望和美好的祝福，让我肃然起敬。

接着按顺时针，下一位是空军的汪老师。到他这里，我算琢磨出“走一圈”的形式和意义了。这是自我推荐和表现的机会。汪老师口才十分了得，既表达了对东道主的感谢，也表达了对吴老的尊敬，同时恰到好处地展现了自己的艺术高度与业内影响，获得了满堂彩。他酒量更是了得，以壶中酒向大家表示敬意，掀起了一轮小高潮。

再下一位是宋导。宋导真是了不得，她口吐莲花，句句押韵，兴致起来现编现唱，把所有该说的话都唱了出来。我倾慕的同时，开始紧张起来。按这个顺序再两位就轮到我了，我该说些什么？不由得脑子里像油锅正在升温一般。吴夫人也不错，看得出来是位原则性强且能干的夫人。有人接她的话:“您把吴老的印章管住,不给钱就不盖章。”大家都开心地笑了。

我跟着该拍手时拍手，该喝酒时小抿一口茶水。至刘夫人讲时，我脑袋里像有只无头苍蝇在嗡嗡打转，转来转去就是转不到出口，正打算硬着头皮上时，外面的门开了。大家陆续起身，刘老师快速迎了上去，章部长到了。我深吸了一口气，徐徐呼出。

章部长的到来是又一个高潮，被安排在刘老师和秦总中间坐下。他方头大耳，气宇不凡，一看就是个大人物。刘老师为他简要介绍了一圈，章部长十分谦虚地点头致意，似乎大家都是老朋友，并一再表示晚到的歉意。大家也同样热情地表示理解。一番寒暄后，继续前面的流程。章部长非常随和地看着前方，好像前面的情况都已知晓似的。我正准备端起茶杯，刘老师发话了：“这样，接下来我们从秦总这边开始转，最后由章部长压轴怎么样？”大家顿时拍手称好，章部长又是一顿谦虚。

秦总说话有着浓厚的江南口音，铿锵有力，很有领导风范，秃顶的娃娃头，让他看起来不像个企业家，更像个艺术家。如果他的普通话标准的话，我相信他能当个优秀的朗诵家。他很讲实效，没有多少谦虚之词，有一股豪气在胸。尽管我听不全他说的内容，但也充分意识到他的企业所取得的成就，他说有好几位中央领导都到他的公司做过考察，这就可见非凡了。之后，他的助理叶总适时送上公司的产品，他接过产品，亲自演示产品的作用和妙处。大家不住地点头称赞。激情的演讲过后，秦总正欲落座，这时有人提醒秦总的酒还没干，于是大家一拥而上督促他干了一杯，然后各自也喝了一杯。

轮到陈老师发言了。估计前面他都在倾听，疏忽了自己的腹稿。

他面容慈祥，稍作酝酿，提起杯来说道：“《幽梦影》中讲到，有工夫读书，谓之福；有力量济人，谓之福；有学问著述，谓之福；无是非到耳，谓之福；有多闻直谅之友，谓之福。就是说啊，一个人有时间去读书，与智者进行心灵的对话，既可以增长见识，又可以陶冶情操，是一种享受，也是人生之福。如果有能力去救济他人，对他们来说是人生的一件幸事，是自己莫大的福分。《左传》中说：‘太上有立德，其次有立功，其次有立言，虽久不废，此之谓不朽。’可以看出著书立说的重要性，是值得羡慕和赞许的事功。著书立说，阐述自己的社会经验、人生真知，抒发一己的情志，是人生的一大乐事，一大福事。人活在世上，会听到许多是非，你想要逃避时，躲也躲不开，只会徒增许多烦恼，所以说，‘无是非到耳，谓之福’。人生在世，总要与人交往、沟通，如果能拥有学识渊博、为人正直的朋友，则可以增长见识，并且在朋友的感染下，不断提高自己，不断完善自己，可以说是人生之大福也！今天与各位相聚，把酒言欢就是最大的福分了，希望我们惜福惜缘，成为彼此的福缘。我敬各位。”

他说完大家一同干了杯中的酒，拍手称快。接着北大姜老师也举杯进行简短致辞。说完，大家又喝了一杯。

我感到有几双眼睛已转到我身上了，急忙端着茶杯站起来。

“大家好，我叫苏大宝，是一个沙画师。今天特别荣幸能见到各位师长朋友，特别感谢刘教授给我提供了一个宝贵的学习机会。请大家多多指教！我不会喝酒，就以茶代酒敬各位了！”说完我猛喝了一口，心怦怦直跳。

“他那个沙子画画确实很厉害，下次你可以拷点作品在我这里给大家放放。”刘老师补充道。

“西藏有种沙画叫坛城沙画，一般举办大型法事活动的时候，喇嘛们就用沙粒去描绘奇异的佛国世界。他们画出来的东西非常优美，画完之后还会把它抹掉，最后，一部分送给信徒，一部分倒入河流。对吧？你这个跟那个有什么关系吗？”吴老问道。

“是的，吴老。西藏的沙画也叫曼陀罗沙画，是为了表现尘世的虚幻，说繁华世界，不过一抔细沙，象征着生命的短暂易逝，告诫世人，生活就是漫长的付出、短暂的收获和失去的痛苦。这种沙画和我这种看似都是用沙子作画，但是有不少区别。我们的工具有区别：坛城沙画的沙子要求极高，也很讲究，是以手工磨制天然石头而成的沙子，或经过染色而成，有的甚至用到黄金、绿松石、玛瑙等贵重金属和矿石，他们作画一般在地上或大型特制的平台上；我的沙子是用半透明的石英砂通过高温染色而成，作画的平台是一块发光的玻璃板。作画的目的和作画的人也是不一样的：坛城沙画的制作需要数名乃至数十位训练有素的喇嘛合作方能完成，每一细节都须牢记，不可自创；我的这种沙画一般是创作者一人表现，追求变化和创意。还有，创作和表现的时间不一样：坛城沙画作画时间一般在数日到数月不等；而我这种一般在几分钟或十几分钟必须完成，一气呵成，呈现时还要借助投影设备来完成……”

“沙子，可不是件简单的东西。”

刘教授打断了我的话。我突然觉得自己讲得有点多，脸上发烫。

他继续说道：“佛教里讲三世诸佛，讲一沙一世界，讲聚沙成塔，是承载了深厚的文化内涵的。道家有句话叫‘上善若水’，说水利万物而不争，具有高尚的品德。我想说，如果说水利万物而不争，那么沙子是养万物而不争。你看沙子是构建万物生存的摇篮，但一辈子被万物踩在脚下，甘当铺路者。水虽然可以处众人之所恶，但也有机会升到天上，纵然落到地上，可还在沙子的上面不是？大江大海如果没有沙子为基础，水可有容身之所？若说海纳百川，我说沙之胸怀广于海也。大沙即石，小沙为土，更小的为尘，沙石、沙土、沙尘，大沙小沙和谐共处于世，不分大小，共同造就了凌云的山峰、广阔的地貌和雄伟的大厦，尽职尽责，听从自然的造化。有句话叫‘水滴石穿’，人们记住了水坚持不懈的精神，可知这更是石头、沙子牺牲自我成就别人的壮举？所以我觉得沙子具有奉献精神、团结精神，具有谦逊柔顺的品质和利他无我的情怀。沙子渺小，但人们违背自然规律，乱砍乱伐，那么沙子也会发挥巨大的威力来捍卫自然的尊严！你看，沙尘暴一来，风沙蔽日、飞沙走石，所到之处，暗无天日，人类就会付出巨大的代价，所以沙子也很伟大。他这个沙画，今天让我又有新的感受，那就是沙子还很艺术。”刘教授说到此，将目光对准我，我觉得有些不好意思。他的一席话得到大家一致的鼓掌赞同，我也不住地鼓掌点头。

“人，确实渺小如沙，活着的时候，人在沙的上面，死了就被埋在沙的下面，一把火烧掉便成了一堆沙！”陈老师若有所思地说道。

“可这世间，没有几个人承认自己渺小如沙啊。”吴老补充道。

其他几位也一一敬酒致辞。我沉浸在前面的语境里，若有所思。

最后轮到章部长了。

“首先感谢刘教授的盛情邀请，今天参加了一个很特别的文化盛宴，深受启发、深受启发！我有几点不成熟的感悟愿和诸位分享，也正合今天的相聚，请多指教。所谓一沙一世界，人与人不一样，我们应该与什么样的沙、什么样的人为伍呢？我认为当与高人相会，与雅人相聚，与仁人相知，与圣人思齐！

“所谓读万卷书，不如行万里路；行万里路，不如阅人无数；阅人无数，不如贵人相助；贵人相助，不如高人指路。在生活中，和谁在一起很重要，甚至有可能改变你的成长轨迹，决定你的人生成败。与凤凰同飞的必是俊鸟，与虎狼同行的必是猛兽！一根稻草丢在大街上是垃圾，绑在大白菜上可以卖白菜的价格，绑在大闸蟹上就是大闸蟹的价格。所以，和什么样的人在一起，就会有什么样的人生。与高人相交，人生之大快也。

“与雅人相聚，古人说，不做无益之事，何以遣有涯之生？人生不能过于功利，追求闲适雅致是符合人性的。周作人曾说，我们于日用必需的东西以外，必须还有一点无用的游戏与享乐，生活才觉得有意思。我们看夕阳，看秋河，看花，听雨，闻香，喝不求解渴的酒，吃不求饱的点心，都是生活上必要的——虽然是无用的装点，而且是愈精练愈好，譬如诗、艺术。有些个无用是有用的无用，甚至可以讲是大用的无用。

“现在的人心普遍比较浮躁功利，人们步履纷杂、行色匆匆，在这个人头攒动、惜时如金的社会，人们总是很忙，忙得心力交瘁，忙得长吁短叹，忙得精神委顿，忙得心灵苍白。我们的生活似乎过得越来越好了，可丢失的东西也不少，比如对细微之物的洞察力，对自然之美的感知力，还有精致而深婉的审美情致。我们真正需要的是慢下来，在当下生活中体会闲适，在摧枯拉朽的时代里保持和风细雨的心境，尝试过一种艺术的、诗意的‘雅人’生活。

“雅人追求的是一种精致的生活态度，而非奢华的生活方式。那种一掷千金、醉生梦死的‘土豪生活’，那种追求香车、豪宅、权力、美女的所谓‘成功生活’都是雅人不感兴趣的。雅人享受的是充实的生活，而不是平庸的日子；是平实无华的岁月，而不是灯红酒绿的时间；是安然平静的时光，而不是愤懑暴怒的态度。雅人深致，更在于心灵的归属，心有所住，便能从庸庸碌碌的生活中暂时脱身，留一点转身的余地。

“与雅人相聚，去感受风花雪月，无论是饮茶、插花、美食、读书、写字、画画，都是在日常生活中再度构架出一个独立完整、可以栖息的精神世界。

“与仁人相知。子张问仁于孔子，孔子说，恭、宽、信、敏、惠。恭则不侮，宽则得众，信则人任焉，敏则有功，惠则足以使人。如果说高人、雅人更多是精进完善自我，那仁人就有推己及人的情怀与担当了。今天可以讲少长咸集，年轻人有机会与前辈相聚相会是幸运的，同时也真正反映出长者的仁爱之心。与仁人同行是莫大的幸事，莫大的福分。只有知道仁和人的意义才能与仁人相知，所谓物以类聚，人以群分。

“至于，与圣人思齐，算是大言不惭的狂妄了。为天地立心，为生民立命，为往圣继绝学，为万世开太平。立德、立功、立言，古今没几个能做到。这也是道家所谓的‘死而不亡者寿’的人。我们不妨视之为人生崇高的追求和理想吧，有追求有梦想才不至于在人生的道路上迷茫。总之，能做到修身齐家已是人生之大幸了。酒后妄言，与诸位分享。敬各位！”

“章部长的一番高论，意味深长，我们不妨先做个高人、雅人、仁人。”吴老说道。

大家全都站起来，一饮而尽。

一圈之后，大家自由活动，相互敬酒，甚为热闹。酒过三巡，桌上所谈甚广，有聊升迁与落马的，有聊商界逸闻的，有聊文艺界内幕的，有聊合作共赢的。敏感话题点到为止，皆会心一笑。情动之处有朗诵的，有作诗的，有唱歌的，甚为欢娱。

我与几位长者一一留了电话号码。长者们纷纷赠我金玉良言，我深受感动。有教导我只争朝夕，重视教育传承，为沙画树立理论的；有建议我紧跟时代脉搏创作作品的；有建议我成立协会组织的；有约我再聚，想进一步了解体验沙画的；也有表示有什么需求，可以随时找他的。总之，我有一种越过山丘，有佳人守候，幸福满满的感觉。

饭后，大家又一起上了二楼书房。书房也是一个小型的展厅，中间有一个铺着毛毡的大班台。他们兴致勃勃地探讨着书艺和文化，我显得格格不入，浑身很不自在，恭敬地靠边站立。除了几位艺术家，其他人等也都是风雅人士。海军的陈老师性情豪爽，在酒的催化下更是豁然，欣然为在场的来宾慷慨挥毫。他完全陶醉在笔走墨舞间，大家三两个一组，或啧啧称赞，或窃窃私语，或会心相视，惊喜之情溢于言表。

我知趣地坐在一角，不好意思与人探讨艺术，更没敢奢望能获得一幅墨宝。没想到陈老师走到我面前，说道："大宝，你年轻有为，画的沙画很好，由衷地为你感到高兴。我特意给你也作了一副联！"

这始料未及的惊喜让我一时不知所措，除了满口谢谢之外已说不出其他来，一股暖流顿时涌上心头。

只见他饱蘸笔墨，大笔一挥，不一会儿一副对联便已写好："沙里乾坤大，画中妙趣多。"

"好好好！"刘教授念完，大家鼓掌称赞。

回到家中，我兴奋地向他们展示了陈老师送我的书法作品。

深夜，我辗转反侧，难以入眠。

小芳问我："今天怎么啦？"

"真是山外有山，人外有人啊！北京真是个神奇的地方，藏龙卧虎啊。要学的东西实在太多了，我觉得我们要做的事情也太多了！”

“哎呀，你弄得我都没睡意了！”

“明天给我买几箱二锅头。”

“干吗？”

“练练。”

“对了，昨天那两个小朋友今天又来了，他们还带了另外几个小朋友过来。我们刚开始不知道，阿云下去碰到他们在楼下，一问才知道他们等半小时了。我就让他们玩了一会儿，挺高兴的。”

“看来有戏啊。今天那位刘教授也跟我说了，沙画应该做教育推广，才能更长久地发展，还说传承是件很重要的事情，要我好好琢磨琢磨。他还说有时间可以帮我参谋参谋。”

“这个地方做教学还是有点不正规。”

“那就换一个地方。”

“去哪？”

“没想好，先考察考察。”

“房东过两天过来，说有事跟我们商量。”

“啊，不会又碰到耍赖的了吧？”

“应该不会吧？这个房东挺好说话的。”

“好说话，那是因为他只是代办人！”

第三天下午，我和小芳下楼，在电梯口碰到下午来玩沙画的两个孩子，还有一个中年女性。小孩子见到我很高兴，并告诉那个女人我就是教他们沙画的老师。我朝她们微笑打招呼。谁料那女人脸色闪电式变暗，劈头就是一惊雷：“是你对吧，你们是干吗的？想骗人对吗？”

我俩一头雾水。

“我告诉你，我是孩子她小姨，刚从纽约回来，你们这样做犯法。”

“您可能误会了，我们那天做了个实验，只是想看看小朋友喜不喜欢沙画。这两天是他们自己想来的，再说我们也没收钱。”小芳说道。

“那你也得征求大人的意见，在我们纽约——”

“对不起，这里是北京，跟纽约没什么关系。还有，我那天带上来的孩子最少也得是初中生了，平时在下边打球都认识。这两个小朋友是他们第二天带过来的。如果孩子们喜欢也可以继续玩，我们免费。如果你们不放心，也完全可以不来。”

“回去吧，有什么好玩的，小姨从纽约给你们带了玩具，走！”

两个小孩一脸无奈地被那女人拖走，脑袋不时转过来向我们这边张望。那女人头也不回，黄卷波浪头像刮起的狂沙。

“我们是得搞个更像样的地方了。”小芳摊开双手说道。

现在我们租的这个房子是一家公司投资的公产。房东只是房子的代理人，还是很好说话的。他告诉我们一个消息，说这个房子打算卖，也不是很着急，最晚到年底一定会出手。他们的意思是看我们感不感兴趣把这个房子拿下，可以让我们优先购买。如不买，合同到期的时候也不会续租给我们了。房子价格低于市场价，总共两百多万，首付五十万。我觉得首付没问题，但考虑到公司的发展会受影响，我迟疑了，没有下手。

这个决定很快就让我们后悔了。只是短短几个月，这个房子升值一百万，那时房子早已出手了。更让人痛心的是，房子在几年后涨了不下四倍。很长一段时间，小芳想起这件事情就抱怨我一通。直到我们又搬了两次家，并在那里有了我们的孩子，她才把那件事情放下。聪明可爱的孩子令我俩都十分满意，是多少钱也换不来的；如果当初我们买了那套房，也许我们就不会有那个孩子了。得与失是需要用时间来证明的。

错失了机会，我们亡羊补牢，最终还是买了套商住两用的公寓，是在我们搬到新地方之前下的手。看着噌噌上涨的房价，我们也顾不得太多了，如果还不下手，也许就得一直漂着了。虽然不是特别满意，但我们也别无选择，因为那时房子已限购，我们连买民宅的资格都没有了。我们没有发横财的命，能买时没下手，想下手时就碰到限购。搞笑的是，我们觉得没必要养两辆车，刚把那辆别克卖了，没一个月，车也限购了，据说那时车牌比那车贵。

“要是有个高人指点，我们就不至于走弯路啰。”我也只能偶尔抱怨一下，命运不遂人！

深圳的那位朋友从纽约回来，一下飞机就赶到我这里。他也是一路风尘并挂着两个黑眼圈过来的。他说他想打造一个服装品牌，一直没有找到很好的载体诠释品牌的理念，直到在飞机上看到鲁豫对我的专访后豁然开朗。他说他很喜欢徐志摩翻译的英国浪漫主义诗人威廉·布莱克（William Blake）的那首诗。

“一沙一世界，一花一天堂。掌中握无限，瞬间化永恒。是吗？”我说道。

“是的，就是那首诗。”他继续说道，“我觉得那首诗很美，能表达我对品牌的定位。”

“我觉得这首诗也很好地诠释了沙画艺术的魅力，您的服装品牌叫什么名字？”

“TIME YOUR TIME，简称 TYT，中文名‘左右岁月’。我们想邀请您担任我们的艺术总监，让艺术跟时尚结合起来。”

“我从来没有接触过这方面的事情，不知道行不行。就是去年上海给我稀里糊涂颁了个年度摩登人物奖，好像跟时尚沾点边。”

“您可以先来我们公司看看，我们在惠州也算是纺织业的龙头企业。”

“好，那我去看看，谢谢您的信任。”

“那我邀请您下周过来怎么样？”

“没问题！”

这位深圳的朋友姓赖，是位颇具实力的企业家。他带着我参观了他家高大的厂房，领略了广东的美食，并邀请我和他的家人们欢聚一堂。他们兄妹也有好几位，个个出类拔萃。而把他们培养成才的人，他们的老母亲，就是坐在他公司门口的一位很普通的八十多岁的老太太。他笑着说，母亲天天要司机送她来上班，虽然她也干不了什么，但比谁都积极。看得出来，这是一个和谐、勤劳、智慧的大家族！跟他们聊天我才知道，他们的家业是靠他父母早期挑着担子沿街叫卖开始的……

众多媒体纷纷报道：

> 2010 年 3 月 28 日上午，在北京举行的第十八届中国国际服装服饰博览会 (CHIC2010) 上，深圳时尚新锐的文化服装品牌——TYT(“左右岁月”) 携手中国著名沙画大师苏大宝以岁月流沙的独特跨界形式闪亮登场……
>
> 一沙一世界，一花一天堂，一叶一菩提，一遇一生缘
> 岁月如沙，是永恒的流动，是流动的永恒
> 那漫无声息的潮水般的变幻，那永不熄灭的纯净的火焰
> 你是否尽情挥洒尽情左右属于自己的岁月
> 你是否珍惜青春不老从容随意的瞬间

当忧郁和叹息已经被岁月的流沙掩盖

心灵的自由在淡定中飞翔……

“老公，红星美凯龙 5 月份有场活动要请你创作作品。”

“画什么？”

“他们老板车建新的故事，说得从他十几岁当木匠开始画起……”

第16章

家在心里

2010年两会期间，我应北京电视台之邀，精心创作了两会专题作品《一起走到》。这个作品一经推出，便引发广泛关注，不仅在电视中播放，还在人民大会堂的各个屏幕上循环展播，随后更是迅速走红网络。鉴于此，新华社特地为我拍摄了专题片，对我的创作历程进行了深入挖掘。除此之外，《普知》《品味生活》《中华手工》、金鹰网、TVBS新闻台等众多媒体也纷纷对我进行专访和报道。在各方媒体的聚焦下，我们的发展势头越来越强劲，一再超越竞争对手。阿云他们也备受鼓舞，干劲十足。

演出市场现在虽然被分流不少，但我依旧忙得不可开交。眼下后起的沙画师主要活跃于中低端市场，在影响力和能力方面，他们还远远无法与我和高业民相抗衡。我与高业民已然稳坐沙画行业的最顶端，是业界公认的领航者。但高业民却发起了价格战，这给我带来了一定程度的压力。不过，我始终坚信打价格战并非明智之举，在为众多世界级企业打造作品的过程中，耳濡目染之下，我也收获了不少品牌营销的宝贵经验，所以这场价格战，我是无论如何都不会应战的。

“不管怎样，我们都要坚持自己的原则。”我对他们说道。

“海尔那场活动高业民去了！巴林也是他去了！本来应该是我们的活动。”小芳遗憾地说道。

“不要急，如果他的价格低于我，时间长了对他自己不好。”

“他活动越接越多，怎么不好？”

“就是不好，我也说不好怎么不好，反正就是不好！”我语气有些重，小芳噘着嘴，像只动怒的河豚瞪着我。

“呵呵，就、就是不好。我是说，多两场少两场演出没关系。我是觉得我们应该把精力多放在跨界上，比如和时尚结合，和教育结合。”

“他现在也在跨界，和话剧合作了，还是林兆华导的。”倪鸿说道。

“很好啊，现在任何一种实验对沙画来说都是好事，说明沙画的可能性更多了。对了，上次我和盛中国合作《梁祝》后，我突然觉得用沙画诠释音乐经典也不失为好的创意。我最近在创作《二泉映月》，你们看看，我还特意创作了一首诗作为脚本，念给你们听听？”

“难怪你这两天在楼下打转，手舞足蹈的，不知搞些什么，别人看了还以为你是个疯子呢。”阿云笑道。

“没见我戴着耳机的嘛，我那是在假装拉二胡。这叫‘不着魔不成佛’，知道吗？听着啊：

我的眼啊！

看不见了，

我倒宁愿如此，

却还能流泪。

我的泪啊！
是涌不干的泉，
是流不断的水。

水中的莲啊，
如此高洁！
我就是她，
只是，
秋风飒飒，
落得凋零逝去。

曾经的明月啊！
如此高洁，
我就是她。
可是，
乌云遮蔽，
奈何阴晴圆缺。

还有谁是我知音？
懂我一丝一扣？
那双弦是我另一扇“窗”，
可探高洁的另一个世界。

在低吟，
似倾诉，

实诅咒，
是狂怒！
来吧，
风雨雷电，
来得更猛又能怎样？
我早已习惯与尔等和鸣！

一曲，
一辈子，
老了，
累了，
终了，
高洁如何？
胜又如何？

哦，我忠实的伙伴，
你或许已破败疲惫，
但我知，
那双弦定是崭新依旧。
我就是你，
你就是我，
你的呻吟就是我的心声，
我的心声就是你的哀鸣，
流水啊！
你能带走那沉吟至今的痛楚？

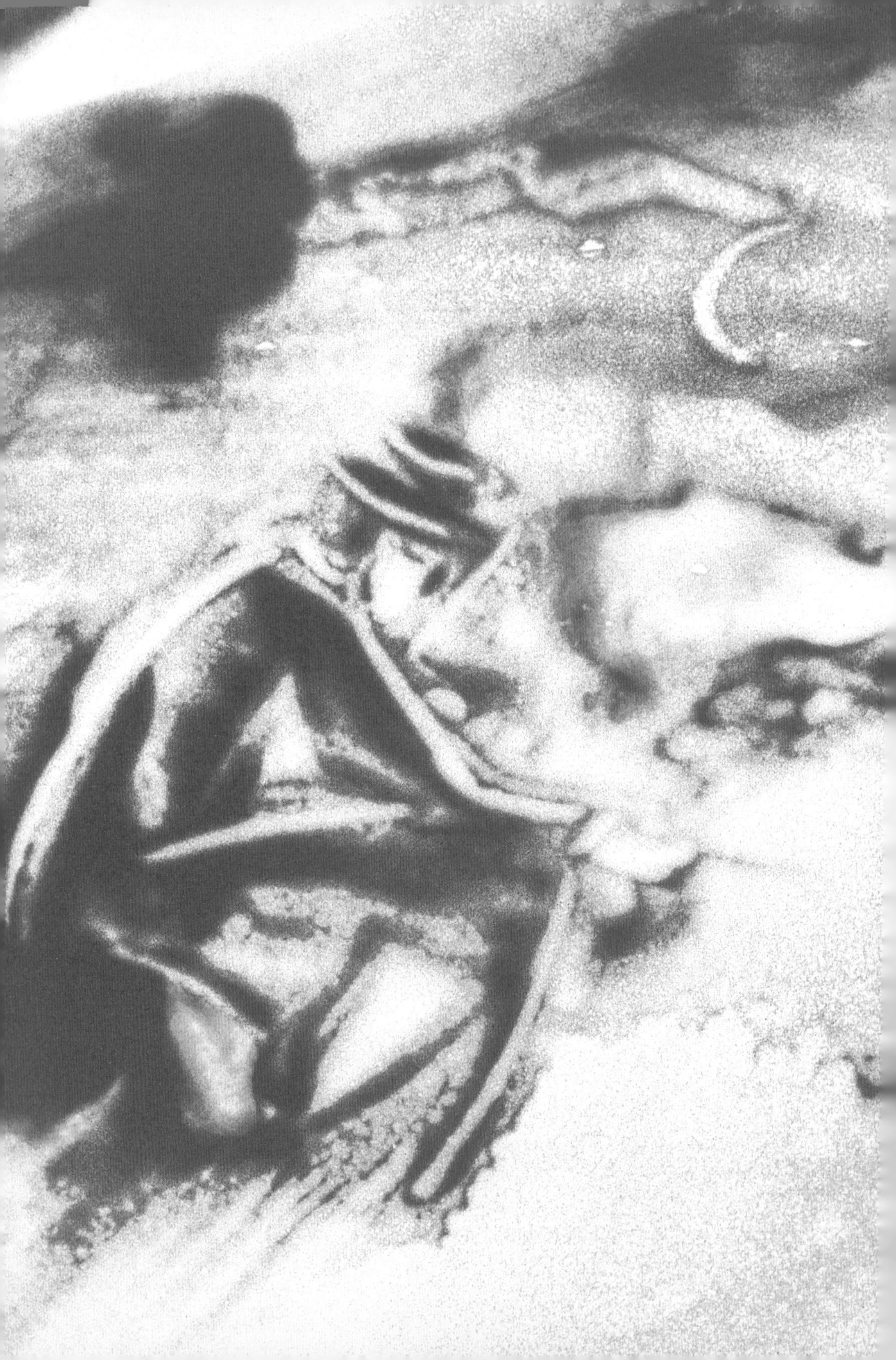

……

“怎么样，你们觉得？”

“听不太明白，嘿嘿。”他们几个隐隐发笑。

“人家正忙着挣钱、开拓市场，你在这儿又是泪又是痛的，还老了、累了、完了的。”小芳给了我一个白眼，不以为然地说道。

“不懂艺术！知道吗？小泽征尔听了都要跪下的曲子。这是多么动人心弦、催人泪下、婉转优美、回味无穷的曲子啊。一个饱尝心酸与痛苦的底层艺人，他怎么就能创作出如此动人的旋律？这是一个怎样的灵魂，是怎样的一个精神世界？”

“又要疯了！呵呵。”

他们相互挤眉弄眼，忍不住偷笑。

“你们别笑，看着吧，没准儿哪天我还会跟哪个二胡大师合作一把。现在文艺界瞧不起咱们沙画啊，咱们还得多搞点文艺性的作品出来，懂吗？阿云，一会儿帮我把阿炳家乡的风貌和阿炳的形象图片整理打印出来。”

“市场能接受不就得了？费那个劲！”小芳又说道。

“短见！你没看见，高业民也意识到了吗？要不然他也不会画那些人体什么的。不要担心对手会超越我们，他是他的风格，我是我的风格。麦当劳、肯德基是对手吧？不都活得挺好的嘛！”

“那也用不着那么大声吧，哼！”小芳说道，也提高了嗓门儿。

“他去他的巴林，我去我的台湾，不也挺好？要知足常乐！”

“出来了，你们看。台湾‘妈祖之光·世遗之华’大型晚会今晚全球同步直播——著名沙画艺术家苏大宝倾情表演，讲述《妈祖的一生》。台湾‘妈祖之光·世遗之华’大型电视晚会 15 日晚将在台中大甲镇体育场举行，包括刘若英、蔡依林、黄立行、范逸臣、苏大宝、萨顶顶等在内的众多演艺明星同场倾情演出，颂扬大爱无疆的妈祖精神。台湾东森电视台、福建东南卫视、海峡电视台、台湾中视、纬来、民视等电视台以及凤凰网、新浪网、腾讯网，于15日（今晚）20：00开始向全球直播晚会盛况。敬请关注！”倪鸿照着网上的新闻一口气念完。

“好，还真把我当回事了。可惜这次时间冲突，要不然得亲自去看看宝岛台湾，在自己的土地上去走一走、看一看！”我模仿着小平同志的声音，引得他们咯咯直乐。

“真是希望妈祖显灵，保佑玉树受灾的人们！”小芳说。

大家即刻收住了笑容。

我随手翻了翻刚收到的杂志，翻到我的那篇，最后两段映入眼帘。

> 《中华手工》：沙画作品转瞬即逝，有过遗憾与惋惜吗？
>
> 苏大宝：沙画是一种瞬间的艺术，重在过程。没有遗憾便不会有珍惜。沙画如人生，不要老怀念过去，要认真对待现在，要充满希望地面对未来。沙画不仅仅是画画！

晚上，我们守着东南卫视的直播。节目中临时加入了给玉树祈福的环节，现场下着雨，老天也在哭泣。看完我的节目我俩便关掉了电视，躺在床上，望着天花板，半天没有说话。

“又有那么多人没了，地位、名誉、金钱算得了什么？人生在世可真不容易啊，我们真是够幸运的。”

“老公，我真想有个家。”

“我们现在不就有吗？”

“我说的是房子，没有房子心里总是不踏实。”

“那都是身外之物，你看玉树地震，有房的又能怎么着？有相爱的人才能有家。如果两人不相爱，守着房子又有什么意思？”

“不，我就是想有房子。”

“你以为我不想？可是我们现在付完首付就所剩无几了。一下子背 150 万的债，我们还有心情创业吗？阿云、倪鸿他们哪个不是指望着我们将来过上好日子？如果我们现在买房，他们就更沉不住气了。只有他们都过好了，我们才会好。”

“他们也不能全指望着我们吧，也得自己行吧？再说了，房子也许会升值。”

“我们是在创业！光杰够有头脑吧，摊子拉得够大吧，不照样不敢买房吗？不是我们不想买，万一有风险，我们根本承受不了！”

“买房也是投资。”

“投资就会有风险，你能保证一直涨吗？万一不涨了，万一跌呢？”

“不，我就是想有个房子。”小芳流着眼泪，背过身去。

“房子总会有的，该有的都会有，我相信我们的能力，但不是眼前。我们还有更多更重要的事情要做。”

小芳扭着头，默默抹着眼泪。

“人要是为了个房子把一辈子都搭进去，那真的是碰到鬼了！”我穿好衣服，甩门而出。

出了小区大门向右，我埋着头像个空荡荡的皮囊向前移动，没有目的，没有方向。零星的雨点偶尔从脸颊滑过，身后车辆传来一声刺耳的鸣笛，我抬头看去，已到岳各庄桥底。头上是路，脚下是路，眼前几条路。川流不息的车辆在这里交织而过，撇下冷漠的光线暂留在黑暗中，然后瞬间融化在泪水和雨水里。我在斑驳陆离中看到那时的自己，他斜背着包，坐在这座桥底下呆呆地看着前方，忽然一群人惊慌失措地从他身边跑过，后面紧跟着一群城管，城管截住他，盘问着那个刚从学校出来正迷茫无助的他……我眨了眨眼，挤出眼中的泪水和雨水，眼前只是空荡荡一片。

我转过身来，沿着四环一直往北。这条路我走过无数遍，郑常庄的桥下，是我无数次上车下车的地方。我看见那个手提着魔术箱的我，充满激情地挤进公交车，带着笑容驶过那些卖烤红薯、毛鸡蛋、火腿肠的小摊。我来到桥上，看到我正在给弟弟做示范，为过往的人擦鞋，教导他靠双手吃饭不丢脸。路边的霓虹灯依然在闪烁，我透过对面大楼的那窗那墙，看到穿着浴衣的观众正敲打着桌面、鼓着掌，舞台上的我正行云流水般完成一个个魔术动作……眼前的一切都没变，是我变了吗？我看着马路上一辆辆冷冰冰的汽车，它们毫不迟疑地快速向黑暗和迷茫中奔去。

我从沙窝桥底下转过来。西南饭店还在，那间曾经的办公室还亮着灯，不知是否还是一对情侣搭档在里面幸福地加着班？酒店的停车场，还坐着一个刚爬墙出来正等着去拍戏的我。无数个难忘的瞬间，历历在目，时光的飞逝让人感到害怕。不经意间我又走到了曾经的校园。不可思议，学习的时光已是十年前的事情了，但一切又恍若昨日。门前的两棵雪松似乎没有一点变化，它看到我是否眼熟？我抬头往上望去，望到五楼我曾经的宿舍。我看到我正在那窗台上往下望，窗台上的我彼时望到了未来的我和小芳甜蜜地牵着手从拐角处走过，可曾看到黯然神伤的我也正在未来的更远处盯着那时窗台上的我？

我来到我们曾经租住好几年的平房区，这里已经物是人非，连自己的影子也找不到了！当初来时可曾想到，相聚竟是如此短暂？可曾想到，所有的同学里，最终只有我是最后离开这个区域的？即便离开，我还是游离在它的周围。这块区域像一个无形的家一样，牵系着我的心。难道我不是一个想有家的人吗？！

远远走来一个熟悉的身影，熟悉得不能再熟悉，越来越近。站在微弱的路灯下，她看着我，我看着她。忽然，我们同时忍不住破涕为笑，刚才的不痛快瞬间消融。

“我知道你想干什么，我支持你，有你就有家。”小芳说完，泪珠瞬间又滑了下来，在她脸上滚出了一条斑驳的亮痕。

我紧紧拥抱着她，恨不能把她嵌进肉里。

“该有的都会有，相信我！”我坚定地说道。

不久，“新国十条”的颁布，让我们吃了颗定心丸，其实应该这样讲：让我们彻底死了心。想象一下，一个要死不活的人，本还抱着一线期望，一根“最后的稻草”压来，让他瞬间改变了主意。国家出台的政策本是为了压制房价的虚高，可是无形中反成了推高房价的因素。就像太上老君的八卦炉，本想焚毁孙猴子，却无意中帮他炼出了火眼金睛。谁都没想到，房价是个胜于孙猴子的妖怪，它轻易就挣脱牢笼，发出狰狞的狂笑，让我们这些有梦想的青年们心惊胆战，一个个被吓得猴急猴急。梦想真成了梦，成了想。我本还得意于自己的挣钱速度，还没来得及享受收获的喜悦，飞涨的房价又一脚把喜悦踢出十万八千里。当然，身边也不乏轻松买房的人，不知道他们是何方神圣，总之你永远赶不上他们的节奏。

我们终于向现实低下了高贵的头，闪电般下手买了套不限购的商住房，两年后才可入住。房买了，谈不上高兴，也谈不上不高兴。我们本来就有家，该干什么还得干什么。

以“畅想绿色未来”为主题的 2010 北京国际汽车展在 4 月 23 日

拉开序幕，现场名车云集，人潮涌动。来自 16 个国家和地区的 2100 多家厂商参展，参展车辆达 990 款，其中 89 款为全球首发。全球首发车数量之多、展馆规模面积之大，都创下了国内车展新纪录。在北京国际车展专业参观日里，我受车展商“玛莎拉蒂”品牌的邀请在现场做主题表演，诠释玛莎拉蒂三大系列车型的特性，吸引了众多媒体和观众的注意。

我们演出完毕，从人流中挤出来，朝着自己的车走去。

阿云说：“我们要是有台玛莎拉蒂也不错哦！”

“哈哈，好主意，我要是神笔马良就行。”

“那就劳斯莱斯更好啦！”

“你赶紧回家睡觉去吧，没准儿能梦到，还外带美女车模呢！”

我们将道具装好，发车，刚走了一丈远，几个人招着手挡在前面。我摇下窗户问什么事，有个歪瓜裂枣的家伙说道：“还走什么呀，胎没气啦！”

我下车一看果真如此，车胎上扎了一颗崭新的螺丝钉。那几个人摇着头、叹着气，好像我的车得了绝症似的。

“我们哥儿几个帮你换胎吧？两千块钱就行。”那人说道。

我和阿云对了一下眼神，心照不宣。

“谢谢，不用，我打个电话，叫馆里保安过来就行了。”我对他们说道，目光如炬，直射他们的眼睛。

那几个人含含糊糊，转眼消失得无影无踪。

“好嘛，那么多豪车，偏盯上我们的了。自己学着换胎吧，把家伙都拿出来，要是换不了，咱们今天即便开的是劳斯莱斯也不灵了！”

说着我们找出说明书、千斤顶、改锥等工具……

“谁也想不到，刚才还在灯光闪烁中的沙画大师，现在成头灰脸花的修车工了，哈哈哈！”阿云大笑道。

“什么屁大师，还不如一个开出租的呢。”

“那还是别把自己看太低了！”

“上次我跟你姐出差，打了个车，那司机说自己房山有一套别墅、地铁口两套房，能比吗？他说他开车就是找点事打发时间，到点就回，回家第一件事就是换奥迪泡澡去。”

“还开什么出租哦，要我的话，天天躺家里享清福去了。”

“这叫拆迁暴发户，听说这样的人还真不少呢。谁叫他们一出生就在罗马啊。他说刚有钱的时候就是天天享清福，好吃好喝，不干事，天天泡澡，泡了一年这病那病全泡出来了，最后发现只要一干活儿就精神，所以只好重操旧业，该干吗还干吗去了。他说老婆也在商场卖糖果呢，呵呵。你说有没有意思？”

“我们现在不就是该干吗干吗的状态？挺好的了。”

“家里三套房打底的该干吗干吗和我们的该干吗干吗能一样吗？你姐没事就跟我叨叨当初没早下手，还不如开出租的呢。”

“那你要她找开出租的当老公去撒？”

“嗯，这小舅子还不错，公正！怎么回事，怎么拧都拧不动？”

“我来我来，笨手笨脚的，你拧、拧反啦，哈哈……”

5 月份我们完成了拜耳、中国工商银行、红星美凯龙的活动，然后又开始创作两个很重要的作品，一个是杜邦的，一个是淡水河谷的。两家都是世界顶级的大公司，这两个作品分别要在世博会的美国馆和巴西馆展览。那段时间我还得为央视财经频道特别节目《酒泉之风》和湖南卫视、青海卫视同步直播的晚会录制作品。我们不得不把所有的精力都投入工作中。那段时间我依然分身乏术，哪怕我人不到场，媒体也愿意用我的作品。

湖南卫视节目预告出来了，好几个朋友看后纷纷发来信息表示祝贺。我们即刻打开搜索：

> 5月26日20：00敬请关注！
>
> 节目内容抢先看：青海卫视开播晚会群星荟萃，信、萧敬腾、张佑赫、谢安琪、江映蓉、谭维维、明道、陈怡蓉、柯以敏、萧煌奇、索朗旺姆、文沛然、新七小福、沙画艺术家苏大宝等著名艺人与“花儿朵朵”132强选手同台献艺，用绿色主张、绿色心情，书写爱与感恩。
>
> 晚会由中国第一娱乐品牌操盘手汪炳文担任总策划。据导演组透露，晚会的精彩环节之一是，柯以敏、萧煌奇将与著名沙画艺术家苏大宝携手合作、深情演绎，沙画以“世界唯一仅有的花”为主题，展现青海特有的自然风光和多民族人文风情，藏族牦牛，纯净的青海湖，美丽的藏族女孩都将在苏大宝的作品中完美呈现，以此传达青海卫视全新改版的频道价值理念——“大美青海，绿色中国”，也表达对个体生命的尊重，向青海致意，礼赞玉树震后水山情。

“哇，宝哥你人没去还对咱们这么重视！”

“‘大美青海，绿色中国’就行了嘛，干吗还来个礼赞玉树震后山水情？涅槃重生就那么容易？”我摇了摇头。

“你倒不领情！还说风凉话。人家愿意怎么用、怎么说是他的事情。你没听那天央视的任导说吗？媒体是无冕之王。什么事情都有两方面，做好自己就行了，身正不怕影子斜！”小芳说道。

“对，老婆大人说的都有理，都对！”

“对对对，你咋不早点下手？那房子还是可以的，可惜啊！”

“又来了！我错了不行吗？我错了不行吗？”我模仿着小品演员黄宏的声音说道，把大家逗得咯咯直乐。

“不开玩笑了，我们得早点物色一下地方了，搬到哪里？别跟以前似的，一下子搞得措手不及。”

“光杰说远大路世纪城那边不错，那里新开的商城，据说亚洲最大，整座商厦逛遍得三天。那里好多培训机构，哪天去看看。”

“也问问王星，他老婆现在是他们商场的副总，她那里没准儿也有地方。”

“那就约两位老同学一起聚聚？”

“他俩不会掐起来吧？我看他们挺喜欢打口水仗的。”

“你以为他们是真掐啊？呵呵，打口水仗说明情谊还在。人与人的性格不一样，真朋友才显露真性情。何况，人在每个时段的综合情况都是在变化的，不可能所有人都在同步发展。有的人进步会快点，有的人进步可能慢点；有的人走运，有的人不走运；有的人能力强，有的人能力有限，等等。人是复杂的动物，总是在贪心、嫉妒、傲慢、嗔怒、疑惑中徘徊，不是随随便便就能超脱的。朋友关系、亲戚关系、同学关系以至任何关系的相处都要用发展的思维来对待。既要以心相交，但相处的方式也得随时调整。理解他人，还要理解他人对自己的不理解。”

“只有你是圣人？怎么对我就没有用发展的思维来对待？”

“真是一失足成千古恨啊！呵呵，夫子之道，忠恕而已矣。”

“脑袋都绕晕了，那我问你，随时调整，调成啥样就行了？”

“人与人相处最好的状态是顺其自然，未必常联系，心中有位置就行。高进老师不是经常说嘛，‘君子之交淡如水’。至于是纯净水、矿泉水、茶水还是酒水就因人而异了，不管怎样，我认为自己做好君子，自然就无大碍。其实很多关系都还在，心中都还有对方，只是缺少一个让彼此都理解、都能放下的纽带罢了。你看王艺德老师回甘肃了，他一不在，我和两位师兄也就聚得越来越少了。还有我外婆去世后，我妈他们兄妹的关系就再也没以前那样紧密了，要是外公没了，也许就更疏远了。因缘都有时，不必刻意强求，自然、轻松就好。”

“我问你，你跟谁学的这一套一套的？”

“生活中、书里面，还有画沙画时自己悟的。你不觉得沙画就是各种关系的对待和处理吗？不就是虚实、疏密、主次、快慢、轻重的不断变化和调整吗？最好的作品就是臻于自然、和谐的作品。嗨，刚才我们说什么来着？”

“问光杰和王星他们房子的事。”

“哦，对了。你明天买点水果吧，去看看光杰，他最近被人打了。”

“怎么回事？”

“他开除了一个员工，人家怀恨在心报复了他。”

“怎么会这样，严不严重？”

“打了头，应该不是太严重。”

“创业真不容易！”

“你以为老板是那么容易当的？”

“正好跟他聊聊，让他出出主意，他商业头脑敏锐。对了，6 月份、7 月份去香港和新加坡的作品你要好好创作啊，人家特别重视。把时间安排好，争取 8 月份就开始搬，要在房子到期前把事办完了，后面还有好多事呢。”

“还有两个多月，来得及。”

“9 月份我们会更加忙，吃得消吗？”小芳给了我一张日程表。

“没问题！”

6 月我们随 TYT 团队参加了在深圳和香港举行的时尚发布会。做完活动，我和小芳坐着游轮游维多利亚港湾、看紫荆花雕塑、在星光大道和中信大厦前留影。天气十分闷热，浑身黏糊糊的。

“感觉还是电影里的香港好啊，有那种国际大都市的气派。”

“知道什么叫距离产生美了吧，怀旧说明你上年纪啦。”

“我们是在自己的土地上走一走哦，这可是伟人都没实现的梦啊。内地的发展可真是够快的，我不觉得自己上年纪了，感觉昨天还在学校似的。”

“我倒觉得更亲切了。”

“可不，没什么两样。来来来，给我拍个照。”

星光大道上，我们相互拍了好几张照片……

7 月，我们再次来到新加坡，正赶上吴冠中老先生的捐赠大展。吴老刚刚去世，我一直想去看看他的艺术展，总是未能成行，没想到在国外不期而遇。他的不少力作，还有很多作画工具（已经是文物）都捐给了那里。我有些纳闷，为什么吴老先生要把这么多作品捐到异国他乡？“他人没了，但他的争议和成就、他的故事和传说依旧在延续，也许是一百年、两百年或更长的时间，也许有一天也会灰飞烟灭。”我感慨地说道。

“你想成为他那样的人吗？”小芳问道。

“我想成为我自己。”

“他在美术界的影响和地位是顶级的了吧？”

小芳将相机对准了我。

我在吴老的影像前留了影。

“他是个孤独的人！”我说道。

回京后我们在远大路金源时代购物中心做了考察，商场里一个五十平方米的商铺年房租得三五十万元。综合考量后，我们在商场旁的世纪城找了一个两百多平方米的房子租下，周围都是教育机构。房子在沿街的第一层，地理位置很不错。光杰帮我们设计改造了一下，使得办公、接待、教学空间一应俱全。其中设计了一道滑门，将办公和居家非常巧妙地隔开。迎门就是一面 LOGO 墙，墙上设计了很好看的标志，标志下面有一行醒目的文字——“苏大宝沙画艺术中心”。

“好啊！一下提高了好几个档次，我们将从这里走向辉煌！”我骄傲地说道。

好在这边的房东可以宽限些时日，我们一边工作一边搬家，像蚂蚁搬家似的一点点把家当转移到新的地方。直到 9 月底，我们才把一切事宜安排妥当。接下来的第一件事情，是让阿云搜集整理好这三个多月来的重要信息，并一一传到各平台上。

9 月 6 日，苏大宝接受中国 CETV《职场中国》专访。

9 月 10 日，苏大宝作为助演嘉宾参加湖南卫视《快乐男声》总决赛。

9 月 13 日，北京电视台文艺频道《百姓秀场》——苏大宝的沙画。

9 月 16 日，CCTV《风华国乐》——苏大宝沙画特辑。

人民网上海频道 9 月 17 日电 （记者沈文敏） 今晚，由上海市旅游局、崇明县人民政府联合主办的 2010 上海崇明森林旅游节在东平国家森林公园拉开帷幕。本届森林旅游节的主题是“绿色崇明、生态之旅”，定位为“大众的节日”，历时近一个半月。

在今晚的开幕式上，还举行了一场盛大的森林交响音乐会。上海歌剧院交响乐团与在国内享有“北戴、南魏、港莫”盛誉的戴玉强、魏松、莫华伦三大男高音歌唱家联袂演出，并邀请著名沙画艺术家苏大宝先生同台献艺，演出阵容堪称国内一流。表演中还将融入崇明本土元素，增加互动环节，充分展示崇明浓郁的文化气息。烟火表演也是本届森林旅游节开幕式的一大亮点。

9 月 18 日，苏大宝在上海接受了《环球时报》人物专访，畅谈中国沙画艺术。

9 月 20 日，第 21 届大连国际服装节暨大连国际狂欢节隆重开幕，在《大连之恋》悠扬的音乐声中，著名沙画艺术家苏大宝为狂欢盛会创作了新作品《大连故事》。随着苏大宝灵巧的双手在沙盘上“讲述”大连故事，美丽的画面通过LED大屏幕一一映入人们的眼帘——壮丽的建筑，幻化为飘飞的衣裙……最后定格在大连最美的画面上，将如诗如梦的大连表现得淋漓尽致，展示着大连正以前所未有的昂扬姿态，走在中国社会经济发展的前列，续写着科学发展新跨越的绚烂篇章。

9月25日，苏大宝出席首届中国—阿拉伯国家合作论坛，并做主题沙画表演。

9月29日晚，为庆祝大明宫国家遗址公园开园，大明宫国家遗址公园内的紫宸殿、太液池举行了盛大的庆典晚会。联合国助理秘书长沃伦·萨奇、西安市副市长段先念、张锦秋大师，以及来自友好国家、地区的国际友人，和曾经居住在道北棚户区的居民参加了本次庆典晚会。数千名群众与到场的嘉宾一起观看了演出，华丽的舞台效果和精彩的歌舞表演，为古城人民奉献了一场视觉的饕餮盛宴。晚会现场，盛唐宫殿巍峨华美，大气磅礴。演出共有四大章节，三声鼓响，宫门开启。金光深处，高宗和武皇威立高台。著名男低音歌唱家杨洪基深情而雄浑的独唱《圣殿大明宫》响彻全场。紧接着金甲武士列阵演兵，大唐勇士开疆拓土，气势磅礴；唐装仕女踏歌而舞，与现代舞者相会古今对话。伴随着配乐诗朗诵《丹阙浮影》同时进行的沙画表演，著名沙画艺术家苏大宝现场作画，巨大的沙画屏幕上，6名舞者在画中起舞飞扬，更是让在场观众掌声迭起。

“辉煌的战绩啊，高业民他们干不过咱们啦！” 倪鸿坐在新置的办公桌前，高兴得有些忘乎所以。

“东南卫视刚联系了，要给你做期人物专访，名字都起好了：《中国沙画第一人——苏大宝》。还有辽宁卫视下个月要给你拍一期北方频道的公益宣传片，说要播半年的，你前面那一期是姚明。”小芳故作矜持地道。

“耶！”

我们击掌欢呼。

“这些成绩可真不是白捡的！去宁夏那趟飞机，没把我的心都颠出来。还有西安那天的演出，天上掉下个钢珠，正好砸在画板上，把画板砸了个圆窟窿。当时宝哥吓得都跳了起来。”阿云比了个鸡蛋大小的手势，越说越好笑。

“这可真是个奇事，怎么会天上掉钢珠？”倪鸿说道。

“那个舞台超级大，露天的。舞台后面不是放烟花嘛，烟花里有钢珠，爆炸的时候落到舞台上了。好在那是彩排，我们临时又换了块玻璃。这要发生在正式演出的时候，砸的就不是画面啰，砸场了还是小事，砸到人头上没准儿脑袋都砸个窟窿。”阿云说得手舞足蹈，还惊魂未定似的。

“要真是躲不过一砸，我倒宁愿砸到自己也别砸画。常香玉不是有句话嘛，‘戏比天大’。”我说道。

“这次带两块玻璃还真用上了？”倪鸿感到不可思议。

“这不算什么，我们去大连也是，宝哥临行前非要录一版备用视频，要我光盘、优盘各拷一份，没想到现场又用上了。那个演出的场面真是太大了，十万观众。演出的时候天上下雨了，把导演组吓坏了。宝哥拿出备用视频时，总导演说：‘专业的就是不一样，什么叫大师，这就叫大师！’” 阿云透着一股自豪劲儿，比了个大拇指。

“这叫未雨绸缪。以后凡是出去演出，都要提前录制一版，以防万一。”

“知道了。”

“还有你，切记不要掉以轻心了，明白吗？没把我害死！”我对着小芳说道。

小芳朝我白了一眼，鼻腔哼出个字：“哼！”

他俩见状埋头偷着乐。

去上海崇明岛参加三高演唱会时，小芳想去看看场面，代替阿云当我的助手。在赶往机场的路上我们才发现她把身份证落家里了，只好临时回家取证，也就耽误了登机时间。我们只好改签，可是改签的机票没了。我们就改坐动车，动车也没票了。改坐火车，时间不赶趟。这下可把我急坏了。后来她发现天津还有到南京的机票，我们迅速买了票，打车直奔天津机场。在车上我们再联系主办方，要他们派车到南京来接我们。如此折腾一番，总算没把正事耽误了。

我的叙述也让他们听得咯咯直乐。

“不过神奇的事这才开始。我们那天是提前赶到天津机场的，办完登机牌我坐下来一看，对面居然是余世维。我过去跟他交换了名片，还从包里拿出一本他的书。做完活动后，我们回来时在机场办登机牌，我突然听到一个熟悉的声音，扭头一看，居然是严介和！”

“是吗？”他俩睁大了眼睛。他们都知道那段时间我为了准备将来的教学，正在研究这些口才极佳的人，如余世维、严介和、于丹、易中天、郎咸平等。

“这就是吸引力法则？当你对一件事情的愿望无限大时，你的感召力也是不可限量的。”

不久我又分别与于丹、易中天、郎咸平同台……

人生有很多次邂逅，对我来说是机缘，也是奇迹。我儿时就知道，沙里藏金。长大后因为玩一把沙子，有幸见到很多有分量、有影响的人物，他们是这个时代的宠儿，有的极致显贵，有的腰缠万贯，有的学富五车，有的名满天下。我与他们，有的成了朋友，有的相交泛泛，有的只是擦肩而过。总之，这些人的形象会储存在我脑海的某个空间，不经意间，又会与之相遇。我回味着过往的交集，就如同在心里无数次重复着沙画的流程，在正式描绘自己的故事时，有意无意也掺杂了他们的影子。我们是陌路的同行者，是同一时空的个体，而他们是最好的老师。他们有他们的故事，一如雨点落到湖面激起的无数水纹，有的交织着彼此的能量，形成更为壮观的波纹，有的从未交集，更谈不上相忘江湖。他们在这个时代的某个时间段，有着属于自己的辉煌灿烂，但同样免不了暴风雨的侵袭。他们成功，他们春风得意，他们被万众瞩目；他们失意，他们历经风霜，他们被千夫所指。无论如何，无论哪种生命状态，都只是短暂的一瞬。对于那些渺小的人来说，他们固然显得伟岸，但其实他们终究也是血肉之躯，滚滚红尘，能做到真正超脱的又有几人？人，在这茫茫宇宙中，其实都不过是一粒渺小的“沙”而已。沙，固然渺小，然而，一粒沙一个世界，一个世界一种精彩。我，也是一粒沙，有幸领略过众多的精彩，在与众多沙粒的碰撞中得到了升华，也自信焕发出了金子般的光彩。

“宝哥，你觉得你能上春晚吗？”

“会的，加油干！我们还不能掉以轻心，不要骄傲，要坚持，要‘豫兮若冬涉大川’。如果高业民上了春晚，就轮到我们着急了。”

“嗯！”

“对了，阿云，帮我剪一堆大小不一的玻璃纸枫叶出来。”

“做什么？”

“你别管，做就是了。”

“好的。”

“小王离职了，我们是不是得再招个人？”小芳问道。

“好不容易培养个人才，一下就归零了！当初说不着急结婚生孩子的，哪想到说生就要生，迅雷不及掩耳啊！先不着急招吧，人不在多在精。我再声明：交朋友我是鼓励的，大家都不容易，有个伴嘛。但现在大家一定要以事业为重，尤其是男人，没事业啥都别想。”

“知道了，宝哥！”他俩异口同声道。

“倪鸿，你不是有个女朋友吗？哪天带来看看？”

“吹了，异地恋不可靠。”

“没事，你们还是愣头青，机会多的是。阿云，你那个甜姑娘呢？”

“给她发过几条信息了，一直没回，邮件也没回。”

“我帮你问问老大。”

我拨通老大的电话。

“兄弟，还好吧？”那头问道。

“老大你好，是这样的，你以前不是给我小舅子介绍了个妹子嘛，有段时间他没自信，也没跟人家联系。现在吧，自信回来了，主动跟人家联系，人家不回，我想跟您打听下情况。”

“哎呀，兄弟，晚了，她孩子都能爬啰……”

我关掉免提，挂了电话，向他们投去无奈的眼神。

“好吧，都是新的开始，一起加油吧！除了原有的工作内容不变，你们再给我搞个招生简章出来，发给那些咨询过沙画培训的人，争取这个月就开始第一期。”

“成人和小孩都行吗？”

“先成人，得培养点人才队伍出来才行。一期最多八个吧，教室就那么大，授课时间预计两周，这个时间就不再接演出了，还有学费你们商量商量。”

“好的。”

“接下来我得琢磨点创新才行了，我买的彩沙什么时候到？”我问道。

央视 2010 年黄金资源广告招标晚会给我发来了邀请。我与歌手徐千雅女士合作演绎《彩云之南》。根据作品的意境和内容，我打算尝试一下用彩色的沙子来完成这个作品。这无疑是创新，在这之前还没有人以彩色的沙子来创作。于是，在新的工作室里，我夜以继日地琢磨起彩色沙画来……

导演组事先不知道我会用彩色沙子来画。我给的初稿以及修改稿都是单色的。创意通过后，我私下花了一周时间把彩色的沙画视频琢磨出来。从他们赞叹的眼神里我看到了希望，不是眼前这场活动的希望，而是春晚的希望。这个导演组的成员也是春晚剧组的成员。

果然不出所料，我再次接到了春晚剧组的电话，与几位年轻歌手合作，节目叫《家在心里》。虽然一切都在意料中，但接到邀请还是十分激动。这一年来做了这么多有影响力的活动，能力已是今非昔比，更重要的是我现在已有独门的功夫——彩色沙画。这次比第一次要有信心得多，而且这次导演组对我没有特殊的限制与要求，该干什么干什么，该出席活动出席活动。一段时间后，我俨然是剧组的一员了，每当在央视的楼里开创作会议时，心中洋溢着幸福的滋味，就像徜徉在梦里一般。

“春晚舞台从来没有出现过沙画，如果上了春晚，我就创造了历史。一定会的，我充满信心！”

“老百姓对沙画的了解还不是太多，通过春晚的窗口向他们展示是最好的机会。”小芳激动地说道。

“导演说，我的节目在倒数第二个，就是《难忘今宵》的前面，这意味着什么？”

“压轴啊，哈哈！”他们异口同声地说道，兴奋的劲头难以言表。

吴冠中先生曾说，创作就像女人分娩。我的创作就像爬山，层层审查就像翻越一座座大山，好不容易爬到山顶，却看到眼前又横着一座山。一路上虽然辛苦，但也痛快，毕竟还算一路畅通。不记得有多少个夜晚加班到凌晨三四点，墙角用废的沙子已堆成了堆。成功在望了，已经有春晚特别报道的栏目组给我做节目了，那是为我上完春晚后，提前录制的备播节目。我认为这次铁板钉钉了。

不到最后不算成功，越到后面越是忐忑，还有两审，整体节目时长还多出50分钟，眼看着好几个大腕儿都被刷下了。从1月21日开始，剧组要求我每天都要在场，化妆、等待、吃盒饭、徘徊。在嘈杂的央视大楼里，我越来越感觉到身处事外，头脑保持着异常的清醒与警觉。我的节目排在最后面，每天弄完都得很晚才能回家。

还有最后一关要审查。

那天我们在央视门口停车，被一辆自北向南的银色车子蹭了。对方是个女司机，不问青红皂白破口大骂。其实未必是我们的失误，我给了她二百元化解矛盾。我和小芳心灵相通，尽量保持最好的心情，不要有一丝杂念。可就在那一刹那，我心里升起一丝莫名的紧张。晚上，电话将我从梦境中惊醒，似梦似真。对方说上级领导审查了，节目被拿下。我问原因，他说：“领导说，舞台的表演和背景都挺好，就是不知道该看哪儿。”

又是那句话！

于是我紧急联系和拜访了多位相关领导和朋友，做最后的争取，只要能有一线希望，我都会试试。奈何乾坤已定，无力回天。

在加拿大旅游局的活动上，我挥洒间变换着一幅幅极具代表性的画面，有北极熊、北极光、尼亚加拉瀑布等，掌声连绵不绝。最后我写出 Welcome to Canada 时，台下已然沸腾。我从西服里抓出一把玻璃纸制成的枫叶，向画面上空抛去，纷纷扬扬的枫叶瞬间梦幻般出现在屏幕上，所有的观众欢呼着全部站起身来……

“那是枫叶吗？”工作人员问我。

“是。”

“真是枫叶吗？”

“不是！”我回答。

第二次上春晚止步于最后一刻，虽有遗憾，但并没让我感到沮丧。毕竟与前次相比已前进了一大步。好在台里对我没有过多的限制，我在年底的几个月也取得了不俗的成绩。阿云最后推在平台上的信息是这样的：

10月1日中午12:30，CCTV新闻频道将推出《嫦娥探月》特别节目，全程跟踪嫦娥探月之旅，并全天滚动播放由中国著名沙画艺术家苏大宝先生创作的《嫦娥飞天》。

10月2日晚上7时，“妈祖之光·福航彰化”大型电视综艺晚会在台湾彰化县立体育场开场。本场晚会分为出航古礼、圣迹礼赞、大爱长歌、神光恒远四个篇章，妈祖信俗文化贯穿始终，成为本次晚会的一大特色。据悉，现场将再现妈祖祭典古礼，展示非物质文化遗产妈祖信俗的核心内容；还有历代加封情景秀，体现妈祖信俗的历史传承。大陆顶级舞蹈比赛“桃李杯”金奖得主骆文博、大陆沙画第一人苏大宝都将现场表演。此外，罗大佑、吴克群、温岚、萧敬腾、李泉、阿宝等知名演艺明星也将同台倾情演出，共同感念“海上女神”妈祖，弘扬中华优秀传统文化，祝愿海峡两岸和平共荣。晚会盛况将通过福建海峡电视台、福建东南卫视，台湾东森电视综合台、亚洲台、美洲台，台湾中视，台湾中天电视亚洲台、美洲台，台湾中视数字频道，台湾东风电视台，新浪网、腾讯网、凤凰网等媒体，以及国外的马来西亚ASTRO欢喜台、美国国际卫视，向全球数亿观众现场直播和转播，“把妈祖的爱传到全世界”。

“上次台湾之行没成，主办方还那么重视，真是难得！这次终于踏上宝岛了，还真有点儿激动。我外公的爸爸那时候来到这里就再也没机会回去了，真是难以想象。”

“宝哥，接我们那司机说他的爷爷也是从大陆过来的，后来也是再也没回去了。你猜他问了我一句什么话？”

“什么话？”

“他问我，大陆现在有没有高速路啊？呵呵。”

“哈哈，你怎么回答的？”

“我说你们有机会得回去看看，看看就知道了。”

10 月 3 日，苏大宝沙画亮相 CCTV《新闻联播》。

10 月 16 日，苏大宝受邀参加 CCTV 黄金资源广告招标晚会。

10 月 19 日，苏大宝受加拿大旅游局之邀创作主题作品 *Welcome to Canada*。

11 月 7 日，苏大宝受华大基因之邀创作主题作品。

12 月 2 日，苏大宝受辽宁卫视《高处风景》之邀拍摄公益宣传片。

12 月 9 日，苏大宝接受海峡卫视《相约东南》人物专访。

12 月 13 日，苏大宝参加百度、联合利华新闻发布会。

12 月 22 日，苏大宝受中国农业银行之邀，与著名歌唱家蒋大为联袂演绎《在那桃花盛开的地方》。

12 月 31 日，云南卫视《地球之声》 苏大宝携沙画重磅助阵。“中国沙画第一人”苏大宝的重磅加入更让此次晚会别开生面。云南电视台台长赵树清对此次苏大宝沙画的加盟寄予了很高的期望，表示将亲自执导整场晚会，希望通过云南卫视这个平台，向观众呈现一个真正能体现沙画魅力的电视直播作品。苏大宝将与“音乐诗人”李健联袂演绎云南之美

12月31日，2010年的最后一天，深圳卫视跨年音乐季“声震世界”终极跨年演唱会一举集结50大国际巨星，大张伟、羽泉、杨千嬅、何润东、李玉刚、周迅、陈坤、SHE、周笔畅、张靓颖、韩庚、刘力扬、郑中基、陈慧娴、孟庭苇、飞儿乐团等星光璀璨的天王天后悉数登场。“声震世界”演唱会还请到中国沙画艺术第一人苏大宝老师与陈坤联手创作互动沙画歌唱节目《月半弯》。深圳卫视在现场特制双层超清晰LED立体大银幕，陈坤与细沙巧妙结合，呈现出人在画中游、人沙心灵对话等奇妙的视觉感受，陈坤的深情演绎与

苏大宝老师的妙手生花，令所有歌迷与观众叹为观止。

2011 年 1 月 9 日，CCTV2011 手挽手全民公益新春晚会上，沙画大师苏大宝将沙画贯穿整台晚会，并与著名歌手韦唯联袂压轴演绎《盛世欢歌》。

母亲知道我再次与央视春晚失之交臂，特地打来电话安慰我。其实她的担心是多余的。

“《家在心里》的沙画既然上不了春晚了，那好，我们回家！”

说那话时，我身轻如燕。

第 17 章

师者仁心

原定的开班时间因为春晚一推再推，一直推到了年后。直到2011 年 3 月，首期沙画师资培训班才终于在新建的沙画艺术中心拉开序幕。这是我人生中第一次正经当老师，很激动也很紧张。虽然我已经为课程的设置和安排准备了近一年的时间，心里还是没底。为此，我也想尽了办法来给自己打气助威。我请同学光杰把那间教室设计装修成充满梦幻和诗意的样子，购买了当时最大、最先进也是最贵的电视做讲台前的屏幕，专门设计了一面墙，展示各类荣誉和经典图片。总之，一切只为创造一个良好的开端，力求为沙画的推广与发展蹚一条新的路子。

在我的课程安排中有两节表演课，我把魔术的课程放在里面作为分享内容，毕竟那也是自己的长项。但想到演和讲还是两回事，我有些把握不准，于是想到邀请高进老师来做表演的助讲嘉宾。自从我们最后一次在朝阳剧场演完小品后，我们的交集越来越少了，这也算是创造机会来重温师生情吧。高进老师很赞赏我取得的成绩，也非常愿

意为我助力。那时候，他的夫人已经有些行动不便了，他的公司也没有坚持开下去。他主要的工作就是照顾老伴，洗衣、做饭，还要带孙子，他依旧精神抖擞、笑逐颜开。

接高老师的途中，我们聊起了往事。

“大宝，你还记得我六十岁生日的时候吗？”

“记得，高老师，在全聚德。那时我才从学校出来两年。公司的学员有两三千，您只邀请了三个学生参加您的宴会，我很荣幸成为其中的一员。当时另外两位师兄都很有成就了，而我只是刚出道而已。”

“你知道我为什么看好你吗？”

“您不是在我结婚的时候给我写过一首诗吗？一直珍藏着呢。”

“对，我还记得最后那句——艺海翻江永飞腾。你有灵气、有才，但更重要的是你身上有股不屈不挠的精神。我那时候看你能住那样的地方，就知道你有一天一定会有出息的。”

“谢谢高老师的鼓励！我一直都是在向您学习。”

“你的选择是对的，现在已经上了那么多央视节目，祝贺你！”

“谢谢高老师！”

“想当年我们的小品，想了那么多辙也难上一回央视，《曲苑杂坛》现在都停播了，哈哈！”

“高老师，您的勇气、您的豁达我真是佩服得五体投地，您是我永远的楷模。”

“你走的是前人没有走过的路，好样的，终于找到自己的方向了！”

“我只是觉得对不住您，您以前那么器重我，而我总是心不在焉，辜负了您的期望。”

“不，你还要继续坚信自己的选择，没错。”

“高老师，我给您讲个故事吧：我们老家牯牛山有很多金矿，地下交织着不同年代的各种各样的矿洞。我七八岁的时候，有一次和我弟瞒着父母去洞中探险。我们一人拿着个手电筒，找到一个荒废的洞口爬进去，那洞小得很，一次只能容一个人爬进去。我们俩一前一后爬了十来分钟后，洞子变得越来越大，可以站起来往里走了。这时候我们才感觉有些害怕。我叮嘱弟弟，如果发现我在前面有呼吸困难的情况的话，你就赶紧往后退。那时候我居然知道洞里会缺氧，呵呵。还好那洞倒是不缺氧，但洞壁上吊着好多蝙蝠。我们壮着胆，屏住呼吸，缓缓前行。也不知走了多远，突然有一个非常宏大的地方，就像大会堂一样的地方，出现在我俩面前，很高、很宽、很大，我俩顿时惊呆了，也很怕，那洞里有好多枯烂的木头，看着像人骨头一样。这个时候，眼前也出现了好几个岔洞，我们不知道该往哪条路走。不管怎样，我仍然没想着退缩，还想知道前面有什么。我凭着直觉选择了一条路，继续前行……”

“你们两个可真是不省心的孩子。”高老师说道。

“这件事情，我现在会经常想起，年纪越大越感到后怕。我们那时是无知者无畏，根本就没意识到可能出现的后果。要知道那里面是有不少天井的，天井里是深不见底的冰水。如果掉到天井里，或者迷失在地下迷宫，或者手电筒没电，父母肯定永远也找不到我们了。我记得那天，我心无旁骛，坚定走着自己选择的那条路，一直前行，从未想过后退。不知走了多久，一直走到洞子越来越窄的地方，终于看到前方出现一丝亮光。然后那亮光越来越大，越来越亮，最后我们是从另一座山的出口爬出来的。你说有没有意思？更有意思的是，我们出来的那洞口居然就在我们家后面。”

“好嘛，运气不赖，要没走出来，我们一辈子也见不着啰！”

“高老师，我走沙画创作这条路，老让我想起小时候的探险，前方一片迷茫、黑暗和风险。但我还是那个时候的我，从来没想过退缩，我坚信自己会找到出口，找到希望。不知有多少人曾对我的事情表示怀疑，甚至是否定。他们在想，玩把沙子能玩出个什么样子？只有您，一开始就相信我，您的一句话就像我手中的手电筒，让我在迷茫的时候也不会害怕，所以我特别感激您！”

“大宝啊……好好干，你的事我全力支持！”高老师一时语塞，有些动容。

大家好，很高兴和各位一起分享沙画艺术。我们第一堂课，先讲讲沙画的基本技法——撒，撒分为扬撒、垂撒和抛撒……

从此，我的艺术生活中增加了一个重要的内容——沙画教学，并进行了长达三年的教学实践。后来我不只在自己的艺术中心，还走了出去，在各大院校和各类机关活动中心开设相关的培训班。我的目的只有一个，为沙画的发展培养和发掘人才。

大家好，很高兴和大家一起来分享沙画艺术。沙画近年来几乎风靡全球。它新颖、质朴、独特，具有广阔的创作与展现的空间。它自然、连贯、精练，极富艺术的感染力。它是综合的、愉快的、智慧的、时尚的艺术。我们首先来了解一下沙画的历史脉络。沙画起源于匈牙利艺术家弗兰茨·佐库……

教学后，我意识到理论建设的重要性。原本北大刘教授曾希望来做这件事情的，可是他实在太忙，心有余而力不足。时不我待，我只好自己尝试着去总结著述，为沙画的理论打基础。对我来说，这并不是一件容易的事情。我上学期间，从来没有因为写文章获得过老师和同学的认可。我只好一边教，一边有目的性、有阶段性地大量阅读和学习，然后尝试着写点小品文章锻炼自己的文笔。

大家好，很高兴和大家一起来分享沙画艺术。沙画是个比较笼统的概念，首先我们要搞清楚我们学的是什么沙画。“沙画艺术”是指在平滑的灯箱式画板上，伴随着音乐，创作者以沙作画，并通过投影的方式来展现创意、抒发情感、交流思想、传扬文化，连贯变化、重在过程的一种新型的美术创作表现形式，即“沙画投影表演艺术”，简称“沙画”……

教学为我打开了另一扇窗，成了我学习的动力，让我进一步认清了自我，让我在教学生的同时又拥有了无数的老师。正所谓一沙一世界，一个人一个故事，一个人一种生命的状态，一个人一面生活的镜子。他们的样子和神情历历在目，他们的思维和特点让我难以忘怀……

大家好，很高兴和大家一起来分享沙画艺术。我将沙画的各种技法融入一个作品中，我希望大家能把它背下来，这是我写的一首诗——《我是一粒沙》，我也把它录制成了沙画的版本。

我是一粒沙
我是一滴水
我是小星星
我很渺小

可是
我能和朋友照亮夜空
我能与同伴汇成海洋
我还能为您播种希望
我很伟大

我是一粒沙
沙的心里有一个世界
这个世界里装着我的梦想

我相信
我能跨越高山大川
我相信
我能构筑美丽家园
我相信
我还能奔向太空宇宙

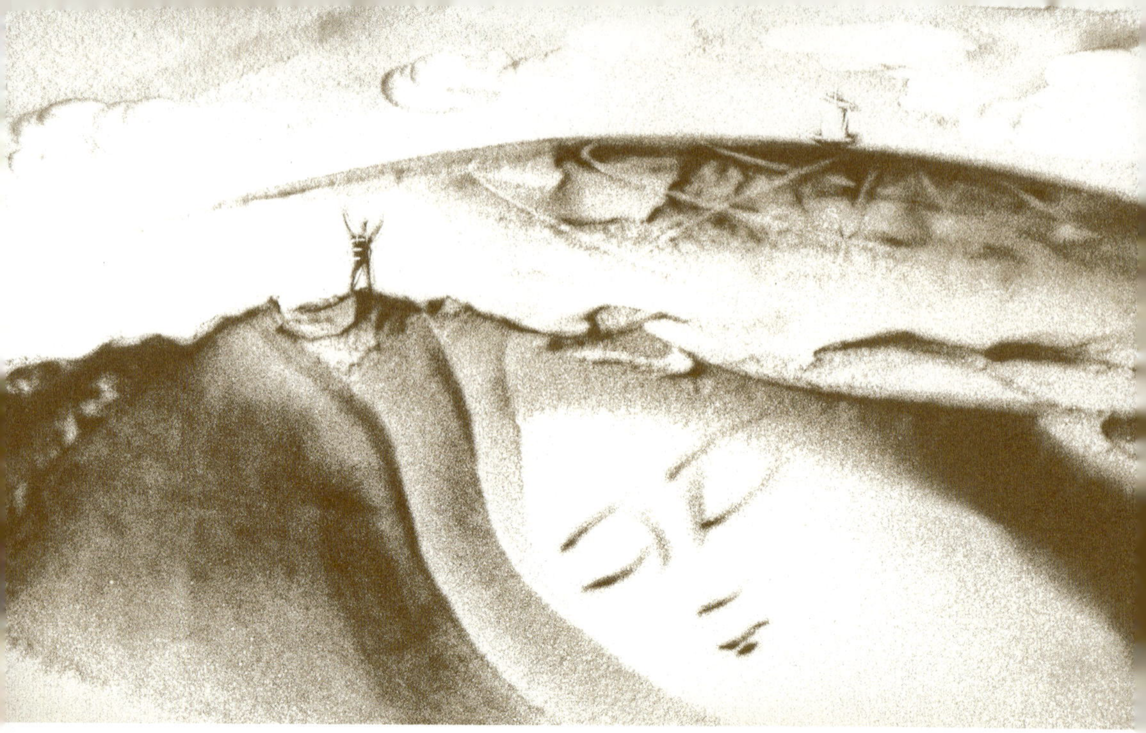

其实

我更知道

我只是那一粒沙

有一位来自马来西亚的女士，五十岁左右。她说学沙画的目的就是为学习而学习，享受学习中的人生。她说她每年要学一样新技能，还要去一个从未去过的地方看一番新的风景。

今天我要讲的是："学习艺术的目的在于学会用艺术的眼光、艺术的思维、艺术的方法去应对人生的种种问题，让人生的道路洒满艺术的阳光。真正的艺术是生活，生活的艺术家才是真正的艺术家，生命的过程就是一次创造、感知和顿悟的过程。"

一位来自湖北的学员，他的注意力总是放在功夫之外的地方，总以为成功有捷径。艺术之路上有坦途吗？有捷径吗？能把它当成一门生意吗？

要想掌握一门技艺或学问，投机取巧是不可能真正学会的。但也并非没有捷径可循，那就是找到有效的方法并运用方法。沙画的学习方法也无外乎：端正态度、脚踏实地、全面修炼、扬长避短、勇于创新。调整心态，抛开杂念，以旅游的心态对待学习。功利心、目的性太强，结果往往会与预期的背道而驰，也很难达到艺术的高度。沙画的学习也是磨炼心性、修炼心灵的过程。

一对山东淄博的父女，先后来学习沙画。父亲年逾花甲，有深厚的艺术修养，还兼任当地一所艺术院校的领导。他的真诚、谦逊、好问和勤奋让我印象深刻。在课余他和我分享了很多艺术感悟和人生经验，使我深受启发。这位慈祥的长者，既给我上了课，也引导着我找到当老师的自信。

沙画包含了文学、绘画、音乐和表演，学习沙画能提升人的综合修养、整体素质和艺术的感悟力。沙画要扬长避短，要把复杂简单化，要擅长拿来主义，要善于处理主次、虚实、疏密的关系……

一位坐着轮椅来的黏多糖罕见病患者，是位十几岁的小姑娘。她母亲告诉我，她的病几乎没有治愈的可能，因为目前无药可治。得那种病意味着体格逐渐停止发育且越发脆弱，寿命一般在四十岁以内，相貌越来越难看。不知是不幸中的万幸还是更大的不幸，此病并不影响智力的发育。命运和她开了一个巨大的玩笑。她聪明、可爱、善良，比其他小朋友多一份淡定与成熟。她母亲说，目前只有美国的一家制药公司在搞研发与临床试验，并在全球招募150名患者提供终身免费试药的资格。中国目前未将此病纳入医保，她和其他中国小患者将无法获得这个机会。这也意味着即便这种药研制成功，她们也将面临每年自费一百万的医疗费用……因此，她们举家从外地迁到北京，建罕见病网站，组织患者搞活动，向卫生部门求助，奔走于世界各地寻找希望。为了能引起大众和国家相关部门的关注与重视，她们几乎想尽了一切办法，包括让她学习沙画。她是我见过的最坚强、最豁达的人，学任何东西都比常人有效率。她自信、聪明、知足、感恩。她也非常清楚自己的命运，稚嫩的脸上看不到丝毫的恐惧、无奈和忧伤。有一次她睁着灵动的双眼直视着我说："生命的意义在于宽度而不是长度。"

我为你创作了一首诗，叫《有一个梦》，我教你怎么画出来：

有一个梦
我梦见
我是春天的小苗
在阳光和雨露中舞蹈
有一个梦
我梦见
我是夏天的百灵
在绿荫与微风里歌唱
有一个梦
我梦见
我是秋日的雄鹰

在长空碧霄处俯瞰
有一个梦
我梦见
我是寒冬的雪花
飘向我衷情的地方
然后
然后
与那里融为一体
无悔无憾

一位形象俊朗的清华大学美术学院的高才生，热爱沙画，纯粹地爱，仅此而已。他谦虚、低调、稳重、踏实，靠自己的才华在北京站住了脚跟，把父母从遥远的新疆接到了北京，很了不起！

一位陕西咸阳的银行职员也热爱沙画。他有五十岁的年龄，三十岁的心脏，活力十足，自信、乐观、豁达、知足。活得理性，活得热情，活得潇洒，活得有希望！

先后有几位学员，在生活中碰到了挑战，觉得人生充满黯淡。他们曾声泪俱下地向我倾吐了自己的不幸遭遇，用沙画发泄着自己的情绪。挥洒的激情和创造的火花，重燃了他们生活的希望，照亮了他们前行的道路。

我想说："沙画带给我们的不仅是艺术的享受，它是一种生活、一种态度、一种方法、一种智慧。我希望沙画能一直陪伴着大家，让我们拥有一颗轻松、淡定、从容、感恩的心。"

我发现，沙画吸引了各个年龄段的朋友，甚至不少外国朋友也对它充满了兴趣。在实践中，我也发现自己的技艺已非常人能随便达到的了，即便我认为很轻松的一抹一划，在学员那里也会变得很难。我意识到，谁都可以通过沙画来玩一把艺术，这个社会每一个人都需要艺术，但不是谁都需要或都可以成为艺术家的。

沙画不受地域、文化、文字、材料、年龄等因素的局限，综合了时间艺术和空间艺术，综合性强、包容性强，能激发人的创作冲动，挖掘人的创造潜能，具有天然的娱乐性，是值得我们学习和推广的新的艺术门类。因此，我提出沙画教学的理念，我认为也是学习任何艺术的目的：开启创新的潜质、播撒智慧的种子、增强学习的能力、提升生活的品质……

沙画艺术在当代具有巨大的价值和意义。

近代蔡元培先生倡导“纯粹之美育”，所谓“纯粹之美育”专尚陶养感情之术，使人有高尚纯洁之习惯，能渐消人我之见、利己之见，盖以美为普遍性，是绝无人我差别之见能渗入其中的。由此可见，大众美育的普及对社会的作用是巨大的。

沙画艺术！

比如林风眠曾提出：“下一个决心，在各种材料和工具上试一试，或设法研究出一种新的工具来，加以代替，那时中国的绘画就一定可以有新的出路。”这种载体和形式，要包容性强、要不偏激、接地气，要具有创造性、时代性；这种力量是社会所需、时代潮流。只有满足这样的条件才有推动一种进步和革新的可能。对美育而言，才有可能全面实施

“纯粹之美”的理想。

如此，我在教学相长的过程中不断地丰富着自己。后来，一次偶然的机会，我将课程开到了中央美术学院。高业民也几乎在同时开设了培训班。他的网站上已更改名头，叫“世界最受瞩目的沙画艺术家”。

同事们见状，问我：“宝哥，我们要不要改个什么名头？”

“完全没必要了，高业民的定位乱了。我们第一人的名头已占据优势，他只好另树大旗，但他那个名头是没效果的。”

“怎么没效果？”

“世界最受瞩目算什么？是世界第一吗？我给你们讲个故事吧，一条街上，东西两个理发师，东头的挂个牌子说我是全国最棒的理发师，西头的说我是这条街上最棒的理发师。请问，哪个生意好？”

“西头的。”

“对了，明白了吗？我们就做中国第一，只跟自己较量，跟自己的傲慢、惰性、贪心、玩心等毛病作斗争就行了。”

“胜人者有力，自胜者强。战胜别人固然厉害，但能战胜自己的人才是真正的强者，对吧，宝哥？”

“有进步！我们做好自己就是了。不争故无忧，不争故天下莫能与之争。”

“宝哥，高业民那边学费要比我们低两千，他们招生比我们要容易多了，怎么办？”

“不打价格战！扛住。我们教学的目的不是抢市场，是培养人才、修炼自我、总结经验、树立体系。”

“他的学员现在比我们要多两倍哦，毕竟现在来北京求学的不是找您就是找他，但一比价格您就不占优势了，这样下去……”

“人的精力是有限的，即使现在这样的工作强度，我也感觉有些吃力了。相信我，扛住！还有千万不要诋毁同行。”

“记住啦，诋毁同行就是诋毁我们自己。”他俩异口同声道。

“对了，最近他出的新作品给我打印一份。”我又说道。

沙画师后起之秀，不能忽略我和高业民的存在。无论是直接跟我们学习的，还是靠自己钻研的，他们或多或少都会受到我们的影响，也都尊称我们一声老师。这些人大都有着比较扎实的美术基础，有一部分向着高业民，有一部分向着我。只要他们虚心请教，我是很愿意分享的，或者直接给他们提供机会和舞台。我深知，一个行业要想长久发展下去，需要大量的专业人才。我有幸占据了天时地利，加上我人缘也还不错，因此，会有更多的机会。相对于他们而言，我能站在更高处，领略山外之山的美妙。我始终贯彻一个为人处世的理念——“但求付出，不问前程”。当然，我的主动或者仁义未必能换来感恩，这方面我看得比较淡然，一如既往地为而不争，并随时调整自己的处事分寸。他们有的难免有浮躁、侥幸甚至嫉妒的心理，我理解，因为那都是我走过的路。我相信，在这方面，高业民面临的挑战比我大，因为他的学生比我多。

北大刘教授有一天给我来电话，说带我去拜访一位艺术界的泰斗级人物——王琦老先生。他特意叮嘱我带上电脑，好让王老欣赏我的作品。第二天，我接上刘教授，一同直奔望京王老家中。刘教授告诉我，王老是延安时期就很有影响的老艺术家，跟毛主席并肩战斗过，当过中国美术家协会的党组书记，黄永玉老先生见到他也得尊称他一声老大哥。

王老那时已年逾九十，身材魁梧，声如洪钟。家中很朴素，很有气场，沙发后挂着一幅他画的《长江三峡》，应该有些年代了。刘教授让我给王老看一下我的作品。我给他播放了两段，他赞赏有加。

他看到有个叫《生命的列车》的作品，让我打开。那是我去年参加央视二套春晚与著名主持人欧阳夏丹和王小丫合作演绎的一首诗。视频打开，两位主持人深情地朗诵着，背景是我配的沙画。

人生，就是一次旅行
当我们踏上生命的列车
就有人把我们深情相拥
我们以为最先见到的这两个人——我们的父母
会在人生的旅途中永远陪伴着我们
我们以为我们会一直陪伴他们一路看风景
很遗憾，事实并非如此
他们的爱
他们的情
他们无可替代的陪伴
再也无从找寻

尽管如此，我们还要继续远行
这一路上还会有其他的人上车
有的可能擦肩而过
有的却成了我们的兄弟姐妹、挚友、亲朋
你会碰到想从此与他牵手的爱人
你会拥有笑得像花儿一样的宝贝

这趟生命的列车上啊
很多人下车后
我们对他们的记忆历久弥新
只要想起，就是无尽的思念与感动
生命之谜就是这样
我们自己会在什么地方下车
我们的父母、伴侣、亲朋会在什么地方下车
我们无从知晓……
当有人下车时
我们会感到悲伤
但我仍执着地希望
在那个即将到达的终点站
我们还会相聚

因此，尽量使自己的旅途愉快一些吧
善待旅途上所遇见的每一位旅伴
发现他们身上的闪光点
平淡也好，平凡也好
有了相伴
生命的列车上就会充满笑声
让我们向您道一声
祝您的人生旅途：快乐永恒

视频播放完毕，王老静静地看着电脑屏幕，一动不动，半晌没有说话。刘教授见状慌了神，我更是惶恐，悔不该点开这个视频。

沉默了良久，王老终于发话：“你叫什么名字？”

“王老，我叫苏大宝。”

他猛然站起来，一声不吭地走进了书房。

我心中一块石头这才落地。

刘教授说：“刚才把我吓坏了，这个视频不该放。”

“他说想看看，我没想太多，真是太失礼了。”

一会儿工夫，王老从书房出来，手上拿着一幅字。他展开时我受宠若惊，宣纸上写着苍劲的几个字——“苏大宝沙画艺术”。

“心不美是画不出美的东西来的！好，这是新东西，要支持！”他一口纯正的四川话，声音十分洪亮。

“太好啦，王老的题词，连我都不敢奢求啊！快，拿着拍个照。哎呀，你真是太幸运啦！”刘教授拍手叫好，然后拿出相机给我们留下了一个永恒的瞬间。

回家后我仔细查阅了王老的资料，他的人生可谓波澜壮阔，令我肃然起敬。黄永玉老先生曾有诗云：

巴蜀多奇树，吾兄独昂轩。
博闻惊友辈，文章劈雷鞭。
笑谈嘲狂且，斜眼唾帮闲。
胸怀寰宇志，方懂斗私难。
汗滴似春雨，挥掀如移山。
胸有朝阳红，清流万里远。

那是我第一次也是最后一次见王老。五年后，王老去世，享年九十九岁。

我在西四环远大路世纪城的沙画艺术中心运营了两年整，以教学和创作为主要内容。教学会耽误些商业活动，小芳给我安排商演时，我俩经常发生矛盾。我明白，商演比教学所创造的利润肯定要可观得多，可是，我更希望能多花点时间搞研究工作。我不愿意接太多商演又不愿意扩招学员，这让他们的工作很被动。即便这样，我还是参加了不少活动，如第十九届国际服装博览会开幕式、青岛地铁开通仪式、第三届常熟服装文化节、第二届中国金融租赁高峰论坛、汉文化旅游节开幕式、人民大会堂庆祝建党 90 周年文艺晚会、2011 科比中国行、北大毕业晚会、北大经济学院 100 周年晚会、广州灯光节、首届贺兰山东麓葡萄酒节、第四届中国（宁夏）园艺博览会开幕式、沃德财富五周年庆典、太美“梦想之夜”暨环球梦想启航盛典等。商业合作基本是顶级品牌，如耐克、交通银行、西门子、金隅、中信、美国戈尔、萨博、五粮液、首农、蒙牛、联办集团、郎酒、北汽、京东、日上免税行、辉瑞、雪花秀等。纸媒也不少，如《南都周刊》《北京青年周刊》《人民中国》《人民日报》《天津日报》《人民政协报》《文化财富周刊》《环球人物》《深圳晚报》《INSIDER》等。电视媒体的访谈和活动就更丰富了，如CCTV4《天宫一号》特别节目、CCTV7《农广天地》、CCTV 神舟九号特别节目、CCTV4《中华情》、CCTV 法语《有一个梦》、CCTV7《科技苑》、CCTV 音乐《光荣绽放》、CCTV3《心连心晚会》、CCTV2 第三届县域经济发展高层论坛、湖南卫视《艺术玩家》、湖南卫视《快乐男声》、安徽卫视中秋晚会、安徽新闻联播新春特别节目、北京卫视青少频道《北京客》、CETV1《八零上线》等。

这些活动也交织在我的教学中，正好成为我现身说法的例证，丰富了课堂内容。比如我跟他们分享"预感"或者叫"吸引力"这个话题时，我参加的活动在那段时间里几乎都有应验。我终于和最顶级的二胡演奏家合作了一把，也和中国十大小提琴家一起合作了《梁祝》，这些合作都是在央视的舞台上完成的。有段时间我花了些精力研究易中天、于丹、郎咸平等人的讲座技巧，巧的是就在那些时间段我与他们在活动中都不期而遇了。在交通银行沃德财富五周年庆典的活动中我碰到了易中天；在太美"梦想之夜"暨环球梦想启航盛典上，我与于丹合作，她即兴演讲十五分钟，我即兴发挥配合她的演讲创作背景内容。在民生银行的活动中，我正在贵宾室休息，阿云在我身边打盹，大门打开，郎咸平走进来默默地坐在我旁边。我立即用手捅了捅阿云，阿云睁眼一看，明白怎么回事，睡意顿消。"神了！"他在我耳边轻声说道。

因为沙画，我得以目睹众多风云人物，包括政界、商界、文化界、艺术界的诸多翘楚，不胜枚举。他们的成功路径各有千秋，无外乎命运的垂青或自强不息。他们在各自的舞台上绽放着自己的精彩，江湖上流传着他们的神话或批判之声。然而，功名利禄、富贵荣华不是每个人都能承载得住的，对某些人来说只是一时的假象，转眼间有可能灰飞烟灭、一无所有。眼见他起高楼，眼见他宴宾客，眼见他楼塌了，屡见不鲜。上层人也好，普通人也罢，这个世界无时无刻不在上演似曾相识的剧目，我有更多的机会坐在现场或凑到前排观看，自然也就看得更为清晰。做个观众，一睹了世间繁花。有时我在想，如果我是剧中人，我会怎样应对我的人生？即便我能预知结局，我能跳出命运的藩篱吗？

“吸引力，是一种神奇的力量！”我对学生们说道。

这些活动中，我印象最深刻的当数湖南卫视的节目《艺术玩家》和首届贺兰山东麓葡萄酒节及第四届中国（宁夏）园艺博览会。

2011 年 8 月，湖南卫视《艺术玩家》给我做了期节目。他们提前告诉我，现场需要邀请三位嘉宾，现已邀请中央美院实验艺术系主任吕胜中教授和中国国家话剧院青年演员刘端端，看我是否可以邀请一位。我想到在刘教授那里有过一面之缘并给我赠字的书法家陈老师。陈老师叫陈联合，是海军电视艺术中心主任、军旅书法家、诗人。我跟他联系，说明情况，他欣然答应。

那次节目录制很有意思，我怎么都不会料到会是那样一个状况。现场争论得不可开交，针尖对麦芒，几度近乎失控。

先是主持人开场并用提前制作好的视频介绍沙画及我的基本情况。

媒体片花：

沙画表演是近年来风靡全球的新型创作形式，它将音乐、绘画结合科技手段，完美地呈现在世人面前。完美的视听享受倾倒无数观众。2004 年的一天，苏大宝在网上偶然看到一位匈牙利的艺术大师在用沙子作画，当时他觉得非常震撼……一把普通的沙子在他手里产生了魔力，如今他被称为中国最著名的沙画师，如今他日程安排得满满当当，不时会有全国各地打来预约表演的电话，从摆地摊、跑龙套的捕风汉子到被誉为中国沙画第一人，成为风靡全国的沙画大师，他仅仅用了短短几年的时间。而新兴的沙画艺术如何从表演艺术、街头艺术进入纯艺术领域，如何提高沙画的原创性、独立性，这是摆在苏大宝和所有沙画艺术从业者面前的一个严肃问题。

视频播放完毕，主持人一一介绍请来的三位嘉宾。有个小插曲，第一位介绍的是陈老师，介绍完毕，他谦虚地站起来向镜头打招呼。第二位是吕教授，介绍完毕他并没有像前一位那样随和，只是略微点了下头。这也让陈老师略感尴尬。

主持人："想听听专家们怎么看沙画？"

吕教授："目前在中国也有不少像大宝这样的，大部分是受匈牙利的弗兰茨、乌克兰的西蒙的启发。用沙子画画，其实在中国，或者在东方传统文化里面是很久远的。我们看到像古代的圣贤有很多就是在沙盘上练字，比如欧阳修、岳飞的一些传说。宋代的时候，就有在街头用沙表演的，在《东京梦华录》《武林旧事》中就有记载，而且上面就写着著名艺人的名字。他们像苏大宝一样拿着沙在街头画画。大家可以围观。现在一般在堂会上比较多。"

我心想，他说的不就是我发布在网络上的一些东西吗？当然这还得从我第一次演沙画说起，那次正好也是位中央美院的教授对我说要捋清沙画的来龙去脉、追根溯源才能有益于沙画的发展。自那以后，我还真花了点精力做了些沙画的历史百科发在网上。堂会？在我的理解里堂会不过是结婚、寿庆之类的活动，他这样说是不是有点小瞧沙画的作用了？

我：“我并没到大街上去演，而且我觉得教授说什么堂会，我表示反对，沙画现在的确已融入各个领域，堂会只是一小部分。”

吕教授：“你误会我了，说堂会其实是夸奖。”

我心里又抵触了，如此说来，沙画上堂会还是被高看了不成？

主持人：“您觉得要画沙画，或者画好沙画需要美术功底吗？”

吕教授：“那不一定。为什么需要美术功底？我在上边乱画就可以。”

也许我是多想了，他的话中带刺，让我感到不舒服。就像我常见的有些有美术功底的人，他们都认为沙画只是换种工具画画而已，多有轻蔑的意味。我正要反驳，陈老师发话了。

陈老师：“我认为还是要有技法和构图的，毕竟也是一种创作，创作应该都要有些基础的东西。”

我：“我认为沙画是一种创新的形式，还不为大众所熟知。所以有很多画家认为这个是没有难度、没有挑战性的，甚至认为这个层次不高。”

吕教授：“没有没有，你没听懂我的意思。我要觉得不高我就不来了。我说堂会是想夸你，沙画这种形式广受欢迎。因为艺术到了近现代以来，就过分博物馆化了，就是人们只有到博物馆去才能看到艺术。西方有种艺术思潮，就是艺术走到公众当中去，而且有人人都是艺术家这种说法。在中国也有，就是艺术面向公众，公众就是艺术的主人。很多艺术家都要放弃艺术家的身份。我会说，你才是艺术家呢，我们不是艺术家，你才是艺术家呢。你说艺术家是骂我的。我个人比较感兴趣的，正是他这种能和公众、社会融为一体，类似于街头艺术。”

我有点纳闷，如果我没有艺术家的身份，谁来请我？今天的媒体凭什么给我做节目？

主持人：“那您觉得它门槛低？”

吕教授：“它并不是要进美术馆的这样一种形式。”

我心想，沙画为什么不能进美术馆？进了美术馆的就都是艺术？

我：“我认为它是不是艺术并不重要。”

其实我是想说，不需要以进艺术馆来证明沙画是门艺术。

吕教授：“但是你现在很想它是艺术。”

我觉得有些好笑，我当然希望它是艺术啦。但他那样说，我反而发怵，也很疑惑，什么才是真正的艺术？

他接着说：“我说的这个艺术是从当代价值来讲的，这种在公众当中产生的东西是非常有价值的。我为什么关注它？一方面，我觉得它具有综合性。在我看来，我管它叫影像艺术。弗兰茨做的时候是动画嘛，他那个实际上已经是综合艺术了。带表演，包括影像，观众可以看嘛。”

我知道了，看问题的立场和角度才是问题的关键。但他的语气激起了我的逆反心理。我心想，其实你是想说我的东西还不够进艺术馆，我不否认我的艺术的积淀尚浅，但我也认为你对我了解得还不够充分。至少眼前我不能在媒体上自己说自己不行，如果中国沙画第一人画的都不算艺术，沙画怎么在中国发展？艺术家的标准和大众标准还是有区别的。我不能被他压住了气势，对，尤其是在媒体面前。

媒体片花：

苏大宝自幼喜欢书画艺术，曾涉足绘画、影视、广告策划等领域。十年北漂，苏大宝努力追求自己的梦想。他崇尚自然，热爱生活，兴趣广泛，书法也很有造诣。闲暇时他亲自下地种菜，工作之余和员工打打乒乓球，锻炼身体，傍晚时分喜欢一个人在公园散步，享受大自然的洒脱和灵性。工作室里摆满了大小不一的沙画台。苏大宝还研究出了五颜六色的沙子。松软的沙子在他手里洋洋洒洒，变化出各种各样生动的图案，令人称奇。在他的作品中，特别能感受到激励和感动。因为沙画很好地借鉴和展现了中国画的韵味和意境，外界评价苏大宝为“中国沙画第一人”。

主持人：“吕教授，您怎么看‘中国沙画第一人’这个称呼？”

吕教授：“他已经是第一人了，有什么好说的！”

我暗自想，好吧，主持人故意挑拨，不怕事大。吕教授也太不给面子了。这要是播出去，我以后怎么抬得起头来？

陈老师:“我觉得说谁自称第一的话,不见得是个多么好的第一人。就像现在老有人称牡丹王、葡萄王、虎王、猫王，真正在艺术界叫他什么王一般都是自封。我认为大宝他不是这个意思。我知道的，他是确确实实为这个沙画做了很多探索，而且做出了成绩。他现在带了不少学生，当然即便是这样也不能自称第一人。但是，一种艺术一定是有渊源的，没有渊源这个艺术还能存在吗？”

我心里暗自感激陈老师。

吕教授：“这个事情也是比较困扰我的，好像好多人都在说‘我是沙画第一人’。”

主持人：“对，我也有这种感觉。”

我开始对主持人有些意见了，但并没表露出来。

我：“我这个第一是第一个把中国画的理念融入沙画中的第一。”

其实我还想说影响第一，但打住了。

陈老师：“我认为不要说什么第一不第一。当然，应该这样讲，你是第一个把中国传统文化和现代形式巧妙结合得最好的践行者。”

我很能理解陈老师。有句老话叫枪打出头鸟，叫第一的很容易成为众矢之的。而我也知道，心里自认为老子天下第一，嘴上谦虚的人也不在少数。如果是在书画界谁称第一，口水都会把他淹死了。

吕教授：“我在想能不能大家集结一种力量来探讨这门艺术。这门艺术要发展成熟起来一定需要很多人的力量，要有积累。我看国内也有和你一样带学生的，画人脸、头发，用爪子那么一拨弄，竹子、仙鹤、鲶鱼什么的就出来了，好多人都会这一手，最后变成一种绝活似的东西。”

爪子一拨弄就出来了？这也太轻视技法的存在了吧？我有些激动了，说道：“我觉得您说得还是有偏颇，技术也是十分重要的，首先现在能把鱼画成这样的只有我。”

吕教授：“你觉得你画鱼别人就不能画了吗？你这个技法能画出来我也并不觉得厉害，你有思想才厉害呢！”他也激动了。

陈老师：“他的意思是技法是创作的基础和前提。”

他俩一前一后，尤其是吕教授，不住地挪动着椅子，显得有些按捺不住。

主持人忍不住笑道：“大家看，两位学者激动了，椅子一前一后挪动着聊。”

吕教授：“它如果要成为一门艺术的话，一定要有相当强的学术背景来支持。”

我认同他说的，但我又想，我是很想搞学术、搞研究，但眼前得先活下去才行啊。万一媒体搞个标题党，如中央美院教授怒批沙画不是艺术可怎么办？我也知道这个不能只是成为一门绝活，可还是围绕技法跟他争了起来。

刘端端：“我觉得谁都可以画出那条鱼来，但关键在于那个点睛之笔，谁能做到那一步就是艺术了。”

吕教授：“也不是什么点睛不点睛。我的意思是千万不能变成绝活，变成绝活就不能算艺术了，这门艺术就没有长远的发展了。你现在到了这个份上，应该放开了，放掉那些包袱。还有更多的形态可能使你做得更有意思。我在网上也看了你写的一些日记，我觉得写得还不错，说明你在用心观察，比如写北大的猫那篇。”

主持人：“关注还挺多啊，吕教授。”

吕教授：“北大学生会让他画流浪猫，他想画那些重大的经典的东西。但是北大学生要他画猫说明一种很细腻的生活，说明现在的学生关注这些普遍的生命状态。”

我："其实我并没觉得自己有什么，也没什么包袱不包袱的。其实是不是第一人、是不是大师，我心里觉得并不重要，别人叫我大师或不叫我大师都不重要。如果有一天人家叫你大师你会怎么想？"

吕教授："也有这样叫我的，我会说你才是大师，你们全家都是大师！"

我暗自好笑，心里说道，那你心里也有包袱。

陈老师："我理解大宝，他有非常强的创新精神，在艺术上要玩到最高、玩得最好。至于第一人或大师这些称号，你要警惕这些东西。"

吕教授："你现在很红火，到处请你，成为一种时尚，成为一种时尚都会有潜在的危险。"

主持人："吕教授您是说他有了这样的名头他就不懂得自省了？"

吕教授："不是，我是说他应该考虑转型的东西。"

主持人："哈，您已经帮他考虑转型的问题了。"

吕教授："因为他现在还不够在一个纯艺术领域里面。目前中国沙画还没有在纯艺术里面使用过，比如艺术展览里就没有沙画。"

我又觉得好笑了，心里又说，刚才您还说沙画不一定要进美术馆的。

我："我觉得我们要以更宽的视野来看待沙画。它包含了音乐、表演、绘画、文学等因素，哪里都有它的展示平台。未必非要到展会上挂起来成为所谓的纯艺术。"

吕教授："我讲个故事吧。我们去山里采风，看见一家小孩要过满月，路上有人担着漂亮的面花，大狮子、大老虎的那种很大的面花。于是我们都拍起照来，拍到晌午了说走吧，就问附近哪有吃饭的地方。人家说就在我家吃吧，我们就答应在那儿吃了，还随了一份礼。当那饭端上来后我们一看，就是刚才那个被我们拍的民间艺术。切开成为一小段，我们马上把它吃到肚里了。这就是中国艺术的精神。它不强调艺术作品作为物化形式的永恒。这是精神性的东西。沙画我觉得比较有意思的是这部分。”

主持人：“我觉得这已经成为一种爱的行为艺术了。苏老师你怎么看？”

我：“我同意吕教授的说法。”

主持人问我：“那您能说说您对沙画艺术有什么评判标准吗？”

我：“当然有。拿我画的鱼来说，首先它要具有瞬间美，即要有主次、虚实、疏密的对比与美感，但又注重时间的概念，它必须是瞬间完成；如果我要通过这条鱼去演变，人家不知道我下一幅将变成什么，就会产生变化之美；沙画是绘画、音乐、表演、文学的结合，是这几类组合的整体形式，用以展现创意、抒发情感、表达思想、弘扬文化，所以也具有整体的和谐之美。”

媒体片花：

> 苏大宝的作品，独具中国传统文化色彩，包含了东方古老文化的质朴，灵动之中亦流露出时尚和潮流。苏大宝用一把沙子创造了奇迹，独树一帜的风格使其成为众多媒体追逐的焦点。但是如何让中国沙画走向世界，成为世界沙画大师，这是苏大宝要思考的问题。

主持人：“您觉得苏大宝老师要成为一个国际性的或更高层次的沙画艺术大师的话，他还需要做哪些努力？”

吕教授：“你认为他现在不是吗？”

主持人：“您刚才说他还有更多可以发展的空间。”

吕教授：“我觉得向独立创作方面转一转可能更重要。”

主持人："您觉得思想比较重要？"

吕教授："我个人觉得，中国沙画这种独立创作的作品目前还很少见。"

我："我下次可以送一个作品给您看看。"

我其实是想让他更全面地了解我的东西，这样给出的建议会更准确。

吕教授："你的作品我都看过了，基本上都看过，当然都不完整。"

我："如果您真的一晚上就可以把一段历史看完，那我觉得这个事也确实没什么好谈论的。就刚才您说的乌克兰的西蒙实际上比我们要晚。"

吕教授："他可能觉得我否定他了。他可能会认为所有作品都是自己独立完成的，不是这样的意思。"

我："我觉得吕教授一开始就有偏颇。以前有位老师教导我，说办事要高调，做人要低调。我想吕教授认为我现在是做人高调、做事低调了。"

吕教授："我觉得稍微否定他一点，他马上就受不了。不是否定你，你要我坐在这里夸一个年轻人，我觉得夸不出口。他基本很好我都不愿夸，我希望他更好，我在这夸他干吗？"他恨不得椅子具有弹跳功能。

难为陈老师更多是做了我们之间的调解员，他说："这也是一个真正的艺术家的一种责任，他这种责任也是对年轻人的一种爱护，表达方式不一样，从内心讲他还是希望年轻人做得更好。

主持人："我觉得这个节目最好玩的地方就是可以畅所欲言，最后给苏老师一个命题，现在每个人用一种植物来表达我们每个人的气质。"

我："没问题。"

……

节目录制完毕，在台下我真诚地向吕教授道歉，表示节目中多有冒犯也是情非得已，并非放不放得下包袱的问题。我现在是负重前行，这是现实的需要。而此时吕教授也一改录制中的咄咄逼人之势，非常随和，并向我发出邀请，希望我到中央美院开设选修课程，这让我感到很意外。我们愉快地合了张影。拍完照后他和他的几位助手要走，栏目组的人随即相送。有个人随口说了句："你们怎么走？"

吕教授有些生气地说道："你什么意思？"

那人顿时哑口无言。

我和小芳陪同陈老师出来。已到中午了，我们执意邀请陈老师一起吃个午饭。他不好推却，表示这路边的粥店即可。

送走了陈老师，小芳说道："你们刚才录了两三个小时，导演说了，能剪出半个小时的节目就不错了。"

"那他们还听得津津有味？"

"你们吵得太好笑了，各说各的，思维都很跳跃，好多对话都没对上靶。"

"吕教授太有意思了，我可是第一次见这样的人，差一点在电视里被他踩死了。"

"我倒觉得只是话有些生硬，但还是挺有理的。"

"他说邀请我去央美讲课不知是真是假，我说下周去拜访他。"

第二年开春，我受吕胜中教授之邀，在中央美院实验艺术系开设"沙画投影艺术语言"选修课程。此次教学于我而言，既是一次全新的挑战，也是一次全新的学习。在这里，我进一步拓宽了艺术视野，并开始着手构建沙画艺术的理论体系。

吕教授是个纯粹的人，他不畏权势，沉浸在自己的世界里，试图抛开俗世的一切繁杂。与他交流虽难免挨批，但他批得真诚、批得到位、批得可爱，让我保持清醒。我也会不顾他的权威与情绪，有异议必反驳，如同当初在电视里一样，争得面红耳赤。有一次我们在饭馆里一顿饭聊了五个小时。他是能抛出关键问题的人，却无法给你准确的答案，只因很多问题本就没有标准答案。我有时候在想，或许他自己也在探寻答案的路上。2014 年，我送新书样书请他提意见，他回赠我新著《十年一验》，我明白其意，便暗下决心十年磨一剑。2023 年，我的《中国沙画》《中国少儿沙画》系列相继出版，本想与他分享这份凝聚心血的成果，因为其中也凝聚了他的力量。可惜他于 2022 年 10 月 26 日不幸去世，享年七十。

自那次录制节目起，我与陈联合先生的往来日益频繁，渐渐地，我们之间结下了深厚的情谊。陈老师为人仁厚慈爱，诗书兼修。他对我关爱备至，在书法诗词领域常常给予我悉心的指导，让我在这方面的技艺不断精进。在生活中，他也为我提供了诸多帮助，使我感受到无尽的温暖。在事业上，他更是为我创造了不少难得的机遇，助力我不断前行。此外，他还特地带着我结识了众多良师益友，让我的人生之路更加丰富多彩。他是那种在他人遇到问题时，能提供解决方案的人，有时甚至会直接代劳，帮忙将问题彻底解决。他的著作《文心有寄》更是几十年沉淀、十几年打磨的心血之作。

两位长者风格虽各不相同，但在对待这个世界、对待艺术以及对待他人时，皆怀有一颗赤子之心。他们都是我十分尊敬的老师，都启发我明白一个深刻的道理：待人以诚、摒弃杂念、脚踏实地、勇于创新。

不久后，我受邀为首届贺兰山东麓葡萄酒节及第四届中国（宁夏）园艺博览会开幕式创作作品。在活动前夕，主办方领导盛情邀请我前往宁夏考察。宁夏的美酒令人陶醉，淳朴的宁夏人民更是给我留下了深刻而美好的印象。

茫茫戈壁之中，奇迹悄然孕育。最让我心灵震撼的，当数那拥有上万年历史的贺兰山岩画群。质朴的线条与充满创意的图案，令人不禁啧啧赞叹。贺兰山宛如一个从南到北的超时空走廊式艺术博物馆，远古人类的杰作数不胜数，静静地、傲然地向世间展示着数千年乃至上万年的历史沉淀。陪同人员介绍道，那些镌刻在坚硬石壁和石头上的图画，是远古人用石头凿出来的作品。在那个没有金属器具的时代，他们只能依靠自制的石斧、石刀进行创作。岩画中描绘了各种动物、人类和神灵等，那是远古祖先们对自己生活的写照，对未来的美好憧憬，对造化最虔诚的膜拜，更是他们的梦想和智慧的结晶。这些岩画是那样的朴拙而灵动，仿佛自然天成，着实令人震撼。

我的思绪久久无法平静。我爬上山腰，与那幅最负盛名的《太阳神》合影留念。要知道，我平素最爱歌颂它。此时，我陷入沉思：什么是艺术？什么是艺术家？在这里，一切豁然开朗——艺术就是抛开一切功名利害的一种生活方式，而艺术家则是能抛开一切功名利害去纯粹创造世界的人。

我对陪同人员说道："如此众多的岩画，可见那时雕刻岩画已然成为人类的一种生活方式。那时候的人可以说都是艺术家，因为他们最为纯朴、最真实，且充满无穷的创造力。"

第 18 章

百转千回

2011 年 9 月的一天下午，所有在北京奋斗的高中同学一起相聚在我的艺术中心，那天是我三十岁的生日。我们把教学室的八个教学方桌拼成一个大长桌，铺上了桌布，摆上了鲜花。大电视上循环播放着我的沙画作品。沙画教学室摇身一变，成了一个沙画会所。

我和阿云从前一天就开始筹备，厨房里叮叮当当，一直忙到夜里。虽然阿云的厨艺已不在我之下，但有几道大菜我必须亲自上阵，为朋友们付出是一件愉快的事情。

“宝哥，这厨房里的蟑螂真是怎么灭都灭不尽啊。”阿云一边收拾一边说道。

“怎么了，又有了？这不才来了一次灭蟑行动吗？”

“可不是？变异了吧。”

“哎，我现在都有点佩服起它们来了，真是打不死的小强！”

自从搬到这里，别的都还过得去，房间宽敞、方便，房子外还有一个公园。我们在一层，出去就在园里。北边绿树成荫、花团锦簇，还有个大鱼塘，种有荷花。南边的窗前有一块地，我经常从窗户爬出去种菜。真是个怡情养性的好地方。可偏偏这厨房让人不爽。不是里面格局不好，只因为一层离下水道最近，便成了蟑螂大军经常骚扰的所在。我们想尽了办法阻挡，它们屡败屡战，大有越战越勇之势。刚搬到这里时，估计房东有所准备，看不出端倪。一个星期后的一天，厨房里传来小芳的一声尖叫，我们急忙赶过去，全都睁大了眼睛。几十只蟑螂如天降神兵，肆意横行在厨房的地面和墙上……从此，我们在这里奋斗的日子也成了与蟑螂斗争的日子。

“你不会想到吧，人生会有一段时间是和这么多蟑螂同住在一个房子里的。我以前也从来没有想到我的人生中会养几年鸽子，我可是并不喜欢养宠物的人，但为了变魔术，只好天天伺候着那群鸽子，给它们喂食、喂水、倒粪，不间断地伺候了好几年。”

“你这是而立感悟啊！”阿云笑道。

“或许别人看着光鲜，只有自己知道光鲜背后的无奈，美好总是不完美的。但不管怎么样，我们是越来越好了。”

“宝哥,你现在这样子还可以了。老家的人现在都以你为骄傲呢。”

“虚名有什么用？我以前立志三十岁前要成为百万富翁，我算是提前两年实现了吧，可真到了那步才发现，一百万根本就不是什么富翁，那点钱在北京可能连个带蟑螂的厨房都买不起。也许当初真应该听你姐的话，早点下手。”

“嘿嘿，老家都传你现在身家上亿了呢。”

“无语啊！要到那步，还不知道要怎么折腾呢。所以我现在倒真佩服这些蟑螂了！”

第二天，大家都兴致盎然地沉浸在我特意营造的氛围中。电视上不断变换着美好的画面，我们尽情享受着美酒美食，感叹着时光的流逝，感慨着北京的变化，分享着奋斗的趣事，互诉着人生的感悟。十年过去，大家都留了下来，基本上都拖家带口了。我知道每个同学都是好样的，都在为自己的梦想经受着百转千回的考验。我们在茫茫人海中渺小如一粒沙，但每一粒沙都拥有自己的梦，在这个伟大的时代，我们的梦和许许多多的梦凝聚在一起，便汇成了一个共同的梦——“中国梦”。

在温暖的烛光中，大家唱起了生日快乐歌，歌声中夹带着几个稚嫩的声音。我闭上眼，祝福所有的人。掌声和欢笑声不绝于耳，他们将蛋糕抹得我满脸都是。我忽然看到小芳在门口微笑着看我，眼里泛着晶莹的泪花。我是个对自己生日不上心的人，这样的生日派对是她精心策划和组织的，这是她特意给我准备的礼物。我知道，有些事情不能再往后拖了。

从那以后，我们开始积极备孕。走到那一步也是水到渠成、自然而然的事情。过完元旦后，我们如愿地怀上了一个小生命。

至此，除了教学，我进一步主动减少了商演，尤其是要出差的活动能不去就不去，我把更多的精力放在了她们母子身上。打核桃豆浆、炖鲫鱼、煮羊肉、准备各类水果、做爽口酸菜、做泡椒凤爪，一应俱全，凡是她所需的，我力求做到无可挑剔。都说女人怀孕的时候，情绪波动比较大，对男人来说是一件充满挑战的事情，在我这里好像没成为多大的问题。别人问我怎么做到的，我答道："全心全意为人民服务！"

5 月，在中央美院筹备的选修课"沙画投影艺术语言"正式开课，每周两次，总计 60 课时。这段时间，我既幸福又辛苦。看着小芳的肚子日益隆起，我满心欢喜，无比期待新生命降临的激动时刻。虽已步入而立之年，但心态上我仍觉得自己仿佛刚走出校园，激动之余不免有些紧张。令人尤为欣喜的是，我将沙画引入了中国美术的最高学府，在我眼中，这对沙画的推广与发展意义重大。然而，这两件事交织在一起，也给我带来了前所未有的挑战。

为了不让小芳的情绪受到影响，我主动承担更多的家务，努力恢复以往的厨艺水平；为了做好学院的教学工作，我精心备课，每次上课都比学生更早到达教室。那时，我家在西边，学院在东边，为了确保不迟到，我每次去上课，清晨六点便要出发。央美的课程进展颇为顺利，深受学生们喜爱。我的课有二十多名学生选修，每个系都派了一名学生，还有许多学生因名额限制无法参与，只能自费到我的艺术中心学习。沙画的魅力由此可见一斑。

吕教授期望我能攻读一个全脱产三年的央美硕士，他觉得这对我的艺术造诣大有裨益。我并非不认同他的建议，只是现实状况迫使我做出最优选择，即便深知这是难得的良机。后来，我教的这门课程也难以继续。首要原因是，小芳再过两个月即将生产，我必须陪伴在她身旁；其次，学院教学耗费了我大量的时间和精力，央美的教学收入微薄，每月仅有三千元，而我的艺术中心每月房租就将近两万元，还未计算员工工资；再者，艺术中心的员工思想出现波动，工作时心不在焉，甚至在外惹事，急需整顿。最为关键的是，房东在续签合同时企图坐地起价，每月要再涨五千元。他见我们花费十几万元装修，提升了房子的整体品质，认定我们打算长租，加之我们的孩子即将出生，便想趁机捞一笔。在他看来，即便我们不再续租，转租他人也能大幅提高租金。多重挑战纷至沓来……

房东铁了心要涨价，我跟他商议无果，只好央求他，可否宽限两个月，按月交租，先让孩子顺利降生。那样我也有更多时间做总体安排。要知道再搬家，我要考虑的不仅是搬家，还有搬公司。

人情的冷暖在那时尽显无遗，房东咬定不松口，毫无退让之意。最终，我决定暂且不考虑艺术中心的地址，先将办公设备等物资放置在同学的公司，寻个临时落脚点，再作长远打算。

最终，我们回到了原来的地方，在那个曾经想买却没机会买的地方租了一套新房。此地离我们自己的房子很近，我们的房子再等一年便能入住，届时再打算将艺术中心搬过去。

搬到新居一个月后，孩子出生。得亏了陈联合老师，我们住进了不错的医院，一切都很顺利。孩子刚出生一小会儿，眼睛就睁得又圆又大，双眼皮，十分可爱，还会笑。那一刻，我望着小宝贝，望着小芳，泪水夺眶而出。回想起一个月前，我忧心忡忡地看着小芳挺着大肚子仍在做些力所能及之事，心中五味杂陈。

也是在那个时间段，央视春晚又向我发来橄榄枝。我在新居的一角推敲作品，仅其中的一幅画面，我就整整推敲了一个礼拜。不过这次春晚连二审都没通过就止步了。那我倒踏实了。新生的婴儿有足够的能量将所有人绑得死死的，根本静不下心来搞创作。没能成功也没关系，至少我知道春晚也不会跑到高业民那里去了。

阿云他们就在我们住所的客厅里办公。那段日子，我们是在婴儿的啼哭声中度过工作时光的。在工作中，竞争对手的动态是首要关注的内容。阿云他们告诉我，高业民如今可谓风光无限，教的学生越来越多。好几个地方都在举办全国大赛，纷纷邀请他担任评委。浙江舟山的大赛更是把火遍网络的乌克兰美女沙画师西蒙诺娃请来，与高业民并排坐在主评委席上。他们都怪我为什么不去参加，毕竟那些大赛也给我发过邀请，而且对我也十分尊重。我对他们说："我不去绝对是明智之举。你们想想，若我去了，主办方该如何安排我俩的位置呢？只要我们都在致力于推动沙画的发展就好。何况我现在有宝宝要照顾。"

"他教了那么多学生，好多都自己出来单干了，怎么没见你的学生有几个出来的？"

"没学多久就能出师，要不是他的老师教得太简单，要不就是他的学生太轻率。学厨师不也得三个月才有个样子不是？"

"我发现他的学生里有几个比老师还高傲呢。"

"正常，学艺术的人都有点儿。央美的学生我也看出来了，好多神气活现地模仿老师的范儿，连走路的样子都学得一模一样。我看那只是学了表面，邯郸学步，老师身上的东西是一年两年能掌握的？其实我和高业民有很多看法是一致的，你看他的采访。"

说着，我打开了一个采访高业民的视频，他说道："沙画应该是一项高雅的艺术，但一些粗糙的跟风效仿，让沙画变得很廉价。尤其在头几年，很多人看中它的经济时效性，一旦上手，马上就去表演赚钱，导致沙画创作偏向低端发展。但实际上它是完全可以深入学习的一项艺术形式，比如在校园开办一些专业课程。也希望真正了解和喜欢沙画的人能够多搞一些正规的沙画比赛，在大学办一些讲座，去宣传高端的沙画艺术，让更多专业的人加入这个团队。”

“这个观点我是赞同的。”

“行业里现在流传着他家庭好像不和谐的消息哦。”

“好啊，你们还真是用心了。”

“你不是说知己知彼，百战不殆嘛。”阿云说道。

“有得必有失，太忙了顾不上家也正常。什么都想抓，未必是明智的。想想前一阵子，我要是把芳姐怠慢了，那不全完蛋了？家庭可是事业的基础，得随机应变才行，绝不能轻视。现在我们的工作要转到总结著述的阶段了，没有体系、没有教材肯定是不行的。”

“高业民还真是挺有才的，他给她女儿写了封信，用漫画画的，挺感人的。”

“给我看看。”

阿云打开一段视频，视频中高业民在白板上画了几幅漫画，然后配以如下文字：

1. 对你不好的人请不要太介意，在你一生中没有人有义务对你好，除了你的亲人……至于那些对你好的人，你要懂得珍惜和感恩。

2. 没有人不可代替，没有东西必须拥有。看透了这一点，将来你身边的人不再需要你，或许失去世间最爱的一切时，你也应该明白这并不是什么大不了的事。

3. 生命是短暂的，今日你还在浪费着生命，明日会发觉生命已远离你了，因此越早珍惜生命，你享受生命的日子也越多。与其盼望长寿倒不如早点享受。

4. 虽然很多有成就的人士都没有受过多少教育，但并不等于不用功读书就一定可以成功，你学到的知识就是你拥有的武器。

5. 我不会要求你供养我下半辈子，同样我也不会供养你下半辈子，等你长到可以独立的时候，我的责任已经完结。

6. 我买了 26 年的奖券还是一穷二白，连三等奖也没有中过。这证明人要发达还是要努力工作才行，世界上并没有免费的午餐。

孩子，你明白我的用意吗?

我看完后沉默了几秒钟。

“好是好，也挺感人，但给人一种悲凉消极的感觉。这也许是我和他最大的区别吧。你看他现在画的东西好多消极的图案，那些什么鬼怪骷髅我是绝对不会画的。还有，你们说他的家庭不和谐看来是真的，要不然不会随意发表这些。家庭一定是事业的后盾。”

孩子半岁多的时候，我与小芳商议后决定把他们母子送回老家，一来，母子俩能有更多人照顾，二来我也能专心致志地编写书籍。之后那几个月里，我全力以赴地投入工作中。每天，我在阳台上奋笔疾书，看着太阳从东边缓缓升起，再从西边徐徐落下，日复一日，我的书稿也在一天天变厚。我坚信自己正在做一件极具价值和意义的事情，外面的世界仿佛与我毫无关联。可只要放下笔稍作休息，我便会对他们母子思念不已。于是，我又赶紧提起笔来，因为我必须尽快完成这个任务，只有完成了，我才能见到他们。

阿云告诉我："高业民的网上称呼改成'中国沙画之父'了，怎么办？"

"这样啊，那不是意味着所有的沙画师都是他的徒子徒孙了？厉害啊，敢这样称呼！"倪鸿说道。

"我们也这样叫，比着来，他不也叫过'中国沙画第一人'吗？"阿云说道。

"不，我们不能这样叫。"我说道。

"亚洲沙画之父？"倪鸿笑道。

"哈哈，真想得出。我觉得，叫'中国沙画创始人'吧，合情合理。不贬低他，也能保住自己的地位。他叫他的，我叫我的，各干各的，十年后我们再见分晓！"

"这名头好！我马上改。"阿云立马打开网站后台。

几个月后，我在西客站接到小芳母子，小家伙长得很快，不住地亲吻我的脸颊，我们紧紧地抱在一起。那一刻我的心都快融化了。

回到家，一切都是原样，只有孩子看着见长，越发可爱了。我抱着小家伙，久久不愿放手。

这时，手机响了，我只好将孩子送到母亲的怀中。

电话是一个青年沙画师打来的，他急切地说道："苏老师，您知道高老师，不，高业民的事吗？"

"什么事？"

"听说他去世了。"

"什么？！"我惊愕的表情让房间里的每一个人都怔住了，只有小家伙在若无其事地摆弄着手里的玩具。

“什么时候的事？”我大声问道。

“我也不知道，只是听群里说，想跟您确认一下消息。”

“我怎么会知道呢？我们从来都没见过面，也从没交流过，不会是谣传吧？”

我想他是不是问错人了，但又一想，问我也正常。

不一会儿，又有几个电话打来，都是后起的沙画师，他们平常都尊称我们一声老师，问的都是同样的问题。我感到事情可能没那么简单，让阿云赶快在网上搜索信息，并告诫他们，所有从网络和电话来向我们咨询此事的，一律回答不知道。

直到第三天，网络上和部分媒体已经证实了高业民去世的消息，那天正好是他的生日。

“怎么会这样，我还想跟你十年后见分晓呢！”我在心中说道。在威斯汀酒店的那一幕浮现在我眼前。我们每天在虚拟的世界里见面，现实中却从未谋面；我们彼此很熟，但又很陌生。整整一天，我沉默不语，心中不是滋味，提笔写下了一段文字：

《蝶恋花·沙画》

一捧黄沙一世界

无尽悲欢

转瞬皆了却

虚实动静堪称绝

三世轮回生复灭

灵犀一点同心结

玉台初闪

流水与明月……

画消乐顿沙欲别

繁华抹尽情未歇

“阿云，把这首词放到我们的平台上吧，对了，再加个副标题——缅怀一位从未谋面的老师、朋友和战友。”说完，我递给他一张字条。

高业民逝世后，他培养的学生和助手继承了他的衣钵。后来他们中间出现了几拨势力，相互间因谁是正统衣钵传人而闹不和。我的学生也逐渐有一部分开始崭露头角。无论如何，大家都在客观地为沙画事业做贡献，也都成了沙画事业的重要推手。

我还是像以前一样，只是没有继续开班教学。孩子的成长对我们来说是最重要的事情。我的主要工作就是创作、演出。我继续登上各种各样的媒体，继续和更多的大腕儿合作，继续结交更多的朋友，继续领略人生的一道道风景。

行走在社会之中，人来人往，缘分聚散无常。有些遇见，初以为长久，转瞬便成陌路；而有些看似偶然的邂逅，却在时光流转中再度相逢，进而成为莫逆之交。命运的轨迹看似难以捉摸，又仿佛在冥冥之中一切早已注定，缘起缘灭，令人感叹！

雾霾宛如魔鬼一般，牢牢笼罩着北京，这无疑是城市高速发展带来的别样呈现，恰似猛踩油门的汽车，在瞬间提速之际，难免会冒出一团黑烟。然而，一旦加速，想要慢下来绝非易事。处于苍穹之下的我们，在享受发展带来的快意之时，环保也面临着巨大的挑战。不知从何时起，为了抵御雾霾的侵袭，我们常常不得不将房屋的门窗紧紧封闭。一个月里适宜出门的日子屈指可数，只要外出一趟，回来便是一鼻子黑灰，咳嗽成了那种环境下的主旋律。唯一的好处或许是方便了央视的露天演出，无须刻意放烟，光柱效果完美。孩子频繁咳嗽，动辄感冒，多次让我们夜不能寐，揪心不已。有好几次，我们连夜奔赴医院排队就医。在那样的日子里，丝毫感受不到首都生活的优越之处，即便眼前有着无数机会，却也看不到一丝希望。

我开始动摇了，曾经的我发誓穷死饿死也不离开北京，可如今是一家人，还能如此坚持吗？扛到 2014 年 4 月，我不得不考量去留。我拿起笔，为自己进行详细的人生分析与计划，写给自己，写给家人，写给同事。我的脑海中不断浮现着十多年来的一幕幕场景，我要为离开这个地方找到充分的理由。我渴望回到湖南，那里同样也是我的家。

写完之后，我要求大家都看一看。我自认为这份计划可以说服他人，更能说服自己。我似乎已经做好了回湖南的准备，可明里暗里总有事情阻碍着我跨出实质性的一步。我行进在迷茫的长安街上，车载音响重复播放着那首《北京，北京》：

如果有一天我不得不离去
我希望人们把我埋在这里
在这儿我能感觉到我的存在
在这儿有太多让我眷恋的东西
我在这里欢笑 我在这里哭泣
我在这里活着 也在这儿死去
我在这里祈祷 我在这里迷惘
我在这里寻找 也在这儿失去
北京北京 北京北京

“喂，你是苏大宝吗？”

“是的，您是？”

“我是央视春晚剧组。”

“有什么事吗？”

“我们想了解一下你的资料，方便发给我们吗？”

“不好意思，我在外面，现在不太方便。您可以到我网站上看或百度一下我，我的网站就是我名字的全拼。”

几分钟后，那边再次打来电话：“苏老师，您好！我们想邀请您上春晚，下午三点我们有个创作会，希望您能参加。”

“好的，谢谢，我可能得晚点到。”

“没关系，我们等您。”

我提前到达，再次看到那块并不陌生的倒计时牌。

我当然明白，这个电话意味着什么。只是，这个电话在我心里已激不起风浪了。那时，除了春晚，央视所有的频道我都已经上了。上与不上春晚我都能处之泰然了。

“我已来了四次了，每次都说能上，最后都没上。这次，说实话我也没抱什么必上的希望，参与就是成功，也感谢你们这几年对我的信任。”我平静地说道。

“苏老师，这次一定会上。”

“为什么？”

“这是个必上的节目，是宣传国家大事的节目，叫《丝路》，您将与刘欢合作。”

“好，我再试试！”我很熟练地签下了保密协议。

我第五次进入那个似曾相识的时空，一样的紧锣密鼓，一样的充满变数。越到后面越紧张，各种内部消息纷至沓来，陈慧琳被刷了，张靓颖被刷了，我合作的对象刘欢，不久换成了孙楠，过了一阵子换成了沙宝亮，再后来又换成那英……看形势，我的节目又悬在了半空，能否安全落地谁也无法保证。尽人事，听天命，成功与否，我都能淡定坦然面对。

2015 年 2 月 18 日，除夕之夜，央视春晚的舞台上有史以来第一次出现了沙画，我成为那个历史的创造者，不仅再一次实现梦想，而且超越了梦想。

小芳也一定记得那样几个瞬间：

2009 年的一天，我对她说：“我会上很多电视，还会上春晚的。”到 2015 年的时候，我登上了央视所有的频道，包括春晚。

2010 年的一天，我在家反复地练习“桃源二中”几个字。她笑话我，说我“真不害羞”。我说：“我现在要好好练练这几个字，我预感有一天他们会找我题写校名的。”2016 年，“桃源二中”正式更名为“桃花源一中”，我荣幸地受到母校邀请题写校名。

2011 年的一天，她读完我刚写的那首诗——《我是一粒沙》，说道：

CCTV 1
综合
直播
2015
丝路
沙画 苏大宝
演唱 那英

CCTV 1
综合
直播 高清
关山险阻
2015

“你最后几句，是不是写得有点太大了？我相信我能跨越高山大川，我相信我能构筑美丽家园，我相信我还能奔向太空宇宙。最后那句是不是太狂了？”我回道：“心有多大，舞台就有多大！妈妈说的。”

2015 年 3 月，春晚余温尚存之际，我又接到央视的一个活动邀请，要画一个叫《读懂中国》的作品。起初我打算推掉，一是因为创作春晚作品刚耗费不少精力，想休整一段时间不再接活儿；二是预感这个作品创作难度大，且甲方有两家大单位，首次交流能感觉到二者创作理念不同，这是创作大忌。但后来实在禁不住对方软磨硬泡，我只好应承下来。我原本以为这个作品只是央视播报的一个片花，总时长剪出来大概 30 秒。我以前画过类似的片花，比如给央视《半边天》栏目画的十几秒的片子就播放了一年多。这个作品创作出奇顺利，仅花三天就完成了，也无须我的团队拍摄和剪辑，唯一费精力的是在协调两个甲方关系、统一创作思想上做了不少口舌工作。以我现有的资历和影响，这也不算太难。画完后我也没放在心上。

没料到，这个并没有费多少精力的活动居然创造了一个奇迹，也创造了历史。就这段 30 秒的沙画宣传片，分别在 5 月和 9 月登上美国纽约时代广场最大的屏幕，每天滚动播放，前后共计两个月左右，在海外掀起了一轮中国文化热潮。第二次播放时，正值国家领导人访美，海内外一千多家媒体报道，很多媒体推出这样的标题——“沙画宣传片助推习主席访美”。以往我做过的不少电视片花，鲜有打上我名字的，而这一次所有媒体均把我的名字带上，完全出乎我的意料。想想我的五次春晚征程，再看看这次的报道，我真是感慨万千。这正是，有心栽花花不开，无心插柳柳成荫！

YOUR RETIREMENT COULD LAST AS LONG AS YOUR CAREER
書
But I see China in Books
China Publishing Group
SEE OUR BRIGHTEST PICTURE

THESE DAYS RETIREMENTS LAST LONGER
Read China
China Publishing Group

> 2015 年 9 月 22 日，一段名为“读懂中国”的沙画英文形象片，以每天 70 次、每隔 20 分钟一次的播放频率登上了纽约时代广场“中国屏”大屏幕，为习主席访美“中国文化热”持续升温助力，引发热烈反响。《读懂中国》以构思新颖的沙画形式呈现，由著名沙画艺术家苏大宝创作……形象片以一个从未去过中国的美国青年的视角依次展开。他坐在纽约曼哈顿街头的长椅上，如痴如醉地拿起一本本书，“阅读中国”，并“读懂中国”，表达了对中国文化的向往……

在那个宣传片中，我画的美国青年是阿甘，他的电影和小说我都看过，一个很精彩的美国人的故事。

2016 年 9 月上旬，我受联合国教科文民间艺术国际组织（IOV）全球副主席、中国区主席陈平女士邀请，参加在意大利维罗纳举办的 Tocatì 国际艺术节，这是我首次亲自带着沙画走出国门。那次活动中，中国作为主宾国派出了 120 多人的代表团，团队由北京、深圳、山西、贵州的四个小团组成。然而，这个临时组合的大队到了异国他乡后，面临诸多挑战。本来大家彼此就不熟悉，再加上语言和文化的差异，内外的协调与沟通十分不畅，致使活动组织遇到众多问题。对此，我感触很深，这与在国内做活动完全不同。

困难之际，维罗纳华侨华人总商会的几位会长来了，他们带头充当了志愿者，帮助执行工作，当翻译、当司机，甚至还自费提供了不少生活必需物资。连续四天的紧张工作，他们没有丝毫懈怠，没有任何怨言。他们本身都是在当地有成就的企业家、侨领，自身工作也很忙，在远道而来的同胞们需要帮助时，他们义无反顾放下手头的工作，尽心尽力提供援助，种种情景让我感动不已。如果没有他们，我们随时会陷入叫天天不应、叫地地不灵的困境。

佛罗伦萨国际服装周组委会主席陈福强先生，是我去意大利之前通过热心的朋友介绍认识的，仅以微信联系过，他在佛罗伦萨。我们有一个活动环节就是去佛罗伦萨拜会总领事王辅国先生，如果没有这个行程，我想我是不会麻烦人家的。既然有这个安排，我便顺理成章地与陈先生联络上，本意也是见个面，算是没有辜负国内朋友的一片心意。谁知他那时正在另一个城市普拉托，我立刻告知他不用赶过来，尽管我说了好几次，他还是放下手头的工作，与我前后脚在领事馆相见。相见，亦如老友相逢，没有一丝生分。因为我的一条信息，不仅他本来的工作流程被打乱了，还破费招待了我们一行二十多人，而且整整一个下午他热心地带着我们把古老的城市游历了一番。更让我心存歉意和感到遗憾的是，由于人多，一时走散，回程居然没有来得及道别。当我回到维罗纳后，他还多次联系我，对我说有什么需求尽管说。在异国他乡，初次相见便受到如此盛情款待，别有一种温暖！

那一天，因为车辆安排有限，我与初当助手的小浩是分头行动的。我去了佛罗伦萨，他则与大部队去了威尼斯。回来后便是连续几天的紧张工作，活动的最后一日，我的工作任务完成，总算可以好好休息了。而小浩认为，即使比较疲惫也不应该把最后一天浪费在床上。他去过威尼斯，执意要陪我去一趟，觉得我到了意大利不去那儿有点遗憾。我并非不想去，而是考虑车辆、翻译、调度工作不轻松。本来组委会的工作就非常紧张，我无意再给人添麻烦。在小浩的坚持下，我们最后拟出一个最佳的行程方案，即打车去火车站，然后坐火车去威尼斯，既省事又省钱。

在那里打车需要预约，不是随时就能打着的。组委会的工作人员为我们约好了车，上车之后的事情就得全靠自己了。费了一番周折，我们总算上了火车。小浩胖，二百多斤，把他累得够呛。打票、检票这些事情都是他去处理的，他也不会英语，好不容易寻到一位华人帮忙才算顺利上车。上车后，他一个劲地说：“我三年前就发誓，一定要学好英语，回去后，我一定要好好学英语！”我笑道：“意大利，会英文也不灵。”说实话，我若没有助理带着，便是“无头苍蝇”一个，肯定回不来。专注于事业使得自己很多基本生活生存能力都退化了，也难为了小浩。小浩问我：“昨天陈福强先生不是说威尼斯有朋友吗？要不联系一下，好提供帮助。”想想前日的事情，我实在开不了这口。我说：“我把希望都寄托在你身上啦。”小浩心明眼亮，跟外国人交流，边讲边比画，一会儿也能成为朋友。即便如此，我心里还是很不踏实的。

没想到，我们刚上车，曼托瓦华侨华人商会主席叶正勤先生与维罗纳华人华侨总商会副主席陈角飞先生先后给我发来微信，都是问我们在哪儿，需要什么帮助。我这才提出回程的时候，需要到火车站来接我们。他们欣然表示没问题，让我们安心游玩便是，有问题随时联系。如此，我们终于可以安心欣赏世界闻名的水城威尼斯了。

回到火车站，已是下午五点半，陈角飞会长因现场有其他事务，暂时走不开，是商会监事长马强老师与叶会长两人来接的。叶会长本来有急事，老早就要出发的，为了与我们见一面才拖到这个点儿。他请我们吃披萨，喝意大利啤酒，未聊尽兴便匆匆赶往五十公里外的城市了。

不一会儿马强老师的夫人也来了，两位热情地邀请我们吃个晚饭，我们表示刚吃过披萨不用麻烦了。他俩说道：“这几天你们肯定吃得不习惯，我带你们去吃中国菜，也是咱们会里的，尝尝国外的中国菜吧，难得来一回。”

这话说到我们俩心坎上了。这几天，天天面包奶酪的，确实吃得有点往外冒了，我们也就没有太推辞。他们推荐的地方是一个叫“老地方”的中餐馆。老板也是商会的会员，很热情，招呼完后便亲自驾车带着几十份炒饭直奔我们的住处，也是热心为吃不习惯意大利餐的团队准备的。我们四个人在一个包间里有说有笑，十分愉快。

我问道：“嫂子，马老师，你们来这儿多久了？”

“快三十年了。”

“刚来的时候也不习惯吧？”

“就是啊，语言也不通，文化又不一样，地方又不熟，真是很不容易。我们现在只要看到华人有需要帮助的，都特别愿意帮忙。因为在国外刚开始时是特别难的，我们深有体会。”

“那你们多久才适应这儿的生活？”

“七八年吧。要学语言，了解这里的方方面面，学开车，学这学那的。不是打小在这里的，成人学什么都慢。”

“七八年……”我和小浩面面相觑。

“不过，意大利挺好的，风景、空气、饮食都很好，比国内强，压力也不大。国内人太多，挣啊抢啊，到这好像都没有了。”

“很难说，苏先生，你只有在这儿长期居住才能有深刻的体会。华人在外很不容易，即使你拥有这个国家的国籍，但是你的中国面孔是改不了的。改不了，往往就会受到不公平的对待。比如，华人很勤奋，通过自身的努力得来财富，而他们不这么认为。他们看到你开好车、住好房便会心理不平衡，就会故意查你的这个那个，对你特严，有时甚至是刁难。尤其是经济情况不好的话，首先就会拿华商开刀……”马强先生说道。

“那还不如国内了？”

“现在国家强大了，还是好一些了。当然，也有好的一方面，任何政策都是两方面的，这里上学与医疗都是不要钱的。”马夫人说道。

“这里房价如何？”小浩问道。

“如果啊，你在北京有房把它卖了，在这儿也许能置一个别墅，当然也要看地方啰。总的来说房子还不算贵，你们要想在这儿投资移民，买套房就会给你居住证，房子永久属于你，不过，税挺高的，而且其中陷阱也挺多的……”

酒过三巡，我又问道：“马先生，你们打算一辈子就在这儿了吗？”

他回道：“已经是一辈子啦！”

“我们还是想老了回中国老家。”马夫人补充道。

我突然想到李青松，不知他现在在国外怎样。他出国后就一直没有音信了。

“来，干一个，祝祖国繁荣富强、越来越好、红红火火！”

那是我们来意大利后吃得最舒适的一顿饭，我们说了很多很多，饭也吃得特别饱，酒也喝得特别足。离别时，我回头看了一眼这家餐馆，小浩也正用手机给它拍照。我心想，“老地方”，我永远都不可能忘记它了，只是不知什么时候再来，来时它是否依旧？一路上，马强老师播放着老歌，行驶在回程的路上。车里反复播放着毛宁的《涛声依旧》：

月落乌啼总是千年的风霜

涛声依旧不见当初的夜晚

今天的你我

怎样重复昨天的故事

这一张旧船票

能否登上你的客船

……

那天是 2016 年 9 月 15 日，正值中秋佳节，我透过车窗直直盯着那硕大的圆圆的海外月亮，心中百感交集，几天的辛苦历程一一闪现在眼前。这次活动的组织者陈平女士，是最辛苦的人，无法形容她在身心上所受的考验。她是位杰出的东方女性，侨居德国已二十多年，为推广和保护中国文化在世界各地奔走多年，可谓呕心沥血。她在用生命践行着自己的使命，不为名利，源自一颗纯粹和火红的中国心，她是这次活动中最让人感动的一位。因为她，我有机会在古老的意大利城市展现中国沙画；因为她，天南地北的同胞们在异国他乡有缘相聚；因为她，华人华侨和外国友人凝聚在一起；因为她，五星红旗挂满了维罗纳城……

我仔细盯着天空中悬挂的那轮明月，越想越兴奋，那一刻，所有的疲惫已烟消云散。相逢何必曾相识，同是天涯沦落人，宇宙中我们本就是一家啊！

2016 年 9 月，苏大宝在意大利古城罗密欧与朱丽叶的故乡维罗纳用沙子演绎中国《梁祝》。

2016 年 9 月，苏大宝被聘为一带一路百人论坛文化委员会委员。

2016 年 9 月，苏大宝沙画艺术国际交流中心在北京集典美术馆挂牌，苏大宝受聘担任集典美术馆馆长、艺术总监。

2016 年 10 月，《一沙一世界：苏大宝沙画艺术》出版。

2017 年 4 月，在乌克兰首都基辅中乌建交 25 周年文化周开幕式上，中国著名沙画艺术家苏大宝受聘为丝绸之路文

化大使，并接受中国驻乌克兰大使馆的荣誉表彰。

2017 年 7 月，苏大宝沙画艺术国际交流中心举办“丝路新像”驻华外交官走近苏大宝沙画艺术活动，三十多位驻华使节和外交官莅临参观。

2017 年 9 月，苏大宝沙画艺术国际交流中心与丝绸之路城市联盟、航天国乐室内乐团在国家大剧院联合举办“丝路幻月”音乐会，包括联合国驻华代表、上合组织秘书长等在内的多国大使及夫人出席。

2017 年 9 月，苏大宝创作沙画作品《信仰的味道》，受到包括中宣部在内的军政界各大媒体竞相推荐转载。

2017 年 9 月，苏大宝受中宣部之邀创作沙画作品《中国少年》，并在全国所有电视台常年循环播放。

2017年11月，苏大宝沙画艺术中心人大附中朝阳实验学校教育基地落成。

2018年6月，国防部、军队各大主流媒体长篇报道苏大宝沙画艺术事迹。

2018年6月，苏大宝作为丝路文化大使受邀参加“第八届敦煌行·丝绸之路国际旅游节”，与意大利前总理马西莫·达莱马等二十多国大使相聚于嘉峪关。

2018年7月，苏大宝受邀参加“阿拉伯埃及共和国六十六周年国庆招待会”，苏大宝率少儿沙画艺术团共同演绎中埃友谊。

2018年8月，苏大宝被聘为“丝路青年梦想汇”形象大使。

2018年8月，苏大宝受邀赴马尔代夫参加“中马友谊大桥开通仪式”，并做现场沙画表演，展现中马友谊，马尔代夫总统出席。

2018年9月，苏大宝第二次出席在中华世纪坛举办的“诗意中国”中秋晚会，七次登场，贯穿晚会始终。

2018年9月，苏大宝获德国格林兄弟协会颁发“格林童话大使”荣誉。

2018年10月，苏大宝散文集《沙间集》出版，获得当当网前20名的销售成绩。

2018年11月，苏大宝联合丝绸之路城市联盟共同发起“首届丝路青年沙画国际大赛”，并在北京举行隆重的启动仪式，意大利前总理马西莫·达莱马等出席。

2019年1月，以苏大宝为主创的儿童沙画音乐剧《白兔历险记》在北京上演。

2019 年 4 月，苏大宝和丝绸之路城市联盟共同发起的“首届丝路青年沙画国际大赛”和“首届沙画艺术国际高峰论坛”在北京成功举办，活动得到 50 多国大使和前政要的支持。

2019 年 4 月，苏大宝沙画作品《本草缘起》亮相世界园艺博览会。

2019 年 4 月，匈牙利沙画艺术家弗兰茨·佐库受邀到访苏大宝沙画院，这是中西方顶级沙画艺术家的首次会面，谱写了丝路文化交往的一段佳话。

2019 年 8 月，苏大宝沙文化海峡艺术交流基地在厦门正式落地。

2019 年 11 月，苏大宝出席宋庆龄基金会举办的“感知中国·美美与共”活动，为多国大使演绎作品《让世界充满爱》。

2019 年 12 月，苏大宝受邀参加中欧人文艺术教育论坛，率人大附小基地沙画学员在开幕式上作精彩表演。

2019 年 12 月，日本前首相鸠山由纪夫访华，苏大宝受邀参加，为鸠山由纪夫赠予作品留念，助力中日文化交流……

数年匆匆，时光悄然流转。我的舞台不断拓展，逐步将“中国沙画”带向国际。沙画，这独特的艺术形式，蕴含着无穷魅力与无尽可能，引领我在艺术之路上坚定前行，绽放出属于自己的光芒，照亮梦想的远方。每一次活动，皆是一场奇妙的邂逅，让我结识众多新朋友，这些经历如璀璨的星辰，在我的记忆深处留下难以磨灭的印记。每一段独特的历程，每一个相遇的人，每一个踏足的国家，都如一幅幅绚丽多彩的画卷，为我展现出别样的精彩。

在这个过程中，我的“储存器”里又沉淀了许多片段。2017 年 4

月的乌克兰之行给我留下了一段难忘的经历。

如今的乌克兰因战争已变得面目全非，可我去的时候那里还是一片祥和的景象。谁能想到，一个国家转瞬之间便已天差地别，即便它也曾有辉煌的昨天。

我们参加的是纪念中乌建交 70 周年的系列活动。开幕式在乌克兰宫举办，这是乌克兰最高规格的活动，两届总统和第一夫人都出席了，我在开幕式上做开场表演。中国驻乌克兰特命全权大使杜伟先生给予我极高评价，说我是代表团中他最为欣赏的两个人之一。我在乌克兰宫举办了自己的沙画专场，被授予“丝绸之路文化大使”荣誉，还在基辅大学进行访问交流。

然而，这些并非让我刻骨铭心的片段。刚到大使馆——当年沙皇的行宫举办招待会时，我看到杜伟大使在台上致辞，他玉树临风、意气风发、正气凛然，让我为之倾倒。我录了几段视频传到朋友圈，获得大量点赞。第二年他调到以色列当大使，不到三个月便因病去世，年仅五十多岁，正值盛年。他去世后在异国他乡滞留了三个月才回到祖国。我在八宝山参加他的告别仪式，看到他静静地躺在花丛中，似乎小了不少，周边环绕着各色花圈。一段精彩的故事似乎还未到收尾时刻却戛然而止，心中滋味难以言说。有人在一旁嘀咕道："也可以了，总理都送来花圈了！"听到这句话我竟突然想到二姑妈去世的场景：棺材上的漆面尚未干透，油光发亮，像古镜一样映照着外面的世界——一切皆在其中，沉静而神秘。

"一沙一世界，一花一天堂。世界也许不一样，天堂应该没什么区别吧？"我在心中问道。

第19章

奔向太空

2020年春节，父亲、母亲和弟弟满心欢喜地来到北京，与我们一同迎接新年的到来。一家人围坐在一起，欢声笑语，那团圆的喜庆如璀璨烟火般绚烂。可谁能想到，转瞬间，武汉那可怕的病毒似恶魔般横空出世，将这份喜庆无情打破。恐怖的阴霾如汹涌潮水般迅速蔓延，紧紧笼罩了整个中国。街道变得空旷寂静，人们闭门不出，仿佛被恐惧扼住了咽喉。紧接着，这股阴霾又气势汹汹地扩散至全球，世界仿佛被施了魔法般按下了暂停键，人们在不安与恐惧中艰难挣扎，携手并肩共同对抗这场史无前例的危机。谁也想不到，这场后来被称为“新冠病毒”的可怕东西竟然比2003年的“非典”还要凶猛强大，未来何去何从，谁也无法预测，人类在大自然面前又一次显示出自己的渺小与脆弱。

我们一家人守在房间里，虽感前途未卜，但也只能听天由命。好在家人都在一起，倒也并不显得孤独。大人们的焦虑如阴云密布，孩子们的欢笑却似阳光灿烂，让人在这艰难的时刻，既感到无奈又觉得温暖。

我很幸运，在那段特殊的时间里，身体与思想并未被病毒所掌控。我得以静心去做许多事情，诸如书法、绘画、看书和写作。如今回首，我完成了五件既有趣又值得骄傲的事情。

第一件事，我根据著名词曲作家陈道斌先生的作品《背影》创作了一个沙画作品，以此向广大医务工作者致敬，鼓舞人们抗击疫情。作品一经推出，便获得众多媒体的转载，引起了广泛关注，它成为我在特殊时期的珍贵印记，也是我所做的最具意义的一件事情。要知道，那是我创作的第一个有关生死主题的作品。

第二件事，我重新创作了沙画作品《我是一粒沙》。起因是著名词曲作家袁忠宜先生被我的这首诗所触动，将其谱成歌曲。我随后在歌曲的基础上进行了再次创作。袁忠宜先生真挚热情且充满正能量，与我十分投缘，我们也因此成为挚友。

第三件事，我主编的书籍《中国少儿沙画》六册，在此期间全部完成编撰工作，该套书历经十年而成，在人大附小朝阳实验学校落地打磨了六年，于 2023 年正式出版。

第四件事，我设计了一个足以让我夸耀一辈子的作品。这个作品正应我诗中所写——“我相信我能奔向太空宇宙”。没错，我把我的作品送上了太空。这件事得详细说说。

2013 年的某一天，具体日期已记不清了，我接到央视科教频道一档栏目的邀约，参加一个有关航天主题的活动，大概是要与月球车“玉兔号”设计者贾阳先生合作一个节目。但由于记不清是创意问题还是经费问题，那次活动最终未能达成合作。虽然合作未成，但有幸与贾阳先生相识，当时彼此只是客气地留了个电话，之后再无联系。

几年后，我的微信中偶然自动跳出他的电话号码，我顺势添加了他，他也通过了我的请求，不过客套地寒暄了两句再无下文。直到2019年，我冒昧地向他发出邀请，希望他能为我创办的国际沙画大赛助力，他欣然应允。活动结束后，我们又各自忙碌，再无交集。

2020年2月，我正在家中写作，打算完成一部写了一半的长篇小说，这便是我后面要说的第五件事。我正在激情似火地敲着键盘，突然接到贾阳先生发来的一条短信："有一件事情，想请您帮个忙。"

接到他的短信我感到有些意外，也感到欣喜，随即回道："贾老师，您好，很高兴接到您的信息，什么事，您说。"

"我设计的火星车，有个地方不好看，想请您帮忙设计设计。"

"需要我做什么？"

"帮我写个火字。"

"多久要？"

"一周够不够？"

"没问题。"

挂了电话，我对家人说："我要去做一件极为重要的事情，必须全心全意地投入才行，一旦做成，便会青史留名。"家人听完我的话后，纷纷表示支持，让我无须操心任何事情，只管专心致志地去做这件事。于是，我立刻放下手头的事务，一头扎进对"火"字的研究创作中。

我找出家中的书法字典查阅，又在网上搜集并打印了涵盖甲骨文、金文、篆书、隶书、草书、楷书、行书等各个时期大家名家所书写的"火"字的各种资料，以供参考。接着，我做了一千多个火字图案。两个小家伙十分积极地帮我整理并把它们铺陈在地上，他们并不明白我所做工作的意义，只是在封闭环境中找到了一个新鲜游戏。到了第五天，我觉得这项工作可以暂告一段落，便从中挑选出十个最为满意的样稿

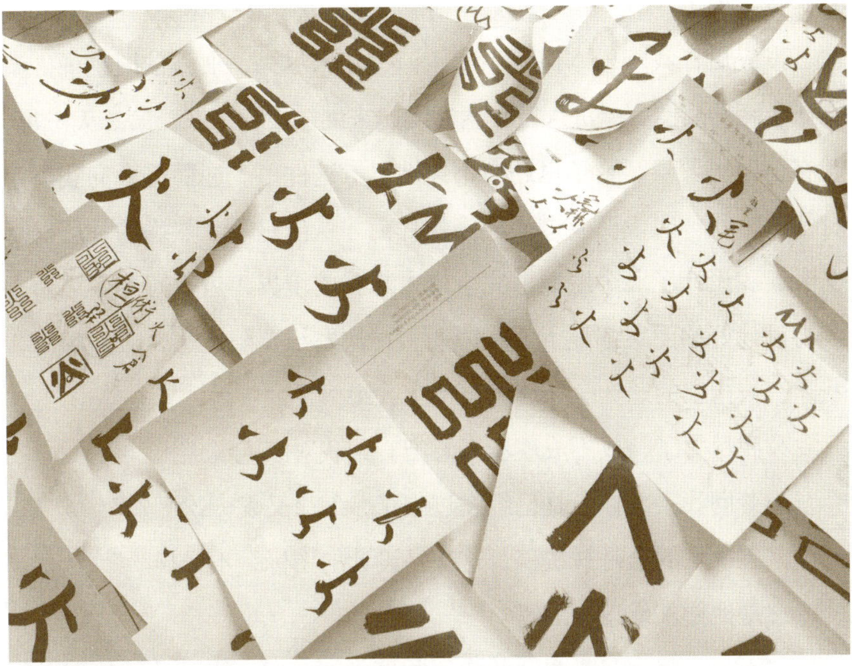

发给贾阳先生。

发完后，我却根本停不下来，似乎还未尽兴，血液依旧翻涌。我在床上辗转反侧，无法入眠，索性爬起来继续设计图案。第二天一早，我在公园里散步，脑子里还在不停地思考这件事。迎面有人向我挥手打招呼，我一时没反应过来，停顿片刻才认出是一个熟悉的邻居。那两天，我设计了三个图案，完全进入忘我的境界，近乎着魔。之后，我将设计好的图案都配上文字说明，再次发给贾阳先生，直到那时，我才有被掏空的感觉。在这件事情上我竭尽全力了。

"我尽力了，成不成就看天意吧。"我对家人说道。

小芳问我："你不是已经发过去了，怎么又发一次呢？"

"上次发的全是书法稿，这次是设计的图标，不一样。"

"是他要求你设计的吗？"

"不是，我这又是自己给自己找麻烦，呵呵。没准儿给他们送了一个意外的惊喜。"

"图案要放在什么位置呢？"

"不知道，他倒是给我发过那辆车的一个局部设计图稿，可我也看不懂，好像是在摄像机旁边。他说只能告诉我那个区域，我也不好多问，毕竟这事可是国家大事，需要保密的。我想不管他放在什么位置，先把图案设计好就行。"

"他们会不会找了好多人去写啊？"

"他没跟我说，你想想他能跟我说吗？我估计也找了不少专家，但应该没几个人会像我这样吧。找我自有找我的理由，也许是看到我偶尔在朋友圈里秀过几回书法，知道我能写才找的我。可我又不是什么书法大家，凭什么找我呢？一个火字，会书法的人谁不能写？大家名家也多的是。要是他们领导指定要沈鹏、李铎、欧阳中石那个级别的人写，哪还能轮得上我？既然找了我，我就得拿出我的独特之处来。”

“要是没有成功怎么办？”

“哈哈，你们不懂，对我来说，成不成功已经不重要了。不过，我可以告诉你，我预感这件事能成，但是得尽全力才行。”

4月，我接到贾阳的电话，他说道：“大宝，你设计的图案，我们领导一致通过，并打算把它作为火星车的车标。”

“太棒啦！太棒啦！谢谢您，贾老师！”我的眼泪哗地流了下来。

公园里，小芳挽着我的胳膊问道：“他们用的是哪个图案？”

“没告诉我呢，估计现在不太方便说吧。管他用哪个，用了就行。耶耶耶，我相信我能奔向太空宇宙……”我兴奋地唱了起来，蹦蹦跳跳，仿佛回到了儿时一般。那阵子，我沉浸在幸福之中，全然忘却了当下沉闷的氛围。来来往往的人们，一个个无精打采，满脸愁容，即便是口罩也遮掩不住他们身上散发出来的颓丧之气。

没多久，小区实行封闭管理，哪里都去不了。那些被封闭在家里的日子，前前后后，断断续续有五六个月之久。后来不知怎么的，又必须得出去，要求每天排队去做核酸检测。浩浩荡荡的队伍，也是一幅幅独特的画卷，无奈与期待是基调。谁也不知道这样的日子何时才是尽头……

我默默地进行着我的第五件值得骄傲的事情——一个大部头的创作。这事得从一封信说起。2012年9月，彼时我的第一个孩子降临人世。在他出生前的一个月，我们可谓内忧外患，不仅要忙着搬家，而且东西繁多，人手又有限。孩子的妈妈即便挺着大肚子，也在尽力帮忙。那段日子，我每天都过得提心吊胆，心中仿佛压着一块沉重的巨石。幸运的是，孩子顺利降生，母子平安。当我抱着那个小小的生命时，感慨万千，心中有无数的话想对他倾诉，于是便萌生了给他写一封信的念头。

2012 年 10 月 1 日，我开始动笔，没承想，这封信竟越写越长，整整七天我都未曾出门。那时，我的脑海中又冒出一个大胆的想法，干脆将其写成一本书。就这样，断断续续地写到 2015 年，积累了十几万字的手稿。然而，那时工作异常繁忙，同时还有好几本书在撰写当中，不得已只能将它搁置。直到新冠疫情暴发，工作强度稍有缓解，我便重新拿出手稿，打算续写完成。重读原来的十几万字，我深感存在诸多不足，于是毅然决定全部推倒重来。我再次拿出艺考时的劲头，蓄起须发以明志，发誓此次如不完稿，绝不理发剃须。历经近半年的时间，初稿终于完成。那时的我已然成为胡子拉碴、长发飘飘的油腻大叔。在之后的三年里，我又陆续完成了四次修改，感到身心俱疲。2023 年年初，偶然间刷到著名作家莫言先生的访谈视频，听到他说他的文章一般要改上八遍，我顿时深感惭愧，于是再次启动完善调整的程序。到 2024 年年初，总体已完成第十稿。2024 年 10 月，完成第十二稿。至此，也算尽了自己最大的努力。话到此处先告一段落，再回到火星车的故事上来。

话说在 2020 年 4 月，贾阳先生告知我，我的设计方案顺利通过，且图案将作为火星车的车标，此后便再无下文。直至 7 月 23 日，“天问一号”火星探测器即将发射，我们一家人激动地守在电视机旁，满心期待着能够一睹火星车的真容。然而，电视里滚动播放了一整天，却始终不见火星车的身影。到了晚上，我有点坐不住了，便给贾阳先生发去一条短信：“尊敬的贾老师，我今天守着电视看了一整天，却怎么没有看到火星车呢？网上也查不到丝毫消息，我那火星车标的事情是不是后来有了变数？如果有变化也没关系，我还是特别感谢您给我创造了一个参与和锻炼的机会。”

过了一会儿，对方回复道：“没有变化，现在不能对外说。”

小芳说：“现在肯定要保密嘛，着陆成功了才能发布。你上春晚不也是这样？上了才算数。”

“有道理，当年赵本山上春晚，提前告知亲朋好友，最后又没上，便成了笑话。那就等吧。”

“媒体报道说，地球和火星最远相隔四亿公里，最近直线距离也得五千多万公里呢，估计半年以上才能抵达。”

“等吧，呵呵，只要没变化就行。”

“历史上，人类火星车着陆的成功概率只有 40% 左右。火星与地球距离遥远，即使以光速通信，往返也需要十几分钟甚至更长时间。这意味着在火星车着陆过程中，地面控制人员无法实时操控，着陆器必须依靠预设程序自主完成整个着陆过程，一旦出现问题很难及时干预。火星拥有稀薄的大气层，这给着陆带来了双重挑战。一方面，大气层的存在使得着陆器在进入火星时会产生高温，需要有良好的隔热防护措施；另一方面，稀薄的大气又难以提供足够的阻力来使着陆器快速减速，这就对着陆器的减速系统提出了很高的要求。火星表面地形复杂，存在山脉、峡谷、陨石坑等各种地貌，这增加了选择合适着陆点的难度。而且火星上的环境条件，如温度、辐射、沙尘暴等，也对着陆器和火星车的性能、可靠性构成了考验……”孩子们对着电脑屏幕给我们大人做科普。

“等着吧，老天保佑！”我淡然说道。

转眼过去大半年，火星车在太空中已行进了 1.95 亿公里，我们在地球上每天被捅喉咙，捅得很上火。火星车能不能顺利上火星是个未知数，什么时候不被捅喉咙、不被捅上火也是未知数。2021 年 5 月 15 日，“天问一号”火星探测器在火星乌托邦平原南部预选着陆区成功着陆。我们一家在电视机前喜极而泣，我和小芳紧紧拥抱。“太不容易啦！”我说道。不仅说的是火星车，也是说的我们。屋内的喜悦与屋外的阴霾形成鲜明对比。

可是一连好几天，依然没有火星车的任何报道。

“怎么会这样，不是成功着陆了吗？火星车呢？是不是着陆时受到了磕碰？”我心里惴惴不安。到了第七天，我实在忍不住了，拿起手机正欲给贾阳先生发信息，这时，他正好给我发来一条消息：“苏大宝，我们的火星车已成功着陆火星表面，如果您要发布新闻的话，我们需要审核一下稿件。”

“好的，贾老师！”我立马回复道，然后把早已打磨好的通稿发给他。几分钟后，他回复道：“没问题，发吧。”

“能否给我提供照片？我现在都不知道用的是哪个图案。”

“可以，稍等。”

照片传来，我看到被选图案被安放在火星车最为显眼的前部，心中备感欣慰。原来是它！这个图案正是当初我那一千个方案里最让我满意的一个。之所以火星车的消息会滞后，原因有二。一是当着陆器成功着陆后，需要有个自我监测期，一切准备就绪后，火星车才能走出探测器。二是火星车行驶非常缓慢，一天只能走一米，走到一定距离后，火星车将会下载一个照相机，然后缓慢折回，再彼此拍照，如此需要数日才能看到照片。听完贾阳先生的解释，我们恍然大悟。他又说，在我给他们发的首批图案中，大家选中了一个甲骨文的“火”字，但是也有争议。正当他们争论的时候，收到了我发给他们的第二批参考图案，其中就包括现在选定的这个图案。当看到这个方案后，所有人一致认同，并签字通过，要把该图案做成中国首辆火星车“祝融号”的车标。

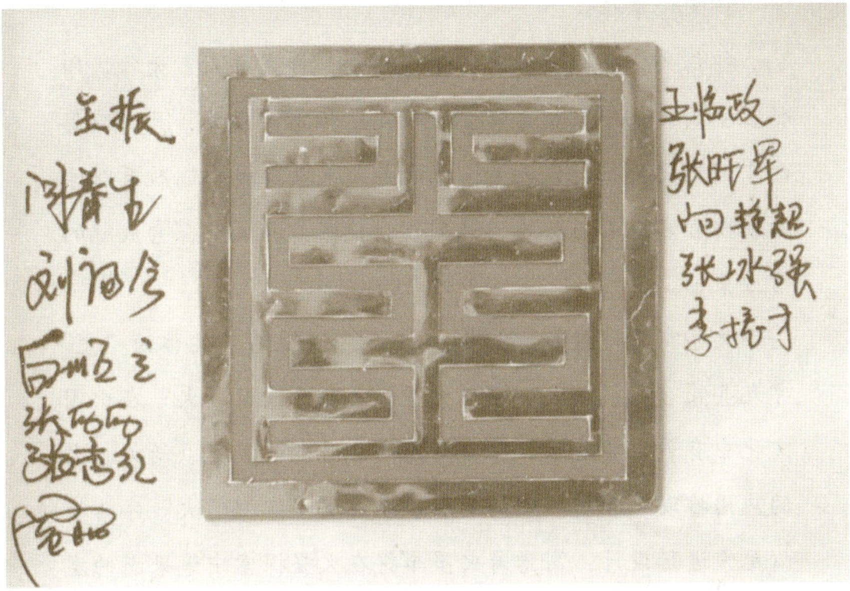

荣誉证书

HONORARY CREDENTIAL

苏大宝先生：

为表彰您在祝融号火星车研制中作出的贡献，特发此证，以资鼓励。

中国航天科技集团有限公司

第五研究院火星探测项目办公室

2022 年 10 月 16 日

此图案，我当时配以文字表述：

中国火星车“火”字图案设计理念

1. 文化象征：

印信文化。车标以官印形式出现，样式方正、大气。印信在中国文化中象征着官方、确定、标志等意义，具有浓厚的中国文化特征，代表着“祝融号”火星车是中国航天探索的重要官方成果与标志，是国家科技实力和太空探索成就的官方象征。

文字寓意。图形融合中、国、火三个文字，主体为“火”字九叠篆官印，“火”字与火星相关联，同时“火”在中国文化中有着重要地位，象征着光明、进取、朝气、活力。火的应用推动了人类文明的发展，而将火星车以“火”字为核心元素进行设计，寓意着火星车将在火星探索中带来新的发现和突破，为人类对火星的认识带来光明。

历史传承。篆文火字出自古官印“桓术火仓之记”，“桓”字本义是表柱，古代立在驿站、官署等建筑物旁作为标志的木柱，后称华表。火星车登陆火星可以看作是人类迈向太空并成功到达的一个重要驿站和里程碑，火字的这一出处为车标增添了特殊的历史文化意义，体现了对历史文化的传承与敬意。

2. 精神内涵：科研精神。九叠篆的纹样较为复杂，象征着科研攻关的道路曲折。这暗示着火星探测任务以及航天探索事业充满了挑战和困难，但中国科学家们不畏艰辛，勇于攀登科学高峰，不断克服困难，努力实现太空探索的目标。

3. 审美与哲学：方圆对比。图案整体呈方形，与圆形摄像头形成方圆的审美对比。方与圆在中国文化中饱含着丰富的哲学意义，方代表着规矩、刚正，圆代表着圆满、和谐。这种方圆的结合不仅在视觉上形成了独特的审美效果，也体现了中国文化中刚柔并济、阴阳平衡的哲学思想，寓意着中国航天探索事业在遵循科学规律的同时，追求和谐与圆满的发展。

小芳问我："给这个标志起个名字吧？"

"这个图案融合了中、国、火三个字，颜色是中国红，就叫'红火中国'吧。"我说道。

当日多家主流媒体报道，标题有《苏大宝与火星车标志》《他的作品上了火星》《他为"祝融号"火星车设计车标》《他让作品"火"到了火星上》《骄傲！"祝融号"火星车车标设计师是常德桃源人》等。

……

2023 年春天，应好友杜玉峰先生之邀，我把工作室迁到了西山一座幽静的院落内。工作室既是我创作的空间，也是我接待四海友人之处。

在一个阳光明媚的日子里，原央视著名记者依凡到访。她很独特，花了整整两天时间聆听我的故事。头一天，她从上午九点一直听到晚上九点多。到了饭点，我们为节省时间点外卖，而且边吃边聊，一刻也没耽误。我聊得尽兴，她听得愉快。第二天，她意犹未尽，继续聆听，不知不觉又到了下午。

"没想到我听一个人的故事能听这么久，这算是我做的最愉快的一次采访了，只可惜我现在不是央视的记者了。”

“上不上电视，现在对我来说已经不重要了。”

“还有几个问题要问您，您觉得是什么原因让您成了今天的您？”

“梦想，坚持。正如我的诗里写道：我是一粒沙，心里有一个世界，这个世界里装着我的梦想，我相信我能跨越高山大川；我相信我能构筑美丽家园；我相信，我还能奔向太空宇宙。当一个人有了梦想，朝着梦想坚定不移地前行，每天进步一点点，坚持坚持再坚持，或许某一天，你回首的时候突然发现，其实自己早已超越了梦想。”

“‘其实我更知道，我只是一粒沙。’哈哈，我也会背了，正是这首诗吸引我来的。”

“那真是太有意思了，我写了这首诗，这首诗又成就了我。比如我和著名外交家宋荣华先生创办的丝路沙画国际大赛，也是因为这首诗结的缘。现在我们大赛的影响力可不一般，有几十个国家的大使都出席过呢。”

“是嘛，看来这首诗里有某种吸引力。”

“这个吸引力其实就是‘梦想’的力量。我从小就想当艺术家，心里种下这颗种子是最重要的。很多取得成就的人，其实都是从小就有梦想的人，伟大的、远的人物我就不说了，比如我的朋友，火星车和月球车的设计者贾阳先生。”说着，我拿出一幅字来展开，并逐字念道：

儿时在东北，夜望北斗旋。
狮子伴春暖，猎户立冬寒。
遂立凌云志，挥毫宇宙篇。
随喜君子静，远避蝇狗喧。

未必遂人意，无愧我心间。
先到虹湾畔，又至天河前。
再送火星车，巡视待明年。
今朝知天命，回味结果然。
前半既如此，后半向何边。

“这是贾阳先生的诗？”

“是的，这首诗是在火星车发射前创作的。我在他的朋友圈里看到后，深受触动，很有共鸣，便将它记录下来。随后，我抄写了几十遍，挑选了最满意的一张送给了他。在我看来，这首诗里不仅体现了他的梦想与追求，还展现出他独特的人格魅力以及孜孜不倦的探索精神。当然，这里面也一定蕴藏着一个精彩的故事。”

“你们俩的确有相通之处，一个是科技，一个是艺术，我记得李政道先生说过一句话：‘科学和艺术是硬币的正反面。’”

“我们各自的作品都在火星上了，也算殊途同归吧，哈哈。”

“我还想问，您认为您的记忆为什么会是那样的？”

“我想，我天生骨子里更在意过程吧，结果对我来说好像没那么重要，呵呵，就是不计后果。我想，这也是我可以画好沙画的原因吧，或者说是天赋，老天爷就这么安排的。我明白这一点的时候，那天外面雷鸣电闪，狂风骤雨，我脑海里瞬间有一道闪电划过。”

“就是说，命中注定！对吧？您觉得满意吗？您认为您成功了吗？”她继续问道。

“是的，我的使命就是来干这个的。我很满意，从未后悔过自己的选择。至于成不成功我不知道，因为成功的定义有很多，当然，我说的是世俗的角度。我只是希望做自己喜欢的事情，追求自由，让人

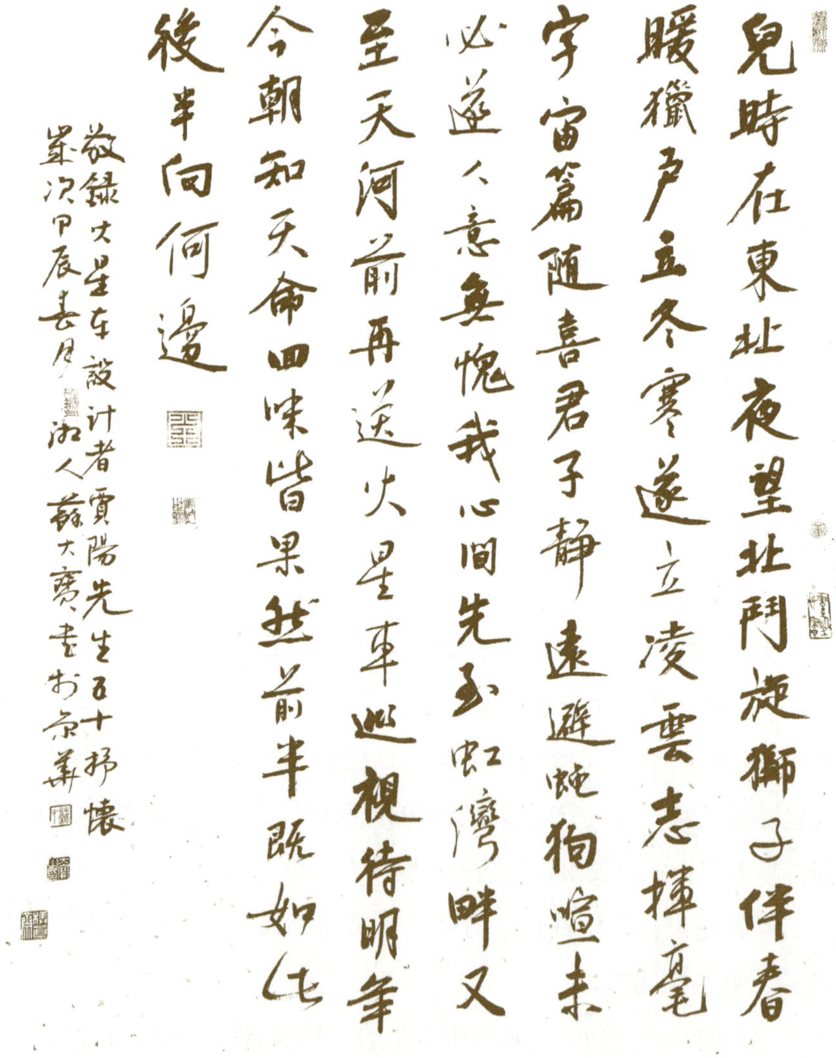
兒時在東北夜望北鬥旋獅子伴春
暖獵戶立冬寒遂立凌雲志揮毫
宇宙篇隨喜君子靜遠避蠅狗喧未
必遂人意無愧我心間先到虹灣畔又
至天河前再送火星車巡視待明年
今朝知天命回味皆果然前半既如此
後半向何邊
敬錄火星车設計者賈陽先生五十抒懷
歲次甲辰春月湘人蘇大齊書於京華

生过得不至于太枯燥，淡定一点、从容一点，就如同在创作一个沙画作品，享受过程，对未来充满期待与希望，从这个意义上来讲，我很满意。”

“既往不咎,重在当下,未来可期,享受生命的过程才是最重要的。可以这样理解吧？”

“您总结得很好，这其实就是沙画的精髓。结果源于过程，过程就是结果。”

“挺难的，我可做不到，需要继续努力。”

“我的一位朋友，赵春香女士能做到。”

“很好，有机会也得认识认识。”

“那是另外一条线上的故事了，也值得聆听。”

“听了您的故事，我想说，您是一粒幸运的沙！”

“确切地讲，我是一粒幸福的‘沙’。我练出了创造幸福的能力，并且有幸邂逅、碰撞过各种各样的‘沙’，无论他们卑微还是高贵，都给我带来了独一无二的感受，让我领略了世间的精彩。与他们相遇，是偶然也好，必然也罢，他们的温度都已自然地融入我的世界，无时无刻不感动着我、感染着我、影响着我，我的世界也因这些遇见而变得更有诗意、更加美妙了。”

“见识了那么多的精彩，您更倾心于哪一种？或者说，您更倾向于哪种活法？”

“自然而燃。”

“自然而然？”

“后面那个是燃烧的燃。”

“自——然——而——燃，自然地燃烧生命，发出应有的光和热。可以这样理解吗？”

“是的，要活出自己的精彩，干自己喜欢的事，每天进步一点点，无悔世上来一遭。”

“谢谢您这两天的分享，我要是早认识您就好了。”

“每个人的时间都很宝贵，也谢谢您的聆听！”

“您的故事确实可以写一本书了。”

“呵呵，你看。”我从书柜中拿出一摞厚厚的稿纸，翻开第一页，是一封信。“我写了好久了。”我说。

“哇，期待能早日拜读到！”

“我的故事并非王侯将相、精英贤达的传记或传奇，这书也非惊天地、泣鬼神的鸿篇巨著，更不是什么辛辣吃瓜、光怪陆离的爽文。我只是一粒平凡的‘沙’，生来普通，但自信我这个限量版也有点意思，并随性凑成了一本书。能将自己所体验到的各类精彩，人、物、事、思、语都做个精练的记录，顺便体验一把写作的快感，足矣。前后断断续续也经历了十多年的写作和打磨，算是又实现了一个梦想吧。能力有限，态度可嘉，哈哈。倘若将来有缘的朋友能够坚持看到这里，觉得作为闲时的消遣而不枉一读，那我一定会感到无比欣慰的。”

“贾阳先生的诗里，最后两句怎么说来着？”

“前半既如此，后半向何边？”

“对，就是这句，我是想问，您还有什么梦想有待实现，或者说，下一个梦想是什么？”

“这个现在不能说，不着急，慢慢来。”

“哈哈，那就祝您成功！”

“谢谢！一会儿我在山下请您好好吃顿饭吧？这两天全吃快餐了。”

“不了，我得赶紧回去，一会长安街上又得堵了。”

“没关系的，不着急。”

“谢谢！”

送走了依凡，我独自漫步在山坡上，聆听着袁忠宜先生刚发给我的英文版歌曲《我是一粒沙》。悦耳的童声悠扬地飘荡在西山。那一刻，落日熔金、霞光万丈，仿佛上面有一双巨大的眼睛俯瞰着大地，世间被映照得如梦如幻，十分美妙。微风拂过大地，遍野的花儿欢唱起来，它们个个挂着金红色的笑脸。我凝望着它们，有些入神。去年冬天，它们只不过是一地枯黄的草根而已，不经意间竟然出落得如此生机盎然！

“花开花又落，花落花又开。”我悠然说道。

2024 年 10 月 6 日晚于北京家中

后　记

亲爱的宝贝：

在你出生后不久，我便开始着手以著书的方式给你讲述一个真实的故事。这个故事，也许得等到你成年后才能看懂，或许，你看完后还会产生很多困惑。没关系，正常！这些正是我用心挖掘出来的、摆在你面前值得一辈子认真对待的问题，而且有些问题没有绝对的答案，答案得靠你自己去探寻和感悟。

对我来说，做这件事情很有意思，既浪漫又刺激。我期待有一天，你会因此而觉得我是一个很酷的人，因为这个故事的主角就是写故事的人，就是我；我更希望，你能在这个故事里最大限度地获得光亮和温暖，能照亮你人生的道路，能激励你奋勇前行。

对我而言，这是一次新的挑战！说实话，提笔的那一刻，我心里除了激动，也很忐忑，还有些茫然，毕竟我又不是什么作家。但既然要做，我就要尽己所能把它做好了。人这一辈子，总是会被动地或主动地接受很多挑战，主动也好，被动也罢，其实都是无法逃避的。我想说，索性主动一些吧，积极一些吧，凡事迈出了第一步就意味着希望。在我看来，挑战是迷人的，直面它的时候，是会让人产生期待的。我们无法预见它的未来，不到最后一刻，你不知道它究竟会意味着什么，成功、失败、收获、失落、欢乐、痛苦？这些都有可能。因此，一开始，其实大可不必在意结果，结果只是过程的一个片段，而且，这些片段也终将随着时间的流逝幻化为虚无。我想说，我们前行的步伐不妨淡定一点、从容一点，怀着一种旅游的心态来对待，要知道，新的挑战意味着又一程曼妙的风景！

也许，当我写完这个故事后，我可以自诩“作家”了，似乎又拥有一个令人羡慕的头衔或身份。当然，我从来没有执着于这些东西，初心也不是奔着它们去的。我如果感到骄傲，那是因为我所做的每一件事情值得骄傲。我也并非清高，不食人间烟火，坦率地说，所谓的名誉、地位、身份、影响，都是在你努力做好事情的过程中派生出来的，你固然有享受和掌控它们的资格，但切不可被它们所迷惑、所驾

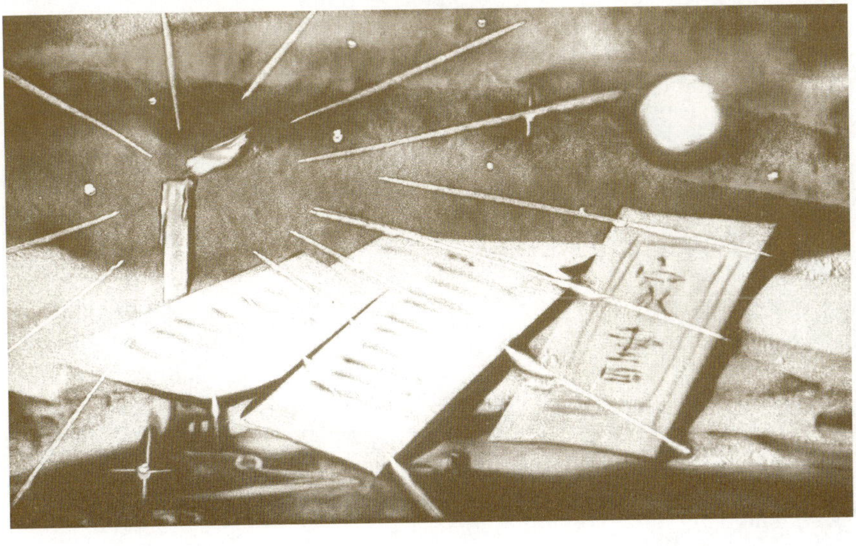

驭。做好自己，胜过所有的诠释，胜过所有的装饰。至于别人怎么看、怎么想，那是他们的事情了。

如果有一天，你突然对某一件正道之事也产生了浓厚的兴趣，你尽可大胆地去尝试。我希望你能脚踏实地，一样一样来，为了心中的梦想，坚持、坚持、再坚持！无论路上有多少艰险，哪怕是历经百转千回，你要相信，心中保有一轮太阳，一定会柳暗花明，终究会梦想成真！到那时候，信心、激情、勇气、成功、快乐、智慧、幸福等等，都会属于你，你将收获一个充实的、精彩的、无悔的人生！

一沙一世界，一花一天堂，掌中握无限，瞬间即永恒。

爱你们的爸爸

2011 年 10 月 1 日